Horst Brunner

Geschichte der deutschen Literatur des Mittelalters im Überblick

Philipp Reclam jun.
Stuttgart

Mit 20 Abbildungen und 6 Melodien

Umschlagabbildung:
Konrad von Würzburg diktiert einem Schreiber.
›Große Heidelberger (Manessische) Liederhandschrift‹
(Zürich, um 1300/30)

Universal-Bibliothek Nr. 9485

Durchgesehene und bibliographisch ergänzte Ausgabe 2003
Notensatz: Peter Wondra, Musik-Produktion, Köngen
Gesamtherstellung: Reclam, Ditzingen. Printed in Germany 2003

ISBN 3-15-009485-2

www.reclam.de

Inhalt

A.

Die Epoche der althochdeutschen und frühmittelhochdeutschen Literatur

(8. Jh. – um 1150)

B.

Die Epoche der mittelhochdeutschen (höfischen) Literatur

(um 1150 – um 1350)

C.
Die ältere Epoche der frühneuhochdeutschen Literatur
(um 1350 – um 1500)

Übersichten

Melodien

Abbildungen

Vorwort

Absicht des vorliegenden Bandes ist es, einen konzentrierten und übersichtlichen Überblick über die Geschichte der deutschen Literatur von den Anfängen der schriftlichen Überlieferung um die Mitte des 8. Jahrhunderts bis zur Zeit um 1500 zu geben: über die wesentlichen Autoren, die wichtigsten Gattungen und Texte, die entscheidenden Entwicklungen. Da ich keinen bloßen, die Autoren und Texte mehr oder weniger unterschiedslos reihenden Katalog bieten wollte, entschloß ich mich, Schwerpunkte zu setzen. Zum einen stelle ich von etwa 1150 an die Geschichte der verschiedenen Typen des Liedes und der Großepik als den bedeutsamsten literarischen Erscheinungen entschieden in den Mittelpunkt; die übrigen literarischen Gattungen behandle ich daneben lediglich kursorisch. Zum anderen würdige ich die herausragenden Autoren und Werke – über die bei den Fachleuten weitgehend Einigkeit besteht – so ausführlich wie im Rahmen eines solchen Bandes möglich, während andere Autoren und Texte vielfach lediglich genannt werden. Schließlich rücke ich die Epoche von etwa 1150 bis etwa 1350, zweifellos die Glanzzeit der mittelalterlichen Literaturgeschichte, ins Zentrum. Vollständigkeit konnte nicht das Ziel einer derartigen Überblicksdarstellung sein, doch hoffe ich, daß der Leser nichts wirklich Wichtiges vermissen wird. Die beigegebenen Übersichten haben vorwiegend die Aufgabe, Teilbereiche der Darstellung prägnant zusammenzufassen. Die Abbildungen sollen, wie durch ein Fenster, den Blick auf die aus dem Mittelalter selbst erhaltene Überlieferung lenken und die Überlieferungsbedingungen bewußt halten. Die für eine Literaturgeschichte sicher ungewöhnliche Beigabe einiger Melodien in moderner Umschrift versteht sich als Hinweis darauf, daß man sich mittelalterliche Lieder und manche epischen und didaktischen Dichtungen als gesungene Texte vorzustellen hat.

Die Literaturhinweise können in jedem Fall nur eine erste – teilweise subjektive – Andeutung des tatsächlichen Umfangs der Forschungsliteratur liefern, zumal auf wissenschaftliche Aufsätze und Rezensionen ganz verzichtet werden mußte. Detaillierte Hinweise auf die grundlegenden Nachschlagewerke und Literaturgeschichten, die in der Allgemeinen Auswahlbibliographie zu Beginn des Bandes zusammengestellt sind, mußten aus Platzgründen ebenfalls unterbleiben. Selbst die Ausgaben konnten nicht in jedem Fall vollständig verzeichnet werden. Statt dessen habe ich außer auf die maßgeblichen wissenschaftlichen Editionen dort, wo es mir sinnvoll schien, auch auf zweisprachige Ausgaben verwiesen, allerdings nur auf solche mit neuhochdeutscher Übersetzung; die vielfach vorhandenen Übersetzungen in andere Sprachen (vor allem ins Englische, Französische und Japanische) konnten nicht erwähnt werden. Abkürzungen habe ich sehr sparsam verwendet: Jh. = Jahrhundert, Hs./Hss. = Handschrift/Handschriften, Ahd./ahd. = Althochdeutsch/althochdeutsch, Mhd./mhd. = Mittelhochdeutsch/mittelhochdeutsch, Nhd./nhd. = Neuhochdeutsch/neuhochdeutsch, Afrz./afrz. = Altfranzösisch/altfranzösisch.

Es wäre mir nicht möglich gewesen, den Band in verhältnismäßig kurzer Zeit zu schreiben, wenn ich mich nicht auf zahlreiche Lehrveranstaltungen hätte stützen können, die ich in den vergangenen fast drei Jahrzehnten an den Universitäten Erlangen-Nürnberg, Regensburg, München und, seit 1981, Würzburg abgehalten habe. Insofern bin ich in erster Linie meinen Studenten Dank schuldig. Den zahlreichen Fachkollegen, die mir ihre Arbeiten zukommen ließen und lassen, danke ich für vielfältige Belehrung, auch im gelegentlichen Widerspruch. Das Manuskript durch Anregungen und Einwände verbessert haben vor allem Dorothea Klein, Elisabeth Lienert und Johannes Rettelbach. Heidrun Patterson und mehreren studentischen Hilfskräften bin ich für die Verwandlung meines Manuskripts in eine ordentliche Druckvorlage verbunden.

H. B.

Allgemeine Auswahlbibliographie

Wörterbücher

R. Schützeichel, Ahd. Wörterbuch, ^{5}1995.

BMZ G. F. Benecke / W. Müller / F. Zarncke, Mhd. Wörterbuch, 4 Bde., 1854–66, Nachdr. 1990 [Anordnung der Wörter nach Wortstämmen]; dazu: E. Koller / W. Wegstein / N. R. Wolf, Alphabetischer Index, 1990.

M. Lexer, Mhd. Handwörterbuch, 3 Bde., 1869–78, Nachdr. 1992 [›Großer Lexer‹].

M. Lexer, Mhd. Taschenwörterbuch, ^{3}1885, zahlreiche Nachdr. [›Kleiner Lexer‹].

B. Hennig, Kleines Mhd. Wörterbuch, ^{3}1998.

K. Gärtner / Ch. Gerhardt [u. a.], Findebuch zum mhd. Wortschatz, 1992 [Supplement zu BMZ und zum ›Großen Lexer‹].

R. R. Anderson / U. Goebel / O. Reichmann, Frühnhd. Wörterbuch, Bd. 1 ff., 1986 ff.

J. Grimm / W. Grimm, Deutsches Wörterbuch, 16 Bde., 1854–1960, Nachdr. in 33 Bden, 1984 (dtv) [für den frühnhd. Wortschatz nach wie vor unentbehrlich].

A. Götze, Frühnhd. Glossar, ^{7}1967.

Ch. Baufeld, Kleines frühnhd. Wörterbuch, 1996.

F. Holthausen, Altsächsisches Wörterbuch, 1954.

A. Lübben / Ch. Walther, Mittelniederdeutsches Handwörterbuch, 1888, Nachdr. 1989.

Hingewiesen sei auf die zu zahlreichen Autoren und Werken vorhandenen Spezialwörterbücher und Wortindices.

Grammatiken

W. Braune / H. Eggers, Ahd. Grammatik, ^{14}1987.

J. H. Gallée, Altsächsische Grammatik, ^{3}1993.

H. Paul / S. Grosse / P. Wiehl, Mhd. Grammatik, ^{23}1989.

A. Lasch, Mittelniederdeutsche Grammatik, ^{2}1974.

R. P. Ebert / O. Reichmann / H.-J. Solms / K.-P. Wegera, Frühnhd. Grammatik, 1993.

Sprachgeschichten

H. Eggers, Deutsche Sprachgeschichte, 4 Bde., [2]1986 (rororo) [betont Zusammenhänge zwischen sprachlicher und literarischer Entwicklung sowie Entwicklung des Wortschatzes].

W. Schmidt, Geschichte der deutschen Sprache, [7]1996.

N. R. Wolf, Althochdeutsch – Mittelhochdeutsch (= Moser / Wellmann / Wolf, Geschichte der deutschen Sprache, Bd.1 [mehr nicht erschienen]), 1981 [differenzierte Beschreibung der sprachgeschichtlichen Vorgänge].

Nachschlagewerke

VL K. Ruh / B. Wachinger [u. a.] (Hrsg.), Die deutsche Literatur des Mittelalters. Verfasserlexikon, 12 Bde., [2]1978 ff. [wichtigstes Grundlagenwerk für die deutsche Literaturgeschichte bis etwa 1500].

W. Killy (Hrsg.), Literaturlexikon, 15 Bde., 1988–93 [mit zahlreichen Artikeln zu mittelalterlichen und frühneuzeitlichen Autoren und Werken, teilweise auf neuerem Stand als im VL; in Bd. 13 u. 14 Sachartikel].

St. Füssel (Hrsg.), Deutsche Dichter der Frühen Neuzeit (1450 bis 1600). Ihr Leben und Werk, 1993 [Kurzmonographien].

G. E. Grimm / F. R. Max (Hrsg.), Deutsche Dichter, Bd. 1: Mittelalter, 1989 (RUB) [Kurzmonographien zu Autoren und anonymen Werken].

W. Jens (Hrsg.), Kindlers Neues Literaturlexikon, 20 Bde., 1988–92 [mit zahlreichen Artikeln zu mittelalterlichen Autoren und Werken].

G. Braungart [u. a.] (Hrsg.), Reallexikon der deutschen Literaturwissenschaft, 3 Bde., 1997 ff. [mit zahlreichen Artikeln zu mediävistischen Begriffen].

J. Hardin / W. Hasty (Hrsg.), German Writers and Works of the High Middle Ages: 1170–1280, 1994 [Artikel über die bedeutendsten Autoren und Werke].

Lexikon des Mittelalters, 9 Bde., 1980–98 [umfassende Enzyklopädie des Mittelalters, zahlreiche Artikel zu Autoren, Werken, Gattungen, Stoffen usw.].

MGG F. Blume (Hrsg.), Die Musik in Geschichte und Gegenwart. Allgemeine Enzyklopädie der Musik, 17 Bde., 1949–86 [zahlreiche Artikel zu mittelalterlichen Autoren, Handschriften, Gattungen usw., vgl. Register in Bd. 17]; 2. Aufl., hrsg. von L. Finscher, 27 Bde., 1994 ff.

P. Dinzelbacher (Hrsg.), Sachwörterbuch der Mediävistik, 1992 [kurze Sachartikel, viele davon einschlägig für die Literaturgeschichte].

H. Brunner / R. Moritz (Hrsg.), Literaturwissenschaftliches Lexikon. Grundbegriffe der Germanistik, 1997 [Artikel zu Gattungen, Perioden, Begriffen der mittelalterlichen Literatur].

Literaturgeschichten

G. Ehrismann, Geschichte der deutschen Literatur bis zum Ausgang des Mittelalters, 4 Bde., 1918–35 [noch immer grundlegende, materialreiche Darstellung, jedoch teilweise veraltet].

H. de Boor / R. Newald (Hrsg.), Geschichte der deutschen Literatur von den Anfängen bis zur Gegenwart, Bd. 1 (H. de Boor, 770 bis 1170), 1949 [u. ö.], Bd. 2 (H. de Boor, 1170–1250), 1953 [u. ö.], Bd. 3/1 (H. de Boor, 1250–1350), 1962 [u. ö.], Bd. 3/2 (I. Glier [u. a.], 1350–1370), 1987, Bd. 4/1 (H. Rupprich, 1370–1520), 1970 [u. ö.] [ausführliche, großenteils gut lesbare, doch etwas uneinheitliche Darstellung, teilweise veraltet].

K. Bertau, Deutsche Literatur im europäischen Mittelalter, 2 Bde., 1972–73 [Darstellung der deutschen Literatur bis etwa 1220, einbezogen ist in großem Umfang die Geschichte und Literatur Westeuropas].

M. Wehrli, Geschichte der deutschen Literatur im Mittelalter. Von den Anfängen bis zum Ende des 16. Jh.s, ^{3}1997 [souveräne Gesamtdarstellung].

J. Heinzle (Hrsg.), Geschichte der deutschen Literatur von den Anfängen bis zum Beginn der Neuzeit, derzeit erschienen: Bd. 1/1 (W. Haubrichs, ca. 700–1050/60), ^{2}1995, Bd. 1/2 (G. Vollmann-Profe, 1050/60–1160/70), ^{2}1994, Bd. 2/1 (P. Johnson, 1160/70 bis 1220/30), 1999, Bd. 2/2 (J. Heinzle, 1220/30–1280/90), ^{2}1994.

H. A. Glaser (Hrsg.), Deutsche Literatur. Eine Sozialgeschichte, Bd. 1 (750–1320), 1988, Bd. 2 (1320–1572), 1991 (rororo).

J. Bumke / Th. Cramer / D. Kartschoke, Geschichte der deutschen Literatur des Mittelalters, 3 Bde., 1990 [u. ö.] (dtv).

F. P. Knapp, Geschichte der Literatur in Österreich, Bd. 1, 1994, Bd. 2/1, 1999.

Zeitschriften und Periodika

ABäG Amsterdamer Beiträge zur älteren Germanistik.
AfdA Anzeiger für deutsches Altertum und deutsche Literatur [bis 1989 der ZfdA beigebundenes Rezensionsorgan].
Arbitrium. Zeitschrift für Rezensionen zur germanistischen Literaturwissenschaft [enthält ausschließlich Rezensionen].
Archiv Archiv für das Studium der neueren Sprachen und Literaturen.
DVjs Deutsche Vierteljahrsschrift für Literaturwissenschaft und Geistesgeschichte.
Euphorion. Zeitschrift für Literaturgeschichte.
GRM Germanisch-Romanische Monatsschrift.
JOWG Jahrbuch der Oswald-von-Wolkenstein-Gesellschaft [erscheint im Zweijahresrhythmus].
PBB (Pauls und Braunes) Beiträge zur Geschichte der deutschen Sprache und Literatur.
Pirckheimer-Jahrbuch [Organ der Willibald-Pirckheimer-Gesellschaft, erscheint alljährlich].
Wolfram-Studien [Organ der Wolfram-von-Eschenbach-Gesellschaft, erscheint im Zweijahresrhythmus].
ZfdA Zeitschrift für deutsches Altertum und deutsche Literatur.
ZfdPh Zeitschrift für deutsche Philologie.

Reihen: Textausgaben

ATB Altdeutsche Textbibliothek.
Bibliothek der gesammten deutschen National-Literatur von der ältesten bis auf die neuere Zeit.
DTM Deutsche Texte des Mittelalters.
StLV Bibliothek des Literarischen Vereins Stuttgart.
TspMA Texte des späten Mittelalters und der frühen Neuzeit.

Ahd. und mhd. Epik und Lyrik (Wissenschaftliche Buchgesellschaft) [bei epischen Werken außer dem Textabdruck jeweils Nacherzählungen, bei Lyrik Übersetzungen; wird nicht mehr weitergeführt].
Bibliothek des Mittelalters / Bibliothek der Frühen Neuzeit (Deutscher Klassiker Verlag) [die Ausgaben mittelalterlicher Texte sind zweisprachig, die frühnhd. Texte sind sprachlich erläutert; ausführliche Kommentare].

Deutsche Klassiker des Mittelalters (Brockhaus-Klassiker) [mit fortlaufenden sprachlichen und sachlichen Erläuterungen, in der Regel mit informativen Einleitungen und mit Registern; wird nicht mehr weitergeführt].

KTRMA Klassische Texte des Romanischen Mittelalters in zweisprachigen Ausgaben (Fink) [altfranzösische, italienische und spanische Texte mit deutschen Übersetzungen].

Zahlreiche Textausgaben mittelalterlicher Werke mit neuhochdeutschen Übersetzungen finden sich in der Fischer-Bücherei und, vor allem, in Reclams Universal-Bibliothek (RUB).

Reihen: Monographien, Sammelbände, Textausgaben

Arbeitsbücher zur Literaturgeschichte (C.H. Beck) [lehrbuchartige Monographien, auch zu mittelalterlichen Autoren und Werken].

Fortuna vitrea. Arbeiten zur literarischen Tradition zwischen dem 13. und 16. Jh.

GAG Göppinger Arbeiten zur Germanistik.

GG Grundlagen der Germanistik (E. Schmidt) [lehrbuchartige Monographien].

Hermaea. Germanistische Forschungen [Monographien].

Imagines medii aevi. Interdisziplinäre Beiträge zur Mittelalterforschung.

Litterae. Göppinger Beiträge zur Textgeschichte [Abbildungen von Hss. und alten Drucken, mehr oder weniger ausführlich kommentiert].

MMS Münstersche Mittelalter-Schriften.

MTU Münchener Texte und Untersuchungen zur deutschen Literatur des Mittelalters.

QuF Quellen und Forschungen zur Sprach- und Kulturgeschichte der germanischen Völker.

SM Sammlung Metzler [lehrbuchartige Monographien].

TTG Texte und Textgeschichte.

WdF Wege der Forschung [Sammelbände mit in der Regel bereits früher anderswo erschienenen Untersuchungen, darunter zahlreiche Bände zu mittelalterlichen Autoren, Werken, Gattungen, Sachproblemen].

WILMA Wissensliteratur im Mittelalter.

Metrik

S. Beyschlag, Altdeutsche Verskunst in Grundzügen, ^{6}1969.
W. Hoffmann, Altdeutsche Metrik, ^{2}1981 (SM).
O. Paul / I. Glier, Deutsche Metrik, ^{6}1966.
H. Tervooren, Mhd. Minimalmetrik, ^{3}1979 (GAG).

Bibliographien

Zahlreiche bibliographische Angaben finden sich vor allem im VL, in den Bänden der SM und in den Arbeitsbüchern zur Literaturgeschichte. Spezialbibliographien zu Autoren und Gattungen in der Reihe: Bibliographien zur deutschen Literatur des Mittelalters (E. Schmidt). Die wichtigsten regelmäßig erscheinenden bibliographischen Organe sind:

Bibliographical Bulletin of the International Arthurian Society / Bulletin Bibliographique de la Société Internationale Arthurienne [annotierte, jährlich erscheinende internationale Bibliographie zur Artusliteratur und zum höfischen Roman].
Germanistik. Internationales Referatenorgan mit bibliographischen Hinweisen [erscheint vierteljährlich].
Bibliographie der deutschen Sprach- und Literaturwissenschaft [›Eppelsheimer/Köttelwesch‹; erscheint jährlich].

Weitere wichtige Werke

Nur pauschal hingewiesen werden kann auf zahlreiche Sammlungen kleinerer Schriften bekannter Altgermanisten, in denen in der Regel bereits früher veröffentlichte Arbeiten zusammengefaßt sind (z. B. H. Fromm, 1989; W. Haug, 1989, 1995, 2003; H. Kuhn, 1969, 1980; F. Ohly, 1995; K. Ruh, 1984; K. Stackmann, 1997, 1998, 2002; H. Tervooren, 2000 usw.). Hinzuweisen ist auch auf die laufend erscheinenden Festschriften und Tagungsbände, in denen neue, vielfach wichtige Aufsätze gesammelt sind.

E. Auerbach, Mimesis. Dargestellte Wirklichkeit in der abendländischen Literatur, 1946 [u. ö.].
P. J. Becker, Handschriften und Frühdrucke mhd. Epen, 1977.

I. Bennewitz / H. Tervooren (Hrsg.), *Manlîchiu wîp, wîplîch man.* Zur Konstruktion der Kategorien ›Körper‹ und ›Geschlecht‹ in der deutschen Literatur des Mittelalters, 1999.
H. Brinkmann, Mittelalterliche Hermeneutik, 1980.
H. Brunner / J. Hamm / M. Herweg / S. Kerth / F. Löser / J. Rettelbach, *Dulce bellum inexpertis.* Bilder des Krieges in der deutschen Literatur des 15. und 16. Jh.s, 2002 (Imagines).
E. Brüggen, Kleidung und Mode in der höfischen Epik des 12. und 13. Jh.s, 1989.
J. Bumke, Mäzene im Mittelalter. Die Gönner und Auftraggeber der höfischen Literatur in Deutschland 1150–1300, 1979.
– Höfische Kultur und Gesellschaft im Mittelalter, 1986 [u. ö.] (dtv).
E. R. Curtius, Europäische Literatur und lateinisches Mittelalter, 1948 [u. ö.].
A. Eitschberger, Musikinstrumente in höfischen Romanen des deutschen Mittelalters, 1999 (Imagines).
W. Fechter, Das Publikum der mhd. Dichtung, 1935, Nachdr. 1966.
H. Frühmorgen-Voss / N. H. Ott [u. a.] (Hrsg.), Katalog der deutschsprachigen illustrierten Hss. des Mittelalters, Bd. 1 ff., 1991 ff.
D. H. Green, Medieval Listening and Reading. The Primary Reception of German Literature 800–1300, 1994.
Gutenberg. *aventur und kunst.* Vom Geheimunternehmen zur ersten Druckrevolution. Hrsg. von der Stadt Mainz, 2000 [Ausstellungskatalog].
G. Hahn / H. Ragotzky (Hrsg.), Grundlagen des Verstehens mittelalterlicher Literatur, 1992.
W. Haug, Literaturtheorie im deutschen Mittelalter. Von den Anfängen bis zum Ende des 13. Jh.s, ^{2}1992.
– (Hrsg.), Mittelalter und frühe Neuzeit. Übergänge, Umbrüche und Neuansätze, 1999 (Fortuna vitrea).
J. Heinzle (Hrsg.), Das Mittelalter in Daten. Literatur, Kunst, Geschichte. 750–1520, 2002 (RUB).
– (Hrsg.), Modernes Mittelalter. Neue Bilder einer populären Epoche, 1994.
– [u. a.] (Hrsg.), Neue Wege der Mittelalter-Philologie, in: Wolfram-Studien 15 (1998).
N. Henkel / N. F. Palmer (Hrsg.), Latein und Volkssprache im deutschen Mittelalter 1100–1500, 1992.

V. Honemann / N. F. Palmer (Hrsg.), Deutsche Handschriften 1100 bis 1400, 1988.
M. Kern / A. Ebenbauer (Hrsg.), Lexikon der antiken Gestalten in den deutschen Texten des Mittelalters, 2003.
Ch. König [u. a.] (Hrsg.), Wissenschaftsgeschichte der Germanistik in Porträts, 2000.
H. Kuhn, Entwürfe zu einer Literatursystematik des Spätmittelalters, 1980.
E. C. Lutz [u. a.] (Hrsg.), Literatur und Wandmalerei I. Erscheinungsformen höfischer Kultur und ihre Träger im Mittelalter, 2002.
V. Mertens / U. Müller (Hrsg.), Epische Stoffe des Mittelalters, 1984.
J.-D. Müller (Hrsg.), ›Aufführung‹ und ›Schrift‹ in Mittelalter und früher Neuzeit, 1996.
– / H. Wenzel (Hrsg.), Mittelalter. Neue Wege durch einen alten Kontinent, 1999.
A. Nünning (Hrsg.), Metzler Lexikon Literatur- und Kulturtheorie, 1998.
U. Rautenberg / D. Wetzel, Buch, 2001.
K. Ruh (Hrsg.), Überlieferungsgeschichtliche Prosaforschung, 1985 (TTG).
K. Schneider, Gotische Schriften in deutscher Sprache. I. Vom späten 12. Jh. bis um 1300, 2 Bde., 1987.
– Paläographie und Handschriftenkunde für Germanisten, 1999.
R. Schnell, Causa amoris. Liebeskonzeption und Liebesdarstellung in der mittelalterlichen Literatur, 1985.
– Frauendiskurs, Männerdiskurs, Ehediskurs. Textsorten und Geschlechterkonzepte in Mittelalter und Früher Neuzeit, 1998.
B. Stäblein, Musik und Geschichte im Mittelalter. Gesammelte Aufsätze, 1984 (GAG).
H. Tervooren / H. Wenzel (Hrsg.), Philologie als Textwissenschaft. Alte und neue Horizonte, 1997.
M. Wehrli, Literatur im deutschen Mittelalter. Eine poetologische Einführung, 1984.
H. Wenzel, Hören und Sehen, Schrift und Bild. Kultur und Gedächtnis im Mittelalter, 1995.

Grundbedingungen und Grundprobleme deutschsprachiger Literatur des Mittelalters

Die Textüberlieferung

Im Gegensatz zur Literaturgeschichte der Neuzeit kann sich die des Mittelalters – wie die anderer älterer Epochen – keineswegs auf alle bzw. so gut wie alle Texte stützen, die in der Epoche entstanden sind. Das vorhandene Textkorpus ist vielmehr, bedingt durch die Überlieferungsverhältnisse, sehr lückenhaft. Dafür gibt es in der Hauptsache zwei Gründe.

1. Anders als in der Neuzeit wurden mittelalterliche Texte bis in die zweite Hälfte des 15. Jh.s ausschließlich handschriftlich überliefert. Der Buchdruck wurde erst um 1450 durch Johannes Gutenberg in Mainz erfunden (die lat. ›42zeilige Bibel‹ wurde 1455 vollendet). Auch neben den sogenannten Inkunabeln (Wiegendrucke, d.h. alle Drucke bis 1500) und den Frühdrucken (ab 1501) spielte die handschriftliche Überlieferung literarischer Texte noch lange eine wichtige Rolle. Als Beschreibstoff diente bis in die zweite Hälfte des 14. Jh.s ausschließlich Pergament (intensiv behandelte, jedoch ungegerbte feine Kalbs-, Schaf-, Ziegenhäute); seither zunächst daneben, dann in immer größerem Umfang das wesentlich billigere Papier (hergestellt aus einem Brei von Textilfasern und Wasser; erste deutsche Papiermühle 1390 in Nürnberg). Das gebundene Buch, der Codex, hatte in der Spätantike die bis dahin übliche Papyrosrolle weitgehend verdrängt, allerdings gab es auch im Mittelalter, wenngleich selten, noch Bücher in Rollenform (lat. *rotula*, *rotulus* »Rolle, Rodel«). Die Herstellung von Büchern war ein aufwendiger und kostspieliger Vorgang. Er

erfolgte lange Zeit ausschließlich in den Skriptorien der Klöster, in denen Spezialisten zusammenwirkten. Seit dem 12. Jh. wurden literarische deutsche Texte auch außerhalb der Klöster von Klerikern, Notaren, Gerichtsschreibern usw. im Dienst des Adels abgeschrieben. Erst seit dem 13. Jh. kann man auch mit städtischen Schreibern rechnen; größere Werkstätten sind erst im 15. Jh. nachweisbar. Bekanntestes Beispiel ist die zwischen 1427 und 1467 in Hagenau (Elsaß) belegte Werkstatt des Diebold Lauber, in der Handschriften auch auf Vorrat (also nicht nur auf Bestellung) produziert wurden. Individuell geschriebene Privathandschriften mit meist geringem Ausstattungsniveau sind in größerem Umfang erst seit dem 15. Jh. greifbar.

Handschriften sind in jedem Fall Einzelstücke. Bücher waren im Mittelalter keine Massenware, die Zahl der Überlieferungsträger mittelalterlicher deutscher Literatur ist – verglichen mit neuzeitlichen Verhältnissen – sehr gering. Selbst von einem berühmten und weitverbreiteten, bis um 1500 immer wieder abgeschriebenen Roman wie dem ›Parzival‹ Wolframs von Eschenbach (entstanden 1200/10) kennen wir heute nur 15 vollständige Handschriften, dazu eine Inkunabel von 1477 sowie Fragmente weiterer 66 Handschriften, insgesamt also aus fast 300 Jahren nicht mehr als 82 Textzeugen. Zahlreiche Texte sind nur aus ganz wenigen Überlieferungsträgern oder gar nur aus einem einzigen bekannt, viele sind nur in fragmentarischer Form überkommen. Nicht selten sind Texte auch ohne Autorennamen, also anonym, überliefert, was die literarhistorische Einordnung sehr erschwert, auch gibt es Dichter ohne Werk, d. h., von manchen mittelalterlichen Autoren kennen wir zwar den Namen, jedoch keine Texte. Viele Überlieferungsträger sind spurlos verlorengegangen, von manchen haben wir – etwa in alten Bibliothekskatalogen – Nachrichten, nicht wenige sind – bis weit herauf in die Neuzeit – aus Desinteresse zerstört worden; oft fanden Reste alter Handschriften als Buchbindematerial Verwendung.

Autographe, d. h. von den Autoren selbst geschriebene Handschriften ihrer Werke, gibt es (mit einer halben Ausnahme, vgl. S. 65) erst seit dem 15.Jh. Im allgemeinen basiert die Textüberlieferung im Mittelalter auf der Tätigkeit von Schreibern. Dies ist nicht unproblematisch: jeder Abschreiber macht Fehler, die vorhandenen Texte konnten aus unterschiedlichen Gründen auch bewußt geändert werden. Die ursprüngliche Textfassung des jeweiligen Autors – und manchmal stellte schon der Autor unterschiedliche Fassungen her – ist keineswegs ohne weiteres zu ermitteln. Die moderne Textkritik, die in der ersten Hälfte des 19. Jh.s insbesondere von Karl Lachmann (1793–1851) begründet wurde, bemüht sich, vielfach auf der Basis des Vergleichs der einzelnen Überlieferungen, die ursprünglichen Fassungen zu rekonstruieren; oft gelangt sie jedoch über die Wiedergabe von sogenannten Gebrauchsfassungen nicht hinaus. In den letzten Jahrzehnten spielt im editorischen Bereich die schwarzweiße oder farbige fotografische Wiedergabe von Handschriften oder alten Drucken, die sogenannte Faksimileausgabe, eine beträchtliche Rolle. Wird der überlieferte Text zwar mit modernen Drucktypen, sonst aber völlig unverändert wiedergegeben, spricht man von diplomatischem Abdruck. Greift der Bearbeiter in den überlieferten Text ein, indem er die unterschiedlichen Schreibungen vereinheitlicht, handelt es sich um einen normalisierten Handschriftenabdruck. Für die Edition im engeren Sinn haben sich zwei grundsätzliche Modelle herausgebildet: zum einen die sogenannte kritische Ausgabe, d. h., der Editor sucht aus der vorhandenen Überlieferung in methodischer Weise den ursprünglichen Text zu rekonstruieren; zum andern der bereinigte Handschriftenabdruck, d. h., der Herausgeber druckt unter weitgehendem Verzicht auf die Ermittlung der Autorintention die beste (oft die älteste) Handschrift meist in normalisierter Form ab und sucht nur die offensichtlichen Fehler durch Herbeiziehung anderer Handschriften oder aufgrund eigener Kompetenz zu verbessern.

2. Verlorengegangen ist mittelalterliche Dichtung aber nicht nur, weil einstmals vorhandene Handschriften zerstört wurden, sondern auch deshalb, weil sie zum Teil niemals den Weg auf das Pergament oder Papier fand. In einer Epoche, in der die überwiegende Mehrzahl der Bevölkerung – keineswegs nur die Angehörigen der Unterschicht – nicht lesen und schreiben konnte, hatte die Tradition der mündlichen Dichtung (*oral poetry*) einen bedeutsamen Stellenwert. Noch im 20. Jh. fand sich mündlich tradierte Epik in weitgehend analphabeten Kulturen, etwa in abgelegenen Gebieten des früheren Jugoslawien. Epenerzähler gab es mit Sicherheit auch im mittelalterlichen Deutschland. Ohne die Annahme mündlicher Dichtung könnte man sich kaum vorstellen, wie die Stoffe der Heldenepik die Jahrhunderte, in denen es kein schriftliches Zeugnis ihrer Existenz gibt, überstanden haben sollten: das älteste Zeugnis germanischer Heldensage in deutscher Sprache ist das zu Beginn des 9. Jh.s niedergeschriebene ›Hildebrandslied‹, das nächste das ›Nibelungenlied‹, das um 1200 aufgezeichnet wurde. Epenerzähler mögen bedeutende Kunstwerke zustande gebracht und an Adelshöfen, in Städten und womöglich auch auf Dörfern vorgetragen haben – erhalten hat sich nichts davon, nur ein »Abglanz« in verschriftlichten Texten wie den genannten Heldendichtungen. Nur mündlich existiert haben außerdem zahlreiche Lieder, wie man sie in allen Schichten sang – auch hiervon enthält die schriftliche Überlieferung nicht mehr als gelegentliche Spuren.

Entstehungsbedingungen: Autoren, Auftraggeber, Publikum

1. Der Untergang des Römischen Reichs in der Zeit der Völkerwanderung (4.–6. Jh.) brachte in Westeuropa auch das weitgehende Ende der antiken Bildung und damit der literarischen Kultur. Orte, an denen weiterhin Lesen und

Schreiben gepflegt wurden, waren im Frühmittelalter ausschließlich die Klöster. Die Kenntnis des Lateinischen blieb die Grundlage aller Bildung. Die Welt der Laien war im wesentlichen auf die Volkssprachen beschränkt, sie war eine weitgehend schriftlose Welt, deren »literarische« Bedürfnisse durch mündliche Dichtung befriedigt wurden. Volkssprachliche Mündlichkeit der Laien, der *illiterati*, einerseits – lateinische Schriftlichkeit des Klerus, der *literati*, andererseits: das blieb ein das ganze Mittelalter hindurch wesentlicher Gegensatz. Die überwältigende Fülle dessen, was schriftlich niedergelegt wurde, war bis in das 16. Jh. hinein in lateinischer Sprache abgefaßt. Latein war die Sprache der Bibel und der Liturgie, die Sprache, die man in den Schulen lernte – bis in das Spätmittelalter hatte die Kirche das Schulmonopol, befanden sich Schulen in den Klöstern oder waren sie, in den Städten, den Kirchen angeschlossen – und die an den seit dem 12. Jh. aufkommenden Universitäten ausschließlich verwendet wurde. Durch die Kenntnis des Lateinischen blieb ein Teil der antiken römischen Dichtung und Wissensliteratur lebendig (und konnte Quelle und Vorbild neuer, auch volkssprachlicher Texte werden). Latein war die Sprache der Wissenschaften, lange Zeit die der Urkunden und eines großen Teils der im Mittelalter entstehenden Dichtung. Wenn Kleriker sich der Volkssprache bedienten, dann fast ausschließlich, um den Laien die notwendige religiöse Unterweisung zu geben. Vaterunser, Beichte, Stücke aus der Bibel, Heiligenlegenden in Prosa und in Versen – derartige Textarten bestimmen bis etwa zur Mitte des 12. Jh.s fast ausschließlich das Bild der uns erhaltenen Literatur in deutscher Sprache. Geistliche als Autoren, Übersetzer, Schreiber sind hier ganz selbstverständlich.

2. Seit dem ausgehenden 11. Jh. entstand im westlichen Europa – zunächst in Südfrankreich in provenzalischer Sprache, dann im nördlichen Frankreich auf altfranzösisch und, seit etwa 1150, in Deutschland auf mittelhochdeutsch – anspruchsvolle, vorwiegend weltliche »höfische« Literatur

in den Volkssprachen. Die Volkssprachen wurden nunmehr in den Rang von Literatursprachen erhoben, die in gewisser Hinsicht mit dem Lateinischen konkurrieren konnten, wenn auch nicht im kirchlichen und wissenschaftlichen Bereich. Freilich stellten nicht die Laien im allgemeinen das Publikum dieser volkssprachlichen Literatur dar. Diese wurde vielmehr allein von der weltlichen Oberschicht, der Aristokratie, getragen. Nur diese Schicht konnte sich derart aufwendig herzustellende Literatur leisten. Grundlage hierfür war der demographische und ökonomische Aufschwung Westeuropas seit dem 11. Jh. Er hatte beträchtliche soziale und politische Folgen – unter anderem sind die Kreuzzüge zu nennen – und ermöglichte erstmals die Einrichtung größerer Adels- und Fürstenhöfe, an denen »höfisches« Leben gepflegt wurde. Die Aristokratie, ihrem Selbstverständnis nach die Kriegerkaste, die *bellatores*, die sich von den *oratores*, d.h. der Geistlichkeit, und den *laboratores*, der breiten, Handarbeit treibenden Masse der Bevölkerung unterschieden, suchte sich in Festen und Turnieren, in Musik und Tanz und in bestimmten Formen nunmehr geschriebener Dichtung, in erster Linie im Liebeslied, im Roman und in der Heldenepik, selbst darzustellen. In der neuen volkssprachlichen Dichtung wurde ein Bild des adligen Menschen entworfen, das nicht mehr vorwiegend durch kirchliche Kriterien bestimmt war, das seine kriegerischen Handlungen und seinen Umgang mit Frauen nicht mehr unter heilsgeschichtlichen Gesichtspunkten verdammte, sondern das sein Dasein mit positivem Sinn zu erfüllen trachtete. Die höfische Literatur ist deshalb nicht einfach Weiterdichten der lateinischen Literatur in den Volkssprachen, sie beruht vielmehr auf neuen Bedingungen. Sie entfaltet ein vorwiegend säkulares Menschenbild, in dem nicht mehr Gottes Gnade den einzigen relevanten Wert darstellt, auf den hin alles zu orientieren ist. Vielmehr zählt in ihr auch die weltliche Ehre, der vorbildliche Umgang mit Standesgenossen, ob Freund oder Feind, und mit den

Frauen wird thematisiert, der höfischen Freude kommt hoher Rang zu.

Die neu entstehende Literatur war nicht für die Privatlektüre, für stilles Lesen, gedacht. Vortragsort war vielmehr der Hof, sie war Teil der kollektiven Unterhaltung. Lyrik wurde mit Singstimme vor der Hofgesellschaft vorgetragen, auch die scheinbar so intime Liebeslyrik; die großepischen Texte wurden vorgelesen oder (soweit sie in Strophen abgefaßt sind) gleichfalls vorgesungen. Nicht zuletzt aus diesem Grund waren die Heldenepen und die Romane weitgehend in Strophen bzw. Versen gedichtet; erst seit dem ausgehenden 14. Jh. setzte sich in Deutschland auf dem Gebiet des Romans nach und nach die Prosa durch. Die Notwendigkeit zum Vortrag ergab sich nicht zuletzt schon daraus, daß die Mehrzahl der Zuhörer weiterhin nicht in der Lage war, selbst zu lesen. Jahrhundertelang wurde Analphabetismus in der weltlichen Oberschicht keineswegs als Makel betrachtet.

Die neue höfische Literatur war auf Auftraggeber und Gönner angewiesen. Unter den im Mittelalter herrschenden Bedingungen konnte sich ein Buchmarkt vor der Erfindung des Buchdrucks nicht herausbilden. Der einzelne Autor schrieb nicht für ein mehr oder weniger anonymes, möglichst zahlreiches Publikum. Um größere, einigen Aufwand nicht zuletzt an kostspieligem Beschreibmaterial erfordernde Texte verfassen zu können, brauchte er in aller Regel einen Mäzen. Dessen literarische Wünsche waren meist zu berücksichtigen, er war Adressat und primärer Rezipient des Werkes. Wirtschaftlichen Nutzen brachte derartiges Mäzenatentum nicht, wohl aber Prestigegewinn: das Werk, dem der Gönner ans Licht half und in dem sein Name oft genug an meist prominenter Stelle (im Prolog oder im Epilog) genannt wurde, mehrte seinen Ruhm, insbesondere bei seinen Standesgenossen. Es versteht sich, daß die angedeuteten Bedingungen auch ein Verhältnis des Autors zu seinem Werk zur Folge hatten, das neuzeitlichen Anschauungen nicht entspricht. Seit dem 18. Jh. wird der Rang eines Kunstwerkes nach dem Grad beurteilt, in dem sich darin die Subjektivität des Autors ausdrückt. Im Mittelalter dagegen hatten sich die Texte hinsichtlich ihrer Gattung und der inhaltlichen und sprachlichen Ausgestaltung weit mehr am Verständnis- und Erwartungshorizont des Auftraggebers und des Publikums zu orientieren. Das schloß individuelle Ausgestaltung keineswegs aus – es gibt im Mittelalter starke Autorindividualitäten –, diese blieb aber doch fast stets auf gewisse eingebürgerte Konventionen bezogen.

Als Autoren betätigten sich zum Teil Kleriker, Leute mit lateinischer Bildung, die an Adels- oder Fürstenhöfen tätig waren; ferner weltliche Hofbedienstete, Ministerialen, die über die entsprechenden Fähigkeiten verfügten. Liebeslyrik, Minnesang, dichteten großenteils die Adligen selbst, nicht nur Freiherren, sondern auch Grafen, Markgrafen, Herzöge und Könige. Mehr und mehr scheint es ferner schon im ausgehenden 12. Jh. Berufsdichter gegeben zu haben, Leute, die vom Ertrag ihres Dichtens und Vortragens lebten, die sich entweder für einige Zeit an einem bestimmten Hof fest etablieren konnten oder die von Burg zu Burg, von Hoffest zu Hoffest zogen. Die ständische Herkunft dieser Leute ist oft unklar. Es kann sich um Angehörige des niederen Adels oder der Ministerialität, um Kleriker oder auch um Stadtbürger handeln.

3. Die Aristokratie erscheint bis weit in das 14. Jh. als hauptsächlicher Träger der deutschen Literatur. Die Texte sind überwiegend geprägt von ihren Vorstellungen und Bedürfnissen; das »Volk«, die *laboratores*, die zahlenmäßig weit überwiegenden Bauern und die Stadtbewohner, begegnet darin allenfalls am Rande. Auch im 15. Jh. bleiben Adlige, bleiben vor allem die Fürstenhöfe wichtige Literaturträger. Nur der Adel verfügt in nennenswertem Umfang über Bibliotheken, in denen deutsche Texte eine bedeutsame Rolle spielen – als Beispiele genannt seien etwa die berühmte Bibliothek der Pfalzgrafen bei Rhein in Heidelberg,

die Palatina, oder die Bibliothek der Grafen von Manderscheid auf Blankenheim in der Eifel. Für Adlige werden zahlreiche Werke des 12./13. Jh.s immer wieder neu abgeschrieben und entstehen auch neue Texte. Adlige betätigen sich auch weiterhin als Autoren, ebenso Hofbedienstete.

Nicht zu übersehen ist freilich ein deutlicher literarhistorischer Einschnitt um 1350. Einige Gattungen kommen ganz außer Gebrauch. Der Minnesang, wie er seit dem 12. Jh. üblich war und wie er in der ersten Hälfte des 14. Jh.s noch in großen, repräsentativen Handschriften gesammelt wurde, verschwindet; die Liebeslieder, die seit der zweiten Hälfte des Jh.s gedichtet werden, folgen in konzeptioneller, formaler und sprachlicher Hinsicht anderen Regeln. Obwohl viele höfische Versromane weiterhin abgeschrieben und gelesen werden, endet die produktive Tradition dieses literarischen Typs ebenfalls. Als nach längerer Pause seit dem Ende des 14. Jh.s wieder Romane verfaßt werden – nunmehr meist in Prosa –, knüpfen sie allenfalls und nur teilweise stofflich, nicht aber im formalen und rhetorischen Anspruch an die alten Muster an. Andere dichterische Gattungen ändern sich, etwa die Sangspruchdichtung. In dieser seit dem ausgehenden 12. Jh. belegten Gattung wird das alte Prinzip der Einstrophigkeit zugunsten mehrstrophiger Spruchlieder aufgegeben, außerdem nennen sich die Autoren nunmehr oftmals in einer Autorsignatur am Schluß des Textes; auch wurde der alte Grundsatz, man dürfe nur in selbsterfundenen Strophenformen (Tönen) dichten, schon im 14. Jh. nicht mehr streng eingehalten. Wieder andere Gattungen treten nunmehr weit stärker hervor als vorher, etwa die in Reimpaaren oder in Strophen abgefaßten Lehrgedichte über die Minne, die Minnereden, oder die ebenfalls paargereimten Spruchgedichte der sogenannten Reimsprecher, die eine bequeme und anspruchslose kürzere Form für die unterschiedlichsten Inhalte und Themen darstellen. Genauere Begründungen für diese Veränderungen können nicht angegeben werden, man kann darüber nur spekulieren.

Seit dem 14. Jh. wird neben dem Adel auch das Stadtbürgertum literarisch aktiv. Städtische Ratsherren und Beamte verfassen Chroniken und Prosaromane, Handwerker begegnen als Autoren von Fastnachtspielen, von paargereimten Spruchgedichten unterschiedlichster Inhalte und von Liedern der verschiedensten Arten. Der größte Teil der nunmehr in bedeutendem Umfang entstehenden geistlichen und weltlichen Sachliteratur – Predigten, Gebete, Legenden, mystische Texte, erbauliche Texte, Rechtstexte, medizinische, landwirtschaftliche Texte usw. – muß freilich als ständeübergreifend angesehen werden: derartige Texte wurden im Kloster, am Hof und in der Stadt verfaßt, benutzt und gesammelt.

Mit dem Aufkommen gedruckter Bücher nach 1450 beginnt dann mehr und mehr das Zeitalter des Buchmarktes, in dem Bücher für ein nicht mehr oder nicht mehr ohne weiteres deutlich umrissenes Publikum, oft ohne einen Auftraggeber verfaßt und in der Hoffnung auf materiellen Gewinn veröffentlicht werden.

Probleme der Datierung und Lokalisierung

Außer mit einer lückenhaften Textüberlieferung hat die mediävistische Literaturforschung auch noch mit anderen Schwierigkeiten zu kämpfen. Bei einem neuzeitlichen Autor weiß man in aller Regel, wann und wo er gelebt hat, wann seine Werke verfaßt wurden und wo und wann sie erschienen sind, man kennt meist seinen Lebensumkreis, oft private Lebenszeugnisse, Briefwechsel, Zeugnisse literarischer Kritik, die sich mit ihm befassen. Im Mittelalter fehlen derartige Angaben weitgehend. Selten sind Lebensdaten einzelner Autoren urkundlich bezeugt (außer es handelt sich um Angehörige des Hochadels). Man weiß meist nichts über das Leben der Dichter, oft kennt man ihren Herkunftsort nicht, weiß nicht, in welche Schule sie gingen, an welchen Höfen oder in welchen Städten sie wirkten, weiß nichts über ihren Lebensumkreis und kennt auch die Entstehungsdaten ihrer Werke nicht. Bei vielen Texten kennt man nicht einmal die Namen der Autoren, sie sind anonym überliefert. Ansätze zu literarischer Kritik – innerhalb literarischer Werke selbst – gibt es nur in bescheidenem Umfang. Erst ab dem 15. Jh. ändert sich der Sachverhalt vielfach, erst von dieser Zeit an sind zahlreiche Autoren urkundlich belegt, lassen sich oft präzise Daten zu ihrem Leben und ihren Werken ermitteln.

Für die Zeit davor treten an die Stelle gesicherter Daten unter diesen Umständen in der Regel approximative Datierungen und oftmals hypothetische Lokalisierungen. Die Überlieferungsträger, die Handschriften, werden anhand der Schrift, d. h. anhand paläographisch bestimmbarer Merkmale, Papierhandschriften auch aufgrund der Wasserzeichen datiert; die Wasserzeichen geben auch Hinweise für die Lokalisierung, für die man sonst überwiegend auf schreibsprachliche (dialektale) Merkmale angewiesen ist. Die Datierung und Lokalisierung der Autoren und Werke erfolgt meist anhand der Kombination aller Merkmale und Informationen, deren man habhaft werden kann. Wichtig sind persönliche Mitteilungen des Autors in seinem Werk, Angaben über ihn an anderer Stelle (etwa in anderen literarischen Werken oder in Urkunden), Anspielungen auf zeitgenössische Persönlichkeiten, Orte, Ereignisse, ferner sichere oder mutmaßliche Beziehungen des Textes zu anderen literarischen Werken, stilistische Besonderheiten, Dialektmerkmale in der Sprache (am besten bewahrt blieben solche Merkmale in den Reimen) usw. Zahlreiche Schlüsse, die auf diese Weise gezogen wurden und noch werden, sind umstritten; ihre Diskussion macht einen Großteil mediävistischer Forschungsarbeit aus (deshalb können Datierungen und Lokalisierungen einzelner Werke in unterschiedlichen Darstellungen auch durchaus schwanken). In neuerer Zeit ist man gegenüber früher oft weitreichenden Kombinationen vielfach eher zurückhaltend geworden.

Zum Literaturbegriff

Während literaturgeschichtliche Darstellungen im Bereich der Neuzeit sich so gut wie immer auf die drei zentralen Dichtungsgattungen Lyrik, Epik, Drama beschränken und die »Sachliteratur« fast ganz beiseite lassen, gilt in der mittelalterlichen Literaturgeschichte im allgemeinen der sogenannte erweiterte Literaturbegriff. Dies bedeutet, daß mit Ausnahme von Urkunden, soweit diese sich auf die bloße Fixierung von Rechtsgeschäften beschränken, sämtliche überlieferten Texte einbezogen werden, also neben den verschiedenen Gattungen der Dichtung auch Sachtexte jeder Art: geistliche Literatur vom Vaterunser bis hin zu Werken der Mystik, historiographische Literatur, Rechtsliteratur, Medizinliteratur, sogar Glossensammlungen und Vokabulare, d.h. Wörterbücher. Man geht dabei von der These aus, im Mittelalter sei »die Trennung von Ästhetik und Lebenspraxis noch nicht vollzogen« gewesen. Die volkssprachliche Literatur verhelfe dem Laien »zum Verständnis seiner selbst, seines Standes, seiner Pflichten. Dazu gehört religiöses Schrifttum ... ebenso wie das Wissen um die Krankheit und die Techniken ..., was in der sog. ›Fachliteratur‹ angeboten wird, oder das Verständnis von Minne in all ihren Formen..., Berufspflichten und Berufsideale... usw. Diese Literatur hat ihre Einheit im Leben selbst« (K. Ruh). Der derzeit vollständigste »Katalog« deutscher mittelalterlicher Literatur auf der Basis dieses erweiterten Literaturbegriffs ist das seit 1978 in 2. Auflage erscheinende ›Verfasserlexikon‹ (VL). Angesichts des im Lauf des Mittelalters immer mehr zunehmenden Umfangs der Sachliteratur, auch ihrer vielfach noch ungenügenden Erforschung, versteht es sich allerdings fast von selbst, daß eine auch nur annähernd vollständige Aufzählung in einer Überblicksdarstellung wie der vorliegenden nicht einmal angestrebt werden kann. Im Mittelpunkt dieses Bandes stehen die Dichtungsgattungen; der Hinweis auf die Sachtexte darf allerdings nicht fehlen.

Zur Periodisierung

Die bei den Historikern übliche Einteilung in Früh-, Hoch- und Spätmittelalter, in der das Hochmittelalter meist die Spanne vom Beginn des 10. bis zur Mitte des 13. Jh.s umfaßt, ist für die Literaturgeschichte nicht brauchbar. Zwar werden die genannten Epochenbezeichnungen oft auch auf die Literaturgeschichte bezogen, doch begrenzt man sie hier meist anders: das literarische Frühmittelalter reicht meist bis in das 11. oder sogar bis in die erste Hälfte des 12. Jh.s, das Spätmittelalter läßt man meist später beginnen als um 1250 (ein genauer Zeitpunkt läßt sich nicht angeben, die Literaturgeschichten differieren). Aufgrund der im Abschnitt über die Entstehungsbedingungen dargestellten Sachverhalte, auch aufgrund sprachgeschichtlicher Merkmale, bietet es sich an, die mittelalterliche deutsche Literaturgeschichte folgendermaßen zu periodisieren:

A. Von den Anfängen im 8. Jh. bis um 1150 (althochdeutsche und frühmittelhochdeutsche Literatur, die letztere beginnt um 1050).
B. Von etwa 1150 bis um 1350 (mittelhochdeutsche, »höfische« Literatur).
C. Von etwa 1350 bis um 1500 (ältere Epoche der frühneuhochdeutschen Literatur).

Zu den sprachgeschichtlichen Merkmalen der einzelnen Perioden können hier nur wenige Hinweise gegeben werden.

1. Den unter dem Begriff des Althochdeutschen zusammengefaßten hochdeutschen Dialekten des Bairischen, Alemannischen und Fränkischen (Mittelfränkisch, Rheinfränkisch, Südrheinfränkisch, Ostfränkisch) ist gegenüber anderen germanischen Sprachen gemeinsam die regelhafte »Verschiebung« der Fortes p, t, k nach Vokal zu f(f), ʒ(ʒ), χ (z.B. in ahd. *offan*, *grīfan*; *eʒʒan*, *bīʒan*, *waʒ*; *mahhon*, *ih*); im Anlaut, nach Konsonanten und in der Gemination zu pf (geschrieben meist ph; im Bairischen, Alemannischen, Ost-

fränkischen – im Rheinfränkischen nur teilweise), z, kχ (nur im alemannischen und bairischen Alpenbereich) (z. B. in ahd. *phlegan*, *helphan*, *scephen*; *zunga*, *herza*, *sezzen*; *chorn*, *werch*, *we[c]chen*). Weitere Verschiebungen, die allerdings nicht in allen Dialekten anzutreffen sind, betrafen die Lenes b, d, g, die teilweise zu p, t, k verändert wurden. Durch diese Veränderungen im Konsonantensystem, die sogenannte Zweite Lautverschiebung, gliederten sich die genannten Dialekte (dazu das in Oberitalien gesprochene, fast ganz verlorene Langobardische), aus dem (Süd-)Germanischen aus; durch sie unterschieden sie sich auch von der in Niederdeutschland (nördlich der sogenannten Benrather Linie) gesprochenen altniederdeutschen Sprache, dem Altsächsischen (die in altsächsischer Sprache abgefaßte Literatur wird im vorliegenden Buch mit einbezogen, ebenso die Literatur des 13. bis 15. Jh.s in mittelniederdeutscher Sprache). Weiter ist den ahd. Dialekten der sogenannte Primärumlaut gemeinsam, d.h. der Umlaut von a vor i, ī, j der Folgesilbe zu geschlossenem kurzen ẹ (z.B. ahd. *faran* »fahren« – *fẹris* »du fährst«).

2. Das Mittelhochdeutsche unterscheidet sich vom Althochdeutschen durch die Abschwächung der vollen Endsilbenvokale zu e (vgl. ahd. *mahhōn* : mhd. *machen*, *taga* : *tage*), die dadurch bedingte Vereinfachung der Flexionsendungen (vgl. ahd. Dat. Sing. *gebu/gebo* : mhd. *gebe* »der Gabe«, Dat. Pl. *gebōm/gebōn/gebon : geben* »den Gaben«) und damit den allmählichen Übergang zu einem mehr analytischen Sprachbau (ahd. Gen. Pl. *gebōno* : mhd. *der geben* »der Gaben«); ferner durch die Verschriftlichung des sogenannten Sekundärumlauts, d. h. vor i, ī, j der Folgesilbe erscheinen a (dort, wo es nicht bereits ahd. zu ẹ geworden war), o, u, â, ô, û, ou, uo nunmehr als ä, ö, ü, ae, oe, iu (gesprochen ǖ), öu, üe (vgl. ahd. *mahtīg* : mhd. *mähtec*, *kunni*: *künne*, *loufit* : *löufet* usw.); schließlich durch die sogenannte Auslautverhärtung: b, d, g im Wortauslaut erscheinen mhd.

als p, t, k(c) (ahd. *līb* : mhd. *lîp*, *nīd* : *nît*, *tag*: *tac*). Im lexikalischen Bereich ist ein durch die höfische Literatur vermittelter erheblicher Einfluß des Altfranzösischen festzustellen; ihm werden zahlreiche Lehnwörter entnommen wie etwa *amîs* »Geliebter«, *aventiure* »Abenteuer«, *buhurt* »reiterliches Kampfspiel«, *tjost* »ritterlicher Zweikampf zu Pferd« usw.

3. Als bekannteste Differenzen zwischen Mittelhochdeutsch und Frühneuhochdeutsch kann man die Monophthongierung mhd. Diphthonge (*liebe* – gesprochen li-ebe – *guote brüeder* : liebe – gesprochen lībe – gute Brüder), die Diphthongierung mhd. Monophthonge (*mîn niuweȥ hûs* : mein neues Haus) und die Dehnung kurzer offener Silben (mhd. *legen* : nhd. lēgen, mhd. Dat. Sing. *tage* : nhd. Tāge usw.) vermerken; ferner wird die Auslautverhärtung graphisch rückgängig gemacht. Der Einfluß des Französischen auf die Lexik ist weitgehend verschwunden, von großem Einfluß – vor allem auch im Bereich der Syntax – ist nun wiederum, wie schon im Althochdeutschen, das Lateinische.

Unterschiede zwischen den Sprachstufen verdeutlichen können ahd., mhd. und frühnhd. Fassungen des Apostolischen Glaubensbekenntnisses. In der 1. Zeile angegeben ist der lat. Text, es folgt die ahd. Fassung nach dem ›Weißenburger Katechismus‹ (Ende 8. Jh.), die mhd. Fassung nach dem ›Millstätter Psalter‹ (12. Jh.), die frühnhd. Fassung nach Martin Luthers ›Kleinem Katechismus‹ (1531).

Lat.	Credo	in deum patrem	omnipotentem
Ahd.	Gilaubiu	in got fater	almahtigon
Mhd.	Ich geloube	an got vater	almechtigen
Frühnhd.	Ich gleube	an Gott den Vater	almechtigen

creatorem	caeli	et	terrae.	Et	in Jesum
scepphion	himiles	enti	erda.	Endi	in heilenton
schephaer	himels	unde	der erde.	Unde	an Jesum
SCHEPFER	himels	und	der erden.	Und	an Jhesum

Christum,	filium	eius	unicum,	dominum nostrum.
Christ	suno	sinan	einagon	truhtin unseran.
Christ	sun	sinen	einigen	herren unseren.
Christum,	seinen	einigen	Son,	unsern HERRN;

Qui	conceptus	est	de	spiritu sancto,
Ther	infangener	ist	fona	heiligemo geiste
Der	enphangen	wart	von dem	heiligen geiste
der	empfangen	ist	vom	heiligen geist,

natus	ex Maria virgine,
giboran	fona Mariun magadi
geboren	von sante Marien der meide
geboren	von der jungfrawen Maria,

passus	sub	Pontio Pilato.	Crucifixus,
giwizzinot	bi	pontisgen Pilate.	In cruci bislagan
gemartert	unter	dem rihtare Pylato.	Gechruciget
gelitten	unter	Pontio Pilato,	gecreutziget,

mortuus	et	sepultus	descendit	ad inferna,
toot	endi	bigraban.	Nidhar steig	ci helliu,
tot	unde	begraben.	Er fur	ze helle,
gestorben	und	begraben,	Nidder gefaren	zur Hellen,

tertia die	resurrexit	a mortuis.
in thritten dage	arstuat	fona tootem.
des dritten tages	erstunt er	von dem tode.
am dritten tage	auff erstanden	von den todten,

Ascendit	ad caelos,	sedet ad dexteram
Uf steig	ci himilom	gisaaz ci zeswun
Er fur uf	ze himile	er sicet ze der zeswen
auffgefaren	gen himel,	Sitzend zur rechten

dei patris omnipotentis.	Inde venturus
gotes fateres almahtiges	thanan quemendi
gotes vaters almaehtiges	dannen chumftich
Gottes, des Almechtigen Vaters,	von dannen er komen wird

iudicare vivos et mortuos.	Credo
ci ardeilenne quecchem endi doodem.	Gilaubiu
zerteilen lebentige unde tode.	Ich geloube
zu richten die lebendigen und die todten.	Ich gleube

in spiritum sanctum,	sanctam ecclesiam catholicam,
in atum wihan	wiha ladhunga allicha
an den heiligen geist	heilige christenheit alliche
an den Heiligen geist,	ein heilige Christliche kirche,
sanctorum communionem,	remissionem peccatorum,
Heiligero gimeinidha	ablaz sundeono
der heiligen gemeine	antlaz der sunte
die gemeine der heiligen,	vergebung der sunden,
carnis resurrectionem,	(et) vitam aeternam.
fleisges arstantnissi	liib ewigan.
des fleiskes urstende	unde daz ewige leben.
aufferstehung des fleisches	und ein ewiges leben,

Amen.
Amen.
Daz werde war.
AMEN.

A.
Die Epoche der althochdeutschen und frühmittelhochdeutschen Literatur
(8. Jh. – um 1150)

Historischer Überblick

751–911	*Herrschaft der Karolinger im Frankenreich.*
751–768	König Pippin.
754	Tod des Bonifatius (seit 722 Mission in Germanien).
768–814	Kaiser Karl (I.) der Große (Sohn Pippins).
772–804	Sachsenkriege; Christianisierung der Sachsen.
773/774	Eroberung des Langobardenreichs.
788	Absetzung Herzog Tassilos von Bayern.
795	Errichtung der Spanischen Mark.
800	Kaiserkrönung.
814–840	Kaiser Ludwig der Fromme (Sohn Karls des Großen).
830–833	Empörung der Söhne Pippin, Ludwig und Lothar.
843	Vertrag von Verdun; Teilung in ein Mittel-, Ost- und Westreich:
843–855	Kaiser Lothar I. (Sohn Ludwigs des Frommen) herrscht im Mittelreich (besteht bis 875);
843–876	König Ludwig II. der Deutsche (Sohn Ludwigs des Frommen) herrscht im Ostfrankenreich;
843–877	Kaiser Karl II. der Kahle (Sohn Ludwigs des Frommen) herrscht im Westfrankenreich.

876–882	König Ludwig III. der Jüngere von Ostfranken (Sohn Ludwigs des Deutschen).
877–879	König Ludwig II. der Stammler von Westfranken (Sohn Karls des Kahlen).
879–882	König Ludwig III. von Westfranken (Sohn Ludwigs des Stammlers).
879–884	König Karlmann von Westfranken (Bruder Ludwigs III.).
881–887	Kaiser Karl III. der Dicke (Sohn Ludwigs des Deutschen);
885–887	letzte Vereinigung des Gesamtreichs; Karl III. 887 abgesetzt.
887–899	Kaiser Arnulf von Kärnten (Enkel Ludwigs des Deutschen), Herrscher im Ostreich.
900–911	König Ludwig IV. das Kind von Ostfranken (Sohn Arnulfs), letzter Karolinger in Ostfranken.
um 900	Bildung von Stammesherzogtümern (Bayern, Sachsen, Franken, Schwaben, Thüringen, Lothringen).

*

ab 840	Plünderungszüge der Normannen im Frankenreich.
845	Plünderung von Paris, Zerstörung Hamburgs.
um 860	Entdeckung Islands.
891	Arnulf von Kärnten besiegt die Normannen; Ende der Normannengefahr im Ostfränkischen Reich.
ab 899	Einfälle der Ungarn in Mitteleuropa.

*

911–918	König Konrad I. von Franken, König des Ostfränkischen Reichs (die Bezeichnung *Regnum Teutonicum* erst seit dem 11. Jh.).
918–1024	*Herrschaft der Ottonen.*
918–936	König Heinrich I. der Vogler.
936–973	Kaiser Otto I. der Große (Sohn Heinrichs I.).
951–952	Eroberung Italiens.
955	Schlacht auf dem Lechfeld; Sieg über die Ungarn.

962 Kaiserkrönung in Rom.
973–983 Kaiser Otto II. (Sohn Ottos I.).
983–1002 Kaiser Otto III. (Sohn Ottos II.).
1002–24 Kaiser Heinrich II. der Heilige (Urenkel Heinrichs I.).

*

976–1025 Kaiser Basileios II. von Byzanz; größte Entfaltung der byzantinischen Macht.
987–996 Hugo Capet, König von Frankreich.

*

1024–1125 *Herrschaft der Salier.*
1024–39 Kaiser Konrad II.
1039–56 Kaiser Heinrich III. (Sohn Konrads II.).
1056–1106 Kaiser Heinrich IV. (Sohn Heinrichs III.).
ab 1074 Investiturstreit.
1077 Canossa; 1077–80 Gegenkönig Rudolf von Rheinfelden.
1106–25 Kaiser Heinrich V. (Sohn Heinrichs IV.).
1122 Wormser Konkordat; Ende des Investiturstreits.

*

1054 Schisma zwischen der römischen und der griechischen Kirche.
1066 Schlacht bei Hastings; Eroberung Englands durch die Normannen.
1073–85 Papst Gregor VII.
1096–99 1. Kreuzzug; Eroberung Jerusalems, Gottfried von Bouillon erster König von Jerusalem.
1098 Gründung des Zisterzienserordens.

*

1125–37 Kaiser Lothar von Supplinburg.

1137–1254 *Herrschaft der Staufer.*
1137–52 König Konrad III.
1147–49 2. Kreuzzug unter Führung Konrads III. und König Ludwigs VII. von Frankreich.

*

1115–53 Bernhard Abt von Clairvaux.

I. Althochdeutsche Literatur

(8. Jh. – um 1050)

Die schriftliche Überlieferung der ahd. Literatur beginnt in der 2. Hälfte des 8. Jh.s. Zahlreiche ahd. Texte haben subsidiären Charakter, d. h., ihre Aufgabe war es, lateinische Texte, nahezu ausnahmslos solche religiöser Art, verständlich zu machen bzw. das Verständnis solcher Texte zu erleichtern. Einem derartigen Zweck diente schon das älteste in einer germanischen Sprache abgefaßte Werk, das sich erhalten hat – es gehört selbstverständlich nicht in den Zusammenhang der deutschen Literaturgeschichte –, die Bibelübersetzung des westgotischen Bischofs **Wulfila** (um 311–382/383). Der überwiegende Teil der ahd. Literatur hängt mit dem klösterlichen Schulunterricht zusammen. Kulturelle, nicht zuletzt literarische Zentren des Frühmittelalters waren (wie S. 27 schon erwähnt) fast ausschließlich die Benediktinerklöster. In ihnen gab es Bibliotheken, Skriptorien, lateinischen Schulunterricht, ohne sie wäre die Überlieferung der antiken und frühchristlichen Literatur in lateinischer Sprache abgebrochen. So etwas wie eine eigenständige deutsche Literaturtradition wird in der Überlieferung nur an zwei Stellen sichtbar: zum einen faßt man einige wenige Reflexe der volkssprachlichen mündlichen Dichtung, vor allem in den Zaubersprüchen und in den Zeugnissen der Heldenepik; zum andern scheint sich eine eigenständige ahd. Dichtungstradition, Texte in Endreimversen, für kurze Zeit im Zusammenhang mit dem ›Evangelienbuch‹ (abgeschlossen wohl 867/868) Otfrids von Weißenburg gebildet zu haben. Mit dem 9. Jh. endet, soweit die Überlieferung eine Aussage zuläßt, für nahezu ein

Jahrhundert die Produktion deutscher Texte fast vollständig. Erst um die Jahrtausendwende gab es wieder einen deutschen Sprachschöpfer von Rang, den St. Galler Übersetzer Notker III. Sein Schaffen blieb freilich isoliert und ohne Nachwirkung.

1. Prosa

Glossen, Vokabulare, Interlinearversionen

Ahd. Glossen sind in über 1000 Hss. überliefert. Das mittellateinische Wort *glossa*, *glosa* (mit langem -o-!) bedeutet »Erklärung«. Man versteht darunter deutsche Übersetzungen einzelner Wörter oder Sätze. Sie stehen entweder am Rand des lateinischen Textes (Marginalglossen), zwischen den Zeilen (Interlinearglossen) oder unmittelbar nach dem zu erläuternden Wort (Kontext- oder Textglossen). Zweck ist das Verstehen der lateinischen Texte oder das Erlernen lateinischer Wörter und Wendungen. Glossiert wurden vorwiegend die Bibel, die Canones, d. h. Sammlungen von Konzilsbeschlüssen, die Schriften Gregors des Großen (um 540–604, ab 590 Papst) und anderer kirchlicher Autoritäten, aber auch antike und frühchristliche Autoren wie Vergil (70–19 v. Chr.), Terenz (um 195/190–159 v. Chr.), Prudentius (348–um 405), Boethius (um 480–524) usw. Enthält eine Sammlung ausschließlich lateinische Wörter, die mit anderen lateinischen und/oder ahd. Wörtern interpretiert werden, spricht man von einem Glossar oder Vokabular.

Das älteste deutsche Buch überhaupt ist ein Glossar, der nach dem ersten lateinischen Wort genannte ›Abrogans‹ (*abrogans* »bescheiden«). Es handelt sich um ein aus spätantiken und frühmittelalterlichen Glossaren zusammengestelltes, alphabetisch geordnetes Verzeichnis seltener Wörter, die zunächst durch andere, geläufigere lateinische Wörter erläutert wurden; Absicht war, zu einem besseren Verständnis des Bibeltextes zu führen. Um die Mitte des 8.Jh.s wurde der ›Abrogans‹ im oberdeutschen Sprachgebiet (Freising? Salzburg?) deutsch glossiert (ca. 3670 volkssprachliche Wörter) – »ein schier aussichtsloses Unterfangen, da die deutsche Sprache zur Wiedergabe der ihr vielfach fremden Begriffe und Vorstellungen ... alles andere als vorbereitet war« (D. Kartschoke). Um 790 wurde das Buch in Regensburg gekürzt und bearbeitet, wobei nunmehr auch die lateinischen Interpretamente alphabetisch eingeordnet wurden. Diese Fassung, die ›Samanunga worto‹, d.h. »Sammlung von Wörtern«, konnte vor allem als lateinisch-ahd. Wörterbuch verwendet werden.

Neben den alphabetisch geordneten Glossaren gibt es auch Sachglossare, d.h. Verzeichnisse von Wörtern zu bestimmten Themenbereichen, etwa zu Pflanzen, Tieren, Körperteilen. Das älteste derartige Verzeichnis findet sich im ›Vocabularius Sancti Galli‹ (um 775, aus Fulda?), dem Notizbuch eines Schreibers in angelsächsischer Tradition – Hintergrund ist die angelsächsische Mission des Bonifatius und seiner Mitarbeiter im 8. Jh. –, das übrigens auch altenglische Glossen enthält. Vgl. daraus etwa:

> *stomahus* mago. *umpiculo* nabulo. *tronus* stool. *celus* himil. *sol* sunna. *luna* mano. *stellas* sterron. *archus* pogo. *gugernabes* uuolcan [d.h. Wolken]. *uulgor* uunst [d.h. Blitz]. *uentus* uuint ...

Zur Förderung des Textverständnisses dienten auch Interlinearversionen, d.h. Wort-für-Wort-Übersetzungen zwischen den Zeilen des lateinischen Textes. Nur Fragmente erhalten haben sich von altalemannischen, altniederfränkischen und altsächsischen Psalmenübersetzungen dieser Art (9. Jh.) sowie von einer rheinfränkischen Übersetzung der Cantica canticorum, des Hohenlieds Salomonis (10. oder 11. Jh.). Zu Beginn des 9. Jh.s entstand, wahrscheinlich in

St. Gallen, die ›Althochdeutsche Benediktinerregel‹, die unvollständige Interlinearversion der Mönchsregel des Benedikt von Nursia (um 480 – um 550), des »Grundbuches« des frühen Mönchtums (vgl. Abb. 1). Im nicht weit entfernten Kloster Reichenau im Bodensee wurden im 1. Viertel des 9. Jh.s 27 lateinische Hymnen – liturgische Gesänge, deren Entstehung auf den heiligen Ambrosius (um 340–397) zurückgeführt wird – mit einer interlinearen Übersetzung versehen, die (nach dem Aufbewahrungsort der Hs. benannten) ›Murbacher Hymnen‹. Ebenfalls auf die 1. Hälfte des 9. Jh.s zurück geht das ›Carmen ad deum‹, die manchmal fehlerhafte (bairische?) Übersetzung des lateinischen Reimgebetes ›Sancte sator suffragator‹ (8. Jh.), eines Textes wahrscheinlich irischer Herkunft in oft schwerverständlicher Sprache.

Religiöse Gebrauchstexte

Die Kapitularien, d. h. Reichsgesetze, Karls des Großen – am wichtigsten ist in diesem Zusammenhang die ›Admonitio generalis‹ von 789 – verlangten unter anderem von den Priestern regelmäßige Predigt und die Kenntnis und Verkündigung der Heilstatsachen. Von Laien wurde die Beherrschung des Glaubensbekenntnisses und des Vaterunsers gefordert. Wie die Aufforderung an das Christenvolk, Credo und Paternoster zu erlernen, aussehen konnte, zeigt in musterhafter Weise ein Predigttext, die ›Exhortatio ad plebem christianam‹ (»Aufforderung an das Christenvolk«; Anfang 9. Jh., bairisch); lateinische Fassung und deutsche Übersetzung stehen in beiden Hss. nebeneinander. Im Zusammenhang dieser Bemühungen wurden die für die Katechese, d. h. den Unterricht, maßgeblichen Texte mehrfach auf ahd. vorgelegt: Vaterunser, Glaubensbekenntnis, das Taufgelöbnis bei der Erwachsenentaufe, Beichtformeln für die Ohrenbeichte und Gebete. Besonders interessant ist das

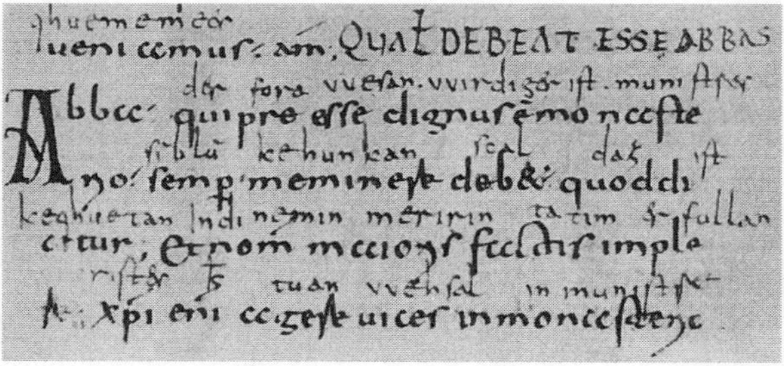

Abb. 1 Ausschnitt aus der Interlinearversion der ›Benediktinerregel‹. St. Gallen, Stiftsbibl., Cod. 916 (Anfang 9. Jh.)

›Sächsische Taufgelöbnis‹ (spätes 8. Jh.), das »die Situation der Bekehrungszeit« (A. Masser) der von Karl besiegten Sachsen spiegelt: der Täufling wird genötigt, den *unholdun*, d.h. Teufeln, Donar, Wodan und Saxnot, seinen bisherigen Göttern, ausdrücklich abzuschwören. Wohl für den Priester bestimmt war der ›Weißenburger Katechismus« (Ende 8. Jh., Hs. aus Weißenburg im Elsaß oder aus Worms); er umfaßt das Vaterunser samt Kommentar, ein lateinisch-deutsches Beichtschema mit der Aufzählung von zwanzig Sünden, das Apostolische und das Athanasianische Glaubensbekenntnis sowie das Gloria in excelsis. Beichtformeln, teilweise verbunden mit dem Credo, finden sich ausgesprochen häufig; als Beispiele genannt seien die ›Altbairische Beichte‹ sowie das ›Altbairische (St. Emmeramer) Gebet‹, die ›Lorscher Beichte‹ und die ›Würzburger Beichte‹, alle aus dem 9. Jh.

Bibel und theologische Texte

Einhard (um 770–840), der Autor der ›Vita Caroli Magni‹ (um 833), bezeugt das Interesse Karls des Großen am *sermo patrius*, an seiner fränkischen Muttersprache; unter anderem habe der Kaiser den Monaten und den Winden deutsche Namen gegeben. Mit Karls Bemühungen um die Pflege der Muttersprache in Verbindung gebracht wird auch ein nur fragmentarisch, zusammen mit den lateinischen Vorlagen, in zwei Hss. in Paris und Wien bzw. Hannover erhaltenes Korpus von Übersetzungen, der ›Althochdeutsche Isidor‹ und die ›Mon(d)see-Wiener Fragmente‹. Es handelt sich um die teilweise erhaltene Übersetzung einer Schrift des spanischen Kirchenvaters Isidor von Sevilla (570–636) ›De fide catholica contra Iudaeos‹, in der ausgeführt wird, daß die alttestamentlichen Messiasprophetien auf Christus zuträfen, ferner, daß nicht die Juden, sondern die Heiden das Volk Gottes seien; außerdem um eine fragmentarische Übersetzung des Matthäusevangeliums, um eine nur hier überlieferte Predigt ›De vocatione gentium‹ und um weitere Predigtbruchstücke. Die Übersetzungen entstanden Ende des 8. Jh.s wahrscheinlich in Lothringen (Metz?); angenommen wird, daß alle auf einen einzigen Bearbeiter zurückgehen. Die Orthographie ist konsequent geregelt, die Übersetzungen sind von außerordentlicher Qualität, die sonst üblichen Wort-für-Wort-Übersetzungen werden weit übertroffen. Vieles spricht dafür, daß der Übersetzer für den bzw. am Hof Karls des Großen tätig war.

Der Syrer **Tatian** stellte um das Jahr 170 aus den vier Evangelien und weiterem Material sein ›Diatesseron‹, d. h. »durch die vier (Evangelisten)«, zusammen, eine ›Evangelienharmonie‹, in der das Leben Christi zusammenhängend erzählt wird. Der ursprünglich syrische oder griechische Text ist nur in lateinischer Bearbeitung erhalten: die älteste und wichtigste Hs. hinterließ der heilige Bonifatius (672/675–754) dem Kloster Fulda. Im 2. Viertel des 9. Jh.s, zur Zeit des berühmten Abtes Hrabanus Maurus (780–856, seit 822 Abt von Fulda, seit 847 Erzbischof von Mainz), wurde die ›Evangelienharmonie‹ dort von mehreren Übersetzern auf deutsch bearbeitet – wahrscheinlich handelte es sich um eine Auftragsarbeit des Klosters St. Gallen. In der Hs. des

›Althochdeutschen Tatian‹ ist die deutsche Übersetzung der lateinischen Vorlage gegenübergestellt. »Für den Lateinkundigen diente das Original zur Kontrolle der Übersetzung, für den des Lateinischen wenig oder gar nicht Kundigen diente die Übersetzung dem elementaren oder besseren Verständnis des Originals« (E. Hellgardt). Entsprechend diesem Zweck handelt es sich nicht um eine relativ freie, sondern um eine Wort-für-Wort-Übersetzung, die teilweise die Vorlage sklavisch nachahmt.

Rechtstexte

Rechtstexte haben sich nur in geringem Umfang erhalten. Dazu gehört das Bruchstück einer ahd. Übersetzung (entstanden wohl bald nach 800) der ›Lex Salica‹, des im 6.Jh. aufgezeichneten Stammesrechtes der Salfranken, d. h. der im späteren Belgien und in Nordfrankreich siedelnden Franken; überliefert ist unter anderem der Abschnitt über den Diebstahl von Schweinen. Das fragmentarisch erhaltene ›Trierer Kapitulare‹ stellt die deutsche Interlinearversion eines Gesetzes Kaiser Ludwigs des Frommen von 818/819 dar, das bestimmte, daß jeder Freie über sein Vermögen nach Belieben verfügen dürfe. Aufschlußreich durch die Fülle deutscher Ortsnamen sind die Markbeschreibungen, Urkunden, in denen die Grenzen einer Gemarkung festgelegt sind. Es gibt drei solche Beschreibungen, eine für Hammelburg an der Fränkischen Saale, datiert auf 777, zwei für Würzburg, die erste datiert auf 779, die zweite ist undatiert. Die beiden ersten sind lateinisch abgefaßt, die Orts- und Zeugennamen sind deutsch; die ›Zweite Würzburger Markbeschreibung‹ ist durchgehend deutsch. Schließlich haben sich einige Eidesformeln erhalten. Am bedeutendsten sind die ›Straßburger Eide‹. Am 14.Februar 842 erneuerten die Söhne Ludwigs des Frommen, Karl der Kahle und Ludwig der Deutsche, zu Straßburg vor ihren Heeren ihr Bündnis gegen ihren Bruder

Kaiser Lothar. Ludwig schwor in der romanischen, Karl in der germanischen Volkssprache, um vom Heer des Bruders verstanden zu werden; anschließend schworen die jeweiligen Gefolgschaften, jede in ihrer Sprache. Bei den Eiden Ludwigs und der Gefolgschaft Karls handelt es sich übrigens um die ältesten Aufzeichnungen afrz. Texte.

Gesprächstexte

Überraschenden Einblick in das alltägliche Leben und in die Alltagssprache gewähren die ›Kasseler Glossen‹ (geschrieben im 1. Viertel des 9. Jh.s in Bayern) und die ›Altdeutschen (Pariser) Gespräche‹ (Hs. Anfang 10. Jh.). Die ›Kasseler Glossen‹ umfassen ein Sachglossar, in dem auch bereits einfache Sätze stehen, sowie ein Gesprächsbüchlein mit Sätzen, wie sie einem Romanen nützlich sein konnten: etwa (aus dem Glossar:) *skir min fahs*, »Schere mein Haupthaar«; *Sage mir uueo namun habêt desêr man*, »Sage mir, wie dieser Mann heißt«; (aus dem Gesprächsbüchlein:) *Tole sint Ualhâ spâhe sint Peigira*, »Dumm sind die Welschen, klug sind die Baiern« – sonst wird in mittelalterlichen Quellen von den Baiern meist das Gegenteil behauptet! Die ›Altdeutschen Gespräche‹ sind wesentlich umfangreicher. »Es handelt sich um ein zweckgebundenes Reisehandbüchlein, das Wortschatz und Satzmuster für Körperteile, Kleidung, Dienstleistungen in der Herberge, Bekanntschaft und Konversation mit Fremden, Verkehr mit Dienstboten, Reiten und Waffentragen vermittelt« (St. Sonderegger). Die Orthographie ist stark romanisch geprägt. Vgl. zum Beispiel: *Gueliche lande cumen ger? (de qua patria?)*, »Aus welchem Land kommt Ihr?« – *E guas mer in gene Francia (in francia fui)*, »Ich war (mir) in jenem Franzien«; *Guaz guildo? (quid uis tu?)*, »Was willst du?; *Erro, e guille trenchen (ego uolo bibere)*, »Herr, ich will trinken«; *Hiih atz heuto brot*, »Ich aß heute Brot.«

2. Dichtung

Heldendichtung

Zu den kostbarsten und eindrucksvollsten Zeugnissen ahd. Dichtung gehört das von zwei Schreibern um 830/840 in eine Hs. aus dem Kloster Fulda eingetragene ›Hildebrandslied‹. Es handelt sich um 68 Verse, der Schluß fehlt. Man nimmt an, daß der Text, der in einem eigenartigen Mischdialekt aus hochdeutschen und altsächsischen Formen abgefaßt ist, in der 2. Hälfte des 8. Jh.s entstand. Einleitend stellt der Erzähler mit wenigen Worten die Situation dar:

Ik gihorta đat seggen,
đat sich urhettun aenon muotin,
Hiltibrant enti Hađubrant untar heriun tuem.
sunufatarungo iro saro rihtun ... (V. 1–4)

Ich hörte das erzählen, daß sich Krieger einzeln trafen, Hildebrand und Hadubrand zwischen zwei Heeren. Sohn und Vater rückten ihre Rüstung zurecht ...

Das weitere Geschehen ergibt sich hauptsächlich aus den dramatischen Reden und Gegenreden der beiden Protagonisten. Die dem Ereignis zugrundeliegende Grundkonstellation wird nur angedeutet, man muß davon ausgehen, daß sie den Hörern weitgehend vertraut war. Der ältere der beiden Heerführer, Hildebrand, fragt den Kontrahenten zunächst nach seinem Namen. Er heiße Hadubrand, Sohn Hildebrands, der einst vor Odoakers Haß mit Dietrich nach Osten geflohen sei. Doch das sei lange her, der Vater sei nicht mehr am Leben. Hildebrand versucht, sich dem Sohn zu erkennen zu geben, doch der weist dies als hunnische List zurück. So ist – nach einer bewegenden Klage Hildebrands über seine *wewurt* (V. 49), sein »Wehe-Geschick, Unglück« – der Ernstkampf nicht zu vermeiden. Mitten in dessen Schilderung bricht das Gedicht ab. Man muß davon ausgehen, daß es – anders als im ›Jüngeren Hildebrandslied‹ (überliefert seit dem 15. Jh.), vgl. S. 253 – mit dem Tod des Sohnes endete.

Mit dem ›Hildebrandslied‹, das lediglich eine einzelne Episode schildert, nicht Teil eines Großepos war, wird erstmals in der deutschen Literaturgeschichte die über Jahrhunderte hin fast ausschließlich mündlich überlieferte germanische Heldendichtung greifbar, vgl. dazu S. 26 und 134 f. Es handelt sich um Dichtungen von Taten außerordentlicher, durch Mut und Kampfkraft ausgezeichneter Menschen, vorgetragen von Epenerzählern. Die im eigentlichen Sinn literarische, d.h. aus schriftlichen Zeugnissen bestehende Tradition der Heldendichtung ist auf deutsch sonst erst seit dem um 1200 aufgezeichneten ›Nibelungenlied‹ zu fassen, vgl. S. 134 und 201 ff. Indes begegnen Gestalten, die im übrigen erst dort und in noch späteren Heldendichtungen vorkommen, bereits im ›Hildebrandslied‹, ebenso die Grundkonstellation: mit Dietrich ist der Ostgotenkönig Theoderich der Große (gest. 526) gemeint, der nach der Eroberung Italiens 493 den Söldnerführer Odoaker tötete – in der Heldendichtung gilt Dietrich von Bern (d.h. Verona) als König, der aus seinem Reich vertrieben wurde und versucht, es zurückzuerobern; *Huneo truhtin* (V. 35), der »Herr der Hunnen«, ist zweifellos der Hunnenkönig Attila/Etzel, zu dem Dietrich auch im ›Nibelungenlied‹ geflohen ist; Hildebrand erscheint darin als Dietrichs Waffenmeister.

Abgefaßt ist das ›Hildebrandslied‹, das man sich mit Singstimme vorgetragen vorstellen muß, in Stabreimversen. Diese Versart ist nicht nur für die ahd., sondern auch für die altenglische, altsächsische und altnordische Dichtung charakteristisch; im ahd. Bereich wurde sie wohl schon im Lauf des 9. Jh.s durch endgereimte Verse abgelöst. Stabreimgedichte sind aus Langzeilen zusammengesetzt, die sich in jeweils zwei durch eine Zäsur getrennte Hälften, den An- und den Abvers, gliedern. Unter Stabreim (auch: Alliteration) wird der Gleichklang der Anlaute von Hebungssilben verstanden. Alliterieren können jeweils gleiche Konsonanten oder beliebige Vokale. Jeder der beiden Halbverse einer Zeile hat zwei Haupthebungen (Ikten), so daß es maximal vier Stabreime (Stäbe) pro Zeile geben kann; in der Regel sind freilich nur drei vorhanden (im Abvers immer auf der ersten Hebung), die Mindestzahl sind zwei Stäbe, in jeder Vershälfte einer. Die Zahl der Silben zwischen den Haupthebungen ist variabel, es herrscht weitgehende Füllungsfreiheit.

In den folgenden Beispielen aus dem ›Hildebrandslied‹ sind die Stäbe unterstrichen, die Ikten durch Akzent hervorgehoben; V.40 ist ein Beispiel für gekreuzten doppelpaarigen Stabreim (sp/w sp/w):

Híltibrant enti Háđubrant   untar hériun túem   (V.3)
fórn her óstar giweit,   floh her Otachres níd   (V.18)
spénis mih mit dinem wórtun,   wili mih dinu spéru wérpan (V.40)

Noch ein zweiter germanischer Heldensagenstoff begegnet im frühen Mittelalter in verschriftlichter Form auf deutschem Boden: die Erzählung von Walther von Aquitanien. Der Stoff, der in Fragmenten des altenglischen Heldenepos ›Waldere‹ (wohl 9. Jh.) bezeugt, dessen mhd. Fassung ›Walther und Hildegund‹ (13. Jh.) bis auf wenige Reste verloren ist (vgl. S. 252), wurde in einem lateinischen Hexameterepos, dem ›Waltharius‹, bearbeitet. Entstehungszeit (9. oder 10. Jh.?), Entstehungsort (St. Gallen?) und Autor (der Mönch **Ekkehard I. von St. Gallen**, gest. 973?) des relativ breit überlieferten Werks (12 vollständige oder fragmentarische Hss.) sind umstritten. Stilistisch und in seiner epischen Haltung orientiert sich das einzigartige Gedicht an der lateinischen Epik, insbesondere an Vergil, Statius (um 50–96 n. Chr.) und Prudentius, die auch eifrig zitiert werden. Vielleicht wollte der Autor seinen klösterlichen Mitbrüdern zeigen, wie man einen derartigen Stoff »richtig« gestaltet.

Inhalt: Am Hof des Hunnenkönigs Attila leben drei vornehme junge Leute als Geiseln ihrer westlichen Heimatländer: der Franke Hagen, die Prinzessin Hildegund von Burgund und der Königssohn Walther von Aquitanien. Hagen entflieht in seine Heimat nach Worms zu König Gunther. Nach einem hunnischen Siegesfest gelingt es auch Walther, mit Hildegund und einem mit Schätzen beladenen Pferd zu fliehen. Nach vierzig Tagen gelangen sie bei Worms über den Rhein. Gunther will dem Helden seine Schätze und das Mädchen abjagen und verfolgt beide. Im Wasgenwald kommt es zum Kampf. Elf Streiter Gunthers werden von Walther getötet. Hagen, im Konflikt zwischen Freundestreue und Vasallitätspflicht, hält sich zunächst fern. Erst anderntags überfällt er zusammen mit Gunther den weiterziehenden Freund. Im Kampf verliert Gunther ein Bein, Hagen ein Auge, Walther eine Hand. Die Verstümmelten versöhnen sich unter rauhen Scherzen und lassen sich von Hildegund pflegen. Danach reitet Walther in seine Heimat, feiert Hochzeit mit Hildegund und regiert nach dem Tod seines Vaters dreißig Jahre lang.

Die Konstellation mit dem Hunnenhof Attilas auf der einen, dem Reich des charakterschwachen Königs Gunther, der der Hilfe seines Vasallen Hagen bedarf, auf der anderen Seite entspricht der des ›Nibelungenliedes‹; an der Stelle des Burgundenreichs steht im ›Waltharius‹ allerdings das Frankenreich.

Sprüche zur Beschwörung

Unter dem Begriff »Sprüche zur Beschwörung« sind hier die heidnisch-germanischen Zaubersprüche und die – wie man »rücksichtsvoll« (M. Wehrli) sagt – christlichen Segen zusammengefaßt. Bevor Medizin und Chemie in neuerer Zeit wirksame Heilmittel zur Verfügung stellen konnten, spielten Beschwörungen der für die Krankheiten meist verantwortlich gemachten dämonisierten Mächte eine erhebliche Rolle; aufgrund der von den Wortformeln ausgehenden suggestiven Wirkung auf die Kranken waren sie keineswegs stets erfolglos. Auch in anderen Bereichen waren (und sind) Beschwörungen von Bedeutung; erhalten bis zu einem gewissen Grad hat sich etwa das ritualisierte Vertrauen auf magische Formeln bei Einsegnungen, beispielsweise öffentlicher Gebäude.

Die ältesten Zaubersprüche und Segen in deutscher Sprache sind seit dem Beginn des 10. Jh.s überliefert; die Texte sind jedoch vielfach weit älter, da derartige Sprüche gewöhnlich von einer Generation zur nächsten weitergegeben wurden. Formal lassen sich zwei Typen unterscheiden. Beim einen Typ sucht man die Wirkung aus einem vorausliegenden anerkannten Vorgang durch Analogie zu gewinnen (Analogiezauber) – dieser Typ verfügt daher über eine Art »epische« Einleitung, auf die erst der eigentliche Zauberspruch folgt. Der andere Typ, vielleicht eine reduzierte Form des ersten, verzichtet auf die Einleitung und beschränkt sich auf den Zauberspruch. Abgefaßt sind die erhaltenen Sprüche in Stabreimen, in Reimpaarversen – manchmal erscheinen auch beide Verstypen gemischt – oder in Prosa.

Die ältesten erhaltenen Texte deutscher Sprache überhaupt sind die ›Merseburger Zaubersprüche‹, zwei in Stabreimen abgefaßte kurze Texte, die in der 1. Hälfte des 10. Jh.s in eine aus Fulda stammende Hs. eingetragen wurden. Angesichts ihres germanisch-heidnischen Gepräges dürften sie mindestens auf die 1. Hälfte des 8. Jh.s zurückgehen, in die Zeit oder sogar vor die Zeit der Mission des Bonifatius. Der 1. Spruch beginnt mit der Schilderung, wie *idisi*, zauberkundige Frauen, Fesseln heften, Heere aufhalten, Fesseln aufknüpfen; in der abschließenden Zeile wird die Befreiung von Gefangenen beschworen: *insprinc haptbandun, invar vigandun*, »Entspringe den Fesseln, entweiche den Feinden«. Der 2. Spruch nennt germanische Götter und Göttinnen: Phol (identisch mit Balder?), Wuodan, Balder, Sinthgunt, Sunna, Frija, Volla. Berichtet wird von der Fußverrenkung eines Götterpferdes; die Beschwörungen der Göttinnen bleiben offenbar wirkungslos, nur Wuodan kennt die richtige, auch im je konkreten Fall noch anwendbare Formel:

sose benrenki, sose bluotrenki, sose lidirenki:
ben zi bena, bluot zi bluoda,
lid zi geliden, sose gelimida sin!

Wie Knochenverrenkung, so Blutverrenkung, so Gliederverrenkung: Knochen zu Knochen, Blut zu Blut, Glied zu Gliedern, sollen sie geleimt sein!

Die Kriegsthematik des 1. Spruchs ist unter den erhaltenen ahd. Sprüchen singulär. Mit der Heilung von Pferden wie der 2. Spruch befassen sich auch andere, nun schon christlich getönte Texte: ›Pro nessia‹ (gegen die Wurmkrankheit; erhalten in bairischer und altsächsischer Fassung), ›Ad equum errehet‹, ›De hoc quod spurihalz dicunt‹, ›Trierer Pferdesegen‹ (gegen die Rähe). Der Behütung der Hunde gilt der ›Wiener Hundesegen‹, der der Bienen der ›Lorscher Bienensegen‹. Der Stillung des Blutes gewidmet ist der ›Straßburger Blutsegen‹, gegen den Bluthusten anzuwenden ist ein weiterer Spruch aus Trier (›Ad catarrum dic‹), gegen die Fallsucht der Spruch ›Contra caducum morbum‹, in dem vielleicht der heidnische Gott Doner (Donar) vorkommt. Beispiel für einen Spruch ohne epische Einleitung ist die ›Zürcher Hausbesegnung‹ ›Ad signandum domum contra diabolum‹ (»Um das Haus gegen den Teufel zu versiegeln«; 10. Jh.); hier wird dem Dämon klargemacht, daß er völlig unbedeutend, ein Wicht, sei und daß man sogar seinen Namen Knosp kenne – man kann diesen sogar im Diminutiv aussprechen, ohne Schaden davonzutragen. Wie Rumpelstilzchen in den ›Kinder- und Hausmärchen‹ der Brüder Grimm ist der Dämon mit der Namensnennung offenbar vernichtet:

Wola, wiht, taz du weist, taz tu wiht heizist,
Taz tu neweist noch nechanst cheden, chnospinci!

Gut, Wicht, daß du weißt, daß du Wicht heißt, daß du weder weißt noch kannst Zauber sprechen, du Knösperich!

(Übersetzung von W. Haubrichs)

Religiöse Dichtung in Stabreimversen

Stabreimverse fanden auch Verwendung für christliche Gedichte. Zu nennen sind zunächst zwei kürzere Texte. Das ›Wessobrunner Schöpfungsgedicht und Gebet‹ (überlieferte Abschrift um 814 in der Diözese Augsburg entstanden, benannt nach dem früheren Aufbewahrungsort der Hs.) besteht aus zwei Teilen. Zunächst wird in einem Gedicht in 9 Stabreimversen die Situation der Welt vor der Schöpfung ausgemalt. Vor der Nichtexistenz von Erde, Himmel, Baum, Berg, Sternen, Sonne, Mond, Meer, Anfang und Ende hebt sich die ewige Existenz des allmächtigen Gottes und seiner erhabenen Geister, d. h. der Engel, ab. Für die Art der Schilderung hat man auf eine Parallele in der altnordischen ›Völuspá‹ (Str. 3) hingewiesen; näher liegt indes der Psalmvers 89,3 (nach Luthers Zählung 90,3): *Ehe denn die Berge worden / vnd die Erde / vnd die Welt geschaffen wurden / Bistu Gott von ewigkeit in ewigkeit* (Luther). Hier findet sich der Gedanke, den das ›Schöpfungsgedicht‹ ausführlich gestaltet. Im anschließenden, in rhythmisierter Prosa abgefaßten Gebet wird um Stärke im Glauben gebetet, um dem Teufel widerstehen zu können. Das in bairischer Sprache abgefaßte ›Schöpfungsgedicht und Gebet‹ erscheint archaisch stilisiert, es enthält altertümliche Formeln; meist nimmt man seine Entstehung noch im 8. Jh. an. Fraglich ist die Bedeutung der Überschrift ›De poeta‹. Möglicherweise ist mit dem *poeta* Gott gemeint, dann müßte man übersetzen »Über den Schöpfer«.

Das ›Muspilli‹ wurde in der 2. Hälfte des 9. Jh.s in eine Hs. im Besitz König Ludwigs des Deutschen eingetragen. Anfang und Schluß gingen später verloren, erhalten haben sich 103–105 Verse, je nach philologischer Textherstellung. Benannt wurde das Gedicht 1832 von seinem ersten Herausgeber Johann Andreas Schmeller nach dem hinsichtlich Etymologie und Bedeutung umstrittenen Wort in V. 57: *dar ni mac denne mak andremo helfan vora demo muspille*, »da kann kein Verwandter dem anderen helfen vor dem *muspilli*«. Ob mit dem auch anderwärts belegten Wort *muspilli* der Weltenrichter, das Weltgericht oder der Weltuntergang gemeint ist, kann man nicht feststellen. Das in bairischer Schreibsprache mit südrheinfränkischen Elementen verfaßte Gedicht gliedert sich in drei Abschnitte: 1. Schilderung des Kampfes von Engeln und Teufeln um die Seele des Menschen, die Freuden des Paradieses, die Qualen der Hölle (V. 1–30); 2. der Kampf zwischen dem Propheten Elias und dem Antichrist, dem vor dem Weltende auftretenden Feind Christi, und der Weltuntergang (V. 31–72); 3. das Jüngste Gericht, Christus als Weltenrichter und Erlöser (V. 73 bis zum Schluß). Als Quellen dienten die Bibel und vorwiegend eschatologisch ausgerichtete biblische Apokryphen, d.h. nicht in den Kanon der Bibel aufgenommene, ihr jedoch nahestehende spätantike Texte. Das insgesamt ein wenig uneinheitlich wirkende Gedicht enthält überaus anschauliche, gelegentlich geradezu suggestiv wirkende Schilderungen; die Stabreimverse sind frei gestaltet, bisweilen sind Verse mit Endreim eingefügt. Das Publikum dürfte nicht nur Interesse an religiösen, sondern auch an rechtlichen Fragen gehabt haben: irdische Richter werden ausführlich und ausdrücklich ermahnt, gerecht zu sein und ihr Amt nicht zu mißbrauchen. Man stellt sich adlige Hörer vor, in deren Händen zur damaligen Zeit ja das Rechtswesen lag.

Buchformat erreichten Dichtungen in Stabreimversen in Deutschland, soweit die Überlieferung ein Urteil zuläßt, allein in zwei in altsächsischer Sprache abgefaßten Werken, der ›Altsächsischen Genesis‹ und dem ›Heliand‹. Es handelt sich um die beiden einzigen Dichtungen in niederdeutscher Sprache, die aus dem frühen Mittelalter erhalten sind. Wichtig vor allem für die Datierung ist die lediglich durch einen Abdruck von 1562 erhaltene ›Praefatio in librum antiquum lingua Saxonica conscriptum‹ (»Vorwort zu einem alten, in sächsischer Sprache geschriebenen Buch«). Danach gab *Ludouuicus piissimus Augustus* einem Sachsen, der bei den Seinen als ein nicht unbekannter (oder als ein adliger?) Dichter galt, den Auftrag, das Alte und das Neue Testament auf poetische Weise (*poetice*) in die germanische Volkssprache zu übertragen. Identifiziert wird der König entweder, wahrscheinlicher, mit Kaiser Ludwig dem Frommen oder, weniger wahrscheinlich, mit seinem Sohn König Ludwig dem Deutschen. Der Auftrag wäre im ersten Fall in die Jahre vor 840, im anderen nach 840 zu setzen, wobei als Terminus für die Fertigstellung die Zeit vor 850 vermutet wird.

Von der in der ›Praefatio‹ erwähnten Bearbeitung des Alten Testaments haben sich nur drei Bruchstücke einer ›Altsächsischen Genesis‹ erhalten; wie umfangreich der Text ursprünglich war, ist unsicher. Die insgesamt 337 Stabreimverse enthalten Stücke aus der Erzählung des Sündenfalls, aus der Geschichte Kains samt der Aufzählung weiterer Nachkommen Adams und Evas sowie aus dem Untergang Sodoms. Da sich die in einer Oxforder Hs. erhaltene ›Altenglische Genesis‹ (um 900) teilweise (›Genesis B‹, V. 235 bis 851) als eine ziemlich getreue Übersetzung des altsächsischen Textes herausgestellt hat, lassen sich weitere Stücke der altsächsischen Dichtung erschließen: Adam und Eva im Paradies (V. 235–245), Engelsturz (V. 246–441), Sündenfall (V. 442–851; von den Versen 790–817 ist auch die altsächsische Vorlage erhalten). Der altsächsische Dichter gestaltete den Bibeltext unter Einbeziehung apokrypher biblischer Texte relativ selbständig.

Die ›Praefatio‹ ist offenbar erst einige Zeit nach Abschluß der altsächsischen Dichtungen verfaßt worden; daraus erklärt sich, daß man nicht alle ihre Angaben (soweit sie nicht ohnehin, wie der nachgeschobene Schlußteil, fabulös sind) ohne weiteres für bare Münze nehmen darf. Denn der Autor der altsächsischen Bearbeitung des Alten Testaments kann mit dem gleichfalls unbekannten Bearbeiter des Neuen nicht gleichgesetzt werden. Dessen altsächsische Fassung, das 1830 vom ersten Herausgeber Schmeller so genannte Epos ›Heliand‹, d.h. »Heiland«, ist in zwei Hss. und drei Fragmenten (Hs. C aus der 2. Hälfte des 10. Jh.s, die übrigen aus der 2.Hälfte des 9. Jh.s) fast vollständig erhalten (5983 Stabreimverse), lediglich der Schluß fehlt. Dargestellt wird in 71 Fitten, d.h. Abschnitten, nach einer kurzen Einleitung die Lebensgeschichte Christi von der Geburt Johannes' des Täufers und Jesu bis zur Himmelfahrt; Hauptquelle war die ›Evangelienharmonie‹ Tatians (vgl. S. 49 f.); außerdem verwendete der Dichter apokryphe Evangelien sowie vermutlich Bibelkommentare des Beda Venerabilis (672/673–735, angelsächsischer Theologe und Schriftsteller), Alkuins (um 730–804, gebürtiger Angelsachse, Leiter der Hofschule Karls des Großen) und des Hrabanus Maurus (vgl. S. 49). Der altsächsische Dichter hielt sich weitgehend an die schlichte *historia* des Lebens Christi. Die einzige aus der Bibelexegetik aufgenommene größere Allegorese findet sich in Fitte 44, in der die Blindenheilung von Jericho mit der Erlösung der Menschheit durch Christi Menschwerdung gleichgesetzt wird:

... that ni mahte êr werđen gumono barnun
thiu blindia gibôtid, that sie that berhte lioht,
gisâhin sinscôni, êr than he selƀo hêr
an thesaru middilgard menniski antfeng,
flêsk endi lîchamon. Thô wurđun thes firiho barn

giuuar an thesaru uueroldi, the hêr an uuîtie êr,
sâtun an sundiun gisiunies lôse,
tholodun an thiustrie, – sie afsôbun that uuas thesaru thiod kuman
hêleand te helpu fan hebenrîkie ... (V. 3635–3643).

... nicht konnte eher geheilt werden den Menschenkindern die Blindheit, daß sie das glänzende Licht, die ewige Schönheit sahen, bevor er selbst auf dieser Erde Menschennatur annahm, Fleisch und Leib. Da wurden die Menschenkinder gewahr in dieser Welt, die bisher in Pein, in Sünden wohnten augenlos, ausharrten in Finsternis – sie nahmen wahr, daß diesem Volk der Heiland vom Himmelreich zu Hilfe gekommen war ...

Seit jeher fiel auf, daß der Dichter die biblische Geschichte in die ihm und seinen Hörern vertraute Umgebung verpflanzt hat. Maria und Joseph werden als Edelleute dargestellt, Christus erscheint als Herrscher, die Jünger sind seine Gefolgsleute; das Gastmahl des Herodes und die Hochzeit zu Kana werden als Gelage in der germanischen Halle geschildert usw. Von »Germanisierung« in dem Sinn zu sprechen, als hätte man es mit einer lediglich christlich übermalten, in Wahrheit jedoch heidnisch-germanischen Darstellung der Verhältnisse und Ereignisse zu tun, ist indes unzulässig. Es handelt sich um die in der christlichen Kirche seit jeher übliche »Akkommodation« des Unvertrauten an das Vertraute.

Im Stabreimvers des ›Heliand‹ herrscht große Füllungsfreiheit, die Senkungssilben zwischen den Hebungen sind vielfach stark vermehrt (Schwellverse; vgl. im Abvers von V. 3635: die beiden Hebungen liegen erst auf *gúmono bárnun*!). Charakteristisch ist auch die häufig gebrauchte Variation, d.h., das Gesagte wird mit einem neuen Ausdruck unmittelbar anschließend wiederholt. Schließlich ist noch auf die zahlreichen Enjambements hinzuweisen, die Weiterführung des Satzes über die Zeilengrenzen hinaus, die als besonders kennzeichnend für die altenglischen und altsächsischen Bibelepen gilt (Hakenstil; im ›Hildebrandslied‹ und in der altnordischen Stabreimdichtung herrscht hingegen der Zeilenstil vor). Vortrag des ›Heliand‹ mit Singstimme ist durch die in Hs. M überlieferte musikalische Notation ausdrücklich bezeugt; es handelt sich um linienlose Neumen, die im frühen Mittelalter einzig mögliche Art der Melodieaufzeichnung: der Melodieverlauf ist nur angedeutet, er kann für den, der die Melodie nicht schon kennt, nicht eindeutig nachvollzogen werden (vgl. Abb. 2). Es spricht vieles dafür, daß der ›Heliand‹ vor vielfach illiteraten, wahrscheinlich adligen Hörern gleichsam in Konkurrenz zur mündlichen weltlichen Heldendichtung vorgetragen werden sollte.

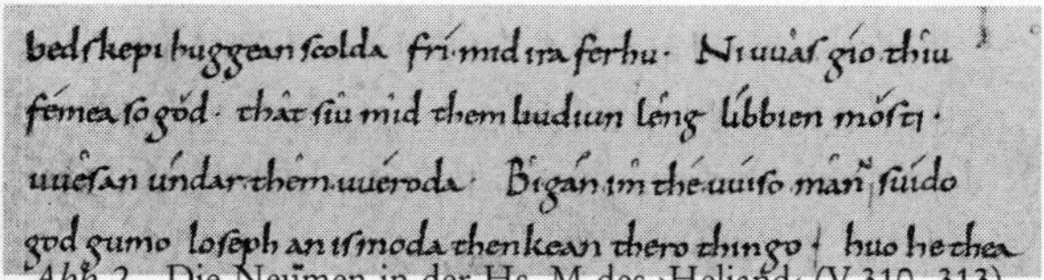
bedskepi huggean scolda fri mid ira ferhu · Ni uuas gio thiu
femea so god · that siu mid them liudiun leng libbien mosti ·
uuesan undar them uuerode · Bigan im the uuiso man suido
god gumo Ioseph an is moda thenkean thero thingo huo he thea

Abb. 2 Die Neumen in der Hs. M des ›Heliand‹ (V. 310–313). München, Bayer. Staatsbibl., Cgm 25 (um 850)

Otfrid von Weißenburg

Althochdeutsches Gegenstück zum ›Heliand‹ ist der ›Liber Evangeliorum‹, das ›Evangelienbuch‹ Otfrids von Weißenburg, des ersten deutschen Autors, dessen Name überliefert ist. Otfrid war Mönch in dem auf südrheinfränkischem Sprachgebiet liegenden, zur Diözese Speyer gehörenden, später elsässischen Kloster Weißenburg. Er dürfte um 800 geboren sein. Um 830 wurde er zum Priester geweiht, danach hielt er sich zu Studienzwecken eine Zeitlang in Fulda auf – als seinen Lehrer nennt er Hrabanus Maurus –, anschließend war er vielleicht am Hof Ludwigs des Deutschen, des ostfränkischen Königs, tätig. Seit etwa 845 lebte er wieder in Weißenburg, wo er als Bibliothekar, Lehrer,

Schreiber und Bibelkommentator wirkte. Von ihm stammt eine Reihe von lateinischen Bibelkommentaren, die, wie üblich, aus vorhandenen Kommentaren kompiliert wurden, außerdem entstanden im Zusammenhang mit dem Schulbetrieb deutsche Glossen zu lateinischen Autoren. Das ›Evangelienbuch‹, dessen Entstehung sich über längere Zeit hingezogen haben dürfte, wurde zwischen 863 und 871 abgeschlossen, wahrscheinlich 867/868. Um 870 dürfte Otfrid verstorben sein.

Wie der ›Heliand‹ – ob Otfrid ihn kannte, ist ungewiß – ist auch das ›Evangelienbuch‹ eine Evangelienharmonie, in der das Leben Christi nach den vier Evangelisten dargestellt wird; außerdem griff der Weißenburger Mönch auf Bibelkommentare zurück. Das Werk, das insgesamt (zusammen mit den ahd. Widmungsgedichten) 7418 Langzeilen umfaßt, ist in fünf Bücher eingeteilt – der Dichter führt dazu aus, er habe durch die Fünfzahl der Bücher, die der Fünfzahl der menschlichen Sinne entspreche, die Unterlegenheit seines Werks gegenüber der heiligen Geradheit der vier Evangelisten auszudrücken gesucht. Der Stoff ist folgendermaßen verteilt: Christi Leben von der Geburt bis zur Taufe (Buch I), die Berufung der Jünger und Christi Lehrtätigkeit (II), die Wunder und Gleichnisse (III), die Passion (IV), Auferstehung und Jüngstes Gericht (V). Jedes Buch ist mit Einleitungs- und Schlußabschnitten versehen, die einzelnen Bücher sind in (insgesamt 140) numerierte und mit lateinischen Überschriften versehene Kapitel unterteilt. Gerahmt wird das ›Evangelienbuch‹ durch hierarchisch angeordnete, kunstvolle Widmungen: an König Ludwig den Deutschen, von dessen Hof der Auftrag ausgegangen sein könnte, an Erzbischof Liutbert von Mainz (lateinische Prosa; Liutbert war seit 863 Erzbischof, vorher Mönch und Lehrer auf der Reichenau), an Bischof Salomon I. von Konstanz (839–871); am Schluß findet sich eine Widmung an zwei bedeutende St. Galler Mitbrüder, Hartmut – den Lehrer des berühmten Dichters und Historiographen Notker Balbulus (um 840 bis 912) – und Werinbert, den Leiter des Skriptoriums, Abt von 872 bis 883. Otfrids Werk ist besser überliefert als die meisten anderen Texte des deutschen Mittelalters. Erhalten haben sich vier Hss. des 9. und 10. Jh.s (eine davon nur in Bruchstücken), die Wiener Hs. V wurde von Otfrid selbst durchkorrigiert.

In den Widmungen, vor allem in dem Schreiben an den Mainzer Erzbischof, und im 1. Kapitel von Buch I ›Cur scriptor hunc librum theotisce dictaverit‹ (»Weshalb der Verfasser dieses Buch in der germanischen Volkssprache geschrieben hat«) äußert Otfrid sich ausführlich über sein Vorhaben. Demnach will er das Lob Gottes *in frenkisga zungun*, »in fränkischer Sprache«, besingen, um den *cantus obsceni*, den »schmutzigen Liedern« der Laien, etwas Nützliches entgegenzustellen, ferner um die Heilsbotschaft in ansprechender Form zu verbreiten und um durch eine Dichtung in fränkischer Sprache zu zeigen, daß die hochgerühmten Franken den anderen Völkern auch in dieser Hinsicht nicht nachzustehen brauchen:

Ziu sculun Fránkon, so ih quád, zi thiu éinen wesan úngimah,
thie líut es wiht ni duáltun, thia wir hiar óba zaltun?
Sie sint so sáma chuani, sélb so thie Románi;
ni thárf man thaz ouh rédinon, thaz Kríachi in thes giwídaron.
Sie éigun in zi núzzi so sámalicho wízzi,
in félde joh in wálde so sint sie sáma balde . . . (I,1,57–62)

Weshalb sollen die Franken, so sage ich, dies allein nicht können, wenn die Völker darin nicht zögerten, die ich erwähnt habe? Sie sind doch ebenso tapfer wie selbst die Römer: noch darf man außerdem behaupten, daß die Griechen ihnen in dieser Hinsicht gewachsen seien. Ihnen stehen die gleichen Geistesgaben zu Gebote. In Feld und Wald sind sie ebenso kühn . . .

Angemerkt sei, daß Otfrid das Wort *theotiscus* (abgeleitet von ahd. *theod*, *thiot* »Volk«, mhd. *diet*) »deutsch« nur in seinem lateinischen Text verwendet, während er auf ahd. stets von »fränkisch« spricht. Das den Gegensatz zwischen der germanischen und der romanischen Volkssprache im Frankenreich bezeichnende Wort *theotiscus* war zu Otfrids Zeit noch auf das gelehrte Latein beschränkt, ein die Gemeinsamkeit der germanischen Volkssprachen bezeichnendes volkssprachliches Wort fehlte; dazu wird *diutsch* erst nach der Jahrtausendwende.

Die Lebensgeschichte Christi stellte Otfrid selbständig aus der Bibel zusammen. Anders als der ›Heliand‹-Dichter ist er nicht nur an der *historia* interessiert. Er legt vielmehr großen Wert darauf, das Geschehen fortlaufend theologisch zu interpretieren. Dies geschieht vorwiegend in den Abschnitten, die mit *Spiritaliter*, *Mystice* oder *Moraliter* überschrieben sind. Als Erzähler gilt Otfrid dem Autor des ›Heliand‹ unterlegen; man schreibt ihm eher Talent für lyrische Gestaltung zu. Berühmt sind etwa die mit Alliterationen gestalteten hymnenartigen Verse, die den Flug des Engels Gabriel zu Maria darstellen (die reimlose 1. Zeile ist ein Stabreimvers!):

Floug er súnnun pad, stérrono stráza,
wega wólkono zi theru ítis frono ... (I,5,5 f.)

Er flog den Sonnenpfad, die Straße der Sterne, die
Wege der Wolken zu dieser edlen Frau ...

Als Publikum des ›Evangelienbuchs‹, das ebenso wie der ›Heliand‹ für den Vortrag mit Singstimme gedacht war (eine Neumenaufzeichnung findet sich in der Heidelberger Hs. P, vgl. Abb. 3), stellt man sich ebenfalls die weitgehend illiterate weltliche Oberschicht der Zeit vor. In formaler Hinsicht vollzog Otfrid einen entschiedenen Bruch mit der traditionellen Stabreimdichtung. Durch ihn wird der Reimpaarvers in die deutsche Literatur eingeführt – er blieb bis in die Frühe Neuzeit, in manchen Gattungen noch über das 16. Jh. hinaus, das wichtigste metrische Darstellungsprinzip

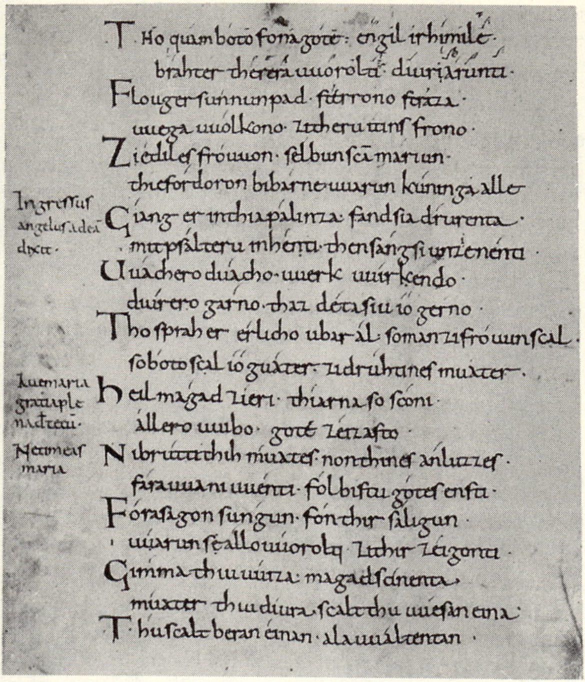

Abb. 3 Die Neumen in der Hs. P von Otfrids ›Evangelienbuch‹ (I,5,3 f.). Heidelberg, UB, Cpl 52 (spätes 9. Jh.)

außerhalb der Lieddichtung. Ob Otfrid als »Erfinder« des Reimpaarverses gelten kann, ist umstritten, möglicherweise gab es ältere Ansätze. Als Vorbild angesehen wird in erster Linie der Vers der lateinischen Hymnenpoesie, vor allem in seiner irischen und altenglischen Ausprägung. Otfrid dichtete in vierhebigen Kurzversen. Je zwei Verse sind durch

Reim verbunden und in den Hss. in Form einer Langzeile angeordnet; je zwei derartige Langzeilen bilden eine Strophe (Otfridstrophe). Im Versinneren herrscht relativ große Füllungsfreiheit; die Reime müssen nicht – entsprechend späteren Vorstellungen – »rein« sein, es genügt bereits der Gleichklang des auslautenden Vokals (Assonanz). Als Beispiel für eine Otfridstrophe vgl. die folgende Metrisierung von V. 57 f. im Zitat aus I,1; zu den metrischen Zeichen und den Versausgängen (Kadenzen) vgl. S. 115 f.:

Ziu sculun Fránkon, so ih quád, zi thiu éinen wesan úngimah,
x / x́ x / x́ x / x́ x / x́ : ◡ ◡ / x́ x / x́ x / x́ x / x́ ∧ /
thie líut es wiht ni duáltun, thia wir hiar óba zaltun?
x / x́ x / x́ x / –́ / x̀ : x / x́ x / x́ x / –́ / x̀ ∧ /.

Der Reim des ersten Zeilenpaares ist lediglich assonierend; im zweiten Paar findet sich ein Vollreim.

Kleinere religiöse Gedichte in Reimpaarversen

In der 2. Hälfte des 9. Jh.s entstanden weitere, kleinere Gedichte in Reimpaarversen. Inwieweit sie von Otfrids ›Evangelienbuch‹ beeinflußt sind, ist im einzelnen umstritten. Direkt vergleichbar mit einer Passage bei Otfrid (II,14) ist das Gedicht ›Christus und die Samariterin‹ (Hs. 10. Jh., alemannisch mit rheinfränkischen Spuren), in dem Christi Begegnung mit einer samaritanischen Frau an einem Brunnen (Joh. 4,6 ff.) nach einer kurzen epischen Einleitung hauptsächlich dialogisch, balladenhaft, gestaltet wird. Die Darstellung ist knapper als in der Bibel, vor allem aber erheblich gedrängter als bei Otfrid: den 31 Langzeilen des Gedichts (dessen Schluß nicht überliefert ist) entsprechen bei Otfrid nicht weniger als 60 Zeilen. Eine weitere Bibelbearbeitung bietet der ›138. Psalm‹ (Hs. 10. Jh., bairisch; nach

Luthers Zählung Ps. 139), in dem Davids Hinwendung zu Gott in einem Gebet beispielhaft dargestellt wird.

Das älteste überlieferte geistliche Lied in deutscher Sprache ist das ›Petruslied‹ (Hs. um 900, Freising), drei neumierte Strophen aus je zwei Langzeilen und dem Refrain *Kyrie eleyson, Christe eleyson.* Man nennt Lieder dieser Art des Refrains wegen Leisen. Verwendung fand das ›Petruslied‹ als Prozessions- oder Wallfahrtslied, vorgetragen wurde es wahrscheinlich im Wechsel zwischen einem Vorsänger und der Gemeinde, die den Refrain sang. Inhaltlich geht es um eine Bitte an St. Petrus; die 3. Strophe (deren 2. Zeile sich wortwörtlich bei Otfrid I,7,28 findet) lautet:

Pittemês den gotes trût alla samant uparlût,
daz er uns firtânên giuuerdo ginâden.
Kirie eleyson, Criste eleison.

Wir bitten den Freund Gottes alle gemeinsam mit lauter Stimme, daß er uns Sündern gnädig sei. Herr, erbarme dich, Christus, erbarme dich.

Zu den wichtigsten mittelalterlichen Literaturgattungen, sowohl auf lateinisch wie in den Volkssprachen, gehört die Heiligenlegende. Man versteht darunter die Lebensgeschichte eines Heiligen der Kirche von der Geburt bis zum Tod, ja darüber hinaus: zum Heiligen gehören auch die Wunder, die er als wesentliche Zeichen seiner Heiligkeit nach seinem Tod vollbringt. Der Begriff Legende (lat. *legenda* »das zu Lesende«) bezeichnet Texte, die an den jeweiligen Heiligenfesten im Rahmen des Gottesdienstes oder bei der Tischlesung im Kloster oder im Konvent vorgetragen werden mußten. Erst in der Neuzeit erhielt das Wort eine negative Bedeutung als Bezeichnung für alle Arten von unglaubwürdigen Erzählungen – Wunder, wie sie zur Heiligenlegende nun einmal gehören, waren nun nicht mehr selbstverständlich, sondern unglaubwürdig. Im Mittelalter wurde das Wort Legende im übrigen relativ selten und erst spät verwendet. In der Regel sprach man von den *Gesta Sanctorum*, den »Taten der Heiligen«, wobei man die *Passiones* derjenigen Heiligen, die den Märtyrertod erlitten hatten, von den *Vitae confessorum*, den Lebensgeschichten der »Bekenner«, unterschied, jener Heiligen, die auf besondere Weise für den Glauben eingetreten waren, ohne den Märtyrertod zu erleiden. Vgl. zu den Legenden auch S. 97 f., 162 ff., 287 f., 356.

Die älteste erhaltene deutsche Legende ist das wohl erst im 11.Jh. in vertrackter Orthographie in die Heidelberger Otfrid-Hs. P unvollständig eingetragene ›Georgslied‹, die *Passio* eines im Mittelalter ungemein populären Heiligen (hier noch ohne den Drachenkampf). Entstehung des durch Refrainzeilen in Strophen ungleicher Länge gegliederten Textes noch im 9.Jh. wird allgemein angenommen, der Entstehungsort (Reichenau? St. Gallen? Weißenburg? Prüm in der Eifel?) ist umstritten. Eine zweite Heiligenlegende, das ›Galluslied‹, die Vita des irischen Mönchs Gallus (gest. um 650), ursprünglich verfaßt in deutscher Sprache von dem St. Galler Mönch, Lehrer, Dichter und Historiographen **Ratpert** (um 840/850 – um 900), ist nur in lateinischer Umarbeitung durch Ekkehard IV. (gest. um 1057) erhalten; der Bearbeiter wollte durch seinen lateinischen Text erreichen, daß die schöne Melodie nicht in Vergessenheit geriet.

Politische Gedichte

Am 3.August 881 errang der 19jährige König Ludwig III. von Westfranken, Ururenkel Karls des Großen, bei Saucourt, südlich der Mündung der Somme, einen glänzenden Sieg über die Normannen, deren Überfälle zu den schlimmsten Plagen der Zeit gehörten. Ludwigs Sieg veranlaßte noch im selben Jahr ein Lobgedicht auf den König, das ›Ludwigslied‹, das älteste bekannte politische Gedicht in deutscher Sprache; die erhaltene Aufzeichnung erfolgte noch im 9. Jh., jedoch bereits nach dem Tod des Königs am 5. August 882. Ältere frühmittelalterliche Texte verwandter Art gibt es sonst nur in lateinischer Sprache (Gedicht auf den Avarensieg Pippins, eines Sohnes Karls des Großen, 796; Klage eines sonst unbekannten Angilbert über die Schlacht der Söhne Ludwigs des Frommen bei Fontanetum 841; Lied über die Gefangenschaft Ludwigs II. von Italien zu Benevent 871). Das 59 Reimpaarzeilen umfassende ›Ludwigslied‹ beschränkt sich nicht auf die Darstellung der Schlacht, sondern schickt dieser die Lebensgeschichte des Königs voraus. Die aus historischen Quellen bekannten Ereignisse werden auf eigenartige Weise stilisiert: Gott selbst ist der Erzieher (*magaczogo*) Ludwigs, er setzt ihn als König ein, schickt ihm eine Prüfung und dem Volk Strafe, er erbarmt sich »seines« Volks, spricht mit dem König und erteilt ihm den Befehl, gegen die heidnischen Normannen zu ziehen. Vorbild dieser Darstellung ist das Verhältnis Gottes zum Volk Israel und zu seinen Königen im Alten Testament. Die lateinischen Fürstenspiegel aus der Karolingerzeit zeigen, daß das damalige Herrscherbild sich in erster Linie am Alten Testament, vor allem an David und Salomo, orientierte. Absicht des ›Ludwigsliedes‹, eines der interessantesten Texte der Zeit, war freilich kein zweckfreies Herrscherlob. Vielmehr sollte der überraschende, aufsehenerregende Sieg publizistisch für den König genutzt werden. Mit ihm sollten die positiven Eigenschaften des durchaus nicht unumstrittenen Königs, seine Leistung, seine Glückhaftigkeit und sein Gottesgnadentum eindrücklich und bildhaft vor Augen gestellt werden. Adressat war der damals noch zweisprachige Adel des westfränkischen Reichsteils; angesichts des Mangels der Söhne Ludwigs des Deutschen an ehelichen männlichen Nachkommen ist auch nicht auszuschließen, daß Ludwig und seine Umgebung für die Zukunft an die Wiederherstellung des Gesamtreichs dachten – das Lied könnte sich demnach auch an den ostfränkischen Adel gerichtet haben. Der Schreiber des ›Ludwigsliedes‹ –

dies verdient vermerkt zu werden – zeichnete in der gleichen Hs. auch die älteste erhaltene Dichtung in afrz. Sprache auf, die ›Eulaliasequenz‹.

Vermutlich über hundert Jahre nach dem ›Ludwigslied‹, gegen Ende des 10. Jh.s, entstand das deutsch-lateinische Mischgedicht ›De Heinrico‹, ein Lobgedicht auf einen schon verstorbenen Herzog Heinrich von Bayern (überliefert in einer Hs. des 11. Jh.s). Das Gedicht besteht aus acht Strophen mit je drei oder vier Reimpaarzeilen, insgesamt umfaßt es 27 Reimpaarzeilen. Der jeweilige erste Vers ist lateinisch, der zweite deutsch. Berichtet wird, daß Kaiser Otto den Herzog feierlich empfängt. Nach gemeinsamem Kirchgang folgt ein erneuter Empfang; danach wird Heinrich oberster Ratgeber:

quicquid Otdo fecit, als geried iz Heinrîh:
quicquid ac omisit, ouch geried iz Heinrîhc. (V. 23 f.)

Alles, was Otto tat, zu allem hatte Heinrich geraten: und alles, was er unterließ, auch das hatte Heinrich geraten.

Die Zuweisung an bestimmte historische Personen ist in der Forschung strittig. In Frage kommt die Versöhnung zwischen Kaiser Otto I. dem Großen und seinem aufrührerischen Bruder Heinrich I. von Bayern 941. Wahrscheinlicher ist jedoch dessen Sohn Heinrich II. der Zänker gemeint. Er hatte jahrelang gegen Ottos I. Enkel Otto III. rebelliert, unterwarf sich jedoch 985. Es erscheint denkbar, daß Heinrichs II. Sohn Heinrich IV. – seit 1002 als Heinrich II. deutscher König und Kaiser – mit dem Gedicht, das sich an lateinkundige höfische Kreise gerichtet haben dürfte, die *memoria*, das Gedenken an seinen Vater, beeinflussen wollte. Nicht als Aufrührer, sondern als entscheidender Ratgeber sollte der »Zänker« in Erinnerung bleiben.

3. Notker III. von St. Gallen

Im 10. Jh., der Zeit der Kaiser aus dem sächsischen Haus, entstanden, soweit die Überlieferung ein Urteil zuläßt, kaum Texte in deutscher Sprache; ›De Heinrico‹ ist geradezu eine Ausnahme. Das bedeutendste literarische Œuvre der Epoche in Deutschland wurde auf lateinisch abgefaßt: die Verslegenden, Lesedramen und historischen Werke der **Hrotsvit von Gandersheim** (um 935 – nach 973; Kanonisse im Stift Gandersheim), einer Verwandten des Kaiserhauses. Übrigens war Hrotsvit nicht die erste mittelalterliche Autorin auf deutschem Boden: bereits fast 200 Jahre zuvor, um 780, hatte die angelsächsische Nonne **Hugeburc** im Kloster Heidenheim im Hahnenkamm (bei Gunzenhausen) interessante lateinische Biographien Bischof Willibalds von Eichstätt (gest. 787) und seines Bruders, des Abtes Wynnebald von Heidenheim (gest. 761), geschrieben.

Literarische Bedeutung gewinnt das Ahd. erst wieder um die Jahrtausendwende im vielfältigen Übersetzungswerk des St. Galler Mönchs und Leiters der Klosterschule Notker III., genannt Labeo, »der mit der breiten Unterlippe«, oder – im Hinblick auf seine Übersetzungen – Teutonicus, »der Deutsche« (um 950–1022). In einem lateinischen Brief gab Notker in seinen letzten Lebensjahren in Kürze Rechenschaft über seine Bemühungen. Er stellt fest, daß vor allem die kirchlichen Bücher in der Schule gelesen werden müssen; andere Bücher seien hierfür nötige Hilfsmittel. Aus Liebe zu den Schülern habe er zu einer unüblichen Methode gegriffen, um den Zugang zu erleichtern: er habe lateinische Schriften in die Muttersprache übersetzt und sie erläutert. Mit Hilfe der Muttersprache könne man etwas erfassen, was man sonst kaum oder nicht völlig begreife.

Notkers umfangreiches lateinisches und deutsches Œuvre, das – mit Ausnahme der Psalmenübersetzungen – über St. Gallen und das 11. Jh. hinaus kaum gewirkt hat, umfaßt

– teilweise nicht erhaltene – Schriften zur Grammatik und Rhetorik, zur Dialektik und Philosophie – darunter die (erhaltene) Übersetzung der ›Consolatio philosophiae‹ (›Trost der Philosophie‹) des Boethius –, zur Arithmetik, Musik und Astronomie. Ferner übersetzte Notker einen Teil der Enzyklopädie der *septem artes liberales*, der Sieben freien Künste, des Martianus Capella (5.Jh. n.Chr.), die berühmte ›Hochzeit Merkurs und der Philologie‹, außerdem den gesamten Psalter, ›Cantica‹, d. h. im monastischen Gebrauch übliche biblische Gesänge, sowie katechetische Stücke. Verloren sind die Übersetzungen einiger poetischer Schulautoren sowie Notkers letztes Werk, die Bearbeitung der ›Moralia in Iob‹ Gregors des Großen, eines ausführlichen Kommentars zum Buch Hiob.

Notkers kommentierte Übersetzungen sind darauf gerichtet, den lateinischen Text verständlich zu machen. Gleichwohl kam es ihm – und darin liegt die Qualität seiner Übersetzungen begründet – darauf an, den angemessenen deutschen Ausdruck zu finden. Man hat etwa festgestellt, daß Notker für das lateinische *causa* (»Grund, Ursache«) je nach genauer Bedeutung nicht weniger als elf deutsche Entsprechungen verwendet. Außerdem bemühte er sich um eine möglichst präzise phonetische Schreibweise: betonte kurze Silben erhalten einen Akzent (´), lange Silben einen Zirkumflex (ˆ); b, d, g stehen dann am Wortanfang, wenn das vorhergehende Wort mit einem stimmhaften Laut endet, nach stimmlosem Laut und am Satzanfang stehen p, t, k (Notkers Anlautgesetz).

Als Beispiel für Notkers Vorgehensweise vgl. den folgenden Anfang von Psalm 22 (nach Luthers Zählung 23). Voran steht jeweils der lateinische Satz; es folgt die Übersetzung und – sofern nötig – eine Erläuterung, in der auch lateinische Wörter erscheinen können:

(1) DOMINVS REGIT ME ET NIHIL MIHI DEERIT.
Truhten selbo rihtet mih. chît ecclesia de Christo. unde niêh-

tes ne-brístet mir. (2) *In loco pascue ibi me collocauit.* In déro stéte dar uuêida ist. hábet er mih ke-sezzet. Er habet mir in lege et prophetis [darüber ahd. Glossierung: an eo unde an uuízzegon] kêis‹t›lícha fuôra ke-gében. *Super aquam refectionis educauit me.* Er hábet mih ke-zógen bi démo uuazzere déro labo. Daz ist baptismum [Glosse: tôuffi]. mit démo diu sêla gelábot uuírdet.

(1) Der Herr selbst leitet mich – das sagt die Kirche von Christus – und nichts fehlt mir. (2) In die Stätte, an der die Weide ist, hat er mich gesetzt. Er hat mir im Gesetz und den Propheten [gemeint ist damit das Alte Testament] geistliche Speise gegeben. Er hat mich erzogen am Wasser der Erquickung. Das ist die Taufe, mit der die Seele erquickt wird.

Literaturhinweise

Ausgaben: W. Braune / E. A. Ebbinghaus (Hrsg.), Ahd. Lesebuch, ^{17}1994. – H. Fischer (Hrsg.), Schrifttafeln zum Ahd. Lesebuch, 1966. – MSD: K. Müllenhoff / W. Scherer (Hrsg.), Denkmäler dt. Poesie u. Prosa aus dem 8. bis 12. Jh., 2 Bde., ^{3}1892. – E. v. Steinmeyer (Hrsg.), Die kleineren ahd. Sprachdenkmäler, 1916. – H. D. Schlosser, Ahd. Literatur. Eine Textauswahl mit Übertragungen, 1998. – W. Haug / B. K. Vollmann (Hrsg.), Frühe dt. Literatur u. lat. Literatur in Deutschland 800–1150, 1991 (zweisprachig; Bibliothek des MAs). – Ahd. Glossen: E. v. Steinmeyer / E. Sievers, 5 Bde., 1879–1922. – ›Ahd. Benediktinerregel‹: U. Daab, 1959 (ATB); A. Masser, 1997. – ›Ahd. Isidor‹: H. Eggers, 1964 (ATB). – ›Mon(d)seer Fragmente‹: G. A. Hench, 1890. – Tatian: A. Masser, 1994. – ›Heliand‹ u. ›Genesis‹: O. Behaghel / B. Taeger, ^{10}1995 (ATB). – Otfrid: O. Erdmann / L. Wolff, ^{6}1973 (ATB); G. Vollmann-Profe, 1987 (zweisprachige Auswahl; RUB). – Notker: P. Piper, 3 Bde., 1882–83; J. C. King / P. W. Tax, Bd. 1 ff., 1972 ff. (ATB).

Forschungsliteratur: W. Beck, Die Merseburger Zaubersprüche, 2003 (Imagines). – J. Belkin / J. Meier, Bibliographie zu Otfrid v. Weißenburg u. zur altsächs. Bibeldichtung, 1975. – R. Bergmann, Verzeichnis der ahd. u. altsächs. Glossenhss., 1973. – C. Edwards, The Beginnings of German Literature, 2002. – S. Glauch, Die Martianus-Capella-Bearbeitung Notkers des Deutschen, 2 Bde., 2000 (MTU). – U. Ernst / P.-E. Neuser (Hrsg.), Die Genese d. europ. Endreimdichtung, 1977 (WdF). –

K. Hauck (Hrsg.), Zur german.-dt. Heldensage, 1961 (WdF). – J. S. Groseclose / B. O. Murdoch, Die ahd. poetischen Denkmäler, 1976 (SM). – Ch. Hehle, Boethius in St. Gallen, 2002 (MTU). – E. Hellgardt, Zum Problem symbolbestimmter u. formal-ästhetischer Zahlenkomposition in mittelalterl. Lit., 1973 (MTU). – E. Hellgardt, Die exegetischen Quellen v. Otfrids Evangelienbuch, 1981 (Hermaea). – M. Herweg, ›Ludwigslied‹, ›De Heinrico‹, ›Annolied‹. Die dt. Zeitdichtungen des frühen MAs im Spiegel ihrer wissenschaftlichen Rezeption u. Erforschung, 2002 (Imagines). – D. Kartschoke, Bibeldichtung, 1975. – D. Kartschoke, Altdt. Bibeldichtung, 1975 (SM). – W. Kleiber (Hrsg.), Otfrid v. Weißenburg, 1978 (WdF). – K. Langosch, Waltharius. Die Dichtung u. die Forschung, 1973. – A. Masser, Bibel- u. Legendenepik des dt. MAs, 1976 (GG). – M. Schulz, Beschwörungen im MA. Einführung u. Überblick, 2003. – K. von See, German. Heldensage, ^{2}1981. – St. Sonderegger, Ahd. Sprache u. Literatur, ^{3}2003. – H. Uecker, German. Heldensage, 1972 (SM).

II.
Frühmittelhochdeutsche Literatur
(um 1050 – um 1150)

Nach rund 150jähriger Pause – sieht man von dem für sich stehenden Werk Notkers III. von St. Gallen ab – konstatiert man seit etwa 1050 den Wiederbeginn deutscher Literatur. Gegenüber der ahd. Literatur – mit der sie keine Verbindung hat – und der nach 1150 beginnenden höfischen Literatur zeigt die sich über ungefähr 100 Jahre erstreckende frühmhd. Literatur sowohl in thematischer als auch in formaler Hinsicht ein durchaus eigenes Gesicht. Es handelt sich so gut wie ausnahmslos um geistliche Texte. Die namentlich meist unbekannten Autoren sahen ihre Aufgabe darin, Heilsgeschichte, dogmatisches Wissen, Mahnungen zur Buße, das Lob Marias und der Heiligen usw. sowohl in Prosa als auch – vor allem – in Versen zu vermitteln. Als Publikum in Frage kommen Klosterinsassen, nicht zuletzt Frauen und ungelehrte Brüder, ferner Konversen, d. h. Laien, die sich – oft im Alter – geistlichen Regeln unterworfen hatten, aber auch im Weltleben stehende Laien, nicht zuletzt solche adligen Standes. Ein Großteil der Texte, deren Datierung oft nur ungefähr möglich, deren Lokalisierung häufig unmöglich ist, dürfte von Klöstern und Stiften ausgegangen sein. In diesem Zusammenhang ist daran zu erinnern, daß die Zeit seit der Jahrtausendwende nicht nur durch einen großen gesellschaftlichen und ökonomischen Aufschwung (Aufkommen der Dreifelderwirtschaft, Landesausbau, Bevölkerungszunahme, zunehmende Bedeutung von Städten usw.), sondern auch durch religiösen Aufbruch (Klosterreformen, ausgehend vom lothringischen Gorze, vom burgundischen Cluny, von Hirsau im Schwarzwald; Reformorden: Kartäuser, Zisterzienser, Prämonstratenser;

Mystik; Investiturstreit; Kreuzzüge usw.) charakterisiert wird. Ansätze zu weltlicher Dichtung sind in Deutschland zu dieser Zeit nur in lateinischer Sprache zu fassen: in der 2. Hälfte des 11. Jh.s entstand (im Kloster Tegernsee?) der erste mittelalterliche Versroman, der ›Ruodlieb‹ – er bleibt eine vereinzelte, folgenlose Erscheinung. Erst die um 1150 verfaßte ›Kaiserchronik‹ räumt der Profangeschichte breiten Raum ein.

1. Prosa

Erschließung der Bibel

Die Zeugnisse frühmhd. Prosa sind vor allem auf die Erschließung der Bibel gerichtet. Eine umfangreichere Bibelübersetzung ist durch Reste aller vier Evangelien in den ›Wien-Münchener Evangelienfragmenten‹ (12. Jh.) belegt. Der Text ist »durchweg verständlich und am deutschen Sprachgebrauch orientiert« (D. Kartschoke); besonders bemerkenswert ist die Neumierung über dem Evangelium zum Palmsonntag, die Vortrag mit Singstimme belegt. Gleichfalls ins 12. Jh. gehört eine Gruppe von Psalmübersetzungen, die »Windberger Gruppe«, zu der der ›Millstätter‹, der ›Windberger‹, der ›Wolfenbütteler‹ und der ›Trierer Psalter‹ gerechnet werden; es handelt sich durchweg um Interlinearversionen, »Schul- und Lehrtexte« (K. Kirchert).

Die weitaus bedeutendsten Prosatexte der frühmhd. Zeit sind zwei Werke, die das Hohelied Salomonis (Cantica canticorum) erschließen. Es handelt sich bei diesem Buch des Alten Testaments um eine Sammlung bilderreicher Liebeslieder, in der zwei Liebende einander preisen, beschwören, sich suchen, finden, voreinander fliehen und sich vereinigen; die Szenerie ist die freie Natur, doch gibt es auch eine nächtliche Stadtszene. Für die erhaltene Fassung nimmt man Entstehung um 300 v. Chr. in Jerusalem an. Die Aufnahme in den Kanon des Alten Testaments verdankt die Sammlung der Zuschreibung an König Salomo. Dem wörtlichen Verständnis begegneten schon die jüdischen Theologen dadurch, daß sie den Text allegorisch deuteten. Im Christentum setzte sich dies fort. Die Blütezeit christlicher Hoheliedexegese war im 11./12. Jh. Dies ist im Zusammenhang mit der neuen Frömmigkeitsbewegung zu sehen, nicht zuletzt von Bedeutung war die Mystik.

Williram von Ebersberg (um 1000–85), von 1048 bis zu seinem Tod Abt des bayerischen Klosters Ebersberg, widmete im Jahr 1069 Kaiser Heinrich IV. seine ›Expositio in Cantica canticorum‹. Bereits der Blick auf das Layout der Hss., die den ursprünglichen Textzustand überliefern, zeigt, daß es sich um ein komplexes Werk handelt (vgl. Abb. 4). Es finden sich drei Säulen: in der Mitte bietet eine schmale Kolumne den lateinischen Text des Bibelbuches, links steht eine poetische Paraphrase in lateinischen Hexametern, rechts eine deutsche Übersetzung mit einem Kommentar in deutsch-lateinischer Mischprosa, wobei vor allem die theologischen Zentralbegriffe unübersetzt blieben. Willirams Hoheliedparaphrase gehört somit in die seit der Spätantike bezeugte Tradition des *opus geminatum*, des »Zwillingswerkes«, d. h., der Autor gestaltete sein Werk zweimal mit je verschiedenen künstlerischen Mitteln. Aus dem von ihm benutzten Psalmenkommentar des Haimo von Auxerre (9. Jh.) übernahm Williram das ekklesiologische Deutungsmodell: der Bräutigam steht für Christus, die Braut für die Kirche. Aufgabe des sehr erfolgreichen Werkes (über 40 Hss., 3 Drucke) war es, den Theologen die Vermittlung der Glaubensinhalte an die Laien zu erleichtern.

Etwa 80 Jahre später, in den vierziger Jahren des 12. Jh.s, entstand ein weiterer Kommentar zum Hohenlied, das nach einem früheren Aufbewahrungsort der ältesten Hs. benannte ›St. Trudperter Hohelied‹. Der Autor ist unbekannt,

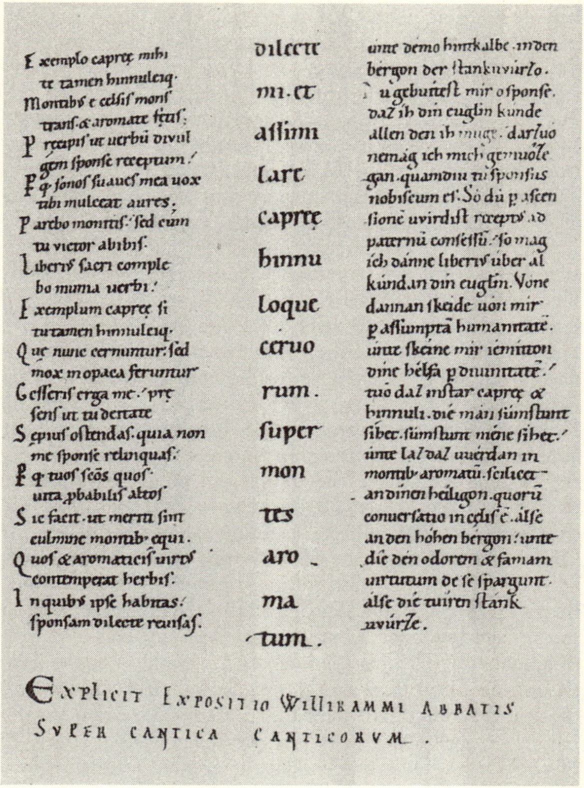
Explicit Expositio Willirammi Abbatis Super cantica canticorum.

Abb. 4 Williram von Ebersberg,
Schluß der ›Expositio in Cantica canticorum‹.
München, Bayer. Staatsbibl., Cgm 10
(2. Hälfte 11. Jh.)

über den Entstehungsort ist sich die Forschung uneinig (St. Georgen im Schwarzwald? Admont in der Steiermark?). In neuerer Zeit stellt man das Werk in den Zusammenhang der von Kloster Hirsau im Schwarzwald unter seinem Abt Wilhelm (Abt 1069–91) ausgehenden Reform, die mehr als 120 Klöster erfaßte. Das ›St. Trudperter Hohelied‹ übernimmt die Übersetzung Willirams von Ebersberg; neu ist der hinzugefügte Kommentar. Die Interpretation ist völlig anders als bei Williram. Der Autor, der über großes rhetorisches Können verfügt und eine fast durchgängig rhythmisierte Kunstprosa schreibt, bietet die »moderne« Deutung des 12. Jh.s, die freilich letztlich auf den Kirchenvater Origenes (gest. 253/254) zurückgeht; dabei stützt der Anonymus sich auf Rupert von Deutz (um 1070–1129/30; Mönch und Lehrer in Lüttich, dann Abt in Deutz), Hugo von St. Viktor (um 1096–1141; Pariser Theologe), Bernhard von Clairvaux (1090–1153; seit 1115 Abt von Clairvaux) und andere führende Theologen. Unter dem Bräutigam wird der trinitarische Gott, oft auch der Heilige Geist, unter der Braut Maria bzw. die Einzelseele verstanden. Die Gottessehnsucht erfüllt sich in der *unio mystica*, der mystischen Vereinigung mit Gott. Das ›St. Trudperter Hohelied‹ ist der erste bedeutende mystische Text in deutscher Sprache. Verfaßt ist der Kommentar für geistliche Menschen, vor allem für Mitglieder von Frauenkonventen, denen umfassende Unterweisung geboten wird – nicht zuletzt sollen sie zu vertieftem Gemeinschaftsleben angeleitet werden.

Gebete

Aus der Gebetsliteratur kann hier nur das deutsche Gebet **Otlohs von St. Emmeram** (um 1010 – um 1070; Leiter der Schule von St. Emmeram in Regensburg) hervorgehoben werden, eines der fruchtbarsten lateinischen Schriftsteller seiner Zeit. Otlohs Text ist die von ihm selbst erstellte deutsche Fassung eines Gebets, das im übrigen in mehreren lateinischen Fassungen vorliegt. Im 1. Teil finden sich sieben Bitten des Beters, im 2. werden Fürbitter aufgerufen – Maria, der Erzengel Michael, Heilige und andere –, der 3. Teil besteht aus einem Bittgebet für die Allgemeinheit. Datieren läßt sich die deutsche Fassung auf 1062.

Predigten

»Die Predigt geht mit ihren Inhalten quer durch alle theologischen Disziplinen hindurch. Sie verkündigt Glaubensinhalte, gibt Belehrung und Ermahnung, fordert Buße und Umkehr, wettert gegen Gottesferne, Aberglauben und Laster, spendet Trost« (K.Ruh). Unter die Predigten einreihen kann man ein eindrucksvolles, rhetorisch kunstvolles Prosastück, ›Himmel und Hölle‹ (letztes Drittel 11. Jh.), in dem auf knappem Raum antithetisch die Freuden des Himmlischen Jerusalem und die Schrecken der Hölle ausgemalt werden; der Text wird mit der Hirsauer Reform des Klosterlebens in Zusammenhang gebracht. Die ersten deutschen Predigtsammlungen sind aus dem 12. Jh. erhalten. 70 Fest- und Heiligenpredigten finden sich in der Benediktbeurer Hs. (um 1170) des ›Speculum ecclesiae deutsch‹, das als Handreichung für den Prediger gedacht ist. Unter dem Titel ›Wessobrunner Predigten‹ (›Ahd. Predigtsammlungen A–C‹) bekannt sind Bruchstücke von 14 Predigten, die neuerdings ins 12. anstatt wie früher ins 11. Jh. datiert werden. Der Predigtvorbereitung diente das ›Predigtbuch‹ des **Priesters Konrad**, eines Südtiroler Geistlichen (gest. entweder 1180 oder um 1196).

Geistliche Naturdeutung

Eines der im Mittelalter am meisten verbreiteten Bücher war der ›Physiologus‹, d. h. »Naturforscher«. Die unterschiedlichen lateinischen Fassungen basieren auf einem frühchristlichen griechischen Original (2.–4. Jh.), in dessen 48 kurzen Kapiteln, die ohne erkennbare Ordnung gereiht sind, Pflanzen, Steine und Tiere beschrieben und auf das christliche Heilsgeschehen hin gedeutet werden. Die älteste deutsche Fassung, der ›Ältere Physiologus‹, der mitten im 12. Kapitel abbricht, entstand im 11. Jh. (wohl um 1070) im alemannischen Raum (Hirsau?). Auf einer anderen lateinischen Vorlage fußt der ›Jüngere (Wiener) Physiologus‹ (um 1120) mit 27 Kapiteln; er wurde später in eine Fassung in Reimpaarversen, den ›Millstätter Physiologus‹, umgearbeitet. Vgl. als Beispiel das 6. Kapitel des ›Älteren Physiologus‹ DE HYAENA:

Ein tîer heizzit ígena un íst uuílon uuíb, uuîlon mân, unde durih daz ist ez vile unreine: solihe uuarin di der erist Crist petiton, un after diu abgot beginen. Daz bézêichenet di der neuuedir noh ungeloubige noh rehtegeloubige nesint. Von diu chat Salomon: ›Dídir zuivaltic sint in irro herzin, dîe sint ôuh zuivaltic in iro uuerchin.‹

Ein Tier heißt Hyäne und ist bisweilen Frau, bisweilen Mann, und deshalb ist es sehr unrein: so beschaffen waren die, die zuerst Christus anbeteten und danach die Götzen verehrten. Damit gemeint sind die, die weder mehr Ungläubige noch Rechtgläubige sind. Darüber spricht Salomon: ›Diejenigen, die zwiefältig sind in ihren Herzen, die sind auch zwiefältig in ihren Werken.‹

Abb. 5 Eine Seite aus der ›Millstätter Hs.‹: Vertreibung Adams und Evas aus dem Paradies. Klagenfurt, Geschichtsverein für Kärnten, Cod. 6/19 (Ende 12. Jh.)

andir getan wart. si dahten mit den han
den. ir beider schande. Si ilten zeinem
fichpôme. nach des bômes lobe. zesamene siz
bedwngen. so si beste chunden. die scham si
uebwrgen mit uil grozzen sorgen. Do ge
rô si alzespate. ir missetate. do sahen ir ogen
allerslahte tôgen. der si ungewizzen wa-
ren. die wile siz obiz uerbaren. Wir
nach der nonzit got. umb daz
ubiruertigit gebot. ressit Adamen. und Eua
sine gemahelen.

Do ez chom ubir mitten tach. unser herre got
gie und sach. inn unde daz. indem paradise daz
ist war. Also in do uernam der uil schuldige
man. Adam und Eua. si purgen sich sa. uor
der gotes gesihte. des dwanch si des leides geschih-
te. Do si danchis nine wolden chomen also si
solden. daz was im uil leit. got bedaht ir bei-

2. Dichtung

Aus frühmhd. Zeit sind – vielfach nur in Bruchstücken – etwa 70 Dichtungen überliefert; fünf davon gehören in das 11., die übrigen in das 12. Jh., vorwiegend in dessen erste Hälfte. Von zentraler Bedeutung für die Überlieferung sind fünf Sammelhss.: die ›Millstätter Hs.‹ (Ende 12. Jh., vgl. Abb.5), die ›Vorauer Hs.‹ (2.Hälfte 12. Jh.), die ›Wiener Hs. Cod. 2721‹ (2. Hälfte 12. Jh.), die ›Straßburg-Molsheimer Hs.‹ (um 1187; 1870 verbrannt) und die ›Wiener Hs. Cod. 2696‹ (14. Jh.). Das umfassendste »Programm« bietet die Hs. aus dem Augustiner-Chorherrenstift Vorau in der Steiermark. Hier werden ein alttestamentlicher und ein neutestamentlicher Teil von drei historiographischen Texten gerahmt. Eröffnet wird die Hs. von der ›Kaiserchronik‹, der Geschichte des (nach zeitgenössischem Verständnis noch andauernden) Römischen Reichs. Es folgen Dichtungen auf der Basis des Alten Testaments: ›Vorauer Bücher Mosis‹, ›Die Wahrheit‹, ›Summa Theologiae‹, ›Lob Salomons‹, ›Ältere‹ und ›Jüngere Judith‹. Die Verbindung zwischen Altem und Neuem Testament stellt die Vorauer Fassung des ›Alexanderromans‹ des Pfaffen Lambrecht her (vgl. dazu S. 147 ff.). Aus dem Bereich des Neuen Testaments folgen: die Dichtungen Frau Avas (›Leben Jesu‹, ›Antichrist‹, ›Jüngstes Gericht‹), die ›Vorauer Sündenklage‹, das ›Ezzolied‹, das Gedicht ›Von der Siebenzahl‹ des Priesters Arnolt, das ›Himmlische Jerusalem‹ und das ›Gebet einer Frau‹ (unvollständig, danach ging mindestens eine Lage der Hs. verloren). Abgeschlossen wird der Codex von den lat. ›Gesta Friderici I. imperatoris‹, der »Geschichte der Taten Kaiser Friedrichs I. (Barbarossa)« (1158) des bedeutendsten Geschichtsschreibers des 12.Jh.s **Otto von Freising** (1111 oder 1114/16 bis 1158; seit 1138 Bischof von Freising), der auch eine umfangreiche lateinische Weltchronik ›Chronica de duabus civitatibus‹ (1143/46) verfaßt hat. Unübersehbar ist in der Vorauer Hs. das Interesse an einer umfassenden Darstellung der Welt- und Heilsgeschichte bis in die Gegenwart.

Die frühmhd. Dichtungen präsentieren sich in der Regel in paargereimten Zeilen. Meist nimmt man an, daß ein direkter Zusammenhang mit den Reimpaarversen Otfrids von Weißenburg und der kleineren ahd. Gedichte nicht besteht, sondern daß es sich um einen Neubeginn handelt. Die Versfüllung wird in den frühmhd. Versen im Vergleich mit den ahd. Reimpaarversen, aber auch mit den Reimpaarversen der mhd. Zeit seit etwa 1170/80 sehr frei gehandhabt. Man ist in neuerer Zeit von der Vorstellung, es handle sich trotz aller Füllungsfreiheit doch um viertaktige Verse, abgegangen und konzediert neben viertaktigen auch zwei- und dreitaktige sowie fünf- und mehrtaktige Verse. Auch im Bereich der Reime herrscht weitgehende Freiheit. Außer Vollreimen (etwa: *huldi* : *sculdi*) verwendeten die frühmhd. Autoren auch Endsilbenreime (etwa: *wizzigir* : *andir*) oder Assonanzen (etwa: *erchande* : *wandel*). Erst seit Heinrich von Veldeke (vgl. S. 152) setzen sich ab 1170/80 in der mhd. Dichtung reine Reime und regelmäßige viertaktige Verse durch.

Kontrovers war in der Forschung lange, ob die durch Paarreim gebundenen Verse nicht mindestens in einem Teil der Dichtungen als Langzeilen mit Binnenreim zu interpretieren sind. Die nach wie vor umfassendste wissenschaftliche Ausgabe der Dichtungen von Friedrich Maurer (erschienen 1964–70) wurde nicht zuletzt unternommen, um dieses Prinzip durchzusetzen. Mittlerweile scheint der Streit indes weitgehend zugunsten des Prinzips der Anordnung in Einzelversen entschieden.

›Ezzolied‹

Die Geschichte der frühmhd. Dichtung beginnt mit dem ›Ezzolied‹. Es ist benannt nach dem Dichter, dem Bamberger Kleriker **Ezzo**; als Komponist (der nicht erhaltenen Melodie) ist in Versen, die der Fassung der Vorauer Hs. (V) vorangestellt sind, Wille (1082–85 Abt von Kloster Michelsberg in Bamberg) bezeugt, als Auftraggeber der hochadlige Gunther, 1057–65 Bischof von Bamberg, bekannt auch als Liebhaber der Heldendichtung. Entstanden sein dürfte das Lied um 1060. Einer chronikalischen Nachricht nach wurde es als volkssprachliche *Cantilena de miraculis Christi*, »Lied über die Wunder Christi«, bei Bischof Gunthers Pilgerreise ins Heilige Land 1064/65 gesungen. Erhalten haben sich zwei Fassungen, die ältere (S) ist unvollständig (7 Abschnitte, 76 Verse), die jüngere (V) stellt wahrscheinlich eine erweiterte Bearbeitung dar (34 Abschnitte, 420 Verse). Es handelt sich beim ›Ezzolied‹ um ein »kühnes, großgeschautes Konzentrat der Heilsgeschichte« (M. Wehrli). Nach einem Prolog, der das Thema benennt, wird zunächst die Schöpfung dargestellt und der Schöpfergott gepriesen, es folgen der Sündenfall und die Finsternis der Sünde, die nur von den Sternen, d. h. den Patriarchen und König David, schwach erhellt wird. Dann erscheint als der *urone uorbote*, der »Vorbote des Herrn«, Johannes der Täufer, der Morgenstern. Im sechsten Weltalter seit der Schöpfung schließlich kommt Christus, die Sonne. Es folgt Christi Leben: Geburt, irdisches Wirken, Passion, Auferstehung, Erlösungstat. Die erneute Verknüpfung mit dem Alten Testament erfolgt über eine Reihe von Typologien, d.h. alttestamentliche Ereignisse (Abel, Abraham, Moses), die auf Christi Erlösungstat verweisen. Mit Gebeten an Christus, das Kreuz und die Trinität klingt das in einfacher Sprache verfaßte, gleichwohl mitreißend wirkende Gedicht aus.

›Altdeutsche (Wiener) Genesis‹

Interesse an der Heilsgeschichte veranlaßte auch die um 1060/80 vielleicht in Kärnten von einem unbekannten Autor verfaßte ›Altdeutsche Genesis‹, nach der Hs. Wien Cod. 2721, die den ältesten und besten Text überliefert, auch ›Wiener Genesis‹ genannt. Der älteste epische Text der frühmhd. Literatur (6062 Verse) stellt mit zwar anspruchsloser Reimkunst, doch anschaulich erzählt, auf der Basis der alttestamentlichen Genesis (1.Buch Mose) die biblische Geschichte von der Erschaffung der Engel und dem Sturz Luzifers über die Weltschöpfung und die Erschaffung Adams und Evas, den Sündenfall, Kain und Abel, Noah und die Sintflut, Abraham, Jakob und seine Söhne bis zu Joseph in Ägypten dar. Zusätzlich zog der Dichter gelegentlich Bibelkommentare, die frühchristlichen Autoren Lactanz (um 300 n.Chr.) und Avitus (um 500 n.Chr.) sowie, für die Paradiesesschilderung, Isidor von Sevilla (vgl. S. 49) heran. Das biblische Geschehen wird der Vorstellungswelt des Publikums angepaßt, in eingeschobenen moralischen Deutungen äußert sich Interesse an Sünde, Reue, Beichte und Buße. Auf allegorische Ausdeutungen ist weitgehend verzichtet, nur am Schluß findet sich eine ausführliche Allegorese; darin wird Jakobs Segen über seine Söhne auf Christi Erlösungstat, auf den Antichrist, Christi Sieg und die Berufung der Gerechten zu Gott bezogen.

›Merigarto‹

Anschließen lassen sich zwei kurze, zusammengehörige Fragmente, die von Wundern der Schöpfung, vor allem von Quellen, Flüssen und Meeren, handeln; ob sie zu einer umfassenderen Weltbeschreibung oder nur zu einer Beschreibung der Gewässer gehörten, läßt sich nicht ermitteln. Die Fragmente erhielten vom Entdecker Heinrich Hoffmann von Fallersleben 1834 den nicht recht zutreffenden Titel

›Merigarto‹, d.h. »vom Meer umgebenes Land«. Der unbekannte Verfasser des möglicherweise um 1070 vielleicht in Regensburg entstandenen Textes geht zunächst auf die Trennung von Wasser und Land bei der Schöpfung ein. Dabei entstanden Quellen, Meere und Flüsse; doch werden auch die Berge erwähnt. Anschließend werden kurz das Rote Meer und das Lebermeer, das die Schiffe festhält, behandelt. Als Gewährsmann des nächsten Abschnitts wird ein Bischof Reginpreht (Abt Reginbert von Echternach?) genannt, den der Verfasser in Utrecht kennenlernte; er berichtete ihm über Island, unter anderem, daß dort großer Holzmangel herrsche und Holz teuer bezahlt werde – eine durchaus zutreffende Auskunft. Im zweiten Fragment werden, teilweise nach Isidor von Sevilla, wunderbare Quellen, Flüsse und Seen im Mittelmeerraum aufgezählt.

›Annolied‹

Heilsgeschichte, Weltgeschichte und Reichsgeschichte in Verbindung mit der Biographie eines der politischen Großen des 11. Jh.s bietet das ›Annolied‹. Der vollständig nur in einem 1639 von dem Barockdichter Martin Opitz (1597 bis 1639) veranlaßten Abdruck erhaltene Text entstand am wahrscheinlichsten um 1080, vermutlich in Köln oder im Kloster Siegburg. Gedacht war das Gedicht, dessen unbekannter Autor offenbar mitteldeutscher Herkunft war (Ostfranken/Osthessen/Thüringen), für einen »überregionalen Adressatenkreis« (Th. Klein) – es sollte Propaganda machen für den 1075 verstorbenen, auch nach seinem Tod noch heftig umstrittenen Erzbischof Anno II. von Köln. Der um 1010 geborene, in Bamberg ausgebildete schwäbische Adlige hatte unter Kaiser Heinrich III. Karriere gemacht. Der Kaiser hatte ihn 1056 als Erzbischof eingesetzt, 1062/64 führte er nach einer Art Staatsstreich die Reichsgeschäfte und betätigte sich als Erzieher des jungen Heinrich IV. Neben anderen Klöstern gründete er 1064 auch

Kloster Siegburg; einen Aufstand der Kölner Bürger ließ er 1074 brutal niederschlagen. Beigesetzt wurde Anno in Siegburg, von dort ging seit etwa 1080 auch seine Hagiographie aus; heiliggesprochen wurde er jedoch erst 1183.

Das in 49 Initialenabschnitte unterschiedlicher Länge gegliederte Gedicht, insgesamt 878 Verse, beginnt mit einem Prolog, in dem als Gegenbild an die mündliche Heldendichtung erinnert wird:

VVir hôrten ie dikke singen
von alten dingen:
wî snelle helide vuhten,
wî si veste burge brêchen,
wî sich liebin vuiniscefte schieden,
wî rîche kunige al zegiengen.
nû ist cît, daz wir dencken,
wî wir selve sulin enden ... (V. 1–8)

Wir hörten stets und oft von Ereignissen aus früherer Zeit singen: wie kühne Helden kämpften, wie sie feste Burgen brachen, wie herzliche Freundschaften auseinandergingen, wie mächtige Könige völlig zugrunde gingen – nun ist Zeit, daß wir daran denken, wie wir selbst enden werden ...

Der folgende 1. Teil (Abschnitte 2–7) bringt eine kurze Darstellung der Heilsgeschichte. Gott teilte die Schöpfung in die irdische und die geistige Welt, nur der Mensch hat an beiden Welten teil, er ist *corpus unte geist* (V. 10), »Körper und Geist«, und damit eine dritte Welt – ein Gedanke des Iren Johannes Scotus Eriugena (um 810–877; Leiter der Hofschule Kaiser Karls des Kahlen). Mit dem Sündenfall begannen *diu leit* (V. 22), »die Leiden«. Die Menschen von fünf Weltaltern wurden in die Hölle gesandt – die Einteilung in sechs Weltalter von der Schöpfung bis zum Römischen Reich war im Mittelalter überaus verbreitet, vgl. S. 268. Dann erschien Christus. Die *troiânischen Vranken* (V. 97), »die aus Troja abstammenden Franken«, sollen Gott für die vielen Heiligen in Köln danken – der im 7. Abschnitt gerühmte heilige Anno ist der 7. Kölner Heilige. Der 2. Teil (Abschnitte 8–33) bringt einen Gang durch die Profangeschichte. Ausgehend vom alttestamentlichen Danieltraum (Dan. 7) wird sie in vier Weltreiche – Babylon, Persien, Griechenland, Rom – gegliedert. Caesar schloß mit den deutschen Stämmen – Schwaben, Bayern, Sachsen und den wie die Römer aus Troja abstammenden Franken – einen Vertrag; so ging die Herrschaft schließlich gleichsam reibungslos auf sie über. St. Peter schickte von Rom aus Maternus, der die Franken bekehrte. Er war der erste Bischof von Köln, Anno – so steht es im 33. Abschnitt – der 33. Erst der 3. Teil (34–49) bringt dann die Vita Annos, in der seine Tatkraft und Macht, seine Frömmigkeit und Hilfsbereitschaft gerühmt werden. Geschlossen wird mit Wundern, die sich nach seinem Tod ereignen. Unübersehbar kulminieren Heils-, Welt- und Reichsgeschichte in dem gefeierten Bischof, dessen Heiligkeit als gewissermaßen selbstverständlich dargestellt wird.

Noker: ›Memento mori‹

Auf das späte 11. Jh. datiert wird das ›Memento mori‹, eine Art gereimte Bußpredigt (152 Verse). Hinter dem Autor Noker, der sich am Schluß nennt, vermutet man den in Hirsau ausgebildeten Abt Notker von Zwiefalten (gest. 1095). Das Gedicht mahnt *wîb unde man*, »Frauen und Männer«, an ihr Lebensende zu denken. Wer das Recht verkauft, wird zur Hölle fahren; die Reichen sollen ihren Besitz den Armen überlassen. Zum Schluß wird der *vil ubele mundus*, die »überaus böse Welt«, heftig gescholten und Gott um Erbarmen gebeten.

Dichtungen des 12. Jh.s

Aus der großen Zahl frühmhd. Dichtungen des 12. Jh.s können hier nur die wichtigsten hervorgehoben werden.

Bibeldichtungen

Eine Fortsetzung der ›Altdeutschen Genesis‹ stellt die ›Altdeutsche Exodus‹ dar (1. Hälfte 12. Jh.). Es handelt sich um eine wohl für ein adliges Publikum bestimmte, auf theologische Deutungen verzichtende schlichte Nachdichtung der Exodus, des 2. Buches Mose; erzählt wird von der Knechtschaft des Volkes Israel in Ägypten bis zum Danklied nach dem Zug durch das Rote Meer. Geistliche Ausdeutungen enthalten hingegen die ›Vorauer Bücher Mosis‹, ein etwa 1130/40 aus vorhandenen Dichtungen, darunter der ›Altdeutschen Genesis‹, kompilierter Text; dargestellt wird die biblische Geschichte von der Schöpfung bis Joseph, Mose und Josua, angeschlossen ist außer einem Marienlob die Geschichte Bileams (4. Mose 22). Das kurze ›Lob Salomons‹ (258 Verse; um 1150), das von Salomons Weisheit, dem Tempelbau, dem Besuch der Königin von Saba erzählt – letzterer wird geistlich gedeutet – und zum Schluß den Sohn König Davids rühmt, scheint in seiner poetischen Technik von mündlicher Heldenepik-Tradition geprägt. Gleiches gilt nach Ansicht der Forschung von der ›Älteren Judith‹ (128 Verse; 1. Drittel 12. Jh.), in der die Tötung des Belagerers Holofernes durch Judith ohne geistliche Deutung gleichsam balladenhaft dargestellt wird. Dagegen erzählt die ›Jüngere Judith‹ (1820 Verse; um 1140), deren Autor seine Heldin als vorbildliche Heilige darstellt, das apokryphe alttestamentliche Buch relativ getreu nach. Reste eines biblischen Großepos stellen die Fragmente der ›Mittelfränkischen Reimbibel‹ dar (etwa 1400 Verse überliefert; um 1100); erhalten haben sich Teile des Alten und des Neuen Testaments sowie Heiligengeschichten. Stoff für die Dichtungen der ersten bekannten Autorin deutscher Sprache lieferte vor allem das Neue Testament: **Ava**, die von sich berichtet, Mutter zweier Söhne zu sein, ist wahrscheinlich identisch mit einer Inkluse, deren Tod, wohl in oder bei Melk, für 1127 vermerkt ist. (Avas berühmte Zeitgenossin **Hildegard von Bingen**, 1098–1179, verfaßte hingegen ihr umfangreiches Werk ausschließlich in lateinischer Sprache.) Ava schuf einen Zyklus von vier Gedichten: ›Johannes (der Täufer)‹, ›Leben Jesu‹, ›Antichrist‹, ›Jüngstes Gericht‹. »Der Stil ist der denkbar einfachste, ohne jeglichen rhetorischen Schmuck, schlicht werden die Dinge erzählt oder die Gedanken entwickelt. An manchen Stellen aber spricht sich die innere Teilnahme der Dichterin in bewegteren Worten aus« (G. Ehrismann).

Glaubensdichtungen, Gebete, Sündenklagen

Mehrere Dichtungen des 12. Jh.s sind der Darlegung von Glaubenstatsachen gewidmet. Bereits auf etwa 1100 datiert wird das Gedicht ›Summa Theologiae‹ (auch: ›De sancta Trinitate‹), das – vergleichbar dem ›Ezzolied‹ – in 32 Initialenabschnitten (322 Verse) einen gedrängten Gang durch die Heilsgeschichte von der Erschaffung der Engel bis zum Jüngsten Gericht bietet; dabei ist das Kreuz in den Mittelpunkt gestellt. In dem viel späteren (letztes Viertel 12. Jh.) und viel längeren (3242 Verse) Lehrgedicht ›Anegenge‹, d. h. »Anfang (aller Dinge)«, sind an die teilweise nacherzählte Erlösungsgeschichte des Alten und des Neuen Testaments dogmatische Erläuterungen angeknüpft, wobei besonders die argumentative Auseinandersetzung mit Einwänden oder Irrtümern auffällt. Als Autor des Lehrgedichts ›Rede vom Glauben‹ (etwa 3800 Verse; vor 1150) nennt sich ein sonst unbekannter **Armer Hartmann**; der Autor zitiert abschnittweise das Nicänische Glaubensbekenntnis auf lateinisch, anschließend übersetzt und kommentiert er, wobei er vielfach in der Rolle eines Bußpredigers spricht.

Einige Dichtungen behandeln eschatologische Themen. ›Das Himmlische Jerusalem‹ (470 Verse; um 1140) gibt eine Beschreibung und eine allegorische Ausdeutung der Himmelsstadt in der Apokalypse, der Offenbarung des Johannes; vor allem findet sich eine ausführliche Ausdeutung der Edelsteine. Im Hauptteil des Gedichts ›Vom Himmelreich‹ (356 Langzeilen; um 1160) wird eine aus Negationen bestehende Schilderung des Lebens im Himmel gegeben, die einen Blick ins Alltagsleben gewährt (V. 246–303), vgl. z.B. V. 270: *durh trinchen haberen noch gersten ze biere mulzen* – »Um zu trinken [braucht man dort] weder Hafer noch Gerste für das Bier zu mälzen.« Für sich steht die metrische Form: das Gedicht ist in Langzeilen abgefaßt, wie sie etwa gleichzeitig beim ältesten bekannten Minnesänger, dem Kürenberger, und etwas später im ›Nibelungenlied‹ erscheinen (vgl. S. 117). Themen des Gedichts ›Der Linzer Entecrist‹ (um 1170) sind Christi Gegenspieler, der Antichrist, sowie die Endzeit der Menschheit, am Schluß werden Himmel und Hölle behandelt. Außer der Bibel, vor allem der Apokalypse, benutzte der Dichter den verbreiteten ›Liber de Antichristo‹ des Adso von Montier-en-Der (gest. 992).

Aus der Gebetsliteratur kann hier nur die ›Litanei‹ (um 1160) eines nicht weiter bekannten **Heinrich** genannt werden, die deutsche Bearbeitung der liturgischen Allerheiligenlitanei, eines Gebetes an die Trinität, die Heiligen und Christus. Schließlich sind die Sündenklagen zu erwähnen, Beichtgebete, die aus einer Anrufung, dem Sündenbekenntnis und der Versicherung der Reue bestehen. Hervorzuheben sind die ›Millstätter Sündenklage‹ (1. Drittel 12. Jh.) und die ›Vorauer Sündenklage‹ (2. Hälfte 12. Jh.).

Moraldidaktische und ständekritische Gedichte

Einige Gedichte haben die rechte christliche Lebensführung zum Thema; verbunden damit sind oft moral- und ständekritische Äußerungen. In dem Gedicht ›Vom Recht‹ (Mitte

12. Jh., Kärnten?), einer Art Reimpredigt, geht es um das *reht*, um die Rechte und Pflichten, ohne deren Einhaltung die gottgesetzte Weltordnung nicht existieren kann. Hervorgehoben werden besonders Treue, Gerechtigkeit und Wahrhaftigkeit. Adressaten sind Herr und Knecht, Herrin und Magd, Mann und Frau und die Priester. Komplexer strukturiert ist ›Die Hochzeit‹ (Mitte 12. Jh., Kärnten?). Das wenig systematische, mit zahlreichen Abschweifungen versehene Gedicht geht von einer eingangs erzählten Hochzeit aus – gemeint ist die aus den Cantica canticorum aufgenommene Hochzeit zwischen Gott und Maria bzw. der Seele (vgl. S. 79 und 81) –, die dann allegorisch ausgelegt wird. Die Absicht ist, »die Zuhörer zum christlichen Leben zu führen: sie sollen das *reht* lieben und *unreht* vermeiden« (P. Ganz). Gegen ein bestimmtes Laster, die Habsucht, wendet sich das predigthafte Gedicht ›Van der girheit‹ eines Dichters, der sich als **Der wilde Mann** bezeichnet, vielleicht ein Kleriker; er stammt aus dem mittelfränkischen Sprachgebiet, datiert wird er auf 1170/80. Außer dem genannten Gedicht stammt von ihm die kurze Dichtung ›Christliche Lehre‹, ferner verfaßte er zwei zusammengehörige legendenhafte Erzählungen ›Veronica‹ und ›Vespasian‹. Als Publikum des Gedichts gegen die Habsucht, das auch zeitkritische Züge aufweist, kann man sich städtische Zuhörer, etwa in Köln, vorstellen.

Literarisch weit bedeutender als die erwähnten Texte sind zwei ständekritische Gedichte ›Vom Priesterleben‹ und ›Erinnerung an den Tod‹, entstanden wohl in der 2. Hälfte des 12. Jh.s. Als Dichter der ›Erinnerung‹ nennt sich ein gewisser Heinrich, den man früher glaubte, mit einem Insassen des Klosters Melk identifizieren zu können und deshalb als Heinrich von Melk bezeichnete; auch schrieb man ihm das fragmentarisch und ohne Autornamen überlieferte ›Priesterleben‹ zu. Ob die Gedichte wirklich etwas mit Melk zu tun haben, ist mittlerweile eher zweifelhaft, so daß man besser vom »sogenannten **Heinrich von Melk**« spricht. Dafür, daß beide Texte vom gleichen Autor stammen – auch das wurde neuerdings bezweifelt –, spricht indes vieles, nicht zuletzt die in beiden Gedichten anzutreffende »deftige Bildlichkeit« (E. Hellgardt). ›Vom Priesterleben‹ ist eine radikale Strafpredigt gegen pflichtvergessene Kleriker, denen – mit dem Ziel, Umkehr zu bewirken – Völlerei, Unzucht, Eitelkeit und Simonie vorgehalten werden. Die ›Erinnerung an den Tod‹ enthält eine an Laien wie an Geistliche gleichermaßen gerichtete Ständekritik, verbunden mit einem eindringlichen Memento mori. Beispielsweise wird den Rittern ihre Überheblichkeit vorgeworfen (V. 342 ff.). Kommen sie zusammen, so prahlen sie herum, wie viele Frauen sie zu Huren gemacht hätten: *ir ruom ist niwan von den wîben* (V. 358), »ihr Ruhm beruht nur auf Weibergeschichten«, außerdem prahlten sie damit, wie viele Gegner sie totgeschlagen hätten. Im Memento-mori-Teil wird die schöne Frau aufgefordert, den verstorbenen geliebten Mann anzuschauen: nichts mehr von Schönheit, Frohsinn, Freundlichkeit, nichts mehr von *troutliet* (V. 612), »Liebesliedern« – nur noch eine abstoßende, stinkende Leiche (V. 597 ff.).

Mariendichtung, Legenden

Das 12. Jh. war eine Blütezeit der Marienverehrung, die nunmehr persönlich-emotionale Züge annahm. In diesem Jh. beginnt auch die eigenständige Mariendichtung in deutscher Sprache. Wahrscheinlich in die 1. Hälfte des Jh.s gehört das ›Vorauer Marienlob‹, Bestandteil der ›Vorauer Bücher Mosis‹ (vgl. S. 92), in dem die Prophezeiung des Jesaja auf Christus (Jes. 11,1) erklärt und mit einem Marienlob verbunden wird. Im frühesten deutschen Marienlied, dem ›Melker Marienlied‹ (1. Drittel 12. Jh.) – 14 Strophen aus je drei Reimpaaren mit dem Refrain *Santa Maria* –, wird Marias Rolle für die Heilsgeschichte hervorgehoben, nicht ihre Bedeutung als Fürbitterin. Von der berühmten Mariensequenz ›Ave praeclara maris stella‹ des **Hermann von Rei-**

chenau (Hermannus Contractus; 1013–54) gehen zwei deutsche Sequenzen aus, die nur fragmentarisch erhaltene ›Mariensequenz aus Seckau‹ (Mitte 12. Jh.) und die ›Mariensequenz aus Muri‹ (um 1180), die metrische Form und Melodie des Vorbilds übernimmt, den Inhalt jedoch frei gestaltet – Thema ist Maria als reine Jungfrau, Mutter und Fürbitterin bei Gott. Unter einer Sequenz, einer musikalisch-textlichen Neuschöpfung der Karolingerzeit, versteht man einen kirchlichen Gesang, bei dem musikalisch paarweise wiederholte Melodieteile unterschiedlicher Länge aneinandergereiht werden (AA BB CC...), wobei der Text jedoch weiterläuft; verwandt ist der deutsche Leich, vgl. S. 238 ff.

1172 entstand, wahrscheinlich in Augsburg, das erste epische Mariengedicht: ›Driu liet von der maget‹, »Drei Gedichte von der Jungfrau«, des **Priesters Wernher**. Das mit der ältesten höfischen Epik etwa gleichzeitige, nur in Bearbeitungen erhaltene Werk stellt kein vollständiges Marienleben dar, sondern schildert lediglich die drei frühesten Stationen im Leben Marias: 1. Die Eltern Marias und ihre Geburt; 2. die Geschichte ihrer Heirat mit Joseph bis zur Verkündigung und dem Besuch bei Elisabeth, der Mutter Johannes' des Täufers; 3. Geburt Jesu – mit der Rückkehr der Heiligen Familie aus Ägypten endet das Gedicht. Quelle war das im Mittelalter sehr beliebte apokryphe Evangelium des Pseudo-Matthäus, eine vor der Mitte des 9. Jh.s angelegte Sammlung volkstümlicher Erzählungen mit Maria als Hauptfigur.

Legenden der Heiligen Andreas, Veit, Albanus und Alexius (›Alexius I‹), alle wohl aus der 2. Hälfte des 12. Jh.s, sind nur in kleineren Fragmenten überliefert; ebenso die »Biographie« des Pilatus (um 1170/80). Vollständig oder annähernd vollständig erhalten sind der ›Trierer Silvester‹ (um 1150), die ›Juliane‹ des **Priesters Arnolt** (um 1150), der ›Trierer Aegidius‹ (um 1160) und die schon erwähnten Legendentexte des Wilden Mannes (vgl. S. 95). Nicht erhalten, doch aufgrund zweier aus dem 14. Jh. tradierter Versfassungen wenigstens in Umrissen für die Zeit um 1150 erschließbar ist eine deutsche Fassung der Legende des irischen Abtes Brandan (Brendan), in der seine Reise zum Irdischen Paradies geschildert wird – ein in ganz Europa auf lateinisch und in den Volkssprachen verbreiteter Text, der teilweise bis in das 18. Jh. als Tatsachenbericht galt. Anschließen läßt sich die Erzählung von dem Ritter Tnugdalus (Tundalus), der in einer Vision Hölle und Himmel bereist. Das lateinische Prosa-Original dieses gleichfalls weit verbreiteten Textes hatte um 1149 in Regensburg der irische Schottenmönch **Bruder Marcus** verfaßt; gereimte deutsche Bearbeitungen liegen in den Fragmenten des ›Niederrheinischen Tundalus‹ (um 1180/90) und in dem von **Alber** im Kloster Windberg verfaßten ›Tundalus‹ (um 1190) vor.

›Kaiserchronik‹

Das bedeutendste, umfangreichste und erfolgreichste Werk der frühmhd. Literatur ist die ›Kaiserchronik‹. Die ursprüngliche Fassung ist in 15 Textzeugen erhalten, dazu treten zwei jüngere Redaktionen mit 22 Hss., ferner Prosaauflösungen und die separate Überlieferung einzelner Episoden. Bekannt blieb das Werk bis in das 16. Jh. Als Entstehungsort gilt Regensburg, Verfasser war ein Geistlicher, der vielleicht weitere Mitarbeiter beschäftigte; beendet wurde die Arbeit frühestens im Frühjahr 1147, vielleicht später. Der Auftraggeber läßt sich nicht ermitteln.

Die ›Kaiserchronik‹ behandelt einen Ausschnitt aus der Weltgeschichte: anders als die lateinischen und – seit der Mitte des 13. Jh.s – die deutschen Weltchroniken (vgl. S. 267 ff.) beschränkt sie sich auf die Geschichte des Römischen Reichs von der Gründung Roms bis zu König Konrad III. Erzählgerüst ist die Abfolge von 36 römischen Kaisern (von Caesar bis Konstantin) und 19 deutschen Kaisern (von Karl dem Großen bis Konrad III.). Zwischen dem letzten römischen und dem ersten deutschen Kaiser bestand nach Auskunft der Chronik ein Interregnum, während dem die Kaiserkrone auf dem Altar von St. Peter in Rom lag; das Oströmische Reich wird schlichtweg ignoriert. Die *translatio imperii*, der Übergang von den Römern zu den Deutschen, verläuft im übrigen problemlos, da schon Caesar – wie dies in dem von der ›Kaiserchronik‹ als Quelle benutzten ›Annolied‹ dargestellt wurde (vgl. S. 91) – den Deutschen zu einer führenden Stellung im Römischen Reich verholfen hatte. Der Schwerpunkt liegt deutlich auf den römischen Kaisern – deren Reihenfolge wird im übrigen nicht korrekt wiedergegeben, auch finden sich Auslassungen und Einfügungen unhistorischer Herrscher; für die deutschen Kaiser stehen nur etwa 3000 der insgesamt 17283 Verse zur Verfügung, wovon rund 800 auf Karl den Großen verwendet werden. Als vordringliche Aufgabe des Herrschers wird die Wahrung des Rechts gesehen. Päpste spielen mit wenigen Ausnahmen keine große Rolle, doch besteht die Vorstellung vom harmonischen Zusammenwirken von Kaiser und Papst.

Absicht der ›Kaiserchronik‹ ist, dem kurzen Prolog zufolge, von guten und bösen Päpsten und Königen bis zum heutigen Tag zu künden – der Autor wendet sich in diesem Zusammenhang gegen die *scophelichen wort* (V. 31), die Lügen der Spielleute. Es geht demnach ausdrücklich nicht um Unterhaltung, sondern um religiöse und moralische Belehrung. Verfolgt wird dieses Ziel vor allem dadurch, daß den meisten Herrschern eine exemplarische Erzählung zugeordnet wird. Diese Erzählungen, großenteils der lateinischen Legenden- und Sagenliteratur (vor allem den um 1140 zusammengestellten ›Mirabilia Romae‹, den »Wundern Roms«), im Fall der ›Crescentia‹ der frühmhd. Dichtung entnommen, haben auch im Umfang großes Gewicht und verselbständigen sich manchmal. So stellt die im Zusammenhang mit dem unhistorischen Kaiser Faustinian erzählte Faustinianuslegende (ca. 2800 Verse) eine Art Roman dar: Kaiser und Kaiserin werden getrennt und erst nach vielen Jahren miteinander und mit ihren Kindern wieder vereint – das Schema, das einem christlichen Legendenroman des 4. Jh.s entstammt, wurde seit dem späteren 12. Jh. mehrfach Grundlage von Romanhandlungen (vgl. S. 267 und 329). Die ›Crescentia‹ (ca. 1400 Verse) verarbeitet das gleichfalls später öfter begegnende Erzählmodell von der unschuldig verfolgten Königin (vgl. S. 267 und 329). Ein dritter großer Komplex ist die Silvesterlegende (ca. 2800 Verse), die Geschichte der Auseinandersetzungen zwischen Kaiser Konstantin und Papst Silvester, die schließlich zu gedeihlichem Zusammenwirken finden (der schon erwähnte ›Trierer Silvester‹ stellt eine Bearbeitung dieses Abschnitts der ›Kaiserchronik‹ dar). Eingegangen wird auch auf Gestalten der deutschen Heldensage (Dietrich von Bern, Etzel). Am Schluß findet sich die damals höchst aktuelle Kreuzzugsthematik: Gottfried von Bouillon und der 1. Kreuzzug sowie die Kreuznahme König Konrads III. an Weihnachten 1146:

daz entstuont niht lange wîle,
unze der abbât Pernhart
den vursten geliebte die vart.
er chom ze dem chunige Chuonrâte,
er manet in harte
mit sîner suozen lêre.
er sprach, daz selbe unser hêrre
in dar zuo erwelte.
der chunich niht langer netwelte. (V. 17275–283)

Das dauerte nicht lange, bis der Abt Bernhard [von Clairvaux] den Fürsten [d. h. König Konrad III. und König Ludwig VII. von Frankreich] die Kreuzfahrt [d. h. den 2. Kreuzzug] angenehm machte. Er kam zu König Konrad und ermahnte ihn inständig mit seiner heiligen Belehrung. Er sagte, daß unser Herr selbst ihn dazu erwählt hätte. Der König wartete nicht länger.

Literaturhinweise

Ausgaben: W. Braune / E. A. Ebbinghaus (Hrsg.), Ahd. Lesebuch, [17]1994. – W. Haug / B. K. Vollmann, Frühe dt. Literatur u. lat. Literatur in Deutschland 800–1150, 1991 (zweisprachig; Bibliothek des MAs). – F. Maurer (Hrsg.), Die religiösen Dichtungen des 11. u. 12. Jh.s, 3 Bde., 1964–70. – A. Waag / W. Schröder (Hrsg.), Kleinere dt. Gedichte des 11. und 12. Jh.s, 2 Bde., 1972 (ATB). – E. Henschel / U. Pretzel (Hrsg.), Die kleineren Denkmäler der Vorauer Hs., 1963. – G. Vollmann-Profe, Frühmhd. Literatur, 1996 (zweisprachig; RUB). – ›Windberger Psalter‹: K. Kirchert, 2 Bde., 1979 (MTU). – Williram: E. H. Bartelmez, 1967; W. Sanders, 1971; R. Schützeichel / B. Meineke, 2001. – ›St. Trudperter Hohes Lied‹: H. Menhardt, 2Bde., 1934; F. Ohly, 1998 (zweisprachig; Bibliothek des MAs). – ›Altdt. Genesis‹: V. Dollmayr, 1932 (ATB). – ›Annolied‹: E. Nellmann, 1975 [u. ö.] (zweisprachig; RUB). – ›Altdt. Exodus‹: E. Papp, 1969. – ›Anegenge‹: D. Neuschäfer, 1969. – Heinrich von Melk, ›Von des todes gehugde‹: Th. Bein / T. Ehlert [u. a.], 1994 (zweisprachig; RUB). – Priester Wernher, ›Maria‹: C. Wesle / H. Fromm, [2]1969 (ATB). – ›Kaiserchronik‹: E. Schröder, 1892.

Forschungsliteratur: H. Freytag, Die Theorie d. allegor. Schriftdeutung u. die Allegorie in dt. Texten besonders des 11. und 12. Jh.s, 1982. – F. G. Gentry, Bibliographie zur frühmhd. geistlichen Dichtung, 1992. – N. Henkel, Studien zum Physiologus im MA, 1976 (Hermaea). – M. Herweg, ›Ludwigslied‹, ›De Heinrico‹, ›Annolied‹. Die dt. Zeitdichtungen des frühen MAs im Spiegel ihrer wissenschaftlichen Rezeption u. Erforschung, 2002 (Imagines). – L. P. Johnson [u. a.] (Hrsg.), Studien zur frühmhd. Lit., 1973. – U. Küsters, Der verschlossene Garten. Volkssprachl. Hohelied-Auslegung u. monast. Lebensform im 12. Jh., 1985. – A. Masser, Bibel- und Legendenepik des dt. MAs, 1976 (GG). – G. Meißburger, Grundlagen zum Verständnis der dt. Mönchsdichtung im 11. u. 12. Jh., 1970. – N. R. Miedema, Die ›Mirabilia Romae‹, 1996 (MTU). – B. Naumann, Dichter u. Publikum in dt. u. lat. Bibelepik des frühen 12. Jh.s, 1968. – N. F. Palmer, Visio Tnugdali. The German and Dutch Translations and their Circulation in the Later Middle Ages, 1982 (MTU). – V. Schupp, Studien zu Williram v. Ebersberg, 1978. – C. Soeteman, Dt. geistliche Dichtung des 11. und 12. Jh.s, [2]1971 (SM).

B.
Die Epoche der mittelhochdeutschen (höfischen) Literatur
(um 1150 – um 1350)

Historischer Überblick

1137–1254	*Herrschaft der Staufer.*
1152–90	Kaiser Friedrich I. Barbarossa (Neffe Konrads III.).
1156	Österreich wird als besonderes Herzogtum unter dem Babenberger Heinrich Jasomirgott von Bayern abgetrennt.
1159–77	Abendländisches Schisma: Papst Alexander III. im Bündnis mit Frankreich, England, Sizilien und der Lombardei gegen den Führungsanspruch des Kaisers.
1165	Heiligsprechung Karls des Großen.
1176–81	Auseinandersetzung mit dem Welfen Heinrich dem Löwen, Herzog von Bayern und Sachsen.
1180	Bayern an die Wittelsbacher.
1184	Mainzer Hoftag: glanzvoller Höhepunkt der Machtentfaltung Barbarossas.
1189–92	3. Kreuzzug; Barbarossa stirbt 1190 in Anatolien.

*

1137–80	Ludwig VII. König von Frankreich.
1154–89	Heinrich II. Plantagenet König von England (seit 1152 verheiratet mit Eleonore von Aquitanien [Poitou], in 1. Ehe zuvor Gemahlin König Ludwigs VII. von Frankreich).

1171–93	Saladin Sultan von Ägypten.
1180–1223	Philipp II. August König von Frankreich.

*

1190–97	Kaiser Heinrich VI. (Sohn Barbarossas).
1192–94	Gefangenschaft von König Richard Löwenherz von England in Deutschland.
1194	Heinrich VI. zugleich König von Sizilien.
1198–1208	König Philipp von Schwaben (Sohn Barbarossas); Gegenkönig ist der Welfe Otto IV. (von Poitou), Sohn Heinrichs des Löwen.
1208	König Otto IV. wird nach Philipps Ermordung allgemein anerkannt und 1209 von Papst Innozenz III. zum Kaiser gekrönt.

*

1198–1216	Papst Innozenz III.
1202–04	4. Kreuzzug (Eroberung Konstantinopels, Errichtung des lateinischen Kaisertums).
1209/10	Päpstliche Approbation der Büßergemeinschaft des Franz von Assisi (Franziskaner).

*

1212–50	Kaiser Friedrich II. (Sohn Heinrichs VI.).
1214	Schlacht bei Bouvines: Philipp II. August von Frankreich, der mit den Staufern verbündet ist, besiegt das englisch-welfische Heer; Otto IV. fortan ohne politische Bedeutung (gest. 1218).
1220	Kaiserkrönung Friedrichs II., der sich nunmehr hauptsächlich in seinem Königreich Sizilien aufhält. In Deutschland vertritt ihn sein Sohn König Heinrich (VII.), der jedoch 1235 abgesetzt wird.
1228/29	5. Kreuzzug: Friedrich II., obwohl gebannt, wird König von Jerusalem.
1231	›Statutum in favorem principum‹: die den geistlichen Fürsten 1220 zugestandenen Privilegien werden auf die weltlichen Fürsten ausgedehnt (Übertragung königlicher Rechte). Sanktionierung der Rechte der Landesherren. Zunehmende Bedeutung der Städte.

1245 Friedrich II. von Papst Innozenz IV. für abgesetzt erklärt; 1246/47 wird Heinrich Raspe, Landgraf von Thüringen, Gegenkönig; 1247 Wahl Graf Wilhelms von Holland zum Gegenkönig.

*

1215 4. Laterankonzil.

1216 Päpstliche Bestätigung des Predigerordens (Dominikaner).

um 1224–74 Thomas von Aquin.

1226–70 König Ludwig IX. der Heilige von Frankreich.

1227–41 Papst Gregor IX.

1248–54 6. Kreuzzug: Ludwig IX. von Frankreich versucht, Ägypten zu erobern.

*

1250–54 König Konrad IV. (Sohn Friedrichs II.); Konrads IV. Sohn Konradin, der letzte Staufer, wird 1268 in Neapel hingerichtet.

1254 Rheinischer Städtebund.

1254–56 König Wilhelm von Holland.

1256–73 *Interregnum.*

1257–72 König Richard von Cornwall (Bruder des englischen Königs Heinrich III.), der sich mehrfach, doch nur kurzzeitig im Reich aufhält. Der Gegenkönig Alfons X. der Weise von Kastilien, ebenfalls 1257 gewählt, betritt nie deutschen Boden.

1257 Ausbildung des Kurfürstenkollegiums (die Erzbischöfe von Köln, Mainz, Trier, der König von Böhmen, der Herzog von Bayern, der Markgraf von Brandenburg, der Herzog von Sachsen).

*

1266–85 Karl von Anjou König von Sizilien.

1270 7. Kreuzzug unter Ludwig IX. von Frankreich.

*

1273–1346 *Zeit des Wahlkönigtums.*

1273–91 König Rudolf von Habsburg.

1278 Schlacht auf dem Marchfeld: Sieg über König Ottokar II. von Böhmen; 1282 belehnt Rudolf seine Söhne mit Österreich und der Steiermark (Begründung der habsburgischen Hausmacht).

1291 Gründung der Eidgenossenschaft.

1291–98 König Adolf von Nassau.

1298–1308 König Albrecht I. (Sohn Rudolfs von Habsburg).

1308–13 Kaiser Heinrich VII. von Luxemburg.

*

1291 Akkon wird als letztes christliches Bollwerk im Heiligen Land von den Mamelucken erobert; Ende der Kreuzzüge.

1309 König Philipp der Schöne von Frankreich erzwingt die Verlegung des Papstsitzes nach Avignon (bis 1377).

*

1314–47 Kaiser Ludwig IV. der Bayer (Wittelsbacher).

1322 Schlacht bei Mühldorf: Ludwig besiegt den habsburgischen Gegenkönig Friedrich den Schönen (Mitregent bis 1330).

1323 Beginn der Auseinandersetzungen mit dem Papsttum.

1338 Kurverein zu Rhense: der gewählte deutsche König bedarf nicht der päpstlichen Bestätigung.

1346 Karl IV. von Luxemburg, König von Böhmen, wird Gegenkönig.

1346–78 Kaiser Karl IV.

1348 Gründung der ersten deutschen Universität in Prag.

1348/49 Große Pest; etwa 30% der Gesamtbevölkerung Europas dürften der Pest zum Opfer gefallen sein.

1356 Goldene Bulle: der durch Mehrheitsbeschluß in Frankfurt gewählte und in Aachen gekrönte König ist zugleich erwählter römischer Kaiser; die päpstliche Bestätigung ist nicht mehr nötig.

*

1337–1453 Hundertjähriger Krieg zwischen Frankreich und England.

Wie in der Charakterisierung der Epoche (S. 27 ff.) angedeutet, stehen im Zentrum der höfischen Literatur die verschiedenen Typen des Liedes – vor allem Minnelied, Sangspruch und Leich – und der Großepik – Heldenepik und Roman mit ihren Untertypen. Andere literarische Bereiche – kleinere Gedichte in Reimpaaren, größere didaktische Gedichte, die verschiedenen Typen wissensvermittelnder und religiöser Literatur – treten demgegenüber zurück. Die Epoche erscheint dreigeteilt. Im ersten Zeitabschnitt, um 1150 – um 1190, bildeten sich die verschiedenen literarischen Typen, meist in Anlehnung an romanische (afrz. bzw. provenzalische) Vorbilder oder durch deren direkte Übernahme, vielfältig aus. Im zweiten Zeitabschnitt, um 1190 bis um 1220/30, waren romanische Texte zwar noch immer von Bedeutung, doch gewannen eigene Traditionen der deutschen Dichtung mehr und mehr an Gewicht; durch eine Reihe unverwechselbarer, bedeutender Autoren und Werke stellt dieser Zeitabschnitt die »Blütezeit«, die »klassische« Epoche der deutschen Literatur des Mittelalters dar. Im anschließenden dritten Zeitabschnitt, um 1220/30 – um 1350, spielten romanische Einflüsse nur noch eine geringe Rolle. Im wesentlichen setzten die Autoren sich mit deutschen Vorbildern und Traditionen auseinander. Erweiterungen im Themen- und Typenspektrum erfolgten im Kernbereich Lied/Großepik nur in verhältnismäßig geringem Umfang; jedoch wurden manche Untertypen, etwa der Artusroman, bald aufgegeben. Zunehmend bedeutsam wurden wissensvermittelnde Texte.

I.
Frühe höfische Literatur
(um 1150 – um 1190)

1. Lieddichtung

Zur mittelalterlichen Lyrik zählt man kürzere, in Strophen abgefaßte Texttypen vorwiegend nichterzählenden Charakters. Sie wurden prinzipiell mit Singstimme vorgetragen; allerdings sind die Melodien in vielen Fällen verlorengegangen. Der musikalische Vortrag erfolgte einstimmig, mehrstimmige deutsche Lieder gibt es daneben erst seit dem Ausgang des 14. Jh.s. In neuerer Zeit hat sich auch der Terminus Sangverslyrik eingebürgert, häufig – so auch in der vorliegenden Darstellung – verwendet man den Begriff Lied. Dieser Terminus ist mittelalterlich: mhd. *daz liet* bezeichnet die einzelne gesungene Strophe; im Plural wurde das Wort zur Benennung mehrstrophiger Gebilde verwendet: *driu liet* etwa meint ein dreistrophiges Gedicht. Die in der Neuzeit übliche Verwendung des Singulars für singbare Texte mit mehreren Strophen ist seit dem 15. Jh. belegt. Nicht unter den Begriff des Liedes in diesem Sinn fallen bestimmte Arten epischer Dichtung, in erster Linie Heldenepen, ferner einige Lehrgedichte und religiöse Dichtungen (obwohl sie gleichfalls in Strophen abgefaßt sein konnten und damit singbar waren), auch wenn man im Mittelalter hierfür ebenfalls den Begriff *liet* gebrauchte (vgl. *der Nibelunge liet*, d.h. das »Nibelungenlied«).

Die Lieddichtung zwischen etwa 1150 und etwa 1350 läßt sich in drei Haupttypen aufgliedern: Minnesang, Sangspruchdichtung und Leich.

Thema des Minnesangs ist die Liebe zwischen Mann und

Frau, jedoch nicht in allgemein-lehrhafter Sprechweise, sondern als persönliches Erlebnis, meist als Sprechen eines Ich über sein Verhältnis zu einem Gegenüber anderen Geschlechts, über seine Empfindungen und seine Erfahrungen. Das mhd. Wort *minne*, das im späten Mittelalter außer Gebrauch kam und durch *Liebe* ersetzt wurde, hängt etymologisch mit *meinen* (lat. *mens*, *memini*, *moneo*, griech. *mimnésko*) zusammen; Grundbedeutung ist »das Denken an etwas, das Gedenken«. Von daher kann das Wort allgemein »Gedenken«, »Erinnerung«, auch »Gedächtnistrunk« (*minne trinken*) bedeuten, dann aber vor allem »liebendes Gedenken«, »Liebe« (zu Gott, zu einem Freund, überhaupt zu einem anderen, zu einer Frau). (Als Ergebnis von Zuneigung und Wohlwollen heißt *minne* auch »gütliche Einigung«.)

Die unter dem (modernen) Begriff der Sangspruchdichtung zusammengefaßten Strophen (Sangsprüche) enthalten religiöse oder moralische Unterweisung, Lob oder Schelte adliger Herren oder von Dichterkollegen, Stellungnahmen zu politischen Ereignissen der Zeit, Bitten der Dichter um Unterstützung, die Ausbreitung von Wissensstoff und ähnliches. Die Darstellung ist überwiegend lehrhaft.

Der Leich stellt die Prunk- und Großform der mhd. Lieddichter dar. Das mhd. Wort geht zurück auf germ. **laikaz* »Spiel, Tanz, Bewegung«. Es handelt sich um umfangreiche Dichtungen, deren strophenartige Abschnitte (Versikel) jeweils eigene Melodien haben, die also durchkomponiert sind. Die Leichs haben geistliche oder weltliche Themen (Lob der Trinität, Christus, Maria – Lob der Minne, der Frauen im allgemeinen oder einer einzelnen Frau).

Überliefert ist die mhd. Lieddichtung vorwiegend in einigen gegen Ende des 13. bzw. in der ersten Hälfte des 14. Jh.s entstandenen Sammelhandschriften, in denen die Textkorpora zahlreicher Minnelied-, Sangspruch- und Leichdichter jeweils unter deren Namen gesammelt wurden. Dazu treten einige wenige Autorhandschriften, deren Intentionen auf die möglichst vollständige Sammlung der Texte eines einzelnen Autors gerichtet sind. Als weiterer Überlieferungstyp kommt die Streuüberlieferung hinzu: dabei handelt es sich um vereinzelte, manchmal zufällige Aufzeichnungen von Liedern in Handschriften mit andersartigen Texttypen. Zitiert werden Handschriften im allgemeinen nach ihrem heutigen Aufbewahrungsort und nach der Signatur innerhalb der betreffenden Handschriftensammlung (z. B. Heidelberg, Universitätsbibliothek, Cpg 848), ferner nach der Sigle, d. h. einem Kennbuchstaben, den die betreffende Handschrift von der Forschung innerhalb eines bestimmten Überlieferungszusammenhangs erhalten hat (die erwähnte Heidelberger Handschrift führt in der Liedüberlieferung die Sigle C). Zu beachten ist demnach, daß innerhalb des Zusammenhangs der Liedüberlieferung die Siglen A, B, C völlig andere Handschriften bezeichnen als etwa im Bereich der Überlieferung des ›Nibelungenliedes‹ (hier ist mit C die Handschrift Karlsruhe, Landesbibliothek, Cod. Donaueschingen 63 gemeint). Meist werden die (älteren) Pergamenthandschriften mit großen, die (jüngeren) Papierhandschriften mit kleinen lateinischen Buchstaben bezeichnet. Schließlich muß noch erwähnt werden, daß darüber hinaus viele Handschriften einen Beinamen haben, mit dem (meist) auf den jetzigen oder einen früheren Aufbewahrungsort verwiesen wird (die Liederhandschrift C hat den Beinamen ›Große Heidelberger [Manessische] Liederhandschrift‹, vor dem Erwerb durch die UB Heidelberg im Jahr 1888 hieß sie ›Pariser Liederhandschrift‹). Vgl. zur Liedüberlieferung im einzelnen Übersicht a.

Übersicht a

Die wichtigsten Überlieferungsträger der mhd. Lieddichtung

Sammelhandschriften

A Heidelberg, UB, Cpg 357, Pergament, 45 Blätter, Format 18,5 × 13,5 cm, ›Kleine Heidelberger Liederhandschrift‹. Ende 13. Jh., Elsaß (Straßburg?). 34 namentlich genannte Dichter; keine Bilder und Melodien.

B Stuttgart, Württ. Landesbibliothek, HB XIII 1, Pergament, 158 Blätter, Format 15 × 11,5 cm, ›Weingartner (Stuttgarter) Liederhandschrift‹. Anfang 14. Jh., Konstanz. 25 namentlich genannte Dichter; 25 teils ganz-, teils halbseitige Autorenbilder; keine Melodien.

C Heidelberg, UB, Cpg 848, Pergament, 426 Blätter, Format 35,5 × 25 cm, ›Große Heidelberger (Manessische) Liederhandschrift‹. 1. Hälfte 14. Jh., Zürich. 140 namentlich genannte Dichter; 138 ganzseitige Autorenbilder; keine Melodien.

J Jena, UB, El.fol.101, Pergament, 133 Blätter, Format 56 × 41 cm, ›Jenaer Liederhandschrift‹. 1. Hälfte 14. Jh., Wittenberg (?). 28 namentlich genannte Dichter; Melodien.

Autorhandschriften

D Heidelberg, UB, Cpg 350, Pergament, 69 Blätter, Format 24 × 15,5 cm. Ende 13. / Anfang 14. Jh., südrheinfränkisch. Geschlossene Sammlung von Sangsprüchen Reinmars von Zweter (die Handschrift ist von alters her mit den beiden kleinen Sammelhandschriften H und R zusammengebunden, beide aus dem 14. Jh.); keine Bilder und Melodien.

E München, UB, 2° cod.ms. 731, Pergament, Format 34,5 × 26,5 cm, ›Würzburger Liederhandschrift‹. Die Sammlung umfaßt 23 Blätter, sie ist Bestandteil des ›Hausbuchs des Michael de Leone‹, um 1350, Würzburg. Kapitel XXIV des Hausbuchs enthält eine Sammlung von Liedern Walthers von der Vogelweide, XXV eine solche von Liedern Reinmars des Alten; keine Bilder und Melodien.

Neidhart-R Berlin, Staatsbibliothek, Mgf 1062, Pergament, 15 Blätter, Format 33 × 23,5 cm, ›Riedegger Handschrift‹. Ende 13. Jh., Niederösterreich. Wichtigste und älteste Sammlung der Lieder Neidharts (die Handschrift enthält auch epische Texte); keine Bilder und Melodien.

Neidhart-c Berlin, Staatsbibliothek, Mgf 779, Papier, 140 Blätter, Format 30,8 × 21 cm. 1461/66, Nürnberg. Umfassende Sammlung von Liedern Neidharts (die Handschrift enthält noch weitere Texte); Melodien.

Streuüberlieferung

M München, Bayerische Staatsbibliothek, Clm 4660, Pergament, 112 Blätter, Format 25 × 17 cm, ›Carmina burana‹. Um 1230, Südtirol (Neustift bei Brixen?). Die bedeutendste Sammlung weltlicher lat. Lieddichtung des Mittelalters enthält verstreut auch deutsche Strophen.

Minnesang

Erste Phase: Donauländischer Minnesang (um 1150 – um 1180)

Minnesang findet sich zuerst bei den provenzalischen Trobadors; als ältester Trobador gilt Wilhelm IX., Graf von Poitiers und Herzog von Aquitanien (1071–1127). Der nordfranzösische Minnesang beginnt um 1160/70; frühester Trouvère ist der große Epiker Chrétien (Chrestien) de Troyes (vgl. S. 194). Der älteste deutsche Minnesang ist formal und inhaltlich von der romanischen Minnedichtung kaum beeinflußt.

Die frühesten deutschen Minnesänger waren – mit Ausnahme Kaiser Heinrichs – an der Donau zwischen Ulm und Linz/Melk beheimatet. Daher bezeichnet man diese Phase als Donauländischen Minnesang. Möglicherweise war die Mehrzahl der Autoren zeitweise am Wiener Hof des Babenbergers Herzog Heinrich Jasomirgott versammelt.

Der von Kürenberg (1150/70; aus der Gegend von Linz oder Melk?): 15 Strophen in zwei Strophenformen (Tönen). Ton II (13 Strophen) besteht aus vier je paargereimten Langzeilen; bei Ton I (2 Strophen) ist zwischen die Langzeilenpaare ein Vierheber eingeschoben. Aufgrund der gleichbleibenden Strophenform des Tons II ist nicht immer hinreichend klar, welche Strophen zu einem Lied zusammengehören bzw. bei welchen es sich um Einzelstrophen handelt. Unumstritten ist die Zusammengehörigkeit allerdings bei II,6 und 7: diese Strophen bilden das ›Falkenlied‹, den berühmtesten Text des Kürenbergers, wahrscheinlich die Klage einer adligen Frau um ihren verlorenen Geliebten (der Falke ist ein verbreitetes Bild für den Geliebten):

II,6
›Ich zôch mir einen valken mêre danne ein jâr.
dô ich in gezamete, als ich in wolte hân,
und ich im sîn gevidere mit golde wol bewant,
er huop sich ûf vil hôhe und vlouc in anderiu lant.

II,7
Sît sach ich den valken schône vliegen,
er vuorte an sînem vuoze sîdîne riemen,
und was im sîn gevidere alrôt guldîn.
got sende sî zesamene, die gelieb wellen gerne sîn!‹

›Länger als ein Jahr richtete ich mir einen Falken ab. Als ich ihn gezähmt hatte, wie ich ihn haben wollte, und ich ihm sein Gefieder mit goldenen Bändern umwand, da schwang er sich in die Höhe und flog in andere Länder.

Seither sah ich den Falken herrlich fliegen, er führte an seinem Fuß seidene Fesseln, und sein Gefieder war ihm ganz und gar mit rotem Gold durchflochten. Gott führe die zusammen, die einander lieben wollen!‹

Die Strophenform läßt sich folgendermaßen schematisieren (vgl. dazu Übersicht b):

x / x́ x / x́ x / x́ x // x́ x / x́ x / x́ ∧ /	3– / 3 a
/ x́ x / x́ x / ◡́ ◡ x // x / x́ x / x́ x / x́ ∧ /	3– / 3 a
x / x́ x / x́ x / ◡́ ◡ x // x / x́ x / x́ x / x́ ∧ /	3– / 3 b
x / x́ x / x́ x / x́ x // x / x́ x / –́ / x̀ x / x́ ∧ /	3– / 4 b

Der hier skizzierte Ton II des Kürenbergers ist identisch mit der Strophenform des ›Nibelungenliedes‹, vgl. S. 204 f.; ob der Kürenberger sie aus mündlichen Vorstufen des Epos entlehnt hat oder ob im ›Nibelungenlied‹ sein Ton II aufgegriffen wurde, ist nicht zu klären. Die Besonderheit der Strophenform besteht darin, daß der Strophenschluß durch Verlängerung des Abverses der letzten Zeile besonders betont ist. Da die Melodie nicht überliefert ist (vgl. jedoch S. 205), kann man zur Gliederung der Strophenform nur Mutmaßungen anstellen; vermutlich handelt es sich um eine zweiteilige Form: Teil 1 umfaßt entweder Z. 1+2 oder 1–3, Teil 2 Z. 3+4 oder nur Z. 4.

Kennzeichnend für den Kürenberger wie für die Mehrzahl der Texte des Donauländischen Minnesangs überhaupt ist, daß nicht – wie im späteren Minnesang – ein männliches lyrisches Ich im Zentrum steht, das (meist klagend) über seine Liebesverhältnisse spricht, sondern daß hier Mann *und* Frau in Sprecherrollen (in denen natürlich der Sänger auftritt) erscheinen. Außer der monologischen Liebesklage (wie etwa im ›Falkenlied‹) gibt es den Dialog, ferner die besonders kennzeichnende Form des Wechsels: Mann und Frau sprechen abwechselnd über ihre Liebe, aber nicht zueinander, sondern in Form getrennter, freilich aufeinander bezogener Monologe. (Vgl. zu den Liedtypen des Minnesangs besonders S. 233 f.)

Übersicht b

Grundbegriffe der mhd. Metrik

Entscheidend für den mhd. Vers ist das Gewicht, die Zeitdauer, die eine Silbe jeweils beansprucht. Statt einer normallangen Silbe können nach Belieben auch zwei kurze Silben, statt zweier normallanger Silben kann auch eine überlange Silbe stehen. (Kurze offene Tonsilben, etwa tă-ge, nĕ-men, lĭ-gen, sind im Mhd. häufig, im Nhd. wurden sie durch Dehnung in offener Silbe beseitigt.) Daher kann man mhd. Verse nach der Zahl der Takte beschreiben, die der jeweilige Vers umfaßt. Dieses Verfahren lehnt sich an die neuere Musik an; wie die mhd. Dichter selbst ihre Verse gemessen haben, entzieht sich unserer Kenntnis. In der Regel läßt sich der musikalische 2/4-Takt zugrunde legen. Im Normalfall besteht er aus einer betonten ersten und einer unbetonten zweiten Viertelnote:

Den meisten mhd. Versen liegt dieser regelmäßige Wechsel betonter und unbetonter Silben, von Hebung und Senkung, zugrunde; ihn bezeichnet man als Alternation. Statt des Regelfalles können auch die folgenden Varianten stehen:

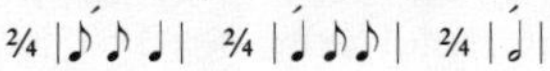

Bei der letzten Variante ist zu beachten, daß die folgende Note etwas weniger stark betont wird; man spricht von einem Nebenton:

Folgende metrische Zeichen werden verwendet:

- für die »normale« Hebung oder Senkung x,
- für die überlange (»beschwerte«) Hebung –,
- für die kurze (»gespaltene«) Hebung oder Senkung ◡◡.

- Die Hebung wird durch einen Akzent von der Senkung unterschieden x́, ◡́◡, –́; als Kennzeichen der Nebenhebung verwendet man x̀.
- Als Pausenzeichen dient ∧.

Außer auf die Verslänge kommt es besonders auf den Anfang des Verses und auf den Ausgang, die Kadenz, an. Verse können mit Hebung beginnen oder mit Senkung, im letzteren Fall spricht man von Auftakt. In der Lieddichtung gibt es auftaktlose Verse sowie Verse mit regelmäßigem oder mit fakultativem Auftakt (d.h., der Auftakt kann stehen oder auch nicht); ferner kann auch die Auftaktsenkung in zwei kurze Silben aufgespalten sein. Bei der Angabe der Taktzahl des Verses werden Auftakte nicht mitgezählt:

Kaiser Heinrich

I,1	gemáchet léides vrî́	Vers mit Auftakt
I,2	únde hábent des ház	auftaktloser Vers

Enden kann der Vers mit Hebung oder mit Senkung. Im ersten Fall spricht man von männlicher, im zweiten von weiblicher Kadenz. Die männliche Kadenz wird nicht eigens bezeichnet, die weibliche markiert man am einfachsten mit einem waagrechten Strich:

Dietmar von Eist

V	Sô wól dir, súmerwúnne	3–	weibl. Kadenz
	sô réhte mínneclî́ch getấn	4	männl. Kadenz

In der männlichen Kadenz kann gelegentlich Spaltung der Hebung vorkommen:

Dietmar von Eist

XIV,1	Úrloup hất des súmers brĕ́hĕn	4	männl. Kadenz

Mhd. Verse sind in der Regel gereimt. Aufeinander reimende Verszeilen werden im Schema durch den gleichen Reimbuchstaben (a b c ...) kenntlich gemacht. Reimlose Zeilen bezeichnet man als Waisen; sie werden mit dem Buchstaben x markiert. Reime, die erst in einer Folgestrophe ihre Entsprechung finden, heißen Körner (K). Die in der mhd. Lieddichtung verhältnismäßig seltenen Refrains erhalten den Buchstaben R.

Längere Verse (mindestens sechs Takte) mit regelmäßiger Zäsur nach der dritten Hebung bzw. nach der darauffolgenden Senkung bezeichnet man als Langzeilen. Die erste Hälfte solcher Zeilen nennt man Anvers, die zweite Abvers:

Kürenberger
II,12 Aller wîbe wünne   diu gêt noch megetîn

/x́ x / x́ x / x́ x // x / x́ x / x́ x / x́ ∧ /   3– / 3

Steht die Zäsur an anderer Stelle oder schwankt ihre Position, spricht man von Langen Zeilen.

Es handelt sich um aristokratische Dichtung. Der Liebhaber ist ein Ritter, die Dame wird *vrouwe*, »Herrin«, genannt, sie verfügt in einer Strophe des Kürenbergers über die Gebärde der Landesherrin. Der Mann erscheint eher als derjenige, der bestimmt, die Frau mehr in der Rolle der Leidenden, Wartenden, Hoffenden, derjenigen, die um ihre Ehre fürchtet, denn die Liebe des Paares ist fortwährend von der Gesellschaft, ihren Aufpassern (den *merkern*, der *huote*), bedroht. Die Darstellung erfolgt in einfachen Sätzen, sie ist bildhaft und mit Erzählelementen durchsetzt, kaum reflektierend; jedoch bedient sie sich des Sprichworts, z.B. *Wîp unde vederspil diu werdent lîhte zam*, »Frauen und Jagdvögel, die kann man leicht zähmen«. Die Reime sind vielfach noch unrein: *zinne* : *singen*, *hemede* : *edele* usw.

Meinloh von Sevelingen (um 1160/70; Söflingen ist heute ein Stadtteil von Ulm): 12 Strophen in drei Tönen, überwiegend aus Langzeilen.

Der Burggraf von Regensburg (Heinrich III. von Steffling, urkundlich 1143/77?, sein Sohn Friedrich, urk. 1150/81?): vier Strophen in zwei vorwiegend aus Langzeilen gebauten Tönen (Ton I: zwei Frauenstrophen, Ton II vermutlich ein Wechsel).

Der Burggraf von Rietenburg (einer der Söhne Heinrichs III. von Steffling: Heinrich IV., urk. 1176/85 oder Otto III., gest. nach 1185?, möglich ist auch, daß es sich bei den Burggrafen von Regensburg und Rietenburg um *eine* Person handelt): sieben Strophen in sechs Tönen. Formal am altertümlichsten ist Ton I, ein Wechsel; inhaltlich zeigen sich die Strophen von der Hohen Minne des romanischen Minnesangs beeinflußt (vgl. dazu S. 121 f.): der Sänger hofft auf Erhörung durch eine Dame, er bietet ihr beständigen Dienst. Außerdem erscheint hier erstmals die dreiteilige romanische Kanzonenform anstelle der traditionellen Langzeilenstrophe (in allen Tönen, ausgenommen möglicherweise Ton II, der auch anders interpretiert werden kann):

I,2 (in der Fassung von Hs. C)

Mir gestuont mîn gemüete	3–a	1. Stollen	Aufgesang
nie so hôhe von schulde,	4–b	(Melodie A)	
sît ich in rehter güete	3–a	2. Stollen	
hân alsô wol gedienet ir hulde.	4–b	(Melodie A)	
Ich vürhte niht ir aller drô,	4 c	(Melodie B)	Abgesang
sît si wil, daz ich sî vrô.	4 c		
wan diu guote ist vröiden rîch,	4 d		
des wil ich iemer vröwen mich.	4 d		

Nie freute ich mich von Rechts wegen mehr, seit ich durch wahrhaftes Wohlverhalten mir ihre Gunst verdient habe. Das Drohen der anderen fürchte ich nicht, da sie will, daß ich fröhlich bin. Die Edle vermag soviel Freude zu schenken – darüber will ich mich in alle Zukunft freuen.

Während eine gewisse Sparsamkeit im Erfinden neuer Strophenformen zu den Kennzeichen des Donauländischen

Minnesangs gehört, hat der am romanischen Minnesang orientierte Burggraf für jedes Lied einen eigenen Ton – im späteren Minnesang wird dies die Regel.

Dietmar von Eist (um 1160; Oberösterreich): 42 Strophen in 16 Tönen. Langzeilen haben nur die Töne I–III, XI; die Kanzonenform findet sich in VI–X, XII (?), XIV bis XVI. Ob alle Strophen bzw. Lieder vom selben Dichter stammen, ist umstritten. In Ton III findet sich erstmals der im späteren Minnesang sehr beliebte Natureingang: ein kleines Naturbild, in dem entweder der Frühlingsbeginn freudig begrüßt oder der Winteranfang beklagt wird, bietet dem Rittersänger Gelegenheit, sein Liebesschicksal in paralleler oder kontrastierender Weise mit der Jahreszeit in Beziehung zu setzen:

III,1
Ahî, nu kumt uns diu zît, der kleinen vogellîne sanc.
ez grüenet wol diu linde breit. zergangen ist der winter lanc.
nu siht man bluomen wol getân an der heide üebent sî ir schîn.
des wirt vil manic herze vrô, des selben troestet sich daz mîn.

Hei, nun kommt der Frühling, der Gesang der kleinen Vöglein. Die breite Linde steht schön im Laub, der lange Winter ist vergangen. Jetzt sieht man schöne Blumen, auf der Heide zeigen sie ihr Leuchten. Darüber freuen sich die Herzen vieler, auch das meine gewinnt Zuversicht.

Unter dem Namen Dietmars von Eist ist auch das erste Tagelied deutscher Sprache überliefert. Es handelt sich um einen später überaus beliebten Liedtyp, in dem das morgendliche Erwachen eines Liebespaares und der Abschied des Mannes thematisiert werden (vgl. S. 177 f.). Mit den provenzalischen Beispielen dieser im romanischen Bereich Alba (»Morgenröte«) genannten Liedart zeigt Dietmars Text kaum Berührungen:

XIII

1 ›Slâfest du, vriedel ziere?
wan wecket uns leider schiere;
ein vogellîn sô wol getân
daz ist der linden an daz zwî gegân.‹

2 »Ich was vil sanfte entslâfen,
nu rüefestû, kint, wâfen.
liep âne leit mac niht sîn.
swaz dû gebiutest, daz leiste ich, vriundîn mîn.«

3 Diu vrouwe begunde weinen:
›du rîtest hinnen und lâst mich eine.
wenne wilt du wider her zuo mir?
owê, du vüerest mîne vröide sant dir!‹

1 ›Schläfst du, schöner Geliebter? Man weckt uns leider rasch. Ein schönes Vöglein ist in den Zweig der Linde geflogen.‹

2 »Ich war so sanft eingeschlafen, nun schlägst du, Liebe, Alarm. Freude ohne Leid kann es nicht geben. Was immer du willst, das tue ich für dich, meine Geliebte.«

3 Die Dame fing an zu weinen: ›Du reitest weg und läßt mich allein. Wann willst du wiederkommen? O weh, du nimmst meine Freude mit dir!‹

Kaiser Heinrich (Kaiser Heinrich VI., 1165–97): acht Strophen in drei Tönen. Langzeilen haben die Töne I (Wechsel) und II (Frauenlied oder Dialog), die auch sonst im Stil altertümlich wirken; das vierstrophige Lied III, in dem der Autor mit seiner Stellung als Sohn eines Kaisers und künftiger Herrscher kokettiert, weist dagegen die »moderne« Kanzonenform auf.

Zweite Phase: Die Rezeption romanischer Vorbilder (um 1170 – um 1190)

In der zweiten Phase der Geschichte des Minnesangs – die sich zeitlich teilweise mit dem Donauländischen Minnesang überschneidet – rezipierten die (überwiegend vom Oberrhein stammenden) deutschen Dichter romanische Vorbilder, vor allem provenzalischen, daneben auch afrz. Minnesang. Begegnungsmöglichkeiten zwischen deutschen und romanischen Autoren gab es immer wieder, ein berühmtes Beispiel ist etwa Barbarossas Mainzer Hoffest von 1184, bei dem Dichter aus beiden Sprachbereichen zugegen waren. Die Deutschen übernahmen Strophenformen und Melodien. Die dreiteilige Kanzonenform aus zwei metrisch-musikalisch identischen Teilen (Aufgesang) und einem abweichenden dritten Teil (Abgesang), vgl. S.118, wurde jetzt zur vorherrschenden Form; jedes Minnelied hatte von nun an in aller Regel einen eigenen Ton (Strophenform und Melodie), ferner waren die Lieder nunmehr normalerweise mehrstrophig, die Bedeutung der Langzeilen trat völlig zurück, kürzere Zeilen wurden bevorzugt; weiterhin wurden Darstellungsverfahren romanischer Lieder aufgegriffen, in manchen Fällen wurden die Vorbilder sogar übersetzt oder wenigstens bearbeitet. Die Übernahme fremder Töne für neue Lieder, wobei auch inhaltliche und stilistische Merkmale aufgenommen sein können, bezeichnet man heute mit dem Terminus Kontrafaktur; das im Mittelalter weithin übliche Verfahren wird schon von dem Minnesänger Ulrich von Lichtenstein (1200/10–75; vgl. S.235) in seinem ›Frauendienst‹ (um 1250) ausführlich beschrieben (V.112, 31 ff.), es ist auch noch aus neuerer Zeit geläufig (bekanntlich hat etwa Heinrich Hoffmann von Fallersleben sein ›Lied der Deutschen‹ 1841 auf die Melodie von Joseph Haydns ›Kaiserhymne‹ geschrieben). Da zum altromanischen Minnesang zahlreiche Melodien erhalten sind – anders als zum deutschen, dessen Musik so gut wie vollständig verloren ist –, konnte man in manchen Fällen bei nachgewiesenen Kontrafakturen für die deutschen Lieder aus dem romanischen Repertoire Melodien zurückgewinnen.

Entscheidend ist vor allem, daß jetzt aus der Romania das Ideal der Hohen Minne (provenzalisch *fin'amors*, afrz. *amour courtois*) übernommen wird. Anders als im Donauländischen Minnesang stellt Minne sich nun in Analogie zum Lehensdienst, den der Lehensmann dem Lehensherrn schuldet, als Minnedienst dar. Der liebende Mann nimmt alle Mühsal vergeblichen Dienstes auf sich, er hofft stets auf auch sexuelle Erfüllung (er dient *ûf wân*, d. h. »in Hoffnung«), erreicht sie jedoch niemals. Die Frau kommt im Lied nurmehr selten zu Wort. Sie ist als hoch über dem Mann stehend dargestellt. Anstelle eines Verhältnisses von gleich zu gleich, wie im Donauländischen Minnesang, findet sich nun eines der Unterordnung. Aus der vergeblichen Hoffnung auf Erfüllung ergibt sich für den Mann fortwährendes Leid (*leit*). Doch liegt ein Gewinn des Minnedienstes im Genuß des schönen Gefühls des Trauerns und Leidens. Leid steigert die Sensibilität, es verschafft ein erhöhtes Daseinsgefühl. Ergebnis des Minnedienstes ist in erster Linie der Minnesang selbst, sind die Lieder, deren Erschaffung das Ansehen, die *êre*, ihres Schöpfers steigert. Denn die sich im Minnesang äußernde Liebe – von der wir nicht wissen, inwieweit sie jeweils eine faktische Grundlage hat oder rein fiktiv ist – spielt sich nicht in Heimlichkeit ab, vielmehr wird der Minnesang vor höfischem Publikum aufgeführt. Die Hörer können und sollen sich mit den zum Ausdruck gebrachten Empfindungen und Ansichten identifizieren. Die Minne des Sängers ist somit kein isolierter Einzelfall, sondern sie ist paradigmatisch: einer spricht für alle, zumindest für viele. Wer zur weltlichen Oberschicht gehört, kann durch den Minnesang ein neues Bild der Frau, zugleich einen Reichtum an Empfindungsmöglichkeiten gewinnen, wie dies vor der zweiten Hälfte des 12. Jh.s nicht möglich war.

Die hauptsächliche Darstellungsform ist nunmehr die monologische Liebesklage des Sänger-Ichs über die Nichterhörung durch seine Dame. Der Sänger fleht die Dame – deren Name niemals genannt wird – an, er lobt und rühmt sie, er weist auf die lange Dauer seiner Bemühungen hin und stellt sein Leid heraus. Ein wichtiges Motiv, das bei einigen Autoren eingeführt wird, ist das der vorübergehenden, durch äußere Umstände bedingten Trennung von Liebhaber und Dame, vor allem dadurch, daß der Ritter genötigt ist, auf Kreuzzug zu gehen. Dialoge und Wechsel sind selten, überhaupt kommen, wie schon erwähnt, die Frauen wenig zu Wort. Zu weiteren Liedtypen vgl. S. 233 f. Die Sprache ist mehr als bei den früheren Autoren von Gewähltheit geprägt, der Wortschatz ist verhältnismäßig uniform, erzählende Elemente treten ganz zurück.

Heinrich von Veldeke (um 1170/90; aus der Nähe von Maastricht, wirkte auch in Thüringen, 1184 auf dem Mainzer Hoffest; zu seiner epischen Dichtung vgl. S. 150 ff. und 162): 34 Liedtexte (einige in ihrer Echtheit angezweifelt), teilweise Minnelieder im eigentlichen Sinn (Ich-Rolle des Sängers, Bezug auf eine bestimmte Frau), teilweise Strophen, in denen eher allgemein, lehrhaft über die Minne gesprochen wird (Grund für die geringere Leidenschaftlichkeit von Veldekes Liedern könnte sein Status als Berufsdichter gewesen sein). Deutlicher romanischer Einfluß: Konzept der Hohen Minne, Kanzonenform, Aufnahme romanischer Strophenformen aus Versen gleicher Länge mit durchgehenden Reimen (in Lied I etwa a a b / a a b // b a b), in vier Fällen ist die Benutzung romanischer Töne wahrscheinlich; insgesamt ist die direkte Aufnahme romanischer Einflüsse jedoch geringer als bei den oberrheinischen Dichtern. Im übrigen kennt Veldeke auch die alte Form des Wechsels (bei unterschiedlichen Strophenformen in I und II, außerdem in VI und in XXX); ferner sind viele seiner Lieder einstrophig, wie es weitgehend der Tradition des Donauländischen Minnesanges entsprach. Ungeklärt ist das sogenannte Veldeke-Problem: die Lieder enthalten zahlreiche Einsprengsel aus seiner niederrheinisch-maasländischen Heimatsprache, vgl. in Lied I,4 die Reime *verwâten* : *verlâten* : *mâten* : *kartâten* : *strâten* (entspricht mhd. *verwâzen* : *verlâzen* : *mâzen* : – : *strâzen*; *kartâten*, von lat. *caritas*, würde mhd. genauso lauten, mithin nicht reimen) oder in II,5 *te* statt *ze*, *he* statt *er*. Veldeke hat diese Formen und Wörter entweder aus Spielerei (kaum aus Unfähigkeit) aus seinem Heimatidiom aufgenommen (Flämisch galt als vornehm), oder er hat die Lieder ursprünglich ganz in dieser Sprache verfaßt – er selbst oder auch andere hätten sie dann in nicht konsequenter Weise ins Mhd. umgearbeitet.

Rudolf von Fenis (urk. 1158–92; Graf von Neuenburg [Neuchâtel] im Schweizer Jura): acht Minneklagen. Rudolf ist der erste wirklich große Sänger der Hohen Minne in deutscher Sprache. Fünf seiner Lieder teilen die Strophenform mit romanischen Liedern (I mit einem Lied des Folquet de Marseille, II, III, V mit Liedern des Gace Brulé, VIII mit einem Lied des Peire Vidal; auch inhaltliche Parallelen gibt es). Da Rudolfs Grafschaft auch romanische Gebiete umfaßte, ist nicht undenkbar, daß sein Liedschaffen von provenzalischen Trobadors benutzt wurde. Auch in der Versgestaltung zeigt er enge Verbindungen zur Romania, vor allem durch die Aufnahme romanischer Zehnsilbler, die als sogenannte deutsche Daktylen wiedergegeben werden:

II,1
Minne gebiutet mir, daz ich singe
| –́ ¦ x̀ x | –́ ¦ x̀ ∧ | x́ ∧ ¦ x̀ x | –́ ¦ x̀ ∧ |

Friedrich von Hausen (urk. seit 1171, gest. 6.5.1190 auf dem 3. Kreuzzug in Kleinasien; Reichsministeriale und Vertrauter Barbarossas, Stammsitz Rheinhausen bei Mannheim): 18 Lieder in 17 Tönen (Ton I umfaßt zwei Lieder). Hausen ist der bedeutendste Dichter der Gruppe. Zu mehreren seiner Lieder gibt es als unterschiedlich sicher angesehene Parallelen in romanischen Texten. Hausens Liedschaffen läßt sich in drei Gruppen gliedern. Zum einen enthält es relativ kleine Liedchen mit reicher Minnesangsthematik, im Inhalt unproblematisch, in der Darstellungsform interessant. Hierher gehört etwa Lied IX, in dem der Autor vermutlich eine Strophenform des Trobadors Bernart de Ventadorn aufgreift, das er inhaltlich jedoch als einen Wechsel gestaltet – eine Darstellungsform, die den romanischen Autoren fremd war; oder das Lied von der Traumliebe VIII, eine Einzelstrophe, in der das Sänger-Ich berichtet, es habe im Traum eine wunderschöne Frau gesehen – als er aufwachte, sei sie verschwunden gewesen; oder XI, dessen beide Strophen mit einem (im deutschen Minnesang ziemlich seltenen) Refrain schließen, ein Preislied auf die Schönheit der Geliebten, dessen 2. Str. das Motiv der Kindheitsminne, d.h. der Liebe von Kindheit an, sowie die Personifikation des Herzens des Liebenden als des Dieners der Geliebten enthält.

Eine zweite, gewichtigere Gruppe stellen die großen Minneklagen dar. Hierher gehören etwa die beiden Lieder des Tones I. Das erste geht von einem weltliterarisch berühmten Liebespaar aus, von Dido und Äneas. Die Geliebte lehnt sie als Vorbild für die eigene Beziehung ab, der Liebhaber ist tief in Gedanken an die Geliebte versunken, er lernt Trauer und Sorge kennen; mit wahrer Beständigkeit hofft er, zum Ziel zu kommen. Das zweite Lied formuliert die Erfahrung der äußeren Trennung von der Geliebten, ein Motiv, das bei Hausen mehrfach bedeutsam ist; die Trennung potenziert den Liebesschmerz. Auch in Lied IV, das eine Strophenform Blondels de Nesle aufgreift, sehnt der Sänger sich aus der Ferne nach der Geliebten: die frühere Trauer darüber, nicht erhört zu werden, war ein Kinderspiel gegenüber der jetzigen äußeren Entfremdung. Womöglich wird Autobiographisches sichtbar: die Lebensform des Kriegers, den der Kriegszug (in Italien) zur Abwesenheit zwingt. Ob das Lied freilich auf der Kriegsfahrt (vor Männerpublikum?) vorgetragen wurde oder nach der Rückkehr in die Heimat, ist unbekannt.

Die dritte Gruppe umfaßt Kreuzlieder, in denen die Frauenminne angesichts des als Dienst für Gott gesehenen Kreuzzuges als problematisch dargestellt ist. Lied V greift eine Strophenform des Folquet de Marseille auf. Es weist nicht die Kanzonenform auf, sondern eine durchkomponierte Strophenform ohne klare Binnengliederung (4a 4a 5b 2b 4c 5c 2d 4d 5e 5e). Diese sogenannte Oda continua ist neben der Kanzone eine zweite romanische Form, die bei den Minnesängern der zweiten Phase eine Rolle spielt; in späterer Zeit verschwand sie aus dem deutschen Formenrepertoire. In Lied V wird die Struktur der Hohen Minne durchbrochen: nicht mehr die Dame nimmt die oberste Stelle ein, über ihr steht Gott:

V,3
von wîsheit kêrte ich mînen muot;
daz was diu minne, diu noch manigem tuot
die selben klage.
nu wil ich mich an got gehaben,
der kan den liuten helfen ûz der nôt.
nieman weiz, wie nâhe im ist der tôt. (V.5–10)

Von der Weisheit wandte ich mich ab. Es war die Minne, die noch viele dazu bringt, über das gleiche zu klagen. Jetzt will ich mich an Gott halten. Der versteht es, die Menschen aus ihrer Bedrängnis zu bringen. Keiner weiß, wie nahe ihm der Tod ist.

Lied VII warnt die Dame, einen zu lieben, der zu feige ist, um auf den Kreuzzug zu gehen; anschließen kann man die Einzelstrophe XVI, eine sangspruchartige Schelte jener, die den Kreuzzug zwar gelobt haben, dann aber doch nicht aufbrechen. Lied VI schließlich spielt den Konflikt zwischen Minnedienst und Kreuzzug ausführlich durch. Herz und Körper des Sängers, die lange Zeit miteinander gelebt haben, wollen sich trennen; der Körper will gegen die Heiden kämpfen, das Herz aber bei der geliebten Frau bleiben. Als das Ich das Kreuz nahm, glaubte es, von seinem Kummer befreit zu sein, doch das Herz mißgönnte ihm die Freiheit. Schließlich wird die Minnesangsituation durchbrochen und eine eindeutige Absage an die hartherzige Geliebte formuliert.

Bligger von Steinach (urk. 1152–98; Stammburg Neckarsteinach am unteren Neckar; epische Dichtung Bliggers ist bezeugt, jedoch nicht erhalten): zwei Minneklagen (zur zweiten sind mehrere im Strophenbau übereinstimmende romanische Parallelen vorhanden); eine Spruchstrophe (Echtheit zweifelhaft).

Bernger von Horheim (urk. 1196 in Italien, aus welchem Horheim er stammt, ist ungeklärt): sechs Minneklagen. II ist ein Lügenlied: der Liebhaber spielt erfolgreiche Werbung vor; die Abschiedsklage IV spricht von der bevorstehenden Heerfahrt nach Apulien. Für vier Lieder sind romanische Vorbilder wahrscheinlich oder möglich.

Ulrich von Gutenburg (urk. vermutlich 1172 und 1186 in Italien, aus einem elsässischen oder einem pfälzischen Geschlecht): eine Minneklage (Kontrafaktur zu einem Lied Blondels de Nesle); ein Minneleich.

Heinrich von Rugge (urk. 1175/78, wohl aus einem Ministerialengeschlecht der Pfalzgrafen von Tübingen): zwölf Minnelieder (Werbungslieder, Preislieder, Minneklagen, Dienstversicherungen, einiges ist spruchartig; da zahlreiche Strophen auch unter anderen Dichternamen überliefert sind, ist die Echtheit vielfach umstritten); ein Kreuzleich.

Hartwic von Rute (12. Jh., urk. nicht nachgewiesen, in der Regel als bayerischer Autor angesehen): ein mehrstrophiges Lied (Ritterklage aus der Ferne mit Liebesversicherung an die Dame; am Schluß Verse mit Absage an den Kriegsdienst); drei Einzelstrophen mit Minnethematik.

Sangspruchdichtung

Neben Minneliedern und Leichs enthalten die Liederhss. auch zahlreiche Strophen, die der religiösen oder moralischen Belehrung dienen, in denen adlige Herren oder Dichterkollegen gelobt oder getadelt werden, in denen die Dichter zu politischen Sachverhalten Stellung nehmen oder in denen sie von ihren eigenen, meist unerfreulichen Verhältnissen sprechen. Mit einem zuerst 1833 von Karl Simrock (1802–76) eingeführten Terminus bezeichnet man derartige Texte als (Sang-)Sprüche, ihre Autoren als (Sang-)Spruchdichter. Trotz der lange Zeit vorhandenen Überlieferungsgemeinschaft mit den Minnesängern wußte man im Mittelalter zwischen Minnesang und Spruchsang genau zu unterscheiden (vgl. dazu auch S. 182 und 241 ff.).

Früheste, anonym überlieferte Muster des Texttyps sind in ›Des Minnesangs Frühling‹ unter den ›Namenlosen Liedern‹ als ›Weisheits- und Zeitlyrik‹ gesammelt (aus Hss. des 12. und frühen 13. Jh.s; eine Strophe ist mit linienlosen Neumen aufgezeichnet, d.h. mit der Andeutung einer Melodie, vgl. S. 63 – dies zeigt, daß man sich auch derart kurze Strophen gesungen vorstellen muß). Formal sind die Strophen sehr einfach gebaut; I, II und IV bestehen aus je vier paargereimten vierhebigen Zeilen (mit teilweise unreinen Reimen), in III ist das Schema durch ein drittes Reimpaar erweitert, ebenso in V – hier ist allerdings die letzte Zeile zur Betonung des Strophenschlusses auf fünf Hebungen erweitert. Inhaltlich stehen die Strophen dem Sprichwort nahe, das eine allgemeine Einsicht möglichst plausibel zu formulieren sucht. Thema von Str. I etwa ist die Erkenntnis, daß ein blauer Montag einem die ganze Woche nachhängt. Komplizierter ist lediglich Str. V, in der eine Personifikation des *Ubermuot*, der Superbia, und ihres Gefolges (Gewalt, Untreue, Habsucht), geboten wird; es handelt sich um eine Warnung vor der Verderbtheit der Welt.

Weitaus entwickelter ist die älteste Sangspruchdichtung, die in den Liederhss. A, C und J unter dem Autornamen Spervogel überliefert ist. Wahrscheinlich stammen die Strophen von drei verschiedenen Autoren jeweils unterschiedlicher Lebenszeit.

Herger (um 1170): der Autorname findet sich anscheinend in Str. II,2 (in der Forschung ist das nicht unumstritten). 29 Strophen, mit Ausnahme der letzten alle im gleichen Ton: 4a 4a 4(3–)b 4(3–)b 3–c 4x 5–c. Bauelemente sind paargereimte Zeilen, der Strophenschluß ist durch den Einschub einer reimlosen Zeile (Waise) und durch die Verlängerung der letzten Zeile markiert; die Reime sind vielfach unrein. Der Autor hat jeweils mehrere Einzelstrophen zu größeren, thematisch einigermaßen einheitlichen Verbänden zusammengeschlossen (I bis V sind Pentaden, d.h., es sind je fünf Strophen aneinandergereiht, VI ist eine Triade, hier sind drei Strophen zusammengefaßt); die im Strophenbau abweichende letzte Strophe steht für sich. Die Datierung Hergers ergibt sich aus Pentade I, die dem Lob verschiedener verstorbener adliger Herren gewidmet ist; abschließend werden die Grafen von Oettingen indirekt aufgefordert, dem armen Dichter gegenüber ihre Freigebigkeit zu erweisen. II klagt über Armut und Unbehaustheit und ist teilweise wohl autobiographisch zu verstehen:

II,5
Swie daz weter tuo,
der gast sol wesen vruo.
der wirt hât truckenen vuoz
vil dicke, sô der gast muoz
Die herberge rûmen.
swer in dem alter welle wesen
wirt, der sol sich in der jugent niht sûmen.

Wie immer das Wetter auch ist: der Fremde muß früh auf sein. Der Hausherr hat sehr oft trockene Füße, wenn der Fremde die Herberge räumen muß. Wer im Alter Hausherr sein will, der soll sich in der Jugend nicht säumen.

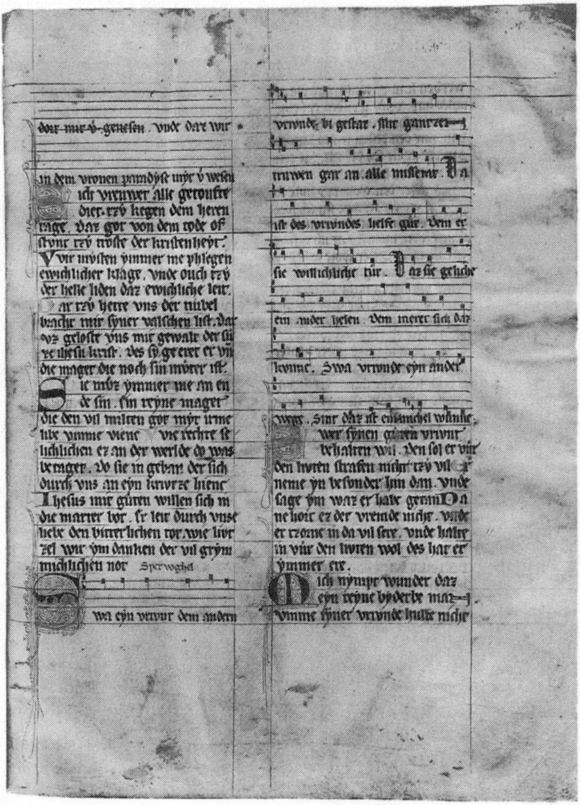

Abb. 6 Der Spervogel-Ton in der ›Jenaer Liederhs.‹. Jena, UB, El.fol. 101 (um 1340)

III bedient sich der Tierfabel, um moralische Weisheiten einprägsam auszudrücken; IV konfrontiert die Schrecknisse der Hölle mit der Herrlichkeit des Himmels; in V stehen unterschiedliche Lebensregeln. VI ist wieder von geistlicher Thematik bestimmt.

Spervogel (nach 1170?): mit dem Namen, unter dem in Hs. C das gesamte Korpus überliefert ist, bezeichnet man den mittleren der drei Autoren; der Name bedeutet »Sperling«, es handelt sich aller Wahrscheinlichkeit nach um das Pseudonym eines fahrenden Dichters. Aufgrund der Reimreinheit in seinen Sprüchen hält man Spervogel für jünger als Herger. Überliefert sind 23 Strophen, alle im gleichen Ton, dessen Schema strukturell dem Ton Hergers verwandt ist, das jedoch aufgrund der längeren Zeilen mehr Raum bietet: 6a 6a 4b 4b 4x/3–c 4x/3–c. Dazu ist in J auch die Melodie überliefert. Sie zeigt, daß der Ton als zweiteilig aufzufassen ist (vgl. Abb.6). Der erste Melodiebogen umfaßt die Zeilen 1–4, der zweite, in dem Melodiematerial des ersten wieder aufgegriffen wird, die Zeilen 5 und 6 (vgl. Melodie I).

Der Bezug der Strophen Spervogels untereinander ist locker, die meisten stehen für sich allein. In dieser Hinsicht ist der Dichter exemplarisch für die spätere Spruchdichtung, die prinzipiell zur Einzelstrophe neigt (ohne größeren Verbänden aus dem Weg zu gehen). Spervogels Strophen sind unpersönlicher formuliert als die Hergers. Überwiegend liefert er allgemeine Lebenslehren, vielfach für ein adliges Publikum. Thematisch gibt es Berührungen mit Herger.

Junger Spervogel (um 1200 oder später): der Name des jüngsten der drei Autoren findet sich nur in A, in Hs.C stehen auch seine Strophen unter Spervogel. Es handelt sich um vier Strophen gleichen Tones und um zwei Einzelstrophen. Ton I, zu dem in einer Hs. des 15. Jh.s unter dem Namen Junger Stolle auch die Melodie überliefert ist, zeigt sich dem Ton Spervogels nahe verwandt, doch ist dieser hier in die moderne Kanzonenform umgearbeitet (anstelle der beiden Sechsheber zu Beginn des Spervogeltons erscheinen zwei Stollen der Bauform 4a 3b 3c//4a 3b 3c, der Rest ist metrisch identisch). Auch thematisch und stilistisch zeigen die Texte eine gewisse Nähe.

Melodie I Spervogel, Str. MF 22,9. Melodie nach der Hs. Jena, UB, El.fol. 101 (›Jenaer Liederhs.‹, um 1340). Die unterpungierten Vokale sind beim Vortrag zu elidieren. Übersetzung: »Weh dir, Armut! Du raubst dem Mann Witz und Verstand, so daß er sich auf nichts versteht. Die Freunde sind schnell mit ihm fertig, wenn er nichts hat. Sie wenden ihm den Rücken zu und grüßen ihn hübsch träge. Solange er in Saus und Braus lebt, hat er Verwandte, die ihm gewogen sind.«

Literaturhinweise

Ausgaben: MF: Des Minnesangs Frühling, bearb. v. H. Moser / H. Tervooren, ^{38}1988. – W. Höver / E. Kiepe, Gedichte von den Anfängen bis 1300, 1978 (zweisprachig; dtv). – G. Schweikle, Mhd. Minnelyrik, Bd. 1, 1993 (zweisprachig). – U. Müller / G. Weiss, Dt. Gedichte des MAs, 1993 (zweisprachig; RUB). – G. Schweikle, Friedrich v. Hausen: Lieder, 1984 (zweisprachig; RUB). – I. Kasten, Frauenlieder des MAs, 1990 (zweisprachig; RUB). – I. Kasten / M. Kuhn, Dt. Lyrik des frühen u. hohen MAs, 1995 (zweisprachig; Bibliothek d. MAs). – U. Aarburg (Hrsg.), Singweisen zur Liebeslyrik der dt. Frühe, 1956. – B. K. Vollmann, Carmina burana, 1987 (zweisprachig; Bibliothek des MAs). – D. Rieger, Mittelalterliche Lyrik Frankreichs, 2 Bde., 1980–83 (zweisprachig; RUB).

Forschungsliteratur: H. Tervooren, Bibliographie zum Minnesang, 1969. – H. Moser / H. Tervooren, Des Minnesangs Frühling, Bd. 2: Editionsprinzipien, Melodien, Hss., Erläuterungen, ^{36}1977; Bd. 3,1: Untersuchungen v. C. v. Kraus, 1981; Bd. 3,2: Anmerkungen v. K. Lachmann [u. a.], 1981. – H. Bergner (Hrsg.), Lyrik des MAs, 2 Bde., 1983 (RUB). – C. Brinker / D. Flühler-Kreis (Hrsg.), *Edele frouwen – schoene man.* Die Manessische Liederhs. in Zürich, 1991. – P. Dronke, Die Lyrik des MAs, 1973. – H. Fromm (Hrsg.), Der dt. Minnesang, 2 Bde., 1961–85 (WdF). – F.-J. Holznagel, Wege in die Schriftlichkeit, 1995. – E. Mittler / W. Werner (Hrsg.), Codex Manesse, 1988. – H. Moser (Hrsg.), Mhd. Spruchdichtung, 1972 (WdF). – H.-H. S. Räkel, Der dt. Minnesang, 1986. – RSM: H. Brunner / B. Wachinger (Hrsg.), Repertorium der Sangsprüche u. Meisterlieder des 12. bis 18. Jh.s, 16 Bde., 1986 ff. – O. Sayce, The Medieval German Lyric 1150–1300, 1982. – G. Schweikle, Minnesang, 1989 (SM). – H. Tervooren (Hrsg.), Gedichte u. Interpretationen: MA, 1993 (RUB). – H. Tervooren, Sangspruchdichtung, 1995 (SM). – A. H. Touber, Dt. Strophenformen des MAs, 1975.

2. Großepik

Zur mittelalterlichen Großepik rechnet man zwei literarische Typen: die verschriftlichte Heldenepik und den Roman. Die mittelalterliche Geschichte der literarisierten Heldenepik beginnt um 1100. Seit dieser Zeit wird die auf ursprünglich historischen Stoffen und Persönlichkeiten basierende mündliche Epik in Frankreich verschriftlicht, entsteht aus den mit Singstimme vorgetragenen, unter Zuhilfenahme sprachlicher Formeln und traditioneller Handlungs- und Beschreibungsschemata improvisierten Darbietungen von Epenerzählern (vgl. S. 26) niedergeschriebene, stilistisch indes noch stark der mündlichen Vortragsweise verpflichtete literarische Epik. Die sogenannten Chansons de geste, »Lieder von Taten«, sind in vieler Hinsicht mit der früher oder auch später belegten heroischen Epik anderer Völker und Kulturkreise vergleichbar, etwa dem babylonischen ›Gilgamesch‹-Epos (2. Jahrtausend v. Chr.), den altgriechischen, Homer zugeschriebenen Epen ›Ilias‹ und ›Odyssee‹ (etwa 800 v. Chr.), dem altindischen ›Mahâbhârata‹ (4. Jh. v. Chr. bis 4. Jh. n. Chr.), dem altspanischen ›Cantar de mio Cid‹ (um 1140) oder auch dem mhd. ›Nibelungenlied‹ (um 1200). Erzählt wird in all diesen Texten von den außerordentlichen Handlungen besonderer, durch Stärke und Kampfesmut ausgezeichneter Menschen, deren Taten, bei denen sie den eigenen Untergang nicht scheuen und häufig auch finden, von historischer Bedeutung für eine Stammes- oder Volksgemeinschaft sind. Demgemäß geht es häufig um Krieg und um die Existenz der betreffenden Gemeinschaft, nicht oder nur am Rande um »private«, »persönliche« Belange. Kampf ist in aller Regel Ernstkampf bis zum Tod, zentraler Wert ist in dieser archaischen Welt die Ehre des Kriegers. Zu den Charakteristika der Gattung gehört, daß sich alle oder wenigstens die meisten Heldenepen eines Volkes oder Kulturkreises auf ein bestimmtes heroisch verstandenes Zeitalter, *heroic age*, beziehen, das in geschichtlicher Vergangenheit liegt. Für die Griechen war dieses Zeitalter die Epoche des Kriegs gegen Troja; *heroic age* der afrz. Chansons de geste ist vorwiegend die Zeit Karls des Großen und Ludwigs des Frommen um und nach 800 mit ihren Heidenkämpfen, daneben die Epoche des 1. Kreuzzugs um 1100; den germanisch-deutschen Heldenepen liegt die Völkerwanderungszeit des 4. bis 6. Jh.s n. Chr. zugrunde.

Wenngleich die Stoffe der Heldenepen vielfach auf historischen Personen und Ereignissen beruhen, handelt es sich doch nicht um Geschichtsliteratur, aus der man ohne weiteres auf reale historische Verhältnisse schließen könnte. Den Epenerzählern, die die Stoffe formten und jahrhundertelang mündlich tradierten, kam es nicht darauf an, ihr Publikum im neuzeitlichen Sinn »historisch« zu belehren. Vielmehr wollten sie es unterhalten, bisweilen auch beeinflussen. Daher legten sie den Gestalten und Ereignissen vorhandene eingängige Erzählschemata zugrunde. Ferner schmückten sie die Geschehnisse aus und spannen sie fort, zogen Figuren, die zu verschiedenen Zeiten gelebt hatten, zusammen, erfanden zusätzliche Protagonisten und Ereignisse und fügten immer wieder neue Handlungsmotive ein. Schließlich: Heldenepik neigt zur Zyklusbildung. Das einzelne Epos ist meist nur Teil einer umfassenden epischen Welt mit einer Reihe wiederkehrender Hauptfiguren. An der Erschaffung des jeweiligen Zyklus sind oft Generationen von Dichtern beteiligt. So entstand in Frankreich um die Zentralfigur Karls des Großen herum eine Reihe von Epen, die die Biographie des Kaisers und seine Taten ausführlich darstellen (Karlsgesten, Königszyklus; hierzu gehört etwa die ›Chanson de Roland‹); ein zweiter Zyklus umfaßt die sogenannten Empörergesten (ein Held lehnt sich gegen den Kaiser auf, es kommt zu Kämpfen, schließlich zur Versöhnung); ein dritter bildete sich um die Genealogie, die Lebensgeschichte und die Taten Guillaumes d'Orange (Wilhelmsgesten, vgl. S. 220).

Durch ihre Verschriftlichung im 12. Jh. trat die Heldenepik neben die andere großepische Gattung, den Roman. Die Ausgestaltung der ursprünglich mündlich überlieferten Stoffe durch die in der Heldenepik fast immer anonym bleibenden Autoren wurde nun vielfach vorwiegend durch den Roman beeinflußt. Auch entstanden bisweilen Epen, für die eine mündliche Grundlage eher zweifelhaft ist oder sicher nicht vorhanden war, die also genau genommen Texte »in der Art von Heldenepen« sind.

Im Unterschied zur Heldenepik basiert der Roman – der Gattungsname ist abgeleitet von afrz. *romanz*, d. h. »Gedicht in der (romanischen) Volkssprache« – vielfach auf schriftlichen Quellen. Den »Durchbruch« erfuhr die neue literarische Gattung – wie der Minnesang eine genuine Schöpfung des Mittelalters, wenn auch mit antiken Wurzeln – am Hof Heinrichs II. Plantagenet, seit 1154 König von England, und seiner Gemahlin Eleonore von Aquitanien, der hervorragendsten Literaturmäzenin des 12. Jh.s. Hier entstand zwischen etwa 1150 und 1165 die berühmte Trias der afrz. Antikenromane, in denen antike Quellen in neuartiger Weise bearbeitet wurden: im ›Thebenroman‹ die ›Thebais‹ des Statius (um 45 – 96 n. Chr.), im ›Eneasroman‹ die ›Aeneis‹ des Vergil (70 – 19 v. Chr.), im ›Trojaroman‹ des Benoît de Sainte-Maure das angebliche Kriegstagebuch des Dares Phrygius (5. Jh. n. Chr.). Ferner wurde Königin Eleonore der ›Roman de Brut‹ (1155) des Wace gewidmet, in dem die fabulöse ›Historia regum Britanniae‹ (um 1138) des Geoffrey of Monmouth, ein chronikalisches Werk (vgl. S. 194), in einen französischen Versroman umgestaltet ist – eine Dichtung, die dann erheblichen Einfluß auf die Erschaffung des Artusromans durch Chrétien de Troyes ausübte. Schließlich entstanden am englischen Königshof der Tristanroman des Thomas von Bretagne (um 1170), der den älteren französischen Tristanroman (›Estoire‹), den ersten höfischen Liebesroman, aufgriff und höfisch verfeinerte, sowie vielleicht der erste Artusroman, Chrétiens de Troyes ›Erec et Enide‹ (um 1170) (vgl. zum Artusroman S. 194 ff.).

Die neue Gattung des Romans unterscheidet sich in vieler Hinsicht von den verschriftlichten Heldenepen. Die Dichter, die – meist in Prologen oder Epilogen – in aller Regel ihren Namen, oft auch den ihrer Auftraggeber nennen, griffen Stoffe auf, die sie in antiken oder mittellateinischen Quellen fanden; teilweise war freilich auch die mündliche keltische Volksüberlieferung von Einfluß, vieles war freie Erfindung. Ihre Werke wurden mit allen Mitteln hochentwickelter rhetorischer Kunst, wie man sie in den Schulen im Umgang mit der antiken Literatur und der auf ihren Spuren wandelnden lateinischen Dichtung des Mittelalters kennengelernt hatte, in der Volkssprache gestaltet. Im Zentrum stehen – abgesehen von den Antikenromanen – in aller Regel nicht Ereignisse von historischer Bedeutung. Vielmehr spielen die Texte ganz oder teilweise in Phantasieländern und in unbestimmten Zeiten. Thematisch geht es in erster Linie um die Frage nach dem richtigen Verhalten der weltlichen Oberschicht, der *chevaliers*, »Ritter«, im Kampf, in der Liebe, als Herrscher; bisweilen ist ein Teil des Interesses auch auf die genealogische Herkunft fürstlicher Häuser gerichtet, etwa im anonymen ›Partonopeus de Blois‹ (nach 1159), in dem das Haus Blois-Champagne verherrlicht wird. Anders als in den Heldenepen werden nicht vorwiegend kriegerische Ereignisse dargestellt, gezeigt wird vielmehr die Bewährung einzelner Ritter in gefährlichen *avantures*, »Abenteuern«, ferner werden Fragen der richtigen, wahren Liebe zwischen adligem Herrn und adliger Dame diskutiert. Demnach steht nicht das Schicksal eines Volkes zur Debatte, vielmehr geht es um die Lebensführung einzelner Protagonisten, die exemplarisch, mit der Absicht, das adlige Publikum zu belehren und zu unterhalten, thematisiert wird.

Deutsche Chansons de geste

Pfaffe Konrad: ›Rolandslied‹

Um 1170 bearbeitete ein Kleriker namens Konrad, von dem sonst nichts bekannt ist, in Regensburg (oder Braunschweig?) die afrz. ›Chanson de Roland‹ (Entstehungszeit der überlieferten Fassung umstritten, wahrscheinlich nach 1120) auf deutsch. Als Auftraggeber rühmt er in einem ausführlichen Epilog (V. 9017–94) – so werden seine Angaben allgemein verstanden – den königsgleichen Welfen Heinrich den Löwen (1129/30–95), Herzog von Bayern und Sachsen, und seine Gemahlin Mathilde, Tochter König Heinrichs II. von England und der Eleonore von Aquitanien, verheiratet mit Heinrich dem Löwen seit 1168:

Nu wünschen wir alle gelîche
dem herzogen Hainrîche,
daz im got lône.
diu matteria, diu ist scoene,
diu süeze wir von im haben.
daz buoch hiez er vor tragen,
gescribene ze den Karlingen.
des gerte diu edele herzoginne,
aines rîchen küniges barn. (V. 9017–25)

Nun wünschen wir alle zusammen dem Herzog Heinrich Gottes Lohn. Die Erzählung [der Stoff] ist schön, die wir auf freundliche Weise von ihm haben. Er befahl, das Buch [d. h. die Vorlage] herbeizuschaffen, das bei den Franzosen geschrieben wurde. Das hatte sich die edle Herzogin gewünscht, das Kind eines mächtigen Königs.

Inhalt: Karl der Große hat ganz Spanien erobert. Nur in Saragossa hält sich noch der Heidenkönig Marsilie. Er schmiedet ein Komplott gegen Karl, um ihn zum Abzug zu bewegen. Dabei konspiriert er mit Karls Vasall Herzog Genelun, dem Stiefvater des Paladins Roland. Beim Abzug übernehmen Roland und die anderen Paladine Karls, dar-

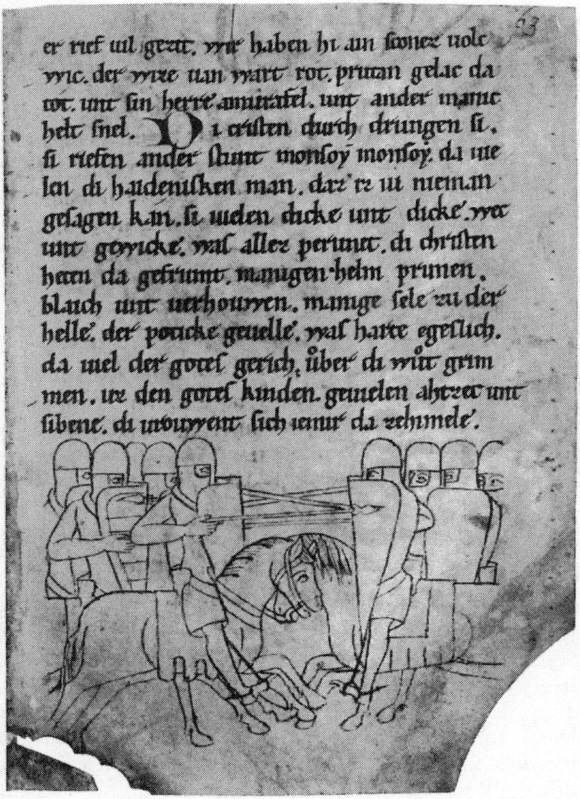

er rief uil gerat. wir haben hi ain sconez uolc
wic. der wize uan wart tot. pruman gelac da
tot. unt sin herre amirafel. unt ander manic
helt snel. Di cristen durch drungen si.
si riefen ander stunt monsoy monsoy. da ne
len di haidenisken man. daz iz iu nieman
gesagen kan. si uielen dicke unt dicke. wec
unt gewicke. was aller perunnet. di christen
heten da gefrumet. manigen helm prunen.
blanch unt uerhouwen. manige sele zu der
helle. der poticke geuelle. was harte egeslich.
da uiel der gotes gerich. uber di witt grim
men. ze den gotes kinden. geuielen ahtzec unt
sibene. di uirwurcent sich ienur da zehmele.

Abb. 7 Eine Seite aus Hs. P des ›Rolandslieds‹ des Pfaffen Konrad: Reiterkampf zwischen Christen und Heiden. Heidelberg, UB, Cpg 112 (Ende 12.Jh.)

unter Olivier und Bischof Turpin, mit einem kleinen Heer die Nachhut. Im Tal Runzeval in den Pyrenäen werden sie von den Heiden überfallen (vgl. Abb. 7). Nach heroischen Taten, durch die sie den Heiden gewaltige Verluste zufügen, werden alle Christen getötet, zuletzt auch Roland, der mit einem – zuvor verweigerten – mächtigen Hornstoß den Kaiser alarmieren kann. Im zweiten Teil nimmt Karl Rache. Er besiegt Marsilie und den mit einem riesigen Heer herbeigeeilten heidnischen Großkönig Paligan. Über Genelun wird Gericht gehalten: er wird von Pferden zerrissen.

Historischer Kern ist die Vernichtung einer Nachhut von Karls Heer beim Feldzug in Spanien 778 durch die verräterischen Basken, bei der unter anderem Hruodland, der Präfekt der bretonischen Mark, fiel. Verglichen mit der ›Chanson de Roland‹ erscheint der deutsche Text in erheblichem Ausmaß geistlich umgestaltet. Er enthält einen Gebetsprolog (die Chanson ist prologlos) und zahlreiche lange, predigthafte Reden, die gespickt sind mit Bibelzitaten. Die Figuren werden ausschließlich aus geistlicher Perspektive gestaltet, die in der Chanson danebenstehende weltliche Seite ihrer Existenz wird weitestgehend ausgeblendet (in der Chanson geht es den christlichen Helden zwar auch um den Dienst für Gott, aber doch auch um Ehre und Lehenstreue und um die Liebe zur Heimat, zur *France dulce*, dem »holden Frankreich«). Die Welt erscheint im ›Rolandslied‹ als Kampffeld Gottes und des Teufels um die menschlichen Seelen. Aufgabe des christlichen Kämpfers ist es, die heidnische Teufelsbrut entweder gnadenlos zu vernichten oder durch die Taufe für das Reich Gottes zu gewinnen. Wer im Dienst für Gott fällt, gelangt als Märtyrer unmittelbar ins Paradies. Letztlich stellt das Werk des Pfaffen Konrad das Bild des Ritters zur Diskussion: nur im Kampf für Gott auf dem Kreuzzug ist christliche Ritterschaft berechtigt.

Das ›Rolandslied‹, das im 12. Jh. offenbar relativ verbreitet war (zwei vollständige, vier fragmentarisch erhaltene Hss.), wurde um 1220 durch den **Stricker** (vgl. S. 260) in modernisierender Weise bearbeitet, wobei auch die altertümliche Metrik und die vielfach nur assonierenden Reime beseitigt wurden. Der ›Karl‹ des Stricker gehörte zu den im späteren Mittelalter am meisten verbreiteten deutschen Epen (24 vollständige, 23 fragmentarisch erhaltene Hss.).

›Graf Rudolf‹.

Eine völlig andere Weltsicht als im ›Rolandslied‹ findet sich in den Fragmenten (ca. 1400 Verse) des ›Grafen Rudolf‹, einer Dichtung, die wahrscheinlich auf eine verlorene romanhafte afrz. Chanson de geste zurückgeht. Als *heroic age* dieser Chanson erscheint die Zeit der Kreuzzüge: Der junge Graf Rudolf von Arras kämpft im Heiligen Land zunächst auf der Seite des grausamen und arroganten Christenkönigs Gilot, dann auf heidnischer Seite. Er gewinnt die Tochter des Heidenkönigs Halap, die bei ihrer späteren Taufe den Namen Irmengart erhält, und flieht mit ihr; am Schluß stehen Abenteuer in Konstantinopel. Nüchtern und ohne religiöse Ideologie erweist der wahrscheinlich auf 1170/80 zu datierende, vielleicht am Niederrhein oder in Thüringen entstandene Text den Heiden immer wieder seine Sympathie. Graf Rudolf ist kein *miles christianus* wie Roland, sondern ein edler, von innerweltlichen Tugenden und Fähigkeiten geprägter höfischer Ritter, der in einer bemerkenswert unideologisch gesehenen zeitgenössisch realen Welt agiert.

Angeschlossen werden hier zwei Epen, ›König Rother‹ und ›Herzog Ernst‹, deren Stoffe auf mündlicher Tradition beruhen dürften. Zwar basieren sie nicht auf französischen Vorlagen, ihre Verschriftlichung ist indes ohne das Vorbild der Chansons de geste kaum denkbar. In älteren Literaturgeschichten werden beide Werke – zusammen mit den Legendenromanen ›Salman und Morolf‹, ›St. Oswald‹ und ›Orendel‹ (dazu siehe S. 163 ff.) – unter dem Verlegenheitsbegriff »Spielmannsepen« oder »sogenannte Spielmannsepen« gebucht. Es scheint jedoch wenig sinnvoll, bei der Gattungsbestimmung auf den als Spielmann bezeichneten Träger der mündlichen Tradition des Stoffs zu rekurrieren. Entscheidend ist der Vorgang der Verschriftlichung, der eben nicht durch den Spielmann, sondern nur durch schrift- und literaturkundige, wenn auch anonym bleibende Autoren erfolgt sein kann.

›König Rother‹

Das Brautwerbungsepos, überliefert in einer vollständigen Hs. des 12. Jh.s, Teile in Fragmenten dreier weiterer Hss. (eine davon aus dem 14. Jh.), entstand um 1160/70 wahrscheinlich im Auftrag des bayerischen Grafengeschlechts der Tengelinger, das damals eine bedeutende Machtstellung im Gebiet der Salzach und Niederösterreichs einnahm. Vorfahren dieser Dynastie nehmen am Hof des Helden, des in Bari residierenden römischen Königs (Kaisers) Rother, eine glänzende Stellung ein. Über Wolfrat, den Sohn des Reichsverwesers Amelger, heißt es:

Er was uon Tengelingen,
der duresten diete,
riche an ouermude,
mit wisdumis sine.
Der liz ouch sime kunne,
daz iz imer uorsten namen hat
di wile daz dise werelt stat. (V. 4337–44)

Er war ein Tengelinger, ein Sproß der vornehmsten Familie, hochgemut, voller Klugheit. Er hinterließ seinem Geschlecht, daß es fürstlichen Rang einnimmt, solange diese Welt besteht.

Inhalt: König Rother wird von seinen Vasallen bedrängt zu heiraten. Die Wahl fällt auf die Tochter des Königs (nicht Kaisers!) Konstantin von Konstantinopel, der bisher allerdings sämtliche Bewerber umgebracht hat. Rothers Boten werden beraubt und eingekerkert. Nun fährt der König selbst nach Konstantinopel. Er behauptet, ein mächtiger Herzog zu sein, der vor dem noch mächtigeren Rother geflohen sei. Der Königstochter, deren Liebe er gewinnt, gibt er sich zu erkennen. Nachdem er Konstantins Feind, den Heidenkönig Ymelot von Babilon, besiegt hat, flieht er mit der Prinzessin und seinen Boten. Im zweiten Teil läßt Konstantin seine mittlerweile schwangere Tochter durch List zurückrauben. Rother bricht mit Heeresmacht auf. Schließlich besiegt er Konstantin und die Heiden, die Konstantinopel inzwischen erobert haben. Rothers (namenlose) Frau gebiert nach der Rückkehr den Erben Pippin, den Vater Karls des Großen. Als Pippin erwachsen ist, entsagt das Königspaar dem Thron.

Historisches Vorbild der Hauptfigur ist der Langobardenkönig Rothari (636–652), der als Gesetzgeber und Eroberer in hohem Ansehen stand; mit seinem Namen verbunden wurde wahrscheinlich die Brautwerbungsgeschichte des Langobardenkönigs Authari (584–590). Die Verdopplung der strukturbestimmenden schwierigen Brautwerbung erfolgte vermutlich erst, als die mündliche Erzählung in ein Buchepos umgearbeitet wurde. Dafür spricht die Fassung des Stoffs in der altnordischen ›Thidrekssaga‹ (entstanden in der Regierungszeit des norwegischen Königs Hákon Hákonarson 1217–63 in Bergen), die auf Erzählungen deutscher Kaufleute beruht; sie kennt nur den ersten Teil der Geschichte. Der Autor des ›König Rother‹ stellte das Geschehen in den zeitgenössischen Zusammenhang: die Rangstreitigkeiten der Staufer mit den Kaisern von Byzanz, die Begegnung mit der (materiell überlegenen) Kultur des Orients durch die Kreuzzüge, die Problematisierung des Verhältnisses zwischen Herrscher und Vasallen, das im ›König Rother‹ letztlich in vorbildlicher Harmonie erscheint, schließlich die Anbindung an die Genealogie Karls des Großen – Barbarossa reklamierte Karl durch dessen Heiligsprechung 1165 für das Reich. Durch die genealogische Anbindung stellt sich der ›König Rother‹ in die Reihe der Chansons de geste um Karl den Großen, die Karlsgesten. Auch das (negative) Heidenbild entspricht dem der Chansons de geste, wie dort geht es schließlich in den kriegerischen Handlungen um die Behauptung des Christentums gegenüber dem Islam.

›Herzog Ernst‹

Der Stoff des ›Herzog Ernst‹ wurde vom 12. bis 16. Jh. nicht weniger als zehnmal in deutscher und lateinischer Sprache bearbeitet (vgl. Übersicht c). Die älteste, auf etwa 1170/80 zu datierende Fassung A, um die es hier geht, ist vollständig nur aus B erschließbar; doch scheinen beide Fassungen inhaltlich weitgehend identisch zu sein. Als Auftraggeber sind bayerische Adlige denkbar, die angesichts des Konflikts zwischen Barbarossa und Herzog Heinrich dem Löwen das Bild des letztendlichen Einvernehmens zwischen Kaiser Otto und Herzog Ernst beschworen haben könnten.

Inhalt: Kaiser Otto heiratet die verwitwete Mutter Adelheid des vorbildlich erzogenen Herzogs Ernst von Bayern. Die Verleumdung des Pfalzgrafen Heinrich zerstört das gute Einvernehmen zwischen Kaiser und Stiefsohn. Es kommt zum Krieg. Als Ernst zusammen mit seinem Freund Graf Wetzel den Pfalzgrafen ermordet, wird er geächtet. Nach sechs Jahren muß Ernst ins Exil gehen; durch die Teilnahme am Kreuzzug hofft er die Gunst des Kaisers wiederzugewinnen. Im zweiten Teil zieht Ernst nach Konstantinopel. Er schifft sich ein, nach einem Seesturm gelangt er in die Wunderwelt des Orients. Zunächst kommt er in die von Kranichmenschen bewohnte prachtvolle Stadt Grippia; dann scheitert das Schiff am Magnetberg; Ernst und andere Überlebende lassen sich, in Häute eingenäht, von Greifen forttragen. Sie durchfahren einen unterirdischen Fluß, dann werden sie im Land Arimaspi aufgenommen, dessen Bewohner nur ein Auge auf der Stirn haben.

Übersicht c

Die deutschen und lateinischen Fassungen des Herzog-Ernst-Stoffs

Deutsche Fassungen

A Älteste Fassung, etwa 1170/80; Fragmente von drei Hss., insgesamt nur 459 Verse.

B Älteste vollständige Fassung, um 1210. Stilistisch glättende, Reinheit der Reime einführende Bearbeitung von A.

D Neubearbeitung des Stoffs, stilistisch in der Nachfolge Wolframs von Eschenbach, 2. Hälfte 13. Jh.

Kl Fragment einer weiteren Versfassung, nur 92 Verse, 13. oder 14. Jh.

F Prosaroman des 15. Jh.s, deutsche Bearbeitung der lateinischen Prosa C (Hss. und Drucke).

Volksbuch Gekürzte Druck–Bearbeitung von F, Mitte 16. Jh.

G Liedfassung des 14. Jh.s im Herzog-Ernst-Ton; fast ausschließlich die Abenteuer des Orientteils.

Lateinische Fassungen

E Der ›Ernestus‹ des Odo von Magdeburg, entstanden 1212/18 für den Magdeburger Erzbischof Albrecht II. von Kefernburg. Lateinisches Hexameterepos, stilistisch orientiert an der ›Alexandreis‹ Walthers von Chatillon (um 1184), politische Tendenz gegen Kaiser Otto IV.

Erf Lateinische Prosa, 1. Hälfte 13. Jh.

C Lateinische Prosa, 2. Hälfte 13. Jh., stilisiert nach dem Vorbild antiker Kunstprosa.

Sie kämpfen gegen Platthufe, Langohren und Riesen und verteidigen Pygmäen gegen Kraniche. Auf der Rückreise kämpft Ernst zuerst gegen den heidnischen König von Babilonje (Kairo), dann nimmt er an den Kämpfen im Heiligen Land teil. Schließlich gelingt es der Kaiserin und den Fürsten, bei einem weihnachtlichen Hoftag in Bamberg den Kaiser wieder mit seinem Stiefsohn zu versöhnen.

Der Inhalt des 1. Teils und der Schluß des 2.Teils basieren auf Ereignissen der Reichsgeschichte, dort finden sich auch die Namen der Hauptfiguren. Im Bild Kaiser Ottos sind Züge Ottos I. des Großen und Ottos II. vermengt, auf die Schlußszene eingewirkt hat offenbar die Versöhnung Kaiser Ottos I., der in zweiter Ehe mit Adelheid, Witwe König Lothars II. von Italien, verheiratet war, mit seinem aufständischen Sohn Herzog Liudolf von Schwaben. Herzog Ernst von Schwaben unternahm 1026/27 einen Aufstand gegen den mit seiner Mutter verheirateten Kaiser Konrad II. Er verfiel der Reichsacht, als er sich weigerte, seinen Freund Graf Wernher (Wetzel) von Gyburg auszuliefern; beide fanden 1030 den Tod. Man muß davon ausgehen, daß mündliche Erzählungen, wahrscheinlich Epen, die Vermischung der Personen und Ereignisse vornahmen – die Auseinandersetzung zwischen dem Kaiser und seinem führenden Vasall war ein damals stets aktuelles Thema. Die Orientabenteuer dürften Herzog Ernst erst zugeschrieben worden sein, als aus der mündlichen Erzählung ein Buchepos wurde. Sie beruhen auf dem Bild des Orients, wie es sich in der Wissensliteratur der Zeit, etwa im ›Lucidarius‹ (vgl. S. 167 f.), findet, ferner auf orientalischen Märchen des Typs ›Sindbad der Seefahrer‹ (in ›Tausendundeiner Nacht‹). Entscheidend für die Gestaltung des Epos dürfte die Bekanntschaft des unbekannten Autors mit französischen Empörergesten gewesen sein; eine stofflich nahe verwandte, allerdings erst aus dem 13. Jh. überlieferte Chanson de geste ist die ›Chanson d'Esclarmonde‹. An die Stelle Karls des Großen in den französischen Chansons trat im ›Herzog Ernst‹ der auch in späteren Erzähltexten –

Rudolfs von Ems ›Gutem Gerhard‹ (vgl. S. 266) und Konrads von Würzburg ›Heinrich von Kempten‹ (vgl. S. 260 f.) – auftretende Kaiser Otto, an der Stelle des Frankenreichs findet sich das mittelalterliche Römische Reich.

Antikenromane

Pfaffe Lambrecht: ›Alexanderroman‹

Alexander der Große, der von 336 bis 323 v. Chr. regierte, Sohn König Philipps II. von Makedonien, erzogen von Aristoteles, sicherte sich zunächst die Vormachtstellung in Griechenland und führte dann 334–330 Krieg gegen die Perser, deren König Darius III. er besiegte. Nach der Eroberung des Perserreichs zog er nach Indien. Die Absicht, die Welteroberung durch die Unterwerfung des Westens zu vollenden, wurde durch den Tod des noch nicht 33jährigen in Babylon verhindert. Sein Reich zerfiel in die Diadochenstaaten. Das Leben dieses zu vielerlei Phantastereien Anlaß gebenden Herrschers wurde bereits in der Antike in einer ganzen Reihe von Darstellungen gewürdigt. Ihm galt auch der älteste in einer romanischen Sprache abgefaßte Roman des Mittelalters, der ›Roman d'Alexandre‹ des **Alberic von Bisinzo**, ein Vorläufer der afrz. Antikenromane. Von dem um 1120/40 entstandenen, auf lateinischen Quellen (Curtius Rufus, der lateinischen Übersetzung des Pseudo-Kallisthenes von Julius Valerius, der mittelalterlichen ›Historia de preliis‹) basierenden, in franko-provenzalischer Sprache abgefaßten Roman hat sich nur der Anfang erhalten (105 Verse), doch gibt es jüngere Bearbeitungen. Auch die von dem wohl aus Trier stammenden Pfaffen Lambrecht – von ihm ist sonst das Fragment einer deutschen Bearbeitung des apokryphen biblischen Tobias-Buchs bekannt – etwa 1155/1160 hergestellte deutsche Fassung hat sich nicht im Origi-

Übersicht d

Die deutschen Vers- und Prosafassungen des Alexanderstoffs

Versfassungen

1. ›Vorauer Alexander‹, wohl um 1160/70 entstandene Bearbeitung von Lambrechts ›Alexander‹.
2. ›Straßburger Alexander‹, vor 1187 über mehrere Zwischenstufen fertiggestellte Bearbeitung von Lambrechts ›Alexander‹.
3. ›Basler Alexander‹, wohl Ende des 13. Jh.s fertiggestellte Bearbeitung von Lambrechts ›Alexander‹ (unbekannte Zahl von Zwischenstufen).
4. Rudolf von Ems: ›Alexander‹, um 1235/40 begonnen, Fragment. Quellen: ›Historia de preliis‹ (Fassung J^2), vor allem aber Curtius Rufus. – Zwei von Rudolf bezeugte Alexanderromane des 13. Jh.s von Berthold von Herbolzheim und Biterolf sind nicht erhalten.
5. Ulrich von Etzenbach: ›Alexander‹, fertiggestellt wohl noch vor 1290. Hauptquelle war die ›Alexandreis‹ des Walther von Chatillon (um 1184).
6. Seifrit: ›Alexander‹, vollendet 1352. Quelle: ›Historia de preliis‹ (Fassung J^2).
7. ›Großer (Wernigeroder) Alexander‹, vollendet vor 1397. Quelle: ›Alexandreis‹ des Quilichinus von Spoleto (1236/38).

Prosafassungen

8. Die Alexandererzählung im ›Großen Seelentrost‹, einem geistlichen Lehr- und Exempelwerk aus der 2. Hälfte des 14. Jh.s.

9. Meister Wichwolt (Babiloth): ›Alexander‹, um 1400. Hauptquelle: ›Historia de preliis‹ (Fassungen J^2 und J^3).
10. Johannes Hartlieb: ›Alexander‹, um 1450. Hauptquelle: die Bayerische Rezension der Bearbeitung des Pseudo-Kallisthenes durch den Archipresbyter Leo (um 968/969).

nal erhalten. Vorhanden sind drei unterschiedliche Bearbeitungen, deren Verhältnis zum Ausgangstext sich nicht zweifelsfrei klären läßt: der dem Original wohl am nächsten stehende ›Vorauer Alexander‹ (zur ›Vorauer Hs.‹ vgl. S. 85), der ›Straßburger Alexander‹ und der ›Basler Alexander‹ (die Herkunftsangaben beruhen auf den Aufbewahrungsorten der Hss.). Keiner dieser Fassungen war größerer Erfolg beschieden. Dies ergibt sich nicht nur aus der schmalen Überlieferung (jeweils nur eine Hs.), sondern auch daraus, daß Alexanders Leben vom 13. bis 15. Jh. in einer ganzen Reihe weiterer Vers- und Prosaromane behandelt wurde, vgl. Übersicht d. Der ›Straßburger Alexander‹ (vor 1187), auf den hier kurz eingegangen wird, ist durch wenigstens drei Bearbeitungsstufen von Lambrechts Original getrennt; einbezogen wurden zusätzliche Quellen, Sprache und Metrik wurden modernisiert.

Inhalt: Im 1.Teil werden Alexanders Herkunft, seine Erziehung und seine Kriegszüge berichtet. Im Mittelpunkt stehen dabei die Kämpfe gegen die Perser und gegen den Inderkönig Porus. Am Ende ist Alexander Herr der Welt. Der 2.Teil berichtet von seinen Reisen im Fernen Osten. Er kommt zunächst zu den Weisen in Occidratis, die völlig bedürfnislos leben, dann berichtet er selbst in einem Brief über die Wunder Indiens, unter anderem über die Blumen- oder Waldschattenmädchen, die im Sommer Blumenkelchen entspringen, bei Herbstbeginn aber sterben; über die Königin Candacis am Weltende, mit der ihn ein Liebesverhältnis verbindet; über die Amazonen. Es schließt sich der Zug zum Paradies an, durch den Alexander zur inneren Umkehr bewegt wird. Er hütet sich fortan vor Hoffart und Habgier, ehrt jedermann und herrscht vorbildlich und als gerechter Richter. Nach zwölf Jahren stirbt er durch Gift. Der Tod macht ihn dem ärmsten Mann gleich.

Der Alexanderstoff bot den Lesern Weltgeschichte, die auch biblisch (im 1. Makkabäerbuch) verbürgt war, dazu ein Bild der Geographie des Nahen und Fernen Ostens mit ihren Wundern. Der König erscheint im ›Straßburger Alexander‹ bald als großmütig, bald als listig, er erweist sich mehrfach als Produkt guter Erziehung – somit als Vorbild adliger Söhne –, aber auch als wilder Draufgänger, dessen *übermuot* (Hybris) gerügt wird. Sein ruhmloses Ende, vor dem er sich freilich als Musterbild eines Herrschers erweist, gab Anlaß, über die Dürftigkeit innerweltlichen Lebens nachzudenken.

Heinrich von Veldeke: ›Eneasroman‹ (›Eneit‹)

Der afrz. ›Roman d'Eneas‹ (um 1160) eines unbekannten Autors ist eine ziemlich freie Bearbeitung der ›Aeneis‹ (um 31 bis 19 v. Chr.) des römischen Dichters Publius Vergilius Maro. Die ersten sechs Bücher der Vorlage sind stark verkürzt, die zweite Sechsergruppe ist dagegen erweitert.

Inhalt: Der trojanische Fürst Eneas entkommt mit seinem Vater Anchises, seinem Sohn Ascanius und einer Anzahl von Gefährten dem Untergang Trojas. Die Götter haben ihm befohlen, in der »Lombardei« ein neues Troja zu gründen; dieses werde einst die Weltherrschaft erringen. Nach siebenjähriger Schiffsreise gelangt Eneas nach Karthago, dessen Königin Dido sich leidenschaftlich in ihn verliebt. Als er sie auf Geheiß der Götter verläßt, begeht Dido Selbstmord. Vor der Ankunft in Latium steigt Eneas in die Unterwelt, wo ihm die künftige Größe Roms gezeigt wird (bis hierher entspricht der Handlungsverlauf den Büchern 1 bis 6 von Vergils Epos). In Latium verspricht der alte König Latinus dem Trojaner die Hand seiner Tochter Lavinia, die er zuvor dem Rutulerkönig Turnus verlobt hatte. Großer Krieg zwischen Eneas und Turnus mit vielen Heldentaten auf beiden Seiten. Lavinia erblickt Eneas von einem Turm aus und verliebt sich heftig in ihn. Briefwechsel zwischen ihr und dem gleichfalls verliebten Eneas. Schließlich wird Turnus von Eneas getötet. Er erhält Lavinia und die Herrschaft und gründet das Geschlecht, aus dem die Gründer Roms, Romulus und Remus, hervorgehen (entspricht den Büchern 7 bis 12 der ›Aeneis‹).

Der französische Autor hat nicht nur die Rolle der antiken Götter reduziert, er hat auch Vergils Darstellungsstruktur erheblich vereinfacht. An die Stelle einer komplizierten Darstellungsweise, bei der Vergangenheit (der Untergang Trojas), Erzählgegenwart und Zukunft (künftige Größe Roms) im Bewußtsein der Hörer und Leser immer gleichzeitig präsent gehalten werden, tritt eine schlicht reihende Struktur. Zugleich ist an die Stelle des Vergilschen Pathos ein eleganter, bisweilen geradezu plaudernder Erzählton getreten. Die beiden Liebesgeschichten sind stark hervorgehoben, die Laviniageschichte findet sich bei Vergil gar nicht. Beide Erzählungen schildern die Liebe zwischen Mann und Frau als alles überwältigende Raserei (*rage d'amour*); Gewährsmann dieser Art von Liebesdarstellung ist der römische Dichter Ovid, der in Westeuropa im 12. Jh. am meisten gelesene und bewunderte antike Klassiker.

Der ›Roman d'Eneas‹ wurde von Heinrich von Veldeke auf deutsch bearbeitet. Veldeke, dessen Minnelieder schon erwähnt wurden (S. 123 f.), stammte wahrscheinlich aus einer Ministerialenfamilie der Grafen von Loon im Limburgischen bei Maastricht; zu seiner Legendendichtung ›Servatius‹ vgl. S. 162. Dem Epilog zufolge war der ›Eneasroman‹ etwa 1174 bereits weit gediehen (bis V. 10935). Indes wurde das Manuskript dem Autor gestohlen; erst neun Jahr später konnte er es in Thüringen unter der Gönnerschaft des späteren Landgrafen Hermann I. vollenden. Der im ›Eneasroman‹ Veldekes enthaltene ausführliche Hinweis auf das Mainzer Hoffest Kaiser Friedrichs I. Barbarossa von 1184 (V.13221–252) erlaubt den Schluß, daß der Roman erst 1184 oder 1185 vollendet wurde.

Veldekes Roman stimmt mit der Vorlage in Inhalt und Konzeption weitgehend überein; allerdings sind viele Beschreibungen ausführlicher gehalten. Mit Veldekes Roman, den schon die nachfolgende Dichtergeneration (Gottfried von Straßburg, Wolfram von Eschenbach) als das erste »klassische« Werk der deutschen Literatur beurteilte, bekam man in Deutschland erstmals eine genaue Vorstellung vom höfischen Roman. Der ›Eneasroman‹ stellt so etwas wie ein rhetorisches Musterbuch dar mit vorbildlichen Beschreibungen von Personen, Tieren, Waffen, Grabmälern, Zweikämpfen, Festveranstaltungen, Totenklagen, Dialogen – hier sind auffällig die Stichomythien, d.h. der schlagartige Wechsel in den Reden von Vers zu Vers oder sogar innerhalb der Verse (vgl. S. 161) –, mit Briefen, Liebesszenen, feudalen Beratungsszenen und Heldenkatalogen. Dies alles konnten nachfolgende Autoren hier lernen, dazu eine bewegliche Darstellungsweise, metrisch regelmäßige Verse und reine Reime.

Mit diesem Roman war dem adligen Publikum überdies eine moderne Orientierung in feinem Benehmen, in vornehmer Kleidung, in edler Sprache gegeben – und das alles in einem Zusammenhang, der für die Bewohner des mittelalterlichen Imperium Romanum von großer historischer Wichtigkeit war: wird doch die Vorgeschichte des Römischen Reiches erzählt, in dem man nach eigener Ansicht noch immer lebte. Die im Vergleich zum französischsprachigen Publikum größere Relevanz des historisch-politischen Aspekts zeigt sich daran, daß Veldeke am Ende einen ausführlichen historischen Ausblick auf die Geschichte Roms bis zu Kaiser Augustus und zu Christi Geburt hinzufügte, sowie aus der Zugabe zweier Passagen, der »Stauferpartien«, in denen Kaiser Friedrich Barbarossa erscheint (V. 8374–8408; 13221–252):

daz geschach sint in den stunden,
daz der keiser Friderîch
der lobebâre vorste rîch
ze Rôme gewîhet wart
nâch sîner êrsten hervart,
die er fûr uber berge
mit manger halsberge
ze Lankparten in daz lant. (V. 8376–83)

Das geschah seither zu dem Zeitpunkt, an dem Kaiser Friedrich, der ruhmwürdige mächtige Fürst, in Rom gekrönt wurde nach seiner ersten Heerfahrt über das Gebirge, die er mit vielen Rittern in das Land Lombardei unternahm.

Anders als beim Alexander- und beim Trojastoff gab es nach Veldekes Fassung keine weitere deutsche Bearbeitung des Eneasstoffs mehr. Bis zum Ende des Mittelalters blieb dieser Roman als ältestes episches Großwerk im gültigen Kanon der mhd. Literatur (7 vollständige Hss., Fragmente von sieben weiteren Hss.).

Herbort von Fritzlar: ›Liet von Troye‹

Der Trojanische Krieg nahm im Geschichtsbild des Mittelalters eine bedeutende Stellung ein. Die Zerstörung Trojas markierte wie die aus ihr folgende Gründung Roms ein zentrales Datum der Weltgeschichte, ferner leitete sich von Troja im Bewußtsein des mittelalterlichen Adels das Rittertum ab. Wichtigster Quellentext der europäischen Trojaliteratur war der ›Roman de Troie‹ (um 1165) des **Benoît de Sainte-Maure**. Der französische Autor stützte sich insbesondere auf den spätantiken Prosabericht ›Acta diurna belli Troiani‹ (5. Jh. n. Chr.) des Dares Phrygius, daneben auf einen weiteren angeblichen Augenzeugenbericht, das Tagebuch des Kreters Dictys (›Ephemeris belli Troiani‹, 3./4. Jh. n. Chr.); die Epen Homers wurden im westlichen Europa erst seit dem 14. Jh. bekannt. Im Spätmittelalter weit verbreitet war die lateinische Prosabearbeitung von Benoîts Werk durch den Sizilianer Guido de Columnis (›Historia destructionis Troiae‹, 1287). Benoît erzählt die Vorgeschichte des Trojanischen Krieges, zu der auch die Argonautensage gehört, den Raub Helenas durch Paris und den Krieg selbst, schließlich den Untergang der Stadt und als Nachgeschichte (nach Dictys) die Schicksale der heimkehrenden Griechen. Eingeflochten sind Liebeshandlungen: Jason und Medea, Paris und Helena, Achill und Deidamia, Achill und Polixena, Troilus und Briseida.

Der afrz. Roman wurde, wahrscheinlich um 1195, im Auftrag Landgraf Hermanns I. von Thüringen durch den Kleriker Herbort von Fritzlar in durchaus eigenständiger, stark kürzender Weise auf deutsch bearbeitet. Herbort wertet Achill, der bei Benoît eher herabgewürdigt erscheint, zum ebenbürtigen Gegner Hectors auf und beschreibt illusionslos, ja drastisch das Leid des Krieges. Die Entstehung des Werkes verdankt sich wohl dem Umstand, daß der Landgraf die Vorgeschichte zu Veldekes ›Eneasroman‹ besitzen wollte. In der einzigen vollständigen Hs. (1333; außerdem lediglich zwei Fragmente) geht Herborts Text folgerichtig dem ›Eneasroman‹ voraus.

Die erste deutsche Version des Trojastoffs blieb ohne große Resonanz. Den »klassischen« Trojaroman des deutschen Mittelalters schuf etwa ein Jahrhundert später erst Konrad von Würzburg, vgl. S. 265. Doch wurde der Stoff darüber hinaus in weiteren Werken dargestellt, vgl. Übersicht e.

Übersicht e

Die deutschen Vers- und Prosafassungen des Trojastoffs

Versfassungen

1. Herbort von Fritzlar: ›Liet von Troye‹, um 1195. Bearbeitung des ›Roman de Troie‹ Benoîts de Sainte-Maure, punktuelle Verwertung weiterer (lateinischer) Quellen.
2. Konrad von Würzburg: ›Trojanerkrieg‹, 1281–87, Fragment. Quelle: Benoît de Sainte-Maure, daneben weitere lateinische Quellen.
3. ›Trojanerkriegs-Fortsetzung‹, um 1300. Fortsetzung von Konrads ›Trojanerkrieg‹. Hauptquelle: Dictys.
4. »Wolfram«: ›Göttweiger Trojanerkrieg‹, um 1270/1300. Deutsche und lateinische Quellen.
5. ›Basler Trojanerkrieg‹, um 1300 (329 Reimpaarverse). Deutsche Quellen.
6. Jans Enikel: ›Weltchronik‹ – Trojanerkrieg, 1270/80 (oder später?). Ausführlicher Trojateil in einer Weltchronik. Quelle: unterschiedliche deutsche und lateinische Quellen, eventuell ein verlorener deutscher Trojaroman.
7. Ulrich Fuetrer: ›Buch der Abenteuer‹ – Trojanerkrieg, um 1475 oder (wahrscheinlicher) 1487. Ausführlicher Trojanerkrieg innerhalb einer Kompilation von Abenteuerromanen. Quellen: Konrad von Würzburg und anderes.

Prosafassungen

8. ›Elsässisches Trojabuch‹ (›Buch von Troja I‹), vor 1386. Quellen: Konrad von Würzburg, Dares, Guido de Columnis.
9. Hans Mair: ›Buch von Troja‹, 1390/92. Deutsche Bearbeitung der ›Historia destructionis Troiae‹ des Guido de Columnis (1287).

10.–16. Weitere Übersetzungen der ›Historia‹ Guidos de Columnis: Heinrich Gutevrunt (vermutlich 1432); die übrigen sechs Übersetzungen sind anonym überliefert (sämtlich 15. Jh.).

17. ›Buch von Troja II‹, Mitte 15. Jh. Quellen: Konrad von Würzburg, Guido, weitere Quellen.

18. Drei Druckfassungen einer Kompilation des ›Elsässischen Trojabuchs‹ mit Hans Mairs ›Buch von Troja‹, 1474, wahrscheinlich 1479, 1482.

Albrecht von Halberstadt: Deutsche Bearbeitung von Ovids ›Metamorphosen‹

Vielleicht war Landgraf Hermann von Thüringen auch Auftraggeber einer weiteren deutschen Bearbeitung eines antiken Erzähltextes, zumindest scheint er Adressat des Werkes gewesen zu sein. Eventuell gleichzeitig mit Herbort, möglicherweise aber auch erst 1210 schuf der nach seinem Geburtsort benannte Geistliche Albrecht von Halberstadt im thüringischen Chorherrenstift Jechaburg bei Sondershausen unter direktem Rückgriff auf das Original eine verhältnismäßig getreue gereimte Verdeutschung von Ovids ›Metamorphosen‹ (1 v. Chr. bis etwa 10 n. Chr.), eines Werkes, das aufgrund seiner zahlreichen mythologischen Geschichten als eine Art Handbuch benutzt wurde. Größere Wirkung war dem Text zunächst nicht beschieden. Außer durch spärliche Fragmente einer Hs. des 13. Jh.s ist er lediglich in der Bearbeitung erhalten, die der Kolmarer Dichter und Meistersinger **Georg Wickram** (1505 – vor 1562) ihm angedeihen ließ. In Wickrams Fassung war das Werk sehr erfolgreich, es erschien zwischen 1545 und 1631 fünfmal im Druck.

›Trierer Floyris‹

Zu den klassischen Liebespaaren, die die Literatur des 12. Jh.s hervorbrachte, gehören neben Eneas und Lavinia, Tristan und Isolde, Lancelot und Guinevra auch Flore und Blanscheflur. Ihre Geschichte wurde erstmals um 1160 in Frankreich in einem Roman verarbeitet (zwei Versionen). Von dort verbreitete sich die Erzählung in viele volkssprachliche Literaturen.

Inhalt: Flore, der Sohn des heidnischen Königs von Spanien, und Blanscheflur, Tochter einer christlichen Gefangenen, werden gleichzeitig geboren und zusammen erzogen. Sie sind einander in herzlicher Liebe zugetan. Als Blanscheflur groß ist, wird sie an Kaufleute verkauft, die sie nach Babylon schaffen; Flore wird vorgetäuscht, sie sei gestorben. Als er Anstalten macht, sich umzubringen, erfährt er die Wahrheit. Sofort bricht er auf, um sie zu suchen. Blanscheflur lebt in einem unzugänglichen Turm, der Amiral (Emir) von Babylon will sie in Kürze heiraten; er hat die Angewohnheit, die jeweilige Ehefrau nach einem Jahr umzubringen. Flore wird in einem Korb mit Rosen in den Turm getragen. Nach einigen Wochen werden die Liebenden entdeckt und zum Tod verurteilt. Ihre unerschütterliche Liebe führt jedoch dazu, daß der Emir sie freigibt. Flore wird König und bekehrt sich zum Christentum. Beide werden hundert Jahre alt und sterben am gleichen Tag.

Der wenig spannungsreiche, das Publikum jedoch rührende Stoff ist möglicherweise orientalischer Herkunft; eingewirkt haben dürfte das Schema des spätantiken Romans (ein Liebespaar wird getrennt und nach vielen Abenteuern schließlich wieder vereinigt). Die älteste deutsche Fassung, von der nur Fragmente in einer Trierer Hs. erhalten sind (368 Verse), dürfte um 1170 an der Grenze zum südlichen niederländischen Sprachbereich geschaffen worden sein.

Der Erzählstil ist schlicht, faktisch, ohne rhetorischen Schmuck, er erinnert an den ›König Rother‹, von Veldekes Veredelung der höfischen Dichtung ist noch nichts zu bemerken. Verbreiteter war die um 1220 verfaßte deutsche Fassung des Alemannen **Konrad Fleck** (zwei Hss., zwei Fragmente); eine weitere Fassung (1.Hälfte 13. Jh.) aus dem Köln-Aachener Raum hat sich gleichfalls nur in geringen Fragmenten erhalten (allerdings scheint eine mittelniederdeutsche Versfassung des 14. Jh.s auf ihr zu beruhen). Der mehrfach gedruckte Prosaroman ›Florio und Bianceffora‹ (1499) basiert auf Boccaccios ›Filocolo‹ (1336/38), vgl. S. 331 f.

Eilhart von Oberg: ›Tristrant‹

Der Kern der Geschichte von Tristan und Isolde, die um 1160 in afrz. Sprache erstmals als Roman gestaltet wurde, ist keltischen Ursprungs. Außer einzelnen Namen beweist das vor allem die Verwendung beliebter Erzählformen der keltischen Dichtung, der *imram* (Pl. *imrama*), d.h. der Schifffahrt ins Blaue, und der *aithed* (Pl. *aitheda*), d.h. der Flucht eines Liebespaares vor dem Ehemann der Frau in die Wildnis. In der romanhaften Ausgestaltung finden sich freilich auch Motive, die auf die klassische Antike zurückgehen.

Man unterscheidet zwei Fassungen der Tristanromane: 1. Die Version commune (Hauptvertreter: Eilharts ›Tristrant‹ und das afrz. Romanfragment des **Béroul** [Berol], um 1170/90), in der der Stoff mit mancherlei unhöfischen Zügen, mit Unwahrscheinlichkeiten und mit eher distanzierter Beurteilung der Liebe zwischen Tristan und Isolde gestaltet wird. 2. Die Version courtoise (Ausgangstext war der nur fragmentarisch erhaltene afrz. Tristanroman des **Thomas von Bretagne**, um 1170, ferner gehören hierher die altnord. ›Tristramssaga‹ des Bruders Robert, 1226, und der mhd. Roman Gottfrieds von Straßburg, vgl. S. 223 ff.); hier wird der Stoff in höfischer Manier gestaltet, Unwahrscheinlichkeiten und Archaismen sind beseitigt, die Liebe wird psychologisiert und positiv beurteilt.

Der ›Tristrant‹ des Eilhart von Oberg(e) entstand wohl um 1170 auf der Grundlage des ältesten afrz. Tristanromans, der ›Estoire‹, die im Original restlos verloren ist und im wesentlichen aus Eilharts Text rekonstruiert werden muß. Eilhart stammte aus der Gegend von Braunschweig. Er dichtete entweder am Hof Herzog Heinrichs des Löwen und seiner Gemahlin Mathilde (vgl. S. 138) oder an einem niederrheinischen Hof. Die ursprüngliche Fassung ist nur fragmentarisch erhalten (drei Bruchstücke), vollständig, jedoch stilistisch überarbeitet, findet der ›Tristrant‹ sich in drei Hss. des 15. Jh.s. Im 15. Jh. wurde er auch in Prosa umgeschrieben; von dieser Fassung sind zwischen 1484 und 1664 14 Druckauflagen nachgewiesen, vgl. S. 327.

Inhalt: König Rivalin von Lohnois gewinnt Blancheflur, die Schwester König Markes von Korneval, zur Frau. Sie stirbt bei der Geburt des Sohnes Tristrant. Nachdem dieser von Kurvenal in allen höfischen Tugenden erzogen worden ist, tritt er, ohne sich zu erkennen zu geben, in den Dienst Markes. Um gegen Morholt, den Schwager des Königs von Irland, kämpfen zu dürfen, muß Tristrant dann doch seine Identität preisgeben. Er tötet den Iren, trägt aber selbst eine unheilbare Wunde davon. Nachdem er sich in einem Schifflein dem Spiel des Meeres übergeben hat (*imram*), gelangt er nach Irland. Durch ein Pflaster der Königstochter Isalde, der er nicht persönlich begegnet, wird er geheilt. Er kehrt nach Korneval zurück. Die dem als Nachfolger vorgesehenen Tristrant gegenüber mißgünstigen Barone drängen Marke zu heiraten. Als zwei Schwalben sich um ein Frauenhaar streiten, verkündet er, er werde nur die Frau ehelichen, von der dieses Haar stamme. Tristrant übernimmt die Suche. Wieder läßt er sich zu Schiff forttreiben, wieder gelangt er nach Irland. Hier nennt er sich Tantris. Er besiegt einen Drachen und erwirbt damit das Recht auf die Hand Isaldes, in der er die gesuchte Frau erkennt. Auf der Rückreise nach Korneval trinken beide vom Liebestrank, den Isaldes Mutter ihrer Tochter mitgegeben hatte. Er besitzt die Kraft, vier Jahre lang so zu wirken, daß die Liebenden sich täglich sehen müssen, um nicht zu sterben; im übrigen bindet er sie lebenslang aneinander. Kurvenal und die Zofe Brangene führen die Vereinigung der »Erkrankten« herbei. Hochzeit Isaldes mit Marke; um den Bräutigam zu täuschen, nimmt in der Hochzeitsnacht Brangene den Platz Isaldes ein. In der Folge versucht der Hof, den König vom Ehebruch des Neffen zu überzeugen. Schließlich werden die Liebenden zum Tod verurteilt. Sie können fliehen und führen ein klägliches Leben im Wald (*aithed*). Als nach vier Jahren die intensive Wirkung des Trankes aufhört, kehrt Isalde an den Hof zurück, Tristrant geht außer Landes. Schließlich heiratet er Isalde, die Schwester seines Freundes Kehenis von Karahes (bei Gottfried von Straßburg: Isolde Weißhand). Vorher und nachher kommt es zu fünf Wiederbegegnungen mit der ersten Isalde. Als Tristrant von einem giftigen Pfeil verwundet wird, schickt er nach ihr. Sie kommt sofort, doch Tristrants Ehefrau täuscht ihn. Er stirbt, die erste Isalde sinkt tot über seine Leiche. Marke bedauert, nicht früher vom Geheimnis des Liebestrankes gehört zu haben. Er läßt die Liebenden in einem gemeinsamen Grab bestatten; daraus wachsen ein Rosenbusch und eine Weinrebe, die sich unauflöslich ineinander verschlingen.

Thema des Tristanromans, eines der großen Liebesromane der Weltliteratur, ist: ein alle anderen übertreffender Ritter und eine schöne, außergewöhnlich kluge Dame sind einander in bedingungsloser Leidenschaft verfallen. Sie sind bereit, sich über alle Hindernisse hinwegzusetzen, auch über die üblichen Vorstellungen von Moral, Treue und Glauben. Gegenspieler ist der Hof, der auf die Einhaltung der Normen achtet. Die Geschichte endet mit dem Untergang der Liebenden, der aber doch Sieg bedeutet, da sie ihre

Verbundenheit als den höchsten, einzigen Wert ansehen. Die Gesellschaft bleibt dabei nicht unberührt, da sie selbst, um den Betrug nachweisen zu können, zu dubiosen Mitteln greifen muß, was ihren moralischen Anspruch untergräbt. Erstmals wird im Tristanroman das Recht des Individuums, jedenfalls des außergewöhnlichen Individuums, proklamiert, seinen eigenen Glücksvorstellungen auch gegen das Recht der Gesellschaft zu folgen. Dies war in der gesellschaftsgebundenen Literatur des Mittelalters eine aufsehenerregende Botschaft, die auch die Dichter beunruhigte.

Eilhart zeigt sich von dieser Botschaft freilich wenig beeindruckt. Der Liebestrank gilt ihm als bedauerlicher Unfall, aus dem nicht viel mehr als Torheit folgt. Die Geschichte wird von ihm faktisch reihend, in einem ähnlichen Stil wie dem des ›Trierer Floyris‹, in raschem Erzähltempo dargestellt. Rhetorische Aufschwünge leistet er sich nicht. Die einzige große Ausnahme ist der Liebesmonolog Isaldes (V. 2398–2598), dem offenbar moderne Muster (Veldekes ›Eneasroman‹?) zugrunde liegen; hier werden Gedanken und Gefühle zergliedert. An Veldeke erinnert Eilharts Vorliebe für Stichomythien, d.h. das rasche Hin- und Herwechseln der Rede in den Dialogen:

›jâ bin ich dir bôse.‹ »sît ir sô?«
›jâ.‹ »des bin ich unfrô.«
›war ume?‹ »daz wil ich sagen.«
›jâ, sprich!‹ »ich habe sîn schaden.«
›du enhâst.‹ »zwâre ich hân.« (V. 1917–21)

›Ich hasse dich!‹ »Wirklich?« ›Ja.‹ »Darüber bin ich betrübt.« ›Weshalb?‹ »Das will ich sagen.« ›Ja, rede!‹ »Ich habe den Schaden davon.« ›Nein.‹ »Doch.«

Legendenepik

Heinrich von Veldeke: ›Sankt Servatius‹

Seit der Zeit der Entstehung deutschsprachiger Großepik wurden auch Heiligenlegenden (vgl. dazu S. 97 f.) bisweilen in der Form ausgedehnter Epen erzählt. Am Beginn steht der ›St. Servatius‹ Heinrichs von Veldeke (vgl. S. 123 f. und 150 ff.), der 6226 Verse umfaßt. Das Leben des Stadtheiligen von Maastricht, eines der Eisheiligen, wurde von Veldeke nach einer lateinischen Vorlage wohl in den 1170er Jahren, vor oder neben dem ›Eneasroman‹, verfaßt (Fragmente einer Hs. aus der Zeit um 1200, eine vollständige Hs. des 15. Jh.s).

Inhalt: Der in Jerusalem zum Priester geweihte armenische Adlige Servatius wird zunächst Bischof von Tongeren, später muß er nach Maastricht fliehen. In Rom schenkt ihm St. Peter die Schlüsselgewalt und als ihr Zeichen einen silbernen Schlüssel, der in Maastricht noch immer als Reliquie verehrt wird. Servatius bewirkt zahlreiche Wunder, doch kann er Gottes Strafgericht über Tongeren nicht verhindern. Er stirbt am 13. Mai. Im 2. Teil wird über eine Fülle von Wundern bis in die Gegenwart berichtet.

Auftraggeberin war die Gräfin Agnes von Loon-Rieneck, erwähnt wird auch der Küster, d. h. Verwalter der Schatzkammer, Hessel von Maastricht. Vermutlich wirkten die adlige Dame und der Geistliche zusammen, um durch ein großes volkssprachliches Werk den Kult des Heiligen in der damaligen weltlichen Oberschicht auszubreiten.

›Oberdeutscher Servatius‹

Die gleichnamige Tochter der erwähnten Gräfin Agnes von Loon-Rieneck heiratete 1172 oder 1173 den bayerischen Grafen Otto von Scheyern, der 1180 als Otto I. von Wittelsbach Herzog von Bayern wurde. Einer ansprechenden Vermutung zufolge war es diese Agnes, die eine um 1190 anzusetzende weitere episierte deutsche Fassung des Lebens von St. Servatius in Auftrag gab (3548 Verse, eine vollständige Hs., drei Fragmente). Ob der bayerische Autor Veldekes Werk kannte, ist nicht sicher.

Angeschlossen werden hier die durchweg anonym überlieferten sogenannten Legendenromane (H. de Boor) ›St. Oswald‹, ›Orendel‹ und ›Salman und Morolf‹. Alle drei sind schlecht und spät, erst aus dem 15. Jh., überliefert, bei keinem der Werke gibt es einen wirklich stichhaltigen Beweis für die meist angenommene Entstehung im 12. Jh. Die Erzählweise ist vielfach unbefriedigend, voller Brüche und Unstimmigkeiten, Erzählschemata werden oftmals angefangen, jedoch nicht durchgeführt. Häufig werden die drei Texte mit ›König Rother‹ und ›Herzog Ernst‹ zur Gruppe der »(sogenannten) Spielmannsepen« zusammengefaßt. Zwar gibt es gewisse motivliche Übereinstimmungen mit dem ›König Rother‹ (vor allem das Brautwerbungsmotiv), dennoch wird dadurch ein Zusammenhang vorgetäuscht, der in Wirklichkeit nicht gegeben ist: in keinem der Legendenromane spielt Reichsgeschichte eine Rolle, stehen der Staat und die Lehensgemeinschaft im Zentrum, geht es um ernsthafte Auseinandersetzung zwischen den realen Machtzentren des 12. Jh.s.

›St. Oswald‹

St. Oswald wird in manchen Gegenden unter die vierzehn Nothelfer gezählt (Patron des Wassers und heilkräftiger Quellen). Zugrunde liegt der historische König Oswald, 635 bis 642 König von Northumbria. Sein Kult verbreitete sich im 12. Jh. auch auf dem Festland. Den Roman scheint man sich als Propagandadichtung für den Kult des Heiligen, vergleichbar den Servatiusdichtungen, vorstellen zu dürfen. Drei Fassungen: ›Münchner Oswald‹, ›Wiener Oswald‹, ›Linzer Oswald‹ (Fragment); ferner verschiedene Prosafassungen.

Inhalt (›Münchner Oswald‹): König Oswald von England will heiraten. Ein Engel verweist ihn an die heidnische Prinzessin Pamige, eine heimliche Christin, deren Vater Aaron jedem Freier den Kopf abschlagen läßt. Oswald sendet als Werber einen mit menschlicher Stimme begabten Raben. Pamige nimmt an. Nun zieht Oswald mit Heeresmacht los. Er kann mit der Prinzessin fliehen. Der Heide verfolgt das Paar, nach seiner Niederlage läßt er sich taufen. Am Schluß erscheint Christus als Bettler. Er verlangt von Oswald Gabe auf Gabe, zuletzt Land und Frau. Oswald gewährt alles, da gibt Christus sich zu erkennen. Das Königspaar führt ein keusches Leben und wird nach zwei Jahren in Gottes Reich entrückt.

›Orendel‹

Im Mittelpunkt steht der ungenähte Graue Rock Christi, der seit dem 12. Jh. bis heute im Trierer Dom aufbewahrt wird. Als Handlungsgerüst verwendet wird das des spätantiken Romans ›Apollonius von Tyrus‹ (vgl. S. 266). Vermutlich sollte das Gedicht die Wallfahrt zum Grauen Rock anregen. Für denkbar gehalten wird, daß es im Zusammenhang der innerlokalen Reliquienkonkurrenz die Aufmerksamkeit auf den Domschatz lenken sollte. Überliefert sind eine Vers- und eine davon abgeleitete Prosafassung.

Inhalt: Orendel, Sohn des Königs von Trier, soll Bride, die Königin von Jerusalem und vom Heiligen Grab, heiraten. Im Sturm versinkt seine Flotte, er allein bleibt übrig. Nackt verdingt er sich dem mächtigen Fischer Ise. Im Bauch eines Walfischs findet er den Grauen Rock, nach dem er künftig selbst genannt wird. Schließlich wird er Brides Gemahl und Herr über Jerusalem. Als beide nach Trier gehen, fällt das Heilige Grab in die Hände der Heiden. Nach weiteren Kämpfen wird es zurückerobert. Orendel und Bride gehen ins Kloster.

›Salman und Morolf‹

Diesem Text liegt die seit dem 12. Jh. in Westeuropa bekannte orientalische Sage vom biblischen König Salomo zugrunde. Der Name Morolfs und teilweise seine Rolle sind dem lat. ›Dialogus Salomonis et Marcolfi‹ (12. Jh.; dt. ›Salomon und Markolf‹, 15. Jh., vgl. S. 343) entnommen. Das in vier Hss. und zwei Drucken des 15./16. Jh.s überlieferte Gedicht ist in einer eigenen Strophenform, der Morolfstrophe, abgefaßt (4a 4a 4b 3–x 4b).

Inhalt: Salman, König von Jerusalem, hat die Heidenprinzessin Salme entführt und geheiratet. Sie wird von dem Heidenkönig Fore geraubt. Salmans Bruder Morolf geht in Verkleidung auf Kundschaft. Er wird erkannt, kann jedoch fliehen. Nun zieht Salman mit Heeresmacht aus. Als Pilger verkleidet, wird er gefangen, von Salme verhöhnt und von Fore zum Tod verurteilt. Unter dem Galgen bläst er dreimal sein Horn. Sein Heer befreit ihn, Fore wird gehängt. Rückkehr mit Salme. Im 2. Teil wiederholt sich das Geschehen. Salme wird durch Princian entführt. Morolf kundschaftet in Verkleidung als Krüppel, Pilger, Spielmann, Metzger und Krämer. Dann tritt Salman mit einem Heer in Aktion, Princian wird erschlagen. Salme wird erneut zurückgebracht, jedoch beim Aderlassen von Morolf, der eine weitere Wiederholung vermeiden möchte, getötet. Salman heiratet nun Fores Schwester.

Literaturhinweise

Ausgaben: ›Rolandslied‹: D. Kartschoke, 1993 [u. ö.] (zweisprachig; RUB). – Stricker, ›Karl‹: K. Bartsch, 1857. – ›La Chanson de Roland‹: W. Steinsieck, 1999 (zweisprachig; RUB). – ›Graf Rudolf‹: P. F. Ganz, 1964. – ›König Rother‹: J. de Vries, 1922; P. K. Stein / I. Bennewitz, 2000 (zweisprachig; RUB). – ›Herzog Ernst‹: K. Bartsch, 1869 [Fassungen A,B,F,G]; B. Sowinski, 1970 [u. ö.] (zweisprachig; RUB) [Fassungen

B,A,Kl]; H.-F. Rosenfeld, 1991 (ATB) [Fassung D]; Th. A.-P. Klein, 2000 [Fassung E]; Th. Ehlen, 1996 [Fassung C]; P. Ch. Jacobsen / P. Orth, 1997 [Fassung Erf.]. – ›Vorauer‹ u. ›Straßburger Alexander‹: K. Kinzel, 1885. – Heinrich v. Veldeke, ›Eneasroman‹: D. Kartschoke, 1986 [u. ö.] (zweisprachig; RUB); H. Fromm, 1992 (zweisprachig; Bibliothek des MAs). – ›Le Roman d'Eneas‹: M. Schöler-Beinhauer, 1972 (zweisprachig; KTRMA). – Herbort v. Fritzlar, ›Liet von Troye‹: K. Frommann, 1837. – Albrecht v. Halberstadt, ›Metamorphosen‹: K. Bartsch, 1861 [mißlungener Rekonstruktionsversuch nach Wickram]. – ›Trierer Floyris‹: G. de Smet / M. Gysseling, in: Studia Germanica Gandensia 9 (1967); Konrad Fleck, ›Flore und Blanscheflur‹: E. Sommer, 1846. – Eilhart v. Oberg, ›Tristrant‹: H. Bußmann, 1969 (ATB) [die alten Fragmente]; F. Lichtenstein, 1877. – Béroul: U. Mölk, 1962 (zweisprachig; KTRMA). – Thomas v. Bretagne: G. Bonath, 1985 (zweisprachig; KTRMA). – D. Buschinger / W. Spiewok (Hrsg.), Tristan u. Isolde im europ. MA. Ausgewählte Texte, 1991 (RUB). – Heinrich v. Veldeke, ›Sankt Servatius‹: Th. Frings / G. Schieb, 1956. – ›Oberdeutscher Servatius‹: F. Wilhelm, 1910. – ›Münchner Oswald‹: M. Curschmann, 1974 (ATB); ›Wiener Oswald‹: G. Baesecke, 1912. – ›Orendel‹: H. Steinger, 1935 (ATB). – ›Salman u. Morolf‹: A. Karnein, 1979 (ATB).

Forschungsliteratur: H.-J. Behr, Politische Realität u. literarische Selbstdarstellung, 1978. – C. M. Bowra, Heldendichtung, 1964. – H. Brunner (Hrsg.), Die dt. Trojalit. des MAs u. der Frühen Neuzeit, 1990 (WILMA). – H. Brunner (Hrsg.), Interpretationen. Mhd. Romane u. Heldenepen, 1993 (RUB). – J. Bumke, Die romanisch-dt. Literaturbeziehungen im MA, 1967. – H. Buntz, Die dt. Alexanderdichtung des MAs, 1973 (SM). – J. Cölln [u. a.] (Hrsg.), Alexanderdichtungen im MA, 2000. – M. Curschmann, ›Spielmannsepik‹, 1968 [Forschungsbericht 1907–65]. – T. Ehlert, Deutschsprachige Alexanderdichtung des MAs, 1989. – E. Feistner, Historische Typologie der dt. Heiligenlegende des MAs von der Mitte des 12. Jh.s bis zur Reformation, 1995 (WILMA). – E. R. Haymes, Das mündliche Epos, 1977 (SM). – E. Lienert, Dt. Antikenromane des MAs, 2001 (GG). – A. B. Lord, Der Sänger erzählt, 1965. – U. Meves, Studien zu König Rother, Herzog Ernst u. Grauer Rock (Orendel), 1976. – K. Ruh, Höfische Epik des dt. MAs, 2 Bde., ^{2}1977, 1980. – W. J. Schröder, Spielmannsepik, ^{2}1977 (SM). – K. von See (Hrsg.), Europäische Heldendichtung, 1978 (WdF). – P. K. Stein, Tristan-Studien, 2001. – M. Stock, Kombinationssinn. Narrative Strukturexperimente im ›Straßburger Alexander‹, im ›Herzog Ernst B‹ u. im ›Kg. Rother‹, 2002 (MTU). – J. de Vries, Heldenlied u. Heldensage, 1961. – A. Wolf, Heldensage u. Epos, 1995.

3. Wissensliteratur

›Lucidarius‹

Der ›Lucidarius‹, d.h. »Erleuchter«, ist eines der ersten in Prosa verfaßten deutschen Werke, das nicht bloße Übersetzung einer lateinischen Vorlage ist. Die Angaben des A-Prologs, der Text sei von Herzog Heinrich von Braunschweig bei seinen Kaplänen in Auftrag gegeben worden, sie sollten ihn, der Wahrheit wegen, in Prosa, nicht, wie üblich, in Versen ausführen, wurden von der Forschung bis vor kurzem auf Heinrich den Löwen bezogen. Es spricht jedoch vieles dafür, daß sein gleichnamiger Sohn, der Pfalzgraf Heinrich bei Rhein (1173/74–1227), gemeint ist, der lediglich eine jüngere Redaktion in Auftrag gab (M. Hamm). Der ursprüngliche Text wurde wahrscheinlich von einem einzigen Autor, der der Bildungssphäre der Regularkanoniker entstammte, wohl im letzten Drittel des 12. Jh.s im alemannischen Sprachraum verfaßt. Der ›Lucidarius‹ war beispiellos weit und lange verbreitet (66 Hss., dazu 24 Exzerpte, 69 erhaltene Drucke, der letzte 1806). Die Gesamtanlage – Einteilung in drei Bücher, Dialogform, d.h. Lehrgespräch zwischen *meister* und *iunger* – ist im groben dem ›Elucidarium‹ des **Honorius Augustodunensis** (um 1080 – um 1137, wohl Schottenmönch in Regensburg) entlehnt. Weitere lat. Quellen sind die ›Imago mundi‹ und die ›Gemma animae‹ des Honorius, die ›Philosophia‹ des Wilhelm von Conches (um 1080–1154, Pariser Theologe, später Bischof von Châlons-sur-Marne) und ›De divinis officiis‹ des Rupert von Deutz (vgl. S. 81). Buch I handelt von Gott, dem Himmel, der Hölle, dem Paradies, vor allem aber ausführlich über die Erde und ihre Bewohner, ferner über die Gestirne und die meteorologischen Erscheinungen, über die Unterschiede zwischen den Lebewesen, über Fragen der Geburt und des menschlichen Körpers. Thema von Buch II ist die Erlösung, die Christenheit, vor allem aber die Bedeutung der liturgischen Handlungen und Gebräuche. Buch III schließlich, nur in wenigen Überlieferungsträgern ganz oder teilweise enthalten, handelt von Tod, Fegfeuer, Hölle, Weltuntergang, Jüngstem Gericht, ewiger Seligkeit.

Der ›Lucidarius‹ bot seinen geistlichen und weltlichen Lesern übersichtlich und in einfacher Sprache ein Gesamtbild dessen, was der Christenmensch wissen mußte: Kosmologie, Ekklesiologie und Eschatologie. Sie werden Gottvater, dem Sohn und dem Heiligen Geist zugeordnet:

> Diz buch ist in drú geteilt. Jn dem ersten buche seite ich dir, wie di welt geteilet ist. Die rede hórt [d.h. gehört] an den uater. An dem anderen buche habe ich dir geseit, wie er die welt hat erlidiget [d.h. erlöst] vnde wie er die cristenheit hat geordinet [d.h. geordnet]. Die rede gat an den sun. An dem triten teile sol [d.h. werde] ich dir sagin, welch reht vnde welch e [d.h. Gesetze] er der cristenheite gesezzet hat, vnde wie sie gerihtet sol werden mit der krefte dez heiligen geistes. Die rede gat an den heiligen geist. (II,101)

Literaturhinweise

Ausgabe: D. Gottschall / G. Steer, 1994 (TTG).

Forschungsliteratur: D. Gottschall, Das ›Elucidarium‹ des Honorius Augustodunensis, 1992 (TTG). – M. Hamm, Der deutsche ›Lucidarius‹. Kommentar, 2002 (TTG). – R. Luff, Wissensvermittlung im europäischen MA, 1999 (TTG). – W. Schröder, Textkritisch oder Überlieferungskritisch. Zur Edition des dt. ›Lucidarius‹, 1995.

II.
Die Blütezeit der höfischen Literatur
(um 1190 – um 1220/30)

1. Lieddichtung

Klassischer Minnesang

In der dritten Phase der Geschichte des Minnesangs tritt eine Reihe bedeutender, unverwechselbar eigengeprägter Autoren auf. Bei aller Individualität im einzelnen ist ihnen gemeinsam, daß sie Minnesang der Hohen Minne dichten, daß ihre Strophenformen in der Regel nach dem Kanzonenschema (AAB) gebaut sind und daß ihre Darstellungsformen und ihre Sprache von dem in der vorausgehenden Phase des Minnesangs Erreichten ausgehen (vgl. S. 120 ff.). Romanischen Vorbildern direkt verpflichtet sind sie nurmehr ganz selten. Der deutsche Minnesang ist bei ihnen – wie er es schon in der ersten Phase seiner Geschichte war – wieder weitgehend autochthon geworden, er bleibt auch fortan ohne nähere Beziehungen zur Romania. Klassisch heißt dieser Minnesang, weil er für lange Zeit, letztlich bis heute, als unübertroffenes Muster dieser Kunst gilt.

Hartmann von Aue (Schaffenszeit um 1185/1205, Alemanne; ausführlicher zu ihm vgl. S. 193): 18 Liedtexte (XII und XVIII in der Regel als unecht angesehen). Es handelt sich um Minneklagen (I, II, IV, X, XIII), ein Frauenpreislied in Daktylen (XIII, vielleicht hat Hartmann hier eine romanische Melodie benutzt), eine Absage an die Dame mit Widerruf der Absage (III), eine Dienstversicherung nach der Aufkündigung des Verhältnisses durch die Dame (VII), ein Lied, in dem der Sänger sein Bangen nach langer äußerer Trennung von der Geliebten formuliert (VIII), um drei Frauenlieder (IX – wider einen falschen Liebhaber, XIV – eine gewagte Liebesversicherung, XVI – sogenannte Witwenklage oder Klage einer Dame, deren Geliebter auf Kreuzzug geht). Besonders unkonventionell ist das ›Unmutslied‹ (XV), ein Lied, in dem der namentlich genannte Sänger Hartmann die Absage an die vornehmen Damen, deren Liebe trotz aller Mühen nicht errungen werden kann, formuliert; lieber seien ihm *arme wîbe*, »einfache Frauen«:

XV,2
swar ich kum, dâ ist ir vil,
dâ vinde ich die, diu mich dâ wil;
diu ist ouch mînes herzen spil.
waz touc mir ein ze hôhez zil?

Wo immer ich hinkomme, gibt es viele von ihnen. Da finde ich diejenige, die mich begehrt; die ist auch meine Herzensfreude. Was habe ich davon, wenn ich zu hoch hinaus will?

Höhepunkt von Hartmanns Liedschaffen sind die drei Kreuzlieder (V, VI, XVII). VI ist eine spruchartige Lehrstrophe über das Verhalten jener Frau, deren Geliebter auf dem Kreuzzug ist (vgl. dazu Friedrich von Hausen VII). Im sechsstrophigen Lied V ist Minne kein Thema mehr, allenfalls ist sie stillschweigend in dem eingeschlossen, was als »Welt« abgelehnt wird. Der Dichter-Sänger wendet sich von ganzem Herzen der Kreuzfahrt zu. Das zum Zeichen des Kreuzzugs-Gelübdes auf den Mantel geheftete Kreuz ist in vielfacher Hinsicht verpflichtend. Der Hinweis auf den Tod des Herrn (Str. 4) – wer damit gemeint ist, ist unbekannt – muß als ein für Hartmann wichtiges Motiv, offenbar als Ausgangspunkt seiner Abwendung von der Welt, gelten (vgl. auch Lied I, Str. 3, und XVII, Str. 2). XVII ist ein Abschiedslied, das als Publikum eine höfische Gesellschaft voraussetzt. Der Dichtersänger bricht zur Kreuzfahrt auf. Gottes- und Frauenminne werden gegeneinander ausgespielt.

Für die Gottesminne verläßt der Sänger *Vranken*, d.h. wohl das Abendland. Die letzte Strophe enthält die ausdrückliche Absage an die Minnesänger, die dem *wân*, der eitlen Hoffnung auf Erhörung durch die geliebte Dame, verfallen sind.

Albrecht von Johansdorf (urk. 1180–1206, Ministeriale der Bischöfe von Passau; Stammsitz Jahrsdorf an der Vils): 13 Lieder (vgl. Abb. 8). Johansdorfs Œuvre enthält Minneklagen (IV, VI, VII, XI) und zwei Einzelstrophen mit Minnethematik (IX, X), besonders kennzeichnend ist indes das Hervortreten der Kreuzzugsthematik: Kreuzlieder sind Nr. I, II (Kontrafaktur zu einem Kreuzlied des Trouvères Conon de Bethune), III, V, XIII (mit Frauenstrophe). Die Kreuzzugsthematik erscheint hier gegenüber Hausen und Hartmann von Aue entproblematisiert. Bei Johansdorf unterbricht der Kreuzzug lediglich den Minnedienst – es bleibt die Hoffnung auf die spätere Wiedervereinigung mit der Geliebten. Überhaupt herrscht teilweise ein Einverständnis der Liebenden, das an den Donauländischen Minnesang gemahnt (vgl. S. 112 ff.). An diese erste Phase des Minnesangs erinnert auch, daß die geliebte Dame bei Johansdorf relativ häufig zu Wort kommt: außer in den Kreuzliedern II und XIII auch in dem Wechsel VIII und im Dialoglied XII, das möglicherweise von einem provenzalischen Lied beeinflußt ist. In XII, Johansdorfs berühmtestem Lied, nehmen die Hörer bzw. Leser teil an einem zierlich-lehrhaften Zwiegespräch zwischen Liebhaber und Dame, das in der 7. Str. kulminiert:

»Sol mich dan mîn singen
und mîn dienst gegen iu niht vervân?«
›iu sol wol gelingen,
âne lôn sô sult ir niht bestân.‹
»Wie meinent ir daz, vrowe guot?«
›daz ir dest werder sint unde dâ bî hôchgemuot.‹

»Werden mein Minnesang und mein Minnedienst gar nichts bei Euch ausrichten?« ›Ihr sollt durchaus Erfolg haben – ohne

Abb. 8 Albrecht von Johansdorf, Miniatur in der ›Großen Heidelberger (Manessischen) Liederhs.‹. Heidelberg, UB, Cpg 848 (Zürich, um 1300/30)

Lohn werdet Ihr nicht bleiben.‹ »Wie meint Ihr das, edle Dame?« ›Ihr werdet um so angesehener sein und außerdem hochgestimmt.‹

Der Minnedienst bleibt zwar ohne die angestrebte sexuelle Erfüllung, er wirkt sich aber doch positiv für den Liebhaber aus: sein Streben nach Ansehen bei der Dame läßt ihn Ansehen am Hof gewinnen, sei es, daß er besonders tapfer oder moralisch integer wird, sei es, daß er durch seinen Minnesang zur Unterhaltung beiträgt; weiter läßt der Minnesang ihn die besonders geschätzte gehobene Stimmung gewinnen, er läßt ihn nicht in Melancholie (*trûren*) versinken, die ihn für die Geselligkeit unbrauchbar macht.

Heinrich von Morungen (Schaffenszeit um 1200, Thüringer; urk. 1218, in einer Urkunde von 1213/21 macht er als *miles emeritus* dem Leipziger Thomaskloster eine Schenkung; nach später Quelle gest. 1222; als der *edle Moringer* Held eines Erzählliedes aus dem 14. Jh.). Von Morungen, einem der bedeutendsten Lieddichter des Mittelalters, sind 35 Liedtexte überliefert. Vorwiegend handelt es sich um Minneklagen (darunter das ›Elbenlied‹ Nr. V und das in der Deutung umstrittene ›Narzißlied‹ Nr. XXXII), außerdem finden sich ein Werbungslied (XX), eine Liebesversicherung (VIII), zwei Preislieder (I, XXIV), eines der seltenen Freudenlieder – das Sänger-Ich jubelt über eine zusagende Äußerung der Geliebten (IV) –, dazu stellt sich eine Einzelstrophe, in der die Hoffnung auf die baldige Erhörung formuliert ist (XXXV), ferner zwei Wechsel (X – mit Anklang an die Tageliedsituation, XXVIII) und ein Tagelied (XXX – die Tageliedthematik wird hier in der Form des Wechsels gestaltet, vgl. S. 177). Rätselhaft, wie manches bei Morungen, ist die typologische Einordnung des Liedes XXIII, eines dreistrophigen Textes, in dem drei Momentbilder traumartig aneinandergereiht sind: Geliebte und Sänger bei glücklichem Tanz auf der Heide; die Geliebte heimlich darüber weinend, daß sie ihm den Tod geschworen hatte; die Geliebte allein auf einer Zinne – das Sänger-Ich ist von seiner Liebe völlig überwältigt.

Morungen kennt die althergebrachte Form des Wechsels, sonst zeigt er keine Anklänge an den Donauländischen Minnesang. Die provenzalische Trobadorkunst hat ihn mehrfach angeregt (die von Karl Bartsch veröffentlichte angebliche provenzalische Vorlage zu XXXII scheint allerdings eine Fälschung des 19. Jh.s zu sein), ferner finden sich Anklänge an die kirchlich-lateinische Hymnenpoesie; von Bedeutung ist schließlich die Kenntnis der klassischen Antike, in erster Linie der Dichtung Ovids. Morungens Poesie wirkt nicht durch Gedankenreichtum, durch die plastische Formulierung komplexer Empfindungen, vielmehr werden relativ einfache Gedanken mit bezwingender Rhetorik in einer sehr suggestiven, bisweilen geradezu tranceartigen Bildersprache vorgetragen. Kein anderer Sänger zeigt sich so von der Minne überwältigt wie Morungen. Das Moment des Minnedienstes, des aktiven Tätigseins für die Geliebte in der Hoffnung auf Erhörung, tritt demgegenüber zurück. Die Einzelstrophe XXXIV bringt dieses Überwältigtsein folgendermaßen zum Ausdruck:

Vil süeziu senftiu toeterinne,
war umbe welt ir toeten mir den lîp,
und ich iuch sô herzeclîchen minne,
zwâre vrouwe, vür elliu wîp?
Waenent ir, ob ir mich toetet,
daz ich iuch iemer mêr beschouwe?
nein, iuwer minne hât mich des ernoetet,
daz iuwer sêle ist mîner sêle vrouwe.
sol mir hie niht guot geschehen
von iuwerm werden lîbe,
sô muoz mîn sêle iu des verjehen,
dazs iuwerre sêle dienet dort als einem reinen wîbe.

Zuckersüße, sanfte Mörderin – warum wollt Ihr mich töten, da ich Euch doch so herzlich liebe, fürwahr Herrin, mehr als alle anderen Frauen? Glaubt Ihr, wenn Ihr mich tötet, daß ich

Euch dann niemals mehr betrachte? Nein, Eure Liebe hat mich dazu gezwungen, daß Eure Seele die Herrin meiner Seele ist. Widerfährt mir im Diesseits von Euch edler Dame nichts Gutes, so muß meine Seele Euch versichern, daß sie im Jenseits Eurer Seele – der einer Frau ohne Makel – dienen muß.

Die Strophe beginnt mit einem Oxymoron, einer intellektuell paradoxen Formulierung. Für Morungen scheint diese Stilfigur über die rein rhetorische Funktion hinaus, nämlich Aufsehen zu erregen, kennzeichnend, weil sie die Passivität des Sänger-Ichs, das seinem Gegenüber bis zum Selbstverlust verfallen ist, auf die knappste Formel bringt: das Sänger-Ich empfindet selbst seinen Untergang noch als Lust. Das Thema ist denn auch der Tod des Ich durch die hartherzige Geliebte. Aber die Liebe ist durch den Tod nicht beendet. Im Tod wird der Schwache durch seine Beharrlichkeit stark. Die Geliebte kann den Dienst seiner Seele an der ihren im Jenseits nicht verhindern. Der Überwältigte und die Überwältigerin sind unlösbar miteinander verbunden.

Reinmar der Alte (Schaffenszeit um 1200, zeitweise wohl am Wiener Hof; der vielfach gebräuchliche Name Reinmar von Hagenau ist nicht aus dem Mittelalter überliefert, vielmehr Philologenkonstrukt aufgrund von Gottfrieds von Straßburg ›Tristan‹, V. 4777). Unter Reinmars Namen sind zahlreiche Lieder überliefert (teilweise finden sie sich zugleich unter den Namen anderer Dichter), die Unterscheidung zwischen dem, was ihm wirklich gehört und was ihm in den Hss. lediglich untergeschoben wurde, nimmt in der Forschung breiten Raum ein; die neueste Auflage von ›Des Minnesangs Frühling‹ enthält 60 Lieder, weitere 8 werden als »Pseudo-Reinmar« deklariert. Reinmar ist der vielseitigste Lieddichter vor Walther von der Vogelweide. Neben den auch bei ihm im Zentrum stehenden Minneklagen finden sich ein Preislied (I), mehrere Wechsel (II–IV, LIII), Freudenlieder (VII, XXXIII, LIX – von einer Frau gesungen), eine Dienstversicherung (XVII), Botenlieder (XXVII, XXVIII), Kreuzlieder (XXX, XXXI), Frauenklagen (XVI – die Helena, der Witwe Herzog Leopolds V. von Österreich, gest. 31. 12. 1194, in den Mund gelegte sogenannte Witwenklage, XXXVII, XLIV), ein Frühlingslied (LX); falls die in ihrer Echtheit angezweifelten Lieder LXIV und LXVII Reinmar wirklich gehören, hat er auch schwankhafte Lieder gedichtet. In der großen Minneklage VI verwendet er Tageliedmotivik.

Während Morungens Dichtung bilderreich, klangvoll und farbenprächtig ist, erscheinen Reinmars Lieder arm an Bildern, ohne Farbe und äußeren Glanz. In ihrem Zentrum, den Minneklagen, sind sie virtuose Reflexionspoesie. Reinmar ist in diesen Liedern der Sänger der Trauer und der Klage, des eindringlichen Monologisierens. Die angebetete Dame gibt nie auch nur ein kleines Zeichen der Andeutung, sie werde das Sänger-Ich erhören; das höfische Publikum hat die ewige Klage satt:

XIV,1
Swaz ich nu niuwer maere sage,
des endarf mich nieman vrâgen: ich enbin niht vrô.
die vriunt verdriuzet mîner klage.
des man ze vil gehoeret, dem ist allem sô.
Nû hân ich beidiu schaden unde spot.
waz mir doch leides unverdienet, daz bedenke got,
und âne schult geschiht!
Ich engelige herzeliebe bî,
sône hât an mîner vröide nieman niht.

Keiner braucht mich zu fragen, was ich Neues weiß: ich bin [nach wie vor] ohne Freude. Die Freunde ärgert meine Klage. Das ist so, wenn man etwas zu oft zu hören bekommt. So habe ich nunmehr sowohl den Schaden als auch den Spott. Gott möge bedenken, welches Maß an Leiden mir ohne meine Schuld zuteil wird! Solange ich nicht mit der von Herzen geliebten Dame schlafe, kann niemand meinerseits auf Freude rechnen.

In XII,5 hat Reinmar geradezu die Poetik seiner Minneklagen zusammengefaßt: »In einer Sache und in sonst keiner will ich zeitlebens Meister sein – dieses Lob soll mir zukommen, diese Kunstfertigkeit soll man mir allgemein zusprechen: daß niemand sein Leiden auf so schöne Weise zu ertragen weiß (*Daz nieman sîn leit alsô schône kan getragen*). Ursache dafür, daß ich mich Tag und Nacht nicht aufs Schweigen verstehe, ist eine Frau. Voll Sanftmut nehme ich ihren Haß als Freude. O weh, wie ungnädig handelt sie an mir.« Das Leiden im Minnedienst ist die Grundbedingung für Reinmars Kunst. Sinn seiner Dichter-Existenz ist die Verwandlung des Leidens ins schöne Lied.

Wolfram von Eschenbach (Schaffenszeit etwa 1200/20, Ostfranke; ausführlicher zu ihm S. 210 ff.). Das kleine, aber bedeutende Liedœuvre Wolframs (9 Lieder, Nr. IX wird allgemein, VIII meist für unecht gehalten) umfaßt neben einem Werbungslied (VI) und einer Liebesversicherung (III) fünf Texte, die in den Bereich des Tageliedes gehören, eines Liedtyps, der sich in der deutschen Literatur vom 12. bis über das 15. Jh. hinaus großer Beliebtheit erfreute. Das älteste deutsche Tagelied, das Dietmar von Eist zugeschrieben wird (XIII), wurde schon zitiert (S. 120). Ein weiteres Tagelied stammt von Heinrich von Morungen (XXX). In ihm sind Tageliedmotivik und Darstellungsform des Wechsels miteinander verschränkt: Mann und Frau erinnern sich strophenweise klagend zurück an ihr nächtliches Beisammensein; nach dem Muster der (zeitlich den deutschen vorausgehenden) provenzalischen Tagelieder (Albas) schließt jede Strophe von Morungens Lied mit einem Refrain (*Do tagte ez*, »Da brach der Tag an«).

Im Tagelied erscheint die von den Minnesängern der Hohen Minne unentwegt angestrebte Liebeserfüllung realisiert – aber freilich so, daß das Leid, das mit der Minne stets untrennbar verbunden ist, nicht ausgeblendet, sondern zum Ausdruck gebracht wird: denn der Augenblick, mit dem das

Tagelied einsetzt, der Tagesanbruch, macht die Trennung der Liebenden erforderlich, da sie durch die auf Einhaltung der Tugendnormen bedachte Öffentlichkeit (die *huote*, die *merkaere*, die *claffer*, d.h. die Austräger, Verräter) bedroht sind. Das Tagelied hat erzählenden Charakter (es ist also nicht ein Ich-Lied wie die meisten Minnelieder); außer der Sprecherrolle der Frau, des Mannes und – meist – des Wächters gibt es in der Regel noch einen nicht personalisierten Erzähler.

Die Kunst des Tagelieddichters bestand vor allem darin, die wenigen Ingredienzien, die zu diesem Liedtyp gehören, immer wieder zu variieren. Wolframs hierher gehörende Lieder können als Muster dieser Variabilität dienen. In I wird der Wächter, der Verkünder des heraufziehenden Tages – den Wolfram vielleicht als erster nach provenzalischem Vorbild ins deutsche Tagelied eingeführt hat –, vom Erzähler nur kurz erwähnt, der Mann bleibt stumm, nur die Frau klagt über den unmittelbar drohenden Weggang des Mannes. In VII singt der Wächter lediglich in zwei Zeilen die Ankündigung des Tages, das übrige wird, außer durch den Erzählerbericht, durch einen Dialog von Mann und Frau gestaltet. In II beginnt der Wächter mit einer ganzen Strophe, im folgenden führt er ein Streitgespräch mit der Dame; es wird in Str. 5 durch einen Erzählerbericht abgeschlossen. V schließlich räumt dem Wächter zwei Strophen ein, die Frau bleibt stumm, der Mann kommt nur kurz zu Wort, der Erzähler berichtet vom Abschied des Paares.

Wolframs Lied IV, das sogenannte Anti-Tagelied, stellt eine Art kritische Auseinandersetzung mit der Tageliedsituation dar: Stets mußte der Wächter das Liebespaar zum bitteren Abschied nötigen; wer jedoch ohne den Widerstand der Gesellschaft offen bei der Geliebten schläft, der braucht sich am Morgen nicht davonzuschleichen – solche Minne versteht nur eine geliebte Ehefrau zu geben. Mit dem Hinweis auf die Freuden der ehelichen Liebe ist natürlich das Tagelied aufgehoben, letztlich der Minnesang überhaupt.

An die Stelle der artifiziellen, spannungsgeladenen Wahnwelt tritt gewissermaßen die Realität des Tages. Es blieb Wolfram vorbehalten, den Kunst-Charakter der Welt des Minnesangs zu durchbrechen und somit durchschaubar zu machen.

Walther von der Vogelweide

Walther von der Vogelweide, der größte Lieddichter des Mittelalters, dürfte um 1170 geboren sein. Sein Herkunftsort ist unbekannt; der Beiname dürfte eher ein Dichtername sein als ein Hinweis auf seine Abkunft. Seine Ausbildung erhielt Walther nach eigener Auskunft im Herzogtum Österreich: *ze Osterrîche lernt ich singen unde sagen* (32,14). In den 1190er Jahren wirkte er am Wiener Hof der Babenberger. Hier war Reinmar der Alte zunächst sein Vorbild, bald ein Rivale, mit dem er in literarische Polemik verstrickt war. Nach dem Tod Herzog Friedrichs I. im April 1198 verließ er Wien; in der Folge führte er das Leben eines fahrenden Berufsdichters. Er begegnet in der Umgebung verschiedener Könige und Fürsten. Zunächst tritt er für den Staufer König Philipp von Schwaben ein, den er freilich auch kritisiert, später, wohl erst ab 1212, findet er sich bei Kaiser Otto IV., 1213/14 geht er zu Kaiser Friedrich II. über. Sein Bemühen, am Wiener Hof Herzog Leopolds VI. auf Dauer Aufnahme zu finden, blieb erfolglos. Offenbar hielt er sich 1203, anläßlich der Hochzeit des Herzogs, in Wien auf. Am 12.November 1203 schenkte ihm der Bischof von Passau, der spätere Patriarch von Aquileja (vgl. S.201), Wolfger von Erla, in der Nähe Wiens Geld für einen Pelzrock – dies ist der einzige unstrittige urkundliche Nachweis Walthers (bei einer Urkunde von 1213, in der ein *dominus Waltherus* als Legat Kaiser Ottos auftritt, ist der Bezug auf den Sänger äußerst zweifelhaft). Andere Fürsten, zu denen Walther in Beziehung stand, waren Landgraf Hermann von

Thüringen, dessen Schwiegersohn Markgraf Dietrich von Meißen, Herzog Bernhard von Kärnten, der Graf von Katzenellenbogen, Herzog Ludwig I. von Bayern. Um 1220 bedankt er sich bei Friedrich II. für ein Lehen, das dem Wanderleben ein Ende machte. Walther starb um 1230, begraben ist er einer alten Tradition zufolge im Grashof (Lusamgärtchen) des Würzburger Neumünsters. Walther war der vielseitigste Lieddichter seiner Epoche. Sein umfangreiches Werk läßt sich gliedern in Minnesang, Sangspruchdichtung und religiöse Lieddichtung/Alterslyrik.

Minnesang

Walthers Minnesang folgt nicht einer einfach zu beschreibenden Grundstruktur. Vieles widerspricht sich, manche Positionen stehen unverträglich nebeneinander. Die Forschung zog daraus den naheliegenden Schluß, man müsse eine Chronologie rekonstruieren, die Unvereinbares dadurch aufhebt, daß sie es in das Modell einer zeitlichen Entwicklung einbringt. Da man nicht die geringsten Anhaltspunkte hat, wann welches Lied gedichtet sein könnte (vielleicht mit Ausnahme des ›Preisliedes‹ 56,14, dessen Entstehung man mit der Fürstenhochzeit von 1203 in Verbindung bringt), blieb nur die Möglichkeit einer relativen Chronologie, einer Art Stufenmodell:

1. Lieder, die deutlich dem Modell des Minnesangs der Hohen Minne in der Art Reinmars verpflichtet sind, jedoch qualitativ noch etwas anfängerhaft wirken (die Minneklagen 13,33; 112,17; 115,6; das Freudenlied 109,1; die Botenlieder 112,35 und 120,16; die Wechsel 71,35 und 119,17; der Frauenmonolog 113,31; vielleicht das Tagelied 88,9).

2. Walther dichtet Hohen Minnesang mit zunehmender Meisterschaft. Er profiliert sich und seine Art zu dichten dadurch, daß er gegen Reinmar polemisiert – wenigstens ein Lied (111,23) ist ganz offen als Polemik erkennbar. In diese Gruppe gehören Lieder wie die Minneklage 54,37, der Dia-

log 85,34, das ›Preislied‹ 56,14, wohl auch die didaktisch orientierten sogenannten Neunziger-Lieder 91,17–94,10 und 95,17–100,2.

3. Walther erschafft eine Art Gegenpoesie zum Minnesang der Hohen Minne, die Mädchenlieder: Nicht mehr eine hoch über ihm stehende Dame liebt das Sänger-Ich in vergeblicher Hoffnung, es träumt vielmehr von Liebeserfüllung bei einem einfachen Mädchen (vgl. auch das ›Unmutslied‹ Hartmanns von Aue, S. 170). An die Stelle der Trauer über die Nicht-Erhörung treten vielfach scherzhafte Elemente. Literarische Anregungen bot der in der mittellateinischen und der romanischen Dichtung auftretende Liedtyp der Pastourelle: darin wird vom Gespräch einer Hirtin mit einem vorbeikommenden Kleriker oder Ritter erzählt, die Szene endet mit der Liebesgewährung oder damit, daß die Werbung erfolglos bleibt; im einzelnen könnte auch Morungen Anregungen geliefert haben. Von Walthers Liedern gehören hierher insbesondere das ›Lied von der Traumliebe‹ 74,20, das ›Lindenlied‹ 39,11 (Monolog eines Mädchens, das von seinem Stelldichein erzählt) und ›Herzeliebez frowelîn‹ 49,25; ferner (im einzelnen nicht immer unangefochten) das ›Mailied‹ 51,13, das ›Halmorakel‹ 65,33, das ›Vokalspiel‹ 75,25, die daktylischen Lieder 39,1 und 110,13, schließlich 50,19 und 112,3.

4. Vielleicht auf der Basis der den Mädchenliedern zugrundeliegenden minnetheoretischen Überlegungen fordert Walther gegenseitige Liebe auch im Bereich des eigentlichen Minnesangs. Das Konzept der Hohen Minne gerät in die Diskussion. Damen, die nicht bereit sind, dem liebenden Mann ihrerseits Zuneigung zu zeigen, werden, da Güte das Wesen der Frau ausmache, als unweiblich gebrandmarkt. In diesen Zusammenhang gehören die Lieder 40,19; 44,35; 47,36; 52,23; 58,21; 69,1; 72,31 (das berüchtigte *sumerlaten*-Lied mit einer groben Absage an die Dame).

5. Radikaler als Walther stellte seit etwa 1210 sein erfolgreicher Rivale Neidhart das Konzept des Minnesangs in

Frage, indem er es parodierte (vgl. dazu S. 188). Walther wandte sich dagegen mit seinem Lied 64,31 ›Owê, hovelîchez singen‹. In einer neuen Reihe von Minneliedern, den »Liedern der neuen hohen Minne«, geht es weniger um die individuelle Erfüllung eines Liebeswunsches als vielmehr darum zu betonen, daß dadurch, daß man den Minnesang lächerlich macht, der Untergang der höfischen Kultur, der Schritt in die Barbarei, herbeigeführt wird. Im Mittelpunkt steht die Dame, die den ethischen Anforderungen der Minne gerecht wird. Hierher sind zu zählen die Lieder 43,9; 44,11; 45,37; 46,32; 59,37; 62,6; 63,8; 63,32; 116,33; 184,1.

Das skizzierte Modell ist geeignet, die Vielfalt von Walthers Minnesang deutlich zu machen. Was die Chronologie angeht, ist es freilich nicht mehr als eine bloße Hypothese. Walther kann ohne weiteres Lieder mit unterschiedlichen Minnekonzepten zur gleichen Zeit geschaffen und in seinen Vortragsprogrammen gehabt haben.

Sangspruchdichtung

Als Minnesänger stand Walther in einer bedeutenden und reichen Tradition. Anders verhält es sich mit den Sangsprüchen, dem zweiten großen Bereich seiner Dichtung. Als er sie in den 1190er Jahren aufgriff, war diese Dichtungsgattung noch wenig profiliert. Die wenigen von Herger und Spervogel überlieferten Strophen haben vorwiegend Morallehre und religiöse Unterweisung zum Thema, beide Dichter verfügten ferner über jeweils nur einen einzigen einfachen Ton (vgl. S. 129 ff.). Durch Walther wurde der Sangspruch zu einer Gattung, die gleichberechtigt neben dem Minnesang stand. Die von ihm eingeführten Neuerungen betrafen inhaltliche wie formale Momente. Zum einen erschloß er dem Spruchsang zusätzliche Themen und Inhalte. Vor allem wurde der Sangspruch nun zu einer Waffe im politischen Tageskampf. Die Publizität von Walthers vor Bosheit funkelnden Sprüchen gegen Papst Innozenz III., gesungen im Auftrag Kaiser Ottos IV., war offenbar so groß, daß der italienische Kleriker Thomasin von Zerklære in seinem Lehrgedicht ›Der welsche Gast‹ (1215/16, vgl. S. 277 f.) darüber schrieb:

er hât tûsent man betoeret,
daz si habent überhoeret
gotes und des bâbstes gebot. (V. 11223–225)

Er [d. h. Walther] hat unzählige zum Narren gemacht, so daß sie Gottes und des Papstes Gebot nicht gehorcht haben.

Seit 1198 trat Walther für Philipp von Schwaben ein, den er, wohl in fürstlichem Auftrag, in einigen Strophen allerdings auch scharf tadelte (Reichston, Erster und Zweiter Philippston); vermutlich 1212 begrüßte er Kaiser Otto IV., wobei er die Erwartungen der Fürsten formulierte (Ottenton), später rechnete er schonungslos mit ihm ab (König-Friedrich-Ton); seit etwa 1214 stand er auf der Seite Friedrichs II. (König-Friedrichs-, Kaiser-Friedrichs-Ton). Dazu kommen Sprüche für bzw. gegen Reichsfürsten wie Hermann von Thüringen, Dietrich von Meißen, Leopold von Österreich, Erzbischof Engelbert von Köln und an den Grafen von Katzenellenbogen (Erster Philippston, Wiener Hofton, Leopoldston, Meißnerton, Unmutston, König-Friedrichs- und Kaiser-Friedrichs-Ton, Bognerton). Seine scharfen Invektiven gegen Papst Innozenz III. haben Walther seit seiner neuzeitlichen Wiederentdeckung um 1600 (Melchior Goldast) den Ruf eingebracht, eine Art Vorläufer der Reformation gewesen zu sein.

Ferner machte Walther, der die Spruchdichtung als zwar notwendig für seinen Lebensunterhalt, zugleich aber als Abhaltung von seiner eigentlichen Lebensaufgabe, nämlich Minnesang zu dichten, verstand (vgl. Spruch 28,1), Sprüche zu einem Instrument seines persönlichen Lebenskampfes. Er scheute sich nicht, seine Anliegen und Sorgen, seine Abneigungen und Feindschaften darin mit der ihm eigenen Klarheit und Unmißverständlichkeit zum Ausdruck zu bringen. Hierher gehören etwa die Strophen, in denen er sich um die Gunst des Wiener Hofes bemühte (Wiener Hofton, Leopoldston, Unmutston), in denen er über seine Unbehaustheit klagte (Unmutston, König-Friedrichs-Ton), auch der Dank an Friedrich II. für das Lehen (König-Friedrichs-Ton), die Angriffe gegen Gerhard Atze (Erster Atzeton, Leopoldston), ferner die Totenklage auf den als Dichter, jedoch nicht als Mensch geschätzten Reinmar den Alten (Leopoldston).

Neben diese inhaltlich-thematischen Neuerungen traten bei Walther zum andern auch bedeutende formale Veränderungen. Im Minnesang hatte sich das Prinzip, für jedes Lied einen eigenen Ton zu erfinden, längst durchgesetzt. Walther näherte den Spruchsang dem Minnesang dadurch an, daß er sich – anders als Herger und Spervogel – in diesem Bereich nicht mehr mit einem einzigen Ton begnügte. Zwar ging er nicht so weit, für jede Spruchstrophe eine eigene Strophenform zu schaffen (es gibt nur einige wenige Einzelstrophen mit eigenem Ton), doch er ordnete bisweilen bestimmten Themen eigene Töne zu, ferner scheint er die meisten seiner Töne nur eine Zeitlang benutzt zu haben. So fallen etwa die drei Strophen im Reichston, die in engem Zusammenhang mit Philipp von Schwaben stehen, in die Jahre 1198 und 1201, die datierbaren Sprüche im Ersten Philippston – bis auf einen Spruch alle an Philipp gerichtet – wurden zwischen 1198 und etwa 1203/05 gedichtet usw. Insgesamt schuf Walther rund 20 Spruchtöne. (Die üblichen Tonnamen stammen übrigens durchweg aus dem 19. Jh.) An der prinzipiellen Einstrophigkeit des Spruches, wie sie sich schon bei Spervogel findet, hielt Walther fest, doch konnten mehrere Strophen zu einem mehr oder weniger festen Verbund zusammentreten. Eine weitere Innovation betrifft die Form der Spruchstrophen. Walthers ältester Spruchton, der Reichston, folgt dem Bauprinzip der Strophenformen Hergers und Spervogels (eine Folge von paargereimten Zeilen wird durch eine Langzeile abgeschlossen). Die späteren

Töne zeigen die im Minnesang längst übliche Kanzonenform, die von nun an auch im Bereich der Spruchdichtung kanonische Geltung beanspruchte. Eine Walthersche Besonderheit besteht im übrigen darin, daß er gerade bei seinen Sangsprüchen eine gewisse formale Experimentierfreude zeigte (Kanzonen mit ungleichen Stollen; gespaltene Weisen, d. h. die Stollen umrahmen den Abgesang).

Während die Musik zu Walthers Minneliedern vollständig verloren ist, haben sich wenige Reste seiner Spruchmelodien erhalten: wir kennen die Weisen zum Wiener Hofton und zum Ottenton, vom Zweiten Philippston und vom König-Friedrichs-Ton haben sich wenigstens Fragmente erhalten; außerdem ist – nicht ganz vollständig – die Melodie zu dem meist als unecht geltenden Ton XXXVIII,1 überliefert.

Religiöse Lieddichtung, Alterslyrik

Walther hat einen religiösen Leich verfaßt (3,1); auf diesem Feld war ihm Heinrich von Rugge mit seinem Kreuzleich vorangegangen (vgl. S. 238 ff.). Ohne in der Überlieferung greifbares Vorbild sind die Kreuzzugslieder: das ›Palästinalied‹ 14,38, dessen Melodie erhalten geblieben ist, das reimreiche Lied 76,22 ›Vil süeze waere minne‹ und die Aufforderung zum Kreuzzug 13,5 ›Owê waz êren sich ellendet tiuschen landen‹. Anders als Friedrich von Hausen, Hartmann von Aue und Albrecht von Johansdorf verknüpfte Walther die Kreuzzugsthematik nicht mit der Minnethematik. Es geht ihm vielmehr »um die religiöse Dimension, die das Unternehmen für die Christenheit und den einzelnen Christen hat« (G. Hahn). Offensichtlich wurden die Lieder verfaßt, um für das jahrelang vorbereitete Kreuzzugsprojekt Kaiser Friedrichs II. (5. Kreuzzug) Propaganda zu machen; daß Walther 1228/29 persönlich auf dem Kreuzzug dabei war, ist nicht sehr wahrscheinlich.

Religiösen Einschlag hat auch die sogenannte Alterslyrik. Es handelt sich um einige sehr persönlich geprägte Texte, ohne Vorbild in der älteren Lieddichtung. Hier rechnet der Dichter mit Minne und Welt ab, hier äußert er sich gleichsam abschließend zu seinen lebenslangen Bemühungen als Minnedichter. Vom Typ her stehen diese Lieder, besonders 66,21; 100,24; 124,1, zwischen Minnesang und Spruchdichtung – die sonst übliche Unterscheidung der Gattungen spielt hier keine große Rolle mehr. Gewissermaßen das Bindeglied zur Kreuzzugsdichtung stellt die ›Elegie‹ (oder ›Palinodie‹, d.h. Widerruf) 124,1 ›Owê war sint verswunden‹ dar (vermutlich in Langzeilen der Form 3–/3 abgefaßt, wie sie auch in der Nibelungenstrophe erscheinen, vgl. S. 114): Fremdheit in der an sich vertrauten Welt (1. Str.), Klage um den Verfall der höfischen Freude (2. Str.), Aufforderung zum Kreuzzug (3. Str.). Ferner gehören hierher 57,23; 41,13; die ›Absage an die Welt‹ 100,24 (in der zum ersten Mal in der deutschen Literatur die Personifikation der Frau Welt vorkommt), schließlich 66,21 ›Ir reinen wîp, ir werden man‹, eines der bedeutendsten Lieder der mittelalterlichen Literatur, das man Walthers »Vermächtnis« genannt hat:

66,27
wol vierzec jâr hab ich gesungen oder mê
von minnen und als iemen sol.
dô was ichs mit den andern geil:
nu enwirt mirs niht, ez wirt iu gar.
mîn minnesanc der diene iu dar,
und iuwer hulde sî mîn teil.

An die vierzig Jahre oder länger habe ich von Minne gesungen und davon, wie man sich verhalten soll. Da war ich dabei mit den anderen fröhlich – jetzt habe ich nichts mehr davon, es kommt ganz und gar euch zu. Mein Minnesang diene euch fernerhin – mein Teil sei eure Zuneigung.

Neidhart

Der Name Neidharts ist umstritten. Manche Forscher halten es für möglich, daß der Name, unter dem die Lieder überliefert sind, nicht Tauf-, sondern Dichtername war, da seine negative Bedeutung (»Neidling«, »Teufel«) in Beziehung zu manchen Liedinhalten gebracht werden kann. In einem Teil der Texte, den bayerischen Liedern, nennt der Sänger sich »der von Riuwental«, Reuental; obwohl Orte dieses Namens nachgewiesen sind, kann man nicht sicher sein, daß ein realer Ort gemeint ist, auch hier könnte es sich um einen fiktiven Namen handeln (»Jammertal«). Die vielfach gebrauchte moderne Namensform Neidhart von Reuental, im 15. Jh. sporadisch belegt, gilt heute meist als suspekt. Herkunft Neidharts aus Bayern wird vermutet, weil er hier offenbar zuerst gewirkt hat, doch muß das Land nicht seine Geburtsheimat sein. Aus Namen in den Liedern kann man erschließen, daß er zunächst im Raum Salzburg–Berchtesgaden–Hallein–Reichenhall tätig war und in näherer Beziehung zum erzbischöflichen Hof in Salzburg und vielleicht auch zum bayerischen Herzogshof in Landshut stand. Der Beginn seiner Schaffenszeit wird auf etwa 1210 angesetzt. Um 1230 verlegte Neidhart seine Tätigkeit an den Wiener Hof Herzog Friedrichs II. des Streitbaren, seit 1230 Herzog von Österreich. Die »Kennmarke« Reuental wird in den österreichischen Liedern aufgegeben. Neidharts Schaffenszeit dauerte bis um 1240.

In zahlreichen Hss. des 13. bis 15. Jh.s (darunter den Autorhss. Neidhart-R und Neidhart-c, vgl. S. 112) und im Druck des ›Neithart Fuchs‹ (erstmals 1491/97) sind etwa 150 Neidhart-Lieder enthalten. Als wirklich von Neidhart gedichtet gelten meist nur 66 Texte. Alle anderen stammen vermutlich von anonymen Autoren – *Ain Neithart* galt als Gattungsbezeichnung – des späten 13. und des 14. Jh.s, die Neidharts Manier nachahmen oder (so die schwankhaften Lieder) ihn als den sprichwörtlichen Bauernfeind schlechthin in den Mittelpunkt von Erzählhandlungen stellten (sogenannte Pseudo-Neidharte, vgl. S.302 f.). Dazu kommt noch, da die Quellen auch bei unbezweifelbar echten Liedern häufig Differenzen in der Strophenzahl und -anordnung aufweisen, die Frage nach der Echtheit einzelner Strophen bzw. nach der authentischen Gestalt des jeweiligen Liedes.

Die Besonderheit von Neidharts Lieddichtung besteht in der Transposition der Grundsituation des höfischen Minnesangs in ein ihr gänzlich unangemessenes Milieu. Die Lieder spielen nicht im höfischen Rahmen, sondern in bäuerlicher Umgebung: der Liebhaber tritt als Ritter auf, seine Minnedamen sind Bauernmädchen und -weiber, seine Konkurrenten Bauernburschen, Schauplatz ist das Dorf. Erhabene Gefühlsäußerungen und dem Minnesang entlehnte Ausdrucksmittel stoßen schroff mit der derben, oft obszönen sachlichen und sprachlichen Realität der bäuerlichen Sphäre zusammen, die bis dahin nie in der deutschen Literatur erschienen war. Literarische Anregungen könnten von Walthers Mädchenliedern und von den mittellateinischen und romanischen Pastourellen (vgl. S. 181) ausgegangen sein. Der Hintergrund des Minnesangs der Hohen Minne und seine Kenntnis beim Publikum sind vorausgesetzt. Vermutlich handelt es sich um Tanzlieder, die Gebrauch im Zusammenhang höfischer Feste fanden. Neidhart muß man sich wohl nicht nur als Dichter und Sänger, sondern auch als Festarrangeur vorstellen.

Der Autor hat sich selbst zwei unterschiedliche Liedtypen geschaffen: die Sommerlieder und die Winterlieder. Die in der schönen Jahreszeit spielenden Sommerlieder zeigen in der Regel den Rittersänger als Sehnsuchtsziel der Bäuerinnen – sie wollen beim Tanz im Freien seine Gunst erringen. Neben dem Natureingang (die Jahreszeit fordert zu Tanz und Spiel auf) bestehen die Lieder meist aus Streitgesprächen zwischen Mutter und Tochter oder aus Gesprächen zwischen Mädchen über den Tanz oder den Liebsten (Gespielinnengesprächslieder). Die für den Minnesang kon-

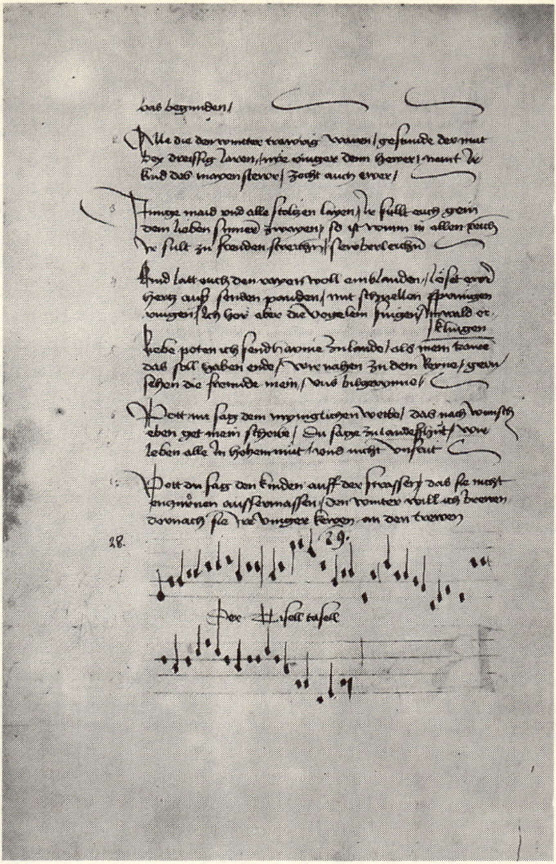

Abb. 9 Neidhart, Melodie zu Sommerlied 23 in Hs. c. Berlin, Staatsbibl., Mgf 779 (Nürnberg, 1461/66)

stitutive Konstellation ist hier umgedreht: die Frau wirbt um den ständisch hoch über ihr stehenden Mann. Sonderfälle sind die beiden Botenlieder (Sommerlieder 11 und 12), die der vom Kreuzzug desillusionierte Sänger in die Heimat schickt. Die Zeit der Winterlieder ist die des Tanzes in der Bauernstube. Außer dem Natureingang (Klage über den Verlust der Sommerfreude) finden sich Kataloge von Bauernnamen und Schilderungen von Prügeleien und sonstigen groben Zwischenfällen (mehrfach erscheint etwa das Motiv des Spiegelraubs durch den Bauern Engelmar an dem Mädchen Friderun). Der Ritter ist hier – minnesanggemäß – der (meist) erfolglos Werbende. Gegenstand seines Minnedienstes sind freilich Bauernmädchen, die Rivalen sind Bauernburschen. Der strophische Zusammenhang der Winterlieder ist vielfach locker, es gibt Sprünge im Ablauf, nicht selten fügt der Dichter persönliche Strophen, etwa auch Bitten an Gönner, hinzu; in einer Reihe von angehängten Strophen, den »Trutzstrophen«, polemisieren Bauernburschen gegen »Neidhart« (nach heutigem Verständnis wendet der Sänger sich in der Bauernrolle gegen sich selbst). In die späten Winterlieder mischen sich zeitaktuell-düstere Züge, Klagen über den Niedergang der höfischen Welt. Sie lassen hinter der aus den Fugen geratenen Welt einen Abgrund von Trauer sichtbar werden (vgl. besonders die Winterlieder 28, 30, 34).

Die beiden Liedtypen unterscheiden sich auch in der formalen Gestaltung. Die Winterlieder sind Kanzonen der Bauform AAB, hingegen bestehen die Sommerlieder aus verhältnismäßig knappen zweiteiligen Strophenformen (A/B) mit relativ kurzen Zeilen:

Sommerlied 6,I

»In dem tal	2 a	A
hebt sich aber der vogele schal:	4 a	
wan si grüezent alle nû den meien.	5–b	B
den wolgemuoten leien	3–b	
den wil ich helfen reien.«	3–b	

»Im Tal fangen die Vögel wieder an zu singen, denn sie begrüßen nun alle den Mai. Den frohgestimmten Laien will ich beim Reigentanz helfen.«

Zu gut einem Drittel aller Neidhart-Lieder sind Melodien überliefert; zu den 66 für echt gehaltenen Liedern kennen wir 18 Weisen (vgl. Abb. 9). Durch häufige Tonrepetitionen auf gleicher Stufe und ausgeprägtem Hang zum Dreierrhythmus erweisen sie deutlich den Tanzcharakter der Lieder.

Neidharts Manier – die Walther offensichtlich als Bedrohung der höfischen Kultur empfand – wurde nicht nur von anonym bleibenden, sondern auch von namentlich bekannten Dichtern nachgeahmt (vgl. dazu S. 236, 303 und 315). In den Schwänken wurde die Neidhartfigur zu der des Bauernfeindes schlechthin vergröbert. Sie lieferte die Grundlagen für die aus dem 14. bis 16. Jh. überlieferten Neidhartspiele (›St. Pauler Neidhartspiel‹, ›Tiroler Neidhartspiel‹, ›Sterzinger Neidhartspiel‹, ›Nürnberger Neidhartspiel‹, das Fastnachtspiel ›Neidhart mit dem Veilchen‹ von Hans Sachs, vgl. S. 360). Ferner bot sie die Vorlage für Wandmalereien und für die Neithart-Gestalt in Heinrich Wittenwilers ›Der Ring‹ (vgl. S. 334 ff.). Aufgrund der fiktiven Biographie, die der gedruckte ›Neithart Fuchs‹ am Ende des 15. Jh.s bot, blieb Neidhart bis in das 16. Jh. hinein eine sprichwörtliche Figur.

Literaturhinweise

Ausgaben: MF: Des Minnesangs Frühling, bearb. v. H. Moser / H. Tervooren, [38]1988. – W. Höver / E. Kiepe, Gedichte von den Anfängen bis 1300, 1978 (zweisprachig; dtv.). – U. Müller / G. Weiss, Dt. Gedichte des MAs, 1993 (zweisprachig; RUB). – I. Kasten / M. Kuhn, Dt. Lyrik des frühen u. hohen MAs, 1995 (zweisprachig; Bibliothek des MAs). – Hartmann v. Aue: E. v. Reusner, 1985 [u. ö.] (zweisprachig; RUB). – Heinrich v. Morungen: H. Tervooren, 1975 [u. ö.] (zweisprachig; RUB). – Reinmar: G. Schweikle, 1986 (zweisprachig; RUB). – Wolfram v. Eschenbach: P. Wapnewski, 1972 (zweisprachig). – R. Hausner (Hrsg.), *Owe do tagte ez*. Tagelieder u. motivverwandte Texte, 1983 (GAG). – M. Backes / A. Wolf (Hrsg.), Tagelieder des dt. MAs, 1992 [u. ö.] (zweisprachig; RUB). – Walther v. d. Vogelweide: K. Lachmann / C. von Kraus / H. Kuhn, [13]1965 (danach zitiert); K. Lachmann / Ch. Cormeau, [14]1996; H. Brunner / U. Müller / F. V. Spechtler, 1977 (Litterae) [Abbildungen der Hss., Melodietranskriptionen]; W. Wilmanns / V. Michels, 2 Bde., [4]1916–24 [ausführlich kommentierte Ausg.]; G. Schweikle, 2 Bde., 1994 bis 1998 (zweisprachig; RUB). – Neidhart: M. Haupt / E. Wießner, 1923; E. Wießner / H. Fischer / P. Sappler, [4]1984 (ATB); S. Beyschlag, 1975 (zweisprachig); S. Beyschlag / H. Brunner, 1989 (zweisprachig; GAG) [die mit Melodien überlieferten Neidhartlieder]. – Neidhartspiele: J. Margetts, 1982. – ›Neithart Fuchs‹: F. Bobertag, in: Narrenbuch, 1885.

Forschungsliteratur: R. Bauschke, Die ›Reinmar-Lieder‹ Walthers vdV, 1999. – H. Bergner (Hrsg.), Lyrik des MAs, 2 Bde., 1983 (RUB). – S. Beyschlag (Hrsg.), Walther vdV, 1971 (WdF). – G. Blaschitz (Hrsg.), Neidhartrezeption in Wort und Bild, 2000. – H. Brunner (Hrsg.), Neidhart, 1986 (WdF). – H. Brunner / G. Hahn / U. Müller / F. V. Spechtler, Walther vdV, 1996 (Arbeitsbücher). – Th. Cramer / I. Kasten (Hrsg.), Mittelalterliche Lyrik: Probleme der Poetik, 1999. – C. Edwards [u. a.] (Hrsg.), Lied im dt. MA, 1996. – H. Fromm (Hrsg.), Der dt. Minnesang, 2 Bde., 1961–85 (WdF). – H. Haferland, Hohe Minne, 2000. – F.-J. Holznagel, Wege in die Schriftlichkeit, 1995. – R. Krohn / W.-O. Dreeßen (Hrsg.), *Dâ hoeret ouch geloube zuo*. Überlieferungs- u. Echtheitsfragen im Minnesang, 1995. – W. Mohr, Gesammelte Aufsätze, Bd. 2: Lyrik, 1983 (GAG). – H.-D. Mück (Hrsg.), Walther vdV, 1989. – J.-D. Müller / F. J. Worstbrock (Hrsg.), Walther vdV, 1989. – Th. Nolte, Walther vdV, 1991. – H. Ragotzky [u. a.] (Hrsg.), Fragen der Liedinterpretation, 2001. – RSM: H. Brunner / B. Wachinger (Hrsg.), Repertorium der Sangsprüche u. Meisterlieder des 12. bis 18. Jh.s, 16 Bde., 1986 ff. – O. Sayce, The Medieval German Lyric 1150–1300, 1982. – M. Schilling / P. Strohschneider (Hrsg.), Wechselspiele. Kommunikationsformen u. Gattungsinterferenzen mhd. Lyrik, 1996. – M. G. Scholz, Walther vdV, 1999 (SM). – G. Schweikle, Minnesang, 1989 (SM). – G. Schweikle, Neidhart, 1990 (SM). – H. Tervooren, Reinmar-Studien, 1991. – H. Tervooren (Hrsg.), Gedichte u. Interpretationen: MA, 1993 (RUB). – H. Tervooren, Sangspruchdichtung, 1995 (SM). – A. H. Touber, Dt. Strophenformen des MAs, 1975. – P. Wapnewski, *Waz ist minne*, 1975. – E. Wießner, Kommentar zu Neidharts Liedern, 1954. – E. Wießner, Wörterbuch zu Neidharts Liedern, 1954.

2. Großepik

Hartmann von Aue

Obwohl Hartmann von Aue im Mittelalter als Autor galt, dessen Werk man als vorbildlich empfand und vor allem in stilistischer Hinsicht immer wieder nachahmte, wissen wir so gut wie nichts über seine Person. Aufgrund seiner Sprache wird er für einen Alemannen gehalten. Er selbst bezeichnet sich als *dienstman*, d. h. Ministerialen, *zOuwe*, doch nach welchem Aue er sich nennt, ob nach Niedernau bei Rottenburg am Neckar, Owen/Teck, Au bei Freiburg i.Br., Eglisau – früher Au am Rhein westlich Schaffhausen –, der Insel Reichenau im Bodensee oder Kloster Weißenau bei Ravensburg, ist nicht zu klären. Ebensowenig, wer seine Auftraggeber und Gönner waren, ob die Staufer, die Welfen oder die Zähringer. Am meisten neigt man derzeit zu letzteren. Die zu Hartmanns Zeiten regierenden Herzöge Berthold IV. (gest. 1186) und Berthold V. (gest. 1218) waren mit französischen Grafentöchtern verheiratet und hatten rege Beziehungen nach Burgund und Frankreich; sie verfügten also über Möglichkeiten, dem Dichter afrz. Vorlagen zu verschaffen. Hartmann konnte Latein und Französisch, er verfügte über souveränes rhetorisches Können, wie man es durch eine an der lateinischen Schriftkultur orientierte Ausbildung in einer Kloster- oder Kathedralschule zu erwerben vermochte. Seine Schaffenszeit dürfte in die Jahre 1180/85 bis gegen 1205 fallen. Außer den bereits besprochenen Minneliedern (vgl. S.169 ff.) verfaßte er die ›Klage‹, ein in Reimpaaren abgefaßtes Streitgespräch zwischen Herz und Leib um das rechte Minneverhalten, ferner zwei Artusromane und zwei legendenhafte Erzählungen.

Artusromane

Hartmanns Artusromane ›Erec‹ und ›Iwein‹ sind deutsche Bearbeitungen zweier Romane des **Chrétien de Troyes**, des französischen Schöpfers des Artusromans. Chrétien wirkte zwischen etwa 1165 und etwa 1190 im Umkreis des englischen Königshofes Heinrichs II. und der Eleonore von Aquitanien, am Hof des Grafen von Champagne in Troyes und beim Grafen Philipp von Flandern. Er verfaßte fünf Artusromane: ›Erec et Enide‹ (um 1170), ›Cligès‹, eine Parodie auf den Tristanstoff (um 1176; deutsche Fassung[en] aus der 1. Hälfte des 13. Jh.s von Konrad Fleck und Ulrich von Türheim bis auf wenige Reste der Fassung Türheims verloren), ›Yvain‹ (um 1177/81), ›Lancelot‹ (um 1177/81; der deutsche ›Lanzelet‹ des Ulrich von Zazikhoven, um 1210?, basiert auf einer andersartigen französischen Vorlage, die verloren ist), ›Perceval‹ (vor 1190; deutsche Bearbeitung von Wolfram von Eschenbach). Im Zentrum der Artusromane steht der sagenhafte britische König Artus; sein Hof ist der ideale Mittelpunkt der Romanwelt. Artus hat eine glänzende Schar von Rittern – die Tafelrunde – um sich versammelt, einzelne von ihnen erscheinen als Helden der Romane. Wahrscheinlich war Artus eine historische Figur, ein britischer Kleinkönig des frühen 6. Jh.s. Allgemein berühmt wurde er durch das fabulöse Geschichtswerk ›Historia regum Britanniae‹ (um 1138) des Oxforder Magisters **Geoffrey of Monmouth**. Daneben gab es vermutlich auch mündliche Erzählungen von Artus, die Chrétien als Quellen dienen konnten.

Die Artusromane spielen – anders als die Chansons de geste und die Antikenromane – in einer auch durch den Namen Artus nicht weiter festgelegten Phantasiezeit und in einem geographischen Raum, in dem zwar reale Orts- und Ländernamen vorkommen, in dem diese jedoch bunt gemischt sind mit solchen, von denen in der Realität noch niemand etwas gehört hat. Es ist eine phantastische, märchenhafte Welt voller symbolischer Bedeutungen, mit Wäldern voller Gefahren und unerwarteten Begegnungen, Burgen, auf denen oft seltsame und gefährliche Abenteuer auf den Protagonisten warten, die voll ist von wunderbaren und oft rätselhaften Geschöpfen. Es geht in dieser Welt nicht um historisch relevante Angelegenheiten, sondern um die Bewährung des Ritters in riskanten Abenteuern, ferner um die Frage, wie die wahre höfische Liebe auszusehen hat. In diesem Zusammenhang sei auf die sogenannte Doppelwegstruktur hingewiesen, die für ›Erec et Enide‹ und ›Yvain‹ eine große Rolle spielt. Hier zeigt ein erster »Kursus«, wie der Held aus der Namenlosigkeit durch ritterliche Taten auf den Gipfel des Ruhmes gelangt und zugleich die Hand einer schönen Dame erwirbt; dann vergeht er sich und gerät in Konflikt mit seiner Umgebung. In einem auf die Krise folgenden zweiten »Kursus« kann er sich durch zahlreiche erfolgreich bestandene Abenteuer rehabilitieren und zum alten Ansehen zurückgelangen.

Um 1185 schuf Hartmann von Aue mit seiner Bearbeitung von Chrétiens ›Erec et Enide‹ den ersten deutschen Artusroman.

Inhalt: Bei einem Jagdausflug von König Artus wird der Königin Ginover begleitende junge und unbewaffnete Ritter Erec durch den vorbeireitenden fremden Ritter Ider beleidigt. Er verfolgt Ider in eine Stadt, kehrt bei dem völlig verarmten Grafen Coralus ein, wird mit dessen wunderschöner Tochter Enite bekannt und erhält Waffen. Anderntags besiegt er den Beleidiger im Kampf um den Sperber, der der schönsten Frau gehören soll. Nach der Rückkehr zu Artus wird Hochzeit mit Enite gefeiert; Erecs neugewonnener Ruhm bestätigt sich in einem Turnier. Er zieht mit Enite in sein heimatliches Königreich Carnant. Erec ist so verliebt, daß er mit seiner Gemahlin die meiste Zeit im Bett verbringt und seine Herrscher- und Ritterpflichten vernachlässigt (das *verligen*). Aufgrund eines Monologs der Enite erfährt Erec vom Verlust seines Ansehens. Durch eine lange Reihe von Kämpfen gegen Räuber, Riesen, verräterische Grafen und den tapferen Zwergenkönig Guivreiz, der sein Freund wird, kann er sich – stets begleitet von Enite – rehabilitieren; endgültig seinen Ruhm zurück erlangt er durch den Kampf gegen den Ritter Mabonagrin und die Befreiung des Zaubergartens *Joie de la curt* (»Freude des Hofes«). Am Ende führt Erec ein Leben in vorbildlicher Harmonie zwischen seinen Ritter- und Herrscherpflichten und der Liebe zu Enite.

Hartmanns Roman ist vollständig nur im ›Ambraser Heldenbuch‹ (1504/17, vgl. S.248) überliefert, außerdem gibt es Fragmente von drei Hss. Der ›Erec‹ ist mit 10135 Reimpaarversen erheblich länger als Chrétiens Fassung (6958 Verse). Gleichwohl hat sich der Autor an Chrétiens Handlungsverlauf und Konzeption gehalten, auch wenn er in zahlreichen Details abweicht. Hartmann läßt den Erzähler deutlicher in den Vordergrund treten; ihm kommt es weniger auf Spannung als auf »sachgerechte« Kommentierung und gründliche Information des Publikums an. Die beteiligten Figuren werden bisweilen im Interesse der Verdeutlichung stärker voneinander abgesetzt als in der Vorlage – Hartmann idealisiert die Guten und pejorisiert die Schlechten, neigt also mehr als Chrétien zur Schwarzweißmalerei. Handlungsmotivationen und Logik einzelner Abläufe werden verbessert, in rhetorischer Hinsicht tritt Hartmann in eine Art Wettstreit mit Chrétien ein, indem er Szenen, die dieser breit ausgestaltete, wegläßt oder reduziert und dafür andere breit ausmalt (berühmt ist die Beschreibung von Enites Pferd in fast 500 Versen, V. 7264 ff.). Aufgelockert wird die stärkere Didaktisierung von Hartmanns Fassung indes durch allerlei humoristische Einschübe, etwa die Beschreibung des köstlichen Festmahls, das Erec von Enites Eltern – nicht vorgesetzt bekommt (V. 366 ff.), oder die »Registerarie« auf die achtzig schönen Witwen der von Mabonagrin getöteten Ritter (V. 8221 ff.).

Hartmanns zweiter Artusroman nach Chrétien, der ›Iwein‹, entstand um 1200.

Inhalt: Der Ritter Calogrenant erzählt am Artushof, er habe im Wald eine Zauberquelle gefunden. Als er aus einem daneben hängenden Becken Wasser auf einen Stein goß, habe sich ein ungeheures Unwetter erhoben; der Herr des Landes sei gewappnet herbeigesprengt und habe ihn ohne viel Federlesens aus dem Sattel gestochen. Diese Geschichte lockt den Ehrgeiz des noch wenig profilierten Ritters Iwein. Er besteht das Abenteuer, wobei er den Verteidiger der Quelle (Askalon) tötet (vgl. Abb. 10). Nach einigen weiteren Ereignissen heiratet er durch Vermittlung der Zofe Lunete die Witwe Laudine und wird selbst Landesherr und Verteidiger der Quelle. Nachdem er somit in raschem Zugriff (wie Erec) zu Ruhm und zu einer Gemahlin gekommen ist, verliert er beides beinahe ebenso rasch wieder. Sein Vergehen ist nicht wie bei Erec Untätigkeit, es liegt vielmehr darin, daß er eifrig auf Turniere zieht und dadurch seine Pflichten als Gemahl Laudines und Landesherr verfehlt. Als Lunete ihn vor dem Artushof verflucht, wird er wahnsinnig. Von einer Gräfin geheilt, muß er im 2. Teil unter dem Namen Löwenritter eine lange Reihe von Abenteuern bestehen und erneut Ruhm gewinnen. Schließlich gelingt es Lunete, ihn wieder mit seiner Gemahlin zu versöhnen.

Hartmanns glanzvoll erzählter Roman, von dem 15 vollständig und 17 fragmentarisch erhaltene Hss. bekannt sind, folgt der Vorlage auf den ersten Blick genauer als der ›Erec‹, indes hat der deutsche Autor die Grundkonzeption verändert. Das Verhältnis zwischen Yvain und Laudine ist bei Chrétien als höchst problematische Ehe zwischen Minneherrin und Liebhaber im Sinne der Hohen Minne dargestellt – die durch List herbeigeführte, gewissermaßen erschlichene Versöhnung am Ende läßt den Leser unbefriedigt. Hartmann hat demgegenüber die Ehe zwischen Iwein und Laudine nach dem Muster der Erec-Enite-Ehe zu ge-

Abb. 10 Iwein kämpft an der Zauberquelle mit Askalon.
Freiburg i. Br., Augustinermuseum, Maltererteppich
(Freiburg, 1320/1330).
Vielfach wurden Szenen aus der höfischen Literatur
auf Wandteppichen und Wandbildern dargestellt.

stalten gesucht und ein Ende in voller Harmonie herbeigeführt: Laudine fällt ihrem Gemahl zu Füßen und bittet ihn um Verzeihung für das, was sie ihm angetan hat (V. 8121 ff.). Ferner wird Iweins Fristversäumnis nicht in erster Linie als ein Verstoß gegen ein bloßes Willkürgebot Laudines gesehen; Iwein verstößt damit vielmehr gegen das ihm als Landesherrn und Quellenverteidiger aufgetragene Wohlergehen des Landes. Auch das erscheint als Parallele zum ›Erec‹, in dem ebenfalls die Herrscherpflichten des Protagonisten betont werden.

Legendenhafte Erzählungen

Da es sich bei den Hauptfiguren von Hartmanns Verserzählungen ›Gregorius‹ und ›Der arme Heinrich‹, entstanden um 1190, also vor dem ›Iwein‹, nicht um Heilige der Kirche handelt, kann man nicht von Legenden sprechen, vgl. dazu S. 69 f. Doch erscheint es angemessen, das Adjektiv »legendenhaft« zu verwenden, weil in beiden Texten die Helden überwiegend Gott zugewandt erscheinen, Thema das Verhältnis zwischen Mensch und Gott ist. Außer den legendenhaften gibt es freilich auch höfische Elemente, ja es macht den Reiz der Erzählungen aus, zwischen Legende und höfischer Epik zu stehen. ›Der arme Heinrich‹ gehörte seit der deutschen Romantik zu den bekanntesten mittelalterlichen Erzählungen; in Anlehnung an Richard Wagners Erlösungsthematik diente der Stoff 1895 als Grundlage einer Oper Hans Pfitzners, 1898 schrieb Ricarda Huch eine Novelle, ein Drama Gerhart Hauptmanns wurde 1902 uraufgeführt. Der ›Gregorius‹ – den Abt **Arnold von Lübeck** 1210/13 auf lateinisch bearbeitete (›Gesta Gregorii peccatoris‹; für Herzog Wilhelm von Lüneburg, Sohn Heinrichs des Löwen) – gab die Vorlage ab für Thomas Manns späten Roman ›Der Erwählte‹ (1951).

Kern des ›Gregorius‹-Stoffs ist, daß ein aus Inzest zwischen Geschwistern hervorgegangener Sohn unwissend seine Mutter heiratet, dann schwere Buße leistet und schließlich Papst wird. Hartmanns Quelle war eine Fassung der afrz. ›Vie du pape saint Grégoire‹ (Mitte 12. Jh.). Absicht der Erzählung, deren Gegensatz zum höfischen Roman Hartmann im Prolog hervorhebt, ist es, dem Publikum vor Augen zu führen, daß jede Sünde durch Reue und folgende Buße wiedergutgemacht werden kann – Gottes Gnade bleibt nur dann aus, wenn sich der Zweifel an ihr, die schlimmste Sünde, einstellt. Indes gestaltet Hartmann die Geschichte in mancher Hinsicht nach dem Muster höfischer Romane, und er bedient sich aller Mittel seiner rhetorischen Kunst. Geistliches Anliegen und weltliche literarische Kunst gehen eine Verbindung ein, der legendenhafte Stoff wird auf ein zeit- und bildungsadäquates Niveau gehoben, umgekehrt wird die neue säkulare Kunst in den Dienst der frommen Sache gestellt. Die Harmonie zwischen religiöser und säkularer menschlicher Existenz scheint sowohl im Schlußbild des großen Papstes Gregor als des idealen Herrschers im geistlichen wie im weltlichen Bereich errungen als auch in der literarischen Gestaltung. Überliefert ist das Werk in sechs vollständigen und fünf fragmentarischen Hss.

In ›Der arme Heinrich‹ (überliefert in drei vollständigen und drei fragmentarischen Hss.) erzählt Hartmann von dem schwäbischen Freiherrn Heinrich von Aue. Als er mitten in einem vorbildlichen Weltleben plötzlich am Aussatz erkrankt, erfährt er von einem Arzt zu Salerno, er könne nur durch das freiwillig geopferte Blut eines unschuldigen Mädchens geheilt werden. Als die kleine Tochter des Bauernehepaares, das den Aussätzigen betreut, nach Jahren davon erfährt, will sie sich hingeben. Nach langen Auseinandersetzungen nimmt Heinrich an. Doch als er das Mädchen nackt festgebunden sieht, widerruft er. Auf der Heimreise wird er von Gott geheilt. Er heiratet die Meierstochter.

Häufig galt der Aussatz im Mittelalter als Krankheit, die Gott zur Strafe verhängt. In Hartmanns Erzählung wird Heinrichs Krankheit indes nicht eindeutig beurteilt. Während der Protagonist die Krankheit als Strafe Gottes begreift oder zu begreifen sucht (er hat sich freilich keiner Vergehen gegen Gott schuldig gemacht), sieht der Erzähler sie als eine Erprobung nach dem Muster des biblischen Hiob an – von Strafe kann in dieser Perspektive keine Rede sein. Insgesamt verbindet Hartmann auch hier geistliche Thematik mit weltlicher Darstellungskunst. Und auch hier steht am Ende nicht ein nur geistliches, sondern zugleich weltliches Bild: Heinrich und seine Frau führen ein Leben im Ausgleich zwischen Gott und der Welt – wie alle epischen Werke Hartmanns endet auch ›Der arme Heinrich‹ in voller Harmonie.

›Nibelungenlied‹

Das ›Nibelungenlied‹, wohl um 1200 in Passau, vielleicht im Auftrag Bischof Wolfgers von Erla (vgl. S. 179 und 277), von einem Unbekannten (namens Konrad?) auf das Pergament gebracht, steht durch seine durch und durch negative Weltsicht in konträrem Verhältnis zum optimistischen und harmonischen Weltbild, wie es die epischen Dichtungen Hartmanns von Aue entfalten.

Inhalt: Gliederung in 39 Kapitel (»Aventiuren«). 1. Teil, Aventiure 1–19: Siegfried, Königssohn aus Xanten, wirbt um Kriemhild, die Schwester der Burgundenkönige Gunther, Gernot und Giselher zu Worms am Rhein. Siegfried, von dem Hagen von Tronje, der Verwandte und bedeutendste Vasall der Könige, weiß, daß er früher einen Drachen getötet und von den Nibelungen einen gewaltigen Schatz erworben hat, macht sich den Burgunden nützlich. Vor allem gewinnt er an Gunthers Stelle, doch für ihn, im Schutz der unsichtbar machenden Tarnkappe die ersehnte Braut Brünhild von Islant; daraufhin wird er mit Kriemhild vermählt. Jahre später wird der Skandal durch den Streit der Frauen Kriemhild und Brünhild um den Vortritt öffentlich bekannt. Siegfried wird – unter unfreiwilliger Mithilfe Kriemhilds – von Hagen auf der Jagd ermordet. Hagen raubt Kriemhild den Nibelungenschatz, mit dessen Hilfe sie die Rache herbeiführen könnte, und versenkt ihn im Rhein. 2.Teil, Aventiure 20–39: Kriemhilds Rache. Kriemhild folgt der durch den Markgrafen Rüdeger von Bechelaren überbrachten Werbung des mächtigen Hunnenkönigs Etzel. Nach Jahren lädt sie die nun Nibelungen genannten Burgunden an den Hunnenhof ein. Dort fallen in einem Blutbad alle hunnischen und burgundischen Krieger sowie die Gefährten des im Exil lebenden Königs Dietrich von Bern. Schließlich überwältigt Dietrich Gunther und Hagen, die letzten Überlebenden. Kriemhild läßt erst ihren Bruder töten, dann schlägt sie selbst mit Siegfrieds Schwert Hagen den Kopf ab. Dietrichs Waffenmeister Hildebrand bringt sie daraufhin um. Etzel und Dietrich bleibt am Ende nur die Klage über den Verlust von *mâge unde man*, von Verwandten und Mannen.

Mit einer Ausnahme in allen vollständigen Hss. (nicht jedoch in den modernen Ausgaben) folgt auf den Text des ›Nibelungenliedes‹ das vielleicht bald nach 1200 verfaßte Reimpaargedicht ›Diu Klage‹. Es berichtet von dem Jammer, den die Ereignisse am Hunnenhof überall hervorriefen. Die Geschehnisse werden erklärt, Hagen wird zum Schuldigen gemacht, Kriemhild entlastet.

Das ›Nibelungenlied‹ ist in 11 vollständigen und 24 fragmentarisch erhaltenen Hss. überliefert. Im Mittelpunkt der lange erbittert geführten philologischen Auseinandersetzungen um die authentische Textgestalt standen die drei ältesten vollständigen Hss. A (München, Ende 13. Jh.), B (St. Gallen, Mitte 13. Jh.) und C (Karlsruhe, früher Donaueschingen, 1. Hälfte 13. Jh.). Als am autornächsten wird mittlerweile meist B beurteilt (2376 Strophen), A weist demgegenüber Kürzungen auf (2316 Strophen, 3 davon nicht in B), C gilt als eine erweiternde Bearbeitung (2442 Strophen). AB und weitere Hss. werden nach dem letzten

Wort als Not-Fassung bezeichnet (*daz ist der Nibelunge nôt*), C und damit verwandte Hss. als Liet-Fassung (*daz ist der Nibelunge liet*).

Das 1757 teilweise, 1782 erstmals vollständig im Druck erschienene ›Nibelungenlied‹ galt seither vielfach in Analogie zu Homers ›Ilias‹ als deutsches Nationalepos. Die Rezeptionsgeschichte seit dem 18. Jh. ist entsprechend umfangreich und vielfältig, häufig wurde das Werk ideologisch mißbraucht. Die eindrucksvollste künstlerische Neugestaltung bietet Friedrich Hebbels Trilogie ›Die Nibelungen‹ (Uraufführung 1861); Richard Wagners Tetralogie ›Der Ring des Nibelungen‹ (uraufgeführt 1869/70/76) basiert vor allem auf nordischen Quellen.

Das ›Nibelungenlied‹ stellt das bedeutendste Werk literarisierter Heldenepik in Deutschland dar (vgl. S. 134 f.). Man muß davon ausgehen, daß der Stoff jahrhundertelang durch Epenerzähler in mündlicher Form weitergetragen und weiterentwickelt wurde. Dabei kann man auf das Erscheinen nibelungischer Gestalten wie Hildebrand, Dietrich von Bern, Etzel, Gunther, Hagen im ahd. ›Hildebrandslied‹ (um 800, vgl. S.52 ff.) und im mittellat. ›Waltharius‹ (9./10. Jh., vgl. S.54 f.) hinweisen, ferner auf die vom ›Nibelungenlied‹ abweichende Stoffüberlieferung im ›Lied vom Hürnen Seyfrid‹ (erst aus dem 16. Jh. überliefert, jedoch sicher erheblich früher entstanden, vgl. S.250), vor allem aber auf die altnordische Überlieferung: episodische Heldenlieder in der ›Lieder-Edda‹ (ältere Texte, die in der 2.Hälfte des 13.Jh.s in Island im ›Codex Regius‹ aufgezeichnet wurden), Prosaerzählungen in der ›Thidrekssaga‹ (Mitte 13.Jh., Norwegen, dem Prolog zufolge aufgrund von Erzählungen »deutscher Männer«) und in der ›Völsungasaga‹ (2. Hälfte 13. Jh.). Letztlich hat der Stoff einen historischen Kern, der zurückführt in die Völkerwanderungszeit. Nach der ›Lex Burgundionum‹ (um 516) gab es seit 413 ein Reich des germanischen Stammes der Burgunden mit Worms als Hauptstadt. Beim Versuch, es nach Westen auszudehnen, wurde der

Burgundenkönig Gundahari (vgl. Gunther) 435/436 von dem weströmischen Heermeister Aetius und 436 oder 437 endgültig von dessen hunnischen Hilfstruppen besiegt. Der König, seine Sippe, darunter die Brüder Godomar (im ›Nibelungenlied‹ durch Gernot ersetzt) und Gislahari (vgl. Giselher), und der größte Teil des Volkes kamen ums Leben; die Reste wurden u. a. im heutigen Burgund angesiedelt. Führer der damaligen Hunnen war nicht Attila/Etzel. Dennoch könnte sein 453 erfolgter Tod schon frühzeitig mit der Geschichte des Burgundenuntergangs verknüpft worden sein. Attila starb in der Hochzeitsnacht mit der Germanin Hildico an einem Blutsturz – der Gedanke an Mord aus Verwandtenrache (wie in der nordischen Überlieferung) lag nahe. Weniger sicher sind die Anknüpfungsmöglichkeiten für die Gestalt Siegfrieds. Hinter Dietrich von Bern steht der Ostgotenkönig Theoderich der Große (493–526).

Die Epenerzähler kombinierten die unterschiedlichen historischen Stoffe und verbanden sie, fortgesetzt um Ausgestaltung bemüht, mit traditionellen Erzählmotiven und Erzählstrukturen. Siegfried beispielsweise, möglicherweise ursprünglich ein fränkischer Adliger, wurde im Epos mit der in Mythologie und Volkserzählung verbreiteten Vorstellung vom Drachentöter verknüpft; das Motiv der Unverwundbarkeit bis auf eine kleine Stelle teilt er mit dem antiken Achill. Die Geschichte seiner Ermordung verband man mit der vom Untergang der Burgunden.

Durch seine strophische Form unterscheidet sich das ›Nibelungenlied‹ von den anderen großepischen Texttypen – auch den deutschen Chansons de geste –, die in der Regel in Reimpaarversen abgefaßt sind. Die strophische Form, die die meisten späteren deutschen Heldenepen mit dem ›Nibelungenlied‹ teilen, dürfte auf Usancen der mündlichen Epenerzähler beruhen. Das mit dem Ton II des Kürenbergers identische Schema der Nibelungenstrophe findet sich S. 114. Neuere Aufführungsexperimente haben gezeigt, daß die zwar erst 1545 überlieferte, doch sicher wesentlich ältere, strukturell zweiteilige Melodie (V. 1+2/3+4, beide Teile haben gemeinsame Melodieglieder) zum ›Jüngeren Hildebrandslied‹ (vgl. S.253) auch für das ›Nibelungenlied‹ in Gebrauch gewesen sein könnte (vgl. Melodie II).

Melodie II ›Nibelungenlied‹, 1. Str. Melodie des ›Jüngeren Hildebrandsliedes‹ nach Georg Rhau (1488–1548), ›Bicinien‹ (1545). Die eingeklammerte Note ist ergänzt; die unterpungierten Vokale sind beim Vortrag zu elidieren. Der Ausruf *Ey-ia* vor der letzten Zeile liefert vielleicht Einblick in die sonst nicht belegte Aufführungspraxis; Aufführungsexperimente haben gezeigt, daß er sich zum Ausdruck unterschiedlicher Empfindungen verwenden läßt. Übersetzung: »Uns ist in alten Erzählungen Wunderbares berichtet von ruhmwürdigen Helden, von großer Mühsal, von Freuden, von Festen, von Weinen und Klagen. Von Kämpfen kühner Helden könnt ihr jetzt viel erzählen hören.«

Auch in Sprache und Stil zeigt das Epos Züge, die auf die Herkunft aus der mündlichen Dichtung verweisen; die artifizielle Rhetorik der höfischen Romane findet sich nicht. Hervorzuheben als Mittel zur Spannungssteigerung ist die Vorausdeutung, der permanent wiederholte Hinweis auf das schlechte Ende, z. B. schon in Str. 2 mit Bezug auf Kriemhilds Schönheit: *dar umbe muosen degene vil verliesen den lîp*, »deshalb mußten viele Helden das Leben verlieren«. Ferner ist ein hohes Maß an Formelhaftigkeit charakteristisch, vgl. etwa *Dancwart der vil snelle – Sîfrit der snelle*; *Sîvrit der vil küene – Hunolt der küene*. Schließlich finden sich häufig altertümliche Wörter, die die Romane zu vermeiden suchen, z.B.*gêr* »Wurfspieß (in den Romanen erscheint üblicherweise die beim »modernen« Reiterkampf verwendete Lanze, der *sper*), *marc* »Streitroß, *verch* »Leben«, *snel* »tapfer« usw.

Der Autor der verschriftlichten Fassung des ›Nibelungenliedes‹ um 1200 stand vor der Aufgabe, den überlieferten Stoff, das *alte maere* (Str. 1), in der traditionellen Form so zu gestalten, daß er das zeitgenössische höfische Publikum ansprach. Einen regelrechten höfischen Roman daraus zu formen war unmöglich. Wo es einigermaßen ging, führte der Autor höfische Züge ein (vgl. etwa die Schilderung der Hofämter in der 1. Aventiure, die Beschreibungen prunkvoller Bekleidung, die Szenen mit höfischer Repräsentation, die Darstellung der Liebe zwischen Siegfried und Kriemhild zu Beginn). Insbesondere die Geschichte des jungen Siegfried und das, was sich daraus ergab, konnte nicht nach dem Muster der Jugend höfischer Romanhelden gestaltet werden. Wir kennen die Jung-Siegfried-Geschichte aus dem ›Lied vom Hürnen Seyfrid‹ und aus der altnordischen Überlieferung. Siegfried wächst demnach elternlos in der Wildnis (bei einem Schmied) auf; er verfügt über ungeheure Kräfte; er tötet einen Drachen und gewinnt die unverwundbar machende Hornhaut; er erwirbt (dabei) einen gewaltigen Schatz; er befreit eine Jungfrau und verlobt sich mit ihr

– es ist diejenige, die er nachher für Gunther erwirbt. Der Autor suchte diese letztlich mythische Figur, so gut es ging, zum höfischen Helden umzugestalten. Auf die explizite Ausbreitung der Jung-Siegfried-Abenteuer verzichtete er deshalb. Zunächst stellte er der Einführung Kriemhilds in der 1. Aventiure die Einführung Siegfrieds in der 2. Aventiure gegenüber: Der Held wächst wohlbehütet und wohlunterrichtet am väterlichen Königshof auf und erhält, als er das richtige Alter erreicht hat, mit allem gebotenen Prunk die Schwertleite, sozusagen wie jeder normale Königssohn. Freilich konnte der Autor an mehreren Punkten nicht einfach vorbeigehen: Siegfrieds Identität war nun einmal die des Drachentöters; für den Fortgang der Handlung brauchte er außerdem das Motiv der Unverwundbarkeit, die Tarnkappe, das Schwert Balmunc und den Nibelungenhort. Der Dichter führt diese Motive jedoch erst ein, nachdem Siegfried dem Leser als höfischer Ritter und Königssohn bereits vertraut ist. Zudem werden die Kämpfe und Erwerbungen nicht detailliert geschildert, sondern es wird lediglich davon berichtet, im wesentlichen von Hagen, dessen Vielwissenheit damit zugleich demonstriert wird, in der 3. Aventiure in lediglich 14 Strophen (Str. 87–100). Von der verwundbaren Stelle ist gar erst in der 15. Aventiure die Rede (Str. 902). Noch offensichtlicher ist das Bemühen, Siegfried aus dem mythisch-märchenhaften Bereich möglichst herauszunehmen, bei der Brünhildengeschichte. In der altnordischen Überlieferung ist Siegfried mit Brünhild verlobt, um einer neuen Braut willen verrät er sie. Der Umstand, daß Siegfried in der 6. Aventiure über Brünhild Bescheid weiß und den Weg nach Islant kennt, wird nicht erklärt, auch weiß man nicht, wieso der Held bei seiner Ankunft sogleich erkannt wird (Str. 411). Schließlich wird nicht begründet, weshalb Siegfried sich fälschlich als Gunthers Lehensmann ausgibt – ein Motiv, das für den tragischen Fortgang der Handlung unerläßlich war. Offensichtlich erschien es dem Autor um 1200 unmöglich, daß sein Held sich auf derart treulose Weise seiner alten Verpflichtung entzog, wie dies in der traditionellen Überlieferung der Fall war. An der Brüchigkeit der Darstellung Siegfrieds schien er sich nicht zu stören.

Goethe schrieb über das ›Nibelungenlied‹, es sei »so furchtbar, weil es eine Dichtung ohne Reflex ist; und die Helden wie eherne Wesen nur durch und für sich existieren«. Das heißt: Das Epos ist ohne Psychologie, die Gestalten und der Dichter reflektieren nicht, der Autor versucht allenfalls am Rande, ihre für den Handlungsverlauf verantwortlichen Gedankengänge zu erfassen, Motivationen bleiben bisweilen undeutlich oder sind mehrdeutig oder fehlen ganz. Das Geschehen läuft ab, wie es ablaufen muß und wie es bei diesem traditionellen Stoff seit jeher abgelaufen ist. Die Welt des ›Nibelungenliedes‹ – darüber können die Tendenzen zu höfischer Gestaltung nicht hinwegtäuschen – ist bestimmt von Verrat, Machtgier, Gnadenlosigkeit, gegen die positive Werte, auch christliche Werte, nicht aufkommen können. Im Rahmen der deutschen Literatur um 1200 ist das Epos durch einen radikal desillusionierenden Realismus gekennzeichnet.

›Reinhart Fuchs‹

Durch seine Weltsicht nahe zum ›Nibelungenlied‹ stellt sich das wahrscheinlich in den neunziger Jahren des 12. Jh.s von einem elsässischen Dichter namens **Heinrich** verfaßte kleine Epos ›Reinhart Fuchs‹, das außer in Fragmenten der Zeit um 1200 in zwei sprachlich-metrisch modernisierenden Hss. des 14. Jh.s erhalten ist. Stofflich gehört der Text in die Reihe der mittelalterlichen Tierepik: die lat. ›Ecbasis cuiusdam captivi per tropologiam‹ (»Flucht eines Gefangenen in bildlicher Darstellung«, um 1140, Kirchenprovinz Trier), durch die junge Klosterinsassen vor dem Weltleben gewarnt werden; das gleichfalls lat. Epos ›Ysengrimus‹, wahrscheinlich um 1150 von Meister **Nivardus von Gent** verfaßt, eine grimmige Satire gegen das Mönchtum; der afrz. ›Roman de Renart‹, eine Sammlung locker gereihter Abenteuer des Fuchses Renart (der Kern der 27 Branchen wurde etwa 1174/77 von **Pierre de Saint-Cloud** verfaßt); schließlich, auf dem afrz. Text basierend, das mittelniederländische Epos ›Van den Vos Reynaerde‹ (im 13. Jh. vermutlich von einem Autor namens **Willem** gedichtet) – davon leitet sich der höchst erfolgreiche, 1498 zu Lübeck gedruckte mittelniederdeutsche ›Reynke de Vos‹ ab (danach auch Goethes Hexameterepos ›Reineke Fuchs‹ von 1793).

Der ›Reinhart Fuchs‹ basiert stofflich auf mehreren Branchen des ›Roman de Renart‹. Aus einer lockeren Sammlung von Erzählungen, die beliebig fortgesetzt werden konnten, machte der deutsche Autor ein Epos mit Anfang, Mitte und Ende.

Inhalt: 1. Teil (V. 11–384): Reinhart begegnet dem Hahn, der Meise, dem Raben und dem Kater – allen vier gelingt es, sich seinen gemeinen Ränken zu entziehen. Der Autor kommentiert: *doch ist hivte niht sin tac* (V. 218), »doch heute ist nicht sein, des Fuchses, Tag«. 2. Teil (V. 385–1238): Das Bündnis Reinharts mit dem Wolf Isengrin. Reinharts Sinnen und Trachten ist darauf gerichtet, den Wolf zugrunde zu richten, ferner will er die Minne seiner Frau Hersant gewinnen – dies gelingt ihm auch, wenn auch nur durch eine gemeine Vergewaltigung. 3. Teil (V. 1239–2266): Reinhart wird beim König der Tiere, dem Löwen Vrevel, angeklagt. Da der König korrumpierbar ist, gelingt es Reinhart, alle seine Gegner zu vernichten. Bevor er davongeht, vergiftet er noch den König – dessen Einsicht kommt zu spät.

Der Erzählstil ist knapp und schmucklos, man wird an die faktenreiche Sprache der Sangsprüche Hergers und Spervogels (vgl. S. 129 ff.) erinnert. Anders als im ›Roman de Renart‹ finden sich kaum literarische Reminiszenzen. Allenfalls erinnert Reinharts Liebesgesäusel gegenüber Hersant an den Minnesang:

»gevater, mochtet ir beschowen
Grozen kvmmer, den ich trage.
von iwern minnen, daz ist min klage,
Bin ich harte sere wunt.« (V. 424–427)

»Gevatterin, könntet Ihr doch das große Leid, das ich ertragen muß, ernsthaft prüfen. Durch die Liebe zu Euch, darüber klage ich, bin ich sehr schmerzlich verwundet.«

Die Formulierung in V. 1790 *Isingrines not*, so in den alten Fragmenten, bzw. *Ysengrines arbeit* in den jüngeren Hss. könnte an Str. 2379 bzw. Str. 1 des ›Nibelungenliedes‹ erinnern. Nicht auszuschließen ist, daß der Autor mit der Gestalt König Vrevels gegen Kaiser Heinrich VI. polemisiert. Die Hauptfiguren, der Fuchs, der Wolf, der Löwe, folgen keinem positiven Ethos, sie handeln durch und durch treulos. Die epische Welt ist grauenhaft, ohne Hoffnung, fast ganz ohne positive Werte. Man kann nur am Leben bleiben, wenn man treulos handelt und mit dem Stärksten paktiert – aber auch dann ist keine Sicherheit gegeben. Die Freundschaft zwischen Fuchs und Dachs ist die zweier Halunken. Der einzige wirklich positive Wert, die Liebe zwischen Hahn und Henne, hat keine Chance. Neben der Liebe erscheinen auch Religion und Recht in satirischem, desillusioniertem Licht. Die Tiere des Epos handeln wie Menschen, die wie Tiere handeln: unzivilisiert, inhuman, ohne Religion.

Wolfram von Eschenbach

Über Wolfram, den bedeutendsten und erfolgreichsten Epiker des deutschen Mittelalters, schrieb sein jüngerer Zeitgenosse Wirnt von Gravenberc: *sîn herze ist ganzes sinnes dach; / leien munt nie baz gesprach* (›Wigalois‹, V. 6354 f.) – »Sein Herz beherbergt alle Weisheit: nie hat ein Laie besser gesprochen«, und noch 1985 bezeichnete ihn der Schweizer

Abb. 11 Wolfram von Eschenbach. Der Dichter ist in einer O-Initiale in vornehmer Kleidung am Schreibpult dargestellt. Hs. W des ›Willehalm‹, Wien, Nationalbibl., Cod. ser. nova 2643 (1387 für König Wenzel geschrieben)

Romancier Adolf Muschg als den wichtigsten Dichter deutscher Sprache. Wolfram wurde um 1170 in dem fränkischen Ort Eschenbach bei Gunzenhausen geboren, der sich seit 1917 Wolframs-Eschenbach nennt. Ob er genealogisch mit der zwischen 1260 und etwa 1400 in mehreren Zweigen urkundlich belegten, wenig bedeutenden Familie der Herren von Eschenbach zusammenhängt, läßt sich nicht sicher entscheiden. Möglicherweise war er von Haus aus Ministeriale der in seinem Heimatort begüterten mainfränkischen Grafen von Wertheim. Auch zu einem zweiten mainfränkischen Geschlecht, den Freiherren von Durne, könnte er in Beziehung gestanden haben, da er deren Burg Wildenberg im Odenwald im ›Parzival‹ möglicherweise erwähnt. Ferner hatte er Verbindungen zur bayerischen Herzogsfamilie der Wittelsbacher und zu Landgraf Hermann von Thüringen sowie zu einigen Adelshäusern in der Umgebung Eschenbachs (den Herren von Truhendingen, den Grafen von Hirschberg-Dollnstein, vielleicht den Grafen von Abenberg). Wolfram starb um 1220; guter mittelalterlicher Tradition zufolge wurde er im Liebfrauenmünster zu Eschenbach begraben. Über lateinische Schulbildung scheint er nicht verfügt zu haben, doch konnte er Französisch und hatte ein vielfältiges Wissen. Außer den bereits besprochenen Liedern (vgl. S. 177 ff.) verfaßte er drei epische Werke: ›Parzival‹, ›Titurel‹, ›Willehalm‹.

›Parzival‹

Der ›Parzival‹ ist in 82 vollständig oder fragmentarisch erhaltenen Hss. des 13. bis 15. Jh.s erhalten, dazu in einer Inkunabel von 1477. Die neuzeitliche Wiederentdeckung erfolgte durch den Zürcher Literaturkritiker und Dichter Johann Jacob Bodmer (1698–1783), der 1753 eine Umdichtung in Hexametern erscheinen ließ; den ersten Textabdruck besorgte 1784 Bodmers Schüler Christian Heinrich Myller (1740–1807). Wolframs Roman entstand zwischen etwa 1200 und etwa 1210 auf der Grundlage des afrz. ›Perceval‹ (›Le Conte du Graal‹), des letzten, unvollendeten Romans Chrétiens de Troyes; eine zweite von Wolfram angegebene Quelle, den Provenzalen Kyot, hält die Forschung überwiegend für fiktiv.

Abb. 12 Parzival vor der Tafelrunde des Königs Artus. Fresko im Haus zur Kunkel Konstanz (nach 1319/20)

Inhalt: Buch I und II (Vorgeschichte, ohne Vorbild bei Chrétien): Gahmuret, der erbelose zweitgeborene Sohn König Gandins von Anschouwe, heiratet im Orient die Mohrenkönigin Belakane und zeugt mit ihr den Sohn Feirefiz. Zurück im Okzident vermählt er sich mit der aus dem Geschlecht der Gralskönige stammenden Herzeloyde. Bevor Parzival geboren wird, fällt sein Vater im Orient. Buch III–VI (Geschichte Parzivals): Obwohl Herzeloyde ihren Sohn in der Einöde aufzieht, um ihn vor den Gefahren des Rittertums zu bewahren, bricht er eines Tages doch auf, um Ritter zu werden. Schließlich kommt er an den Artushof (vgl. Abb. 12). Voll Torheit tötet er den Roten Ritter Ither und beraubt ihn seiner Rüstung. Durch Gurnemanz wird er unterrichtet, bald darauf befreit und heiratet er die Königin Cundwiramurs. Dann gelangt er auf die Gralsburg Munsalwaesche, versagt es sich dort aber, die erlösende Frage nach dem Leiden des Königs Anfortas zu stellen. Nachdem er von König Artus in die Tafelrunde aufgenommen wurde, verflucht ihn die Gralsbotin Cundrie – er bricht auf, um den Gral zu suchen. Gleichzeitig macht sich auch sein Freund, der arturische Musterritter Gawan, zu einem Gerichtskampf gegen König Vergulaht auf. Buch VII und VIII (Geschichte Gawans): Im Dienst des kleinen Mädchens Obilot schlichtet Gawan zunächst einen zum Krieg ausgearteten Streit zwischen Obilots Schwester Obie und deren Geliebten Meljanz; ein Liebesabenteuer mit König Vergulahts Schwester Antikonie wird gestört – der Gerichtskampf wird schließlich verschoben. Buch IX (Parzival): Nach viereinhalb Jahren vergeblicher Suche gelangt Parzival zu seinem Oheim Trevrizent, der als Einsiedler im Wald lebt. Er wird über seine Vergehen aufgeklärt und erhält Auskünfte über den Gral. Buch X–XIV (Gawan): Gawan verfällt in Liebe zur Herzogin Orgeluse. Er erlöst die auf Schastelmarveile, der Burg des Zauberers Clinschor, gefangenen Damen und Ritter. Schließlich erklärt sich die Herzogin bereit, Gawan zu heiraten. Im großen Friedensfest auf Joflanze gelingt es König Artus, allgemeine Versöhnung und viele Heiraten zu stiften. Parzival wird feierlich in die Artusgesellschaft zurückgeführt; doch verläßt er das Fest heimlich. Buch XV und XVI (Parzival, ohne Vorbild bei Chrétien): Parzival lernt durch einen Zweikampf, in dem er unterliegt, seinen Halbbruder, den orientalischen Großkönig Feirefiz, kennen, den er an den Artushof führt. Cundrie verkündet Parzivals Berufung zum Gralskönig. Er zieht mit dem Bruder nach Munsalwaesche, erlöst Anfortas und wird wieder mit Cundwiramurs vereint. Feirefiz läßt sich taufen und heiratet Anfortas' Schwester Repanse de Schoye, die er mit in den Orient nimmt. Mit einem Ausblick auf die Geschichte von Parzivals Sohn Loherangrin, der die Herzogin von Brabant heiratet, sie aber wieder verlassen muß, als sie ihn nach seiner Herkunft fragt, endet der Roman.

Chrétien kombiniert in seinem Roman eine Dümmlingsgeschichte, wie sie aus Märchen vertraut ist, mit der Geschichte vom Gral. Das im Afrz. seltene Wort *graal* hängt etymologisch wohl mit mittellat. *cratalis*, *cradalis* »Mischgefäß« zusammen. Ob die Gralsgeschichte aus der keltischen Sage oder aus frühchristlichen Legenden stammt, ist umstritten. In dem mit Chrétiens Roman etwa gleichzeitigen ›Roman du Saint-Graal‹ des **Robert de Boron** ist der Gral Christi Kelch beim letzten Abendmahl, in dem Joseph von Arimathia dann unter dem Kreuz das Blut Christi auffängt. Chrétiens Roman gibt viele Rätsel auf. Zum einen fehlt der Schluß, der die Auflösung vieler Fragen hätte bringen müssen, zum andern erzählt der Autor in einer Art Rätsel- oder Märchenton, so daß der Leser nie mehr weiß als der Held.

Wolframs Bestreben ist hingegen auf Rationalität, auf Auserzählen gerichtet. Zweifellos stellt der ›Parzival‹ ein neues, eigenem Kalkül folgendes Werk dar. Wolfram hat nicht nur sämtliche Personen mit Namen und viele mit einer eigenen Geschichte versehen (bei Chrétien tauchen hingegen zahlreiche namenlose Gestalten auf), er hat vor allem ein dichtes genealogisches Verknüpfungssystem hergestellt, das man in einem Stammbaum zeichnen kann: in Parzival kommen die beiden großen Sippen des Romans zusammen, die Mazadan-Sippe, zu der Gahmuret, Artus und Gawan gehören, und die von Titurel abstammende Gralssippe mit Herzeloyde und ihren Geschwistern Anfortas, Trevrizent, Schoysiane und Repanse de Schoye. Vorgeschichte und Schluß sind ganz Wolframs Erfindung, im übrigen hat er Szenen gekürzt, ausgelassen, aber auch hinzugefügt – davon betroffen ist vor allem die bei Chrétien namenlose Cousine, der Perceval im Wald begegnet; bei Wolfram erhielt sie den Namen Sigune, eine eigene Geschichte und vier Szenen, die allesamt entscheidende Stufen auf Parzivals Lebensweg markieren (Buch III, V, IX, XVI). Verändert sind auch das Verschulden Parzivals und die Darstellung des Grals. Bei

Chrétien wird das Versagen Percevals auf der Gralsburg mit der Sünde begründet, die er auf sich lud, als er beim Wegreiten aus der Einöde seine Mutter sterbend zusammensinken sah, sich jedoch nicht um sie kümmerte. Parzival weiß bis zum IX.Buch nichts vom Tod seiner Mutter. Was sein Versagen angeht, kamen für Wolfram offenbar so viele Aspekte zusammen, daß er sich hütete, die Frage eindeutig aufzuhellen. Der Gral ist bei Wolfram ein Stein, eine Art Tischlein-deck-dich, das Speisen liefert, auf dem aber auch eine Schrift erscheint, durch die Anweisungen gegeben werden. Die Gralsgemeinschaft schildert er als eine Art geschlossenen Ritterorden, ein Gegenbild zur offenen Artusgesellschaft; daß Wolfram die Angehörigen als Templeisen bezeichnet, läßt an den im 12. Jh. im Heiligen Land gegründeten Templerorden denken, auch wenn beide Gesellschaften nicht gleichgesetzt werden. Die Verwundung des Gralskönigs beruht darauf, daß dieser sich gegen die Gesetze der Gemeinschaft als höfischer Minneritter betätigt hat. Wesentliche Differenzen betreffen Zeit und Raum. Wolfram erzählt innerhalb eines Zeitgerüstes, das man ziemlich genau nachrechnen kann. Den Handlungsraum erweitert er über die Abenteuerwelt des Artusromans und den geheimnisvollen Bereich des Grals hinaus auf die ganze damals bekannte Welt. In der Gahmuret- und der Feirefizhandlung werden Afrika, der Nahe und Ferne Osten und die nordeuropäischen Länder hereingeholt, ferner erscheinen Italien, Brabant, die Steiermark und die heimatliche Umgebung des Erzählers (Eschenbach, Regensburg, Dollnstein, Abenberg, Wassertrüdingen, der Spessart, Wertheim, Wildenberg usw.). Wichtig ist schließlich der Hinweis darauf, daß Wolfram prozessual erzählt: Die Konzeption ist im Zugriff des Erzählers Wandlungen ausgesetzt, die Probleme ändern sich, wenn man über sie spricht. Im Verlauf der Ausarbeitung wurde die Konzeption offenbar verändert und erweitert.

Absicht des ›Parzival‹ ist es, Glanz und Elend der irdischen, vor allem der ritterlichen Welt in allen möglichen

Schattierungen und mit allen möglichen Darstellungsmitteln auszubreiten. Die angesichts der offenkundigen Negativität vieler Erscheinungen, der Fülle des Leids kaum erträgliche Spannung, unter der das menschliche Leben steht, kann man nur aushalten, wenn man positive menschliche Möglichkeiten, vor allem die Liebesfähigkeit, dagegensetzt und wenn man, wie Wolfram dies tut, mit Witz und Humor von ihr spricht. Von der umfassenden negativen Weltsicht des ›Nibelungenliedes‹ und des ›Reinhart Fuchs‹ ist Wolfram weit entfernt.

›Titurel‹

Die ›Titurel‹-Fragmente, zwei in einer eigenen Strophenform abgefaßte Stücke, die Ausschnitte aus der Geschichte des Liebespaares Sigune und Schionatulander erzählen, entstanden nach gängiger, freilich unbeweisbarer Annahme zwischen dem ›Parzival‹ und dem ›Willehalm‹. Bald nachdem Parzival in Buch III des Romans seine Mutter verlassen hatte, war er auf seine laut wehklagende Cousine Sigune gestoßen, die den eben von Herzog Orilus erschlagenen Schionatulander im Schoß hielt. Geheimnisvoll erklärte Sigune: *ein bracken seil gap im den pîn* (141,16), »ein Hundehalsband bewirkte sein Verderben«. Schionatulander sei im Dienst Sigunes gestorben, die ihm ihre Minne nicht gewährt habe, und im Dienst Parzivals, dessen Erbländer er gegen die schlimmen Brüder Orilus und Lähelin zu verteidigen suchte. Ihr weiteres Leben wird Sigune dann in Trauer um den Geliebten verbringen. Die ›Titurel‹-Fragmente, die ihren Titel nach dem im Fragment I zuerst genannten Namen des Stammvaters der Gralssippe tragen, stellen Ansätze dar, die Liebesgeschichte des Paares zu erzählen.

Inhalt: Fragment I (131 Strophen): Sigune ist die Tochter von Titurels Enkelin Schoysiane, die bei der Geburt stirbt. Das Kind wird von Herzeloyde, seiner Tante, erzogen,

Schionatulander ist der Enkel des Gurnemanz von Graharz, des Ritters, dem Parzival seine ritterliche Erziehung verdanken wird, er trägt den Titel *talfin von Graswaldane*, d.h. Dauphin von Graisivaudin. Er wird Knappe Gahmurets. Nach dessen Heirat mit Herzeloyde verlieben die Kinder sich ineinander. Als der Knappe seinen Herrn in den Orient begleiten muß, gestehen sie den Erwachsenen ihre Liebe. Fragment II (39 Strophen) spielt etwa anderthalb Jahre später. Gahmuret ist im Orient umgekommen. Das junge Paar lagert im Wald. Schionatulander fängt den Hund Gardeviaz und bringt ihn mitsamt der langen, edelsteingeschmückten Leine zu Sigune. Darauf findet sich eine Inschrift mit der Liebesgeschichte der Clauditte von Kanadic. Bevor Sigune zu Ende lesen kann, entläuft der Hund. Sie verpflichtet den Geliebten, den Hund wieder einzufangen.

Der ›Titurel‹ ist in einer komplizierten Sprache abgefaßt. Weshalb Wolfram ihn in strophischer Form gedichtet hat, gehört zu den Rätseln dieser Dichtung. Der Titurelton, dessen Melodie aus dem 14. Jh. überliefert ist, steht formal zwischen Heldenepik und Minnesang (vgl. Melodie III). Er ist einerseits zweiteilig wie die Strophenform des ›Nibelungenliedes‹ (1. Teil Z. 1 und 2, 2. Teil Z. 3 und 4); andererseits beginnen die Melodien von Z. 1 und 2 identisch, erinnern also an die Stollen der Kanzone, Z. 3 und 4 bilden eine Art Abgesang (mit Wiederholung der Melodie des »2. Stollens« am Schluß, wie es dem Formtyp der Rundkanzone entspricht).

Rätselhaft ist auch der Fragmentcharakter. Handelt es sich um ein Experiment, das der Autor bald wieder abbrach? Im späteren 13. Jh. glaubte man, daß der Tod Wolframs den Abschluß verhindert habe. Um 1260/70 baute ein Dichter namens **Albrecht** die Fragmente (die vollständig nur in einer Hs., teilweise in zwei weiteren Hss. überliefert sind) zu einem großen Epos aus, dem ›Jüngeren Titurel‹ (ca. 6300 Strophen). Es galt bis zu Beginn des 19. Jh.s als Werk Wolframs (überliefert in 56 Hss. und einer Inkunabel von 1477, vgl. S. 264).

Melodie III Wolfram von Eschenbach, ›Titurel‹, Str. 110. Melodie nach der Hs. Wien, Nationalbibl., Cod. 2675 (um 1300). Die unterpungierten Vokale sind beim Vortrag zu elidieren; die eingeklammerten Noten in der letzten Zeile sind ergänzt. Übersetzung: »Wie die Rose im Tau und ganz naß von Röte wurden ihre [d.h. Sigunes] Augen: ihr Mund, ihr ganzes Gesicht empfand die Bedrängnis. Ihre Keuschheit wußte das liebende Verlangen in ihrem Herzen nicht zu verdecken: es quälte sich in dieser Weise nach dem jungen Helden.«

Der ›Titurel‹ erzählt die Geschichte einer reinen Liebe zwischen zwei jungen Menschen, die sich in der strengen Form ritterlichen Dienens abspielt und die Möglichkeit des Todes mit einschließt. Keine der vielen Liebesgeschichten, die Wolfram darin erzählt oder andeutet, ist ohne Leid. Deutlicher noch als der ›Parzival‹ legt diese Dichtung Zeugnis ab von der Einsicht, daß das Dasein bei allem Glanz von Leid umgeben sei – erträglich wird die existentielle Trauer allenfalls durch einen geradezu bärbeißigen Humor.

›Willehalm‹

Nach eigener Aussage erhielt Wolfram die Vorlage zum ›Willehalm‹ von Landgraf Hermann von Thüringen. Es handelt sich um die afrz. Chanson de geste ›Aliscans‹, die zum Wilhelmszyklus gehört, vgl. S. 135. Graf Wilhelm von Toulouse war eine historische Figur, ein Verwandter der Karolinger, der sich im Kampf gegen die Sarazenen hervortat. Seine letzten Lebensjahre verbrachte er in dem von ihm gestifteten Kloster Gellone (St. Guilhem-le-Désert), wo er 812 oder 813 starb; 1066 wurde er heiliggesprochen. Inhaltlich stimmt Wolframs Werk mit der Vorlage weitgehend überein, in der Darstellung bestehen freilich erhebliche Differenzen. Der afrz. Text ist literarisch vergleichsweise wenig ausgefeilt, Wolfram hingegen arbeitete mit allen Mitteln der ihm zu Gebote stehenden Erzählkunst. Was die Gattung angeht, kann man das Werk nach der Herkunft des Stoffs und nach der äußeren Handlung als Chanson de geste einordnen; im Hinblick auf die verwendeten literarischen Mittel, etwa bei der Gestaltung der Figuren, ist es ein höfischer Roman; da es sich bei der Hauptgestalt um einen Heiligen handelt, der als solcher im Prolog auch angerufen wird, ergibt sich schließlich auch eine gewisse Nähe zur Legende. Verfaßt hat Wolfram das Werk nach dem ›Parzival‹. Da er in Buch IX Landgraf Hermann als verstorben bezeichnet (417,22 ff.), wurde es 1217 oder später beendet. Überliefert ist der ›Willehalm‹ in mehr als 70 Hss. In den meisten vollständigen Hss. ist er umrahmt von der 1253/78 von **Ulrich von dem Türlin** verfaßten Vorgeschichte, genannt ›Willehalm‹ oder auch ›Arabel‹, und von der von **Ulrich von Türheim** um 1250 abgeschlossenen Fortsetzung ›Rennewart‹ (vgl. S. 264).

Inhalt: Buch I und II: Erste Schlacht auf Alischanz. Unter dem Großkönig Terramer landet ein riesiges heidnisches Heer in der Provence. Es will Rache nehmen für die sieben Jahre zurückliegende Entführung der heidnischen Königin Arabel, der Tochter des Großkönigs, die in erster Ehe mit König Tybalt verheiratet war. Arabel war mit dem gefangenen Markgrafen Willehalm geflohen, hatte sich taufen lassen, den Namen Gyburc angenommen und den Geliebten geheiratet. Trotz aller Tapferkeit wird Willehalms Heer, in dem auch der junge Vivianz kämpft, bei der Landungsschlacht vollständig vernichtet. Der Markgraf flieht auf seine Burg Oransche. Er beschließt, Burg und Stadt in der Obhut Gyburcs zu lassen und Hilfe aus Frankreich herbeizuholen. Buch III und IV: Willehalm reitet nach Munleun (Laon). Er erhält sogleich die Unterstützung seines Vaters Heimrich von Narbonne und seiner Brüder, König Loys kann er eine Hilfszusage nur mühsam abringen. Sein wichtigster Helfer wird der junge, riesenhafte Rennewart, ein einst entführter Sohn Terramers, der unerkannt am Hof lebt und, da er sich weigert, den christlichen Glauben anzunehmen, als Küchenjunge dienen muß; seine Ziehschwester ist Alyze, die Tochter des Königs. Buch V und VI: Terramer belagert Oransche. In Kampfpausen finden Gespräche zwischen dem Großkönig und seiner Tochter statt; Gyburc lehnt es ab, zum alten Glauben zurückzukehren. Willehalm trifft mit dem Heer ein. Im Kriegsrat bittet Gyburc um Schonung der Feinde; sie hat die Schuldempfindungen zu verarbeiten, den Tod so vieler Menschen zu verursachen. Buch VII bis IX: Zweite Schlacht auf Alischanz. Dank Rennewart erringen die Christen nach langen, mühevollen Kämpfen schließlich den Sieg, die Heiden fliehen. Am Ende ist Rennewart jedoch unauffindbar. Willehalm läßt die im Kampf gefallenen Heidenkönige einbalsamieren und aufbahren, dann gibt er sie frei, damit sie in ihre Heimat überführt werden können.

Ob der ›Willehalm‹ abgeschlossen oder ob er Fragment geblieben ist – möglicherweise weil Wolfram darüber verstarb –, ist umstritten. Zweifellos ist die Rennewart-Handlung nicht zu Ende geführt, es wird jedoch für denkbar gehalten, daß der Dichter in dem Moment abbrach, in dem Willehalm sich zu einer Geste durchrang, die den Kreislauf von Totschlag und Rache unterbrach. Die Weiterführung hätte womöglich nur noch die literarische Konvention erfüllt, den Wunsch nach einem »ordnungsgemäßen« Schluß, jedoch keine neue Erkenntnis mehr gebracht.

Der ›Willehalm‹ gilt heute als eines der erstaunlichsten und bedeutendsten Werke der mittelalterlichen Literatur. Der Roman erzählt in welthistorischen Dimensionen vom Ringen der Heiden um die Weltherrschaft und von der Verteidigung des Westens durch die christlichen Ritter. Das Geschehen des ›Rolandsliedes‹, vgl. S. 138 ff., ist die von Wolfram immer wieder herbeizitierte unmittelbare Vorgeschichte. Während es im Artusroman, auch im ›Parzival‹, um die Liebe zwischen Ritter und adliger Dame und um die individuelle ritterliche Bewährung in der *aventiure* geht, handelt der ›Willehalm‹ von *minne* und Krieg. *Minne* hat hier mehrere Facetten. Heidnische wie christliche Ritter ziehen als Minneritter und in Erwartung des Minnelohnes in den Kampf, der hier freilich nichts anderes ist als Totschlag. *Minne* ist indes auch die Liebe der Menschen zu Gott und umgekehrt – um der Liebe Gottes willen verteidigen die Christen ihren Glauben; sterben sie im Kampf, werden sie als Märtyrer in den Himmel aufgenommen. Untrennbar verquickt erscheinen beide Bedeutungen von *minne* bei Gyburc: für sie sind die Liebe zum Christengott und zu Willehalm in eines verschmolzen.

Dem Blick Wolframs stellt sich der Krieg auf allen Seiten als ein Meer von Leid dar. Am Ende steht auch der Sieger als Verlierer da, denn der Sieg ist allemal teuer, zu teuer erkauft. Ritterschaft erweist sich als Mord. Gut und Böse, Weiß und Schwarz sind nicht leichthin verteilt. Terramer führt zwar einen Angriffskrieg, dieser ist jedoch durch die Entführung Arabels provoziert; Willehalms Verteidigung erscheint als gerechte Sache, muß aber mit unglaublichen Verlusten bezahlt werden. Angesichts all dieses Leides verschafft sich der von Gyburc ins Spiel gebrachte Gedanke der christlichen Schonung des Feindes Durchbruch. Er erwächst aus der Überlegung ihrer Sippenverwandtschaft mit zahlreichen Heiden. Der Gedankengang wird weitergeführt durch die Überlegung, daß alle Menschen Geschöpfe Gottes seien und daß alle Liebe ein Abbild der göttlichen Liebe ist. Offenbar erwächst Willehalms Versöhnungsbereitschaft am Ende daraus, daß er die Gedanken Gyburcs in sich aufgenommen hat. Zu denken ist diese Darstellung des ›Willehalm‹ im Kontrast zu der des ›Rolandsliedes‹: dort war der Krieg problemlos als Triumph des Christentums über das teuflische Heer der Heiden gesehen worden.

Gottfried von Straßburg

Über Gottfried von Straßburg, den Autor des um 1210 entstandenen, Fragment gebliebenen ›Tristan‹, ist so gut wie nichts bekannt. Der Dichter nennt sich nicht selbst, seinen Namen erwähnen andere Autoren, insbesondere Ulrich von Türheim, der vor 1243 eine Fortsetzung verfaßte. Gottfried war offensichtlich nicht adligen Standes, denn er wird nicht als Herr, sondern als *meister*, d.h. *magister*, bezeichnet. Vielleicht war er Kleriker, vielleicht in Straßburg. Dort könnte er ausgebildet worden sein, jedoch auch anderswo, möglicherweise in Paris; jedenfalls beherrschte er das Französische. Den Auftraggeber seines Werkes hat der Dichter vermutlich im Akrostichon zu Beginn angegeben: DIETERICH; bei der Identifizierung kommt man freilich über unverbindliche Vermutungen nicht hinaus. Hinzufügen läßt sich die Mutmaßung, die Gottesurteilszene (V. 15047 ff.) könne mit den Ketzerprozessen in Zusammenhang stehen, die der Straßburger Bischof 1211 durchführte; angenommen wurde auch, der Roman sei deshalb unvollendet geblieben, weil Gottfried selbst als Häretiker verbrannt worden sei. Zugeschrieben werden Gottfried auch zwei Sangsprüche und drei Lieder (ein Minnelied, ein langer Marienpreis, vgl. S. 246, ein didaktisches Lied über die Armut); als echt gelten davon nur die Sprüche.

Gottfrieds ›Tristan‹ ist in 27 vollständig oder fragmentarisch erhaltenen Hss. des 13. bis 15. Jh.s überliefert. In den vollständigen Hss. ist meist die ›Tristan‹-Fortsetzung **Ulrichs von Türheim**, in einigen Fällen auch die damit konkurrierende, 1280/90 verfaßte Fortsetzung **Heinrichs von Freiberg** angeschlossen, vgl. S. 264; in zwei Hss. ist in die Türheim-Fortsetzung noch das anonyme Episodengedicht ›Tristan als Mönch‹ (1. Hälfte 13. Jh.) eingeschoben (Tristan führt, verkleidet als Mönch, eine Wiederbegegnung mit Isolde herbei). Den ›Tristrant‹ Eilharts von Oberg (vgl. S. 158 ff.) vermochte Gottfrieds Werk nicht vollständig zu verdrängen. Im Unterschied zum ›Tristrant‹, der ältesten erhaltenen Fassung der Version commune des Stoffes, gehört Gottfrieds Roman zur Version courtoise; seine Quelle ist der afrz. Tristanroman des **Thomas von Bretagne** (um 1170; fragmentarisch erhalten, die Fragmente überschneiden sich nur an wenigen Stellen mit Gottfrieds Text), vgl. dazu S. 158 f.

Inhalt: 1. Vorgeschichte: Riwalin von Parmenie bekriegt seinen Lehensherrn Herzog Morgan. Während eines Waffenstillstandes gewinnt er am berühmten Hof König Markes von Cornwall dessen schöne Schwester Blanscheflur zur Geliebten. Er entführt die Schwangere in seine Heimat. Unmittelbar nach der Eheschließung wird Riwalin im Kampf getötet. Blanscheflur bringt Tristan zur Welt und stirbt. – 2. Tristans Jugend- und Heldengeschichte: Tristan wird vom getreuen Marschall Rual mustergültig aufgezogen und in allen Fähigkeiten ausgebildet. Mit vierzehn Jahren gelangt er nach Cornwall, wo er unerkannt in Markes Dienste tritt. Als die Verwandtschaft sich aufklärt, setzt der unverheiratete Marke ihn als Erben ein. Tristans Schwertleite schließt die Jugendgeschichte ab; in ihre Schilderung hat Gottfried seinen berühmten Überblick über die zeitgenössischen Dichterkollegen eingeschaltet (V. 4600 ff.). Nachdem Tristan Herzog Morgan getötet hat, erschlägt er im Zweikampf den riesenhaften Morolt, den Schwager König Gurmuns von Irland, dem Marke zinspflichtig ist. Dabei erhält er eine Wunde von Morolts vergiftetem Schwert, die nur von Morolts Schwester, Königin Isolde von Irland, geheilt werden kann. Tristan reist nach Irland, wo er sich als Spielmann Tantris ausgibt. Er wird geheilt. Dann unterrichtet er Gurmuns Tochter, die junge Isolde, in Sprachen und Musik. Nach einiger Zeit reist er zurück. Die neidischen Barone wollen, daß Marke heiratet. Tristan empfiehlt die irische Prinzessin. Als Brautwerber besiegt er in Irland zunächst einen Drachen, schließlich erlangt er für Marke die Hand der jungen Isolde. – 3. Die Geschichte Tristans und Isoldes: Tristan und Isolde trinken auf der Reise nach Cornwall versehentlich den Liebestrank und entbrennen in Liebe. Die Zofe Brangaene verhilft ihnen zueinander. Um Marke zu täuschen, nimmt Brangaene in der Hochzeitsnacht die Stelle Isoldes ein. Als Marke seine Frau leichtfertig an den ritterlichen Spielmann Gandin aus Irland verliert, gewinnt Tristan sie wieder zurück. In der Folge versucht der Hof, Marke vom Ehebruch seines Neffen zu überzeugen. Tristan und Isolde kontern mit List. Als die Verdachtsmomente sich mehr und mehr verdichten, muß Isolde sich vor einer Fürstenversammlung in London einem Gottesurteil unterziehen; auch diese Gefahr wird listig bestanden. Schließlich weist der König das Paar vom Hof. Sie leben eine Zeitlang in der paradiesischen Minnegrotte, können dann jedoch an den Hof zurückkehren. Als Marke sie in flagranti entdeckt, flieht Tristan ins Ausland. Dort vollbringt er ruhmreiche Taten. Die in ihn verliebte Schwester seines Freundes Kaedin, Isolt as blansche mains, Isolde Weißhand, erregt durch ihren Namen Tristans Aufmerksamkeit. Er selbst verstrickt sich immer mehr in Gefühle und Gedanken. Mit einem Monolog Tristans bricht Gottfrieds Werk ab.

Als sein Zielpublikum hat Gottfried im hochartifiziellen Prolog die *edelen herzen* angegeben. Von aller Welt unterscheiden sie sich dadurch, daß sie Leid ertragen können und nicht immer nur in Freuden leben wollen. Sie akzeptieren und verinnerlichen den dauernden Zustand des antinomischen Gegenübers von Freude und Schmerz, Liebe und Leid, Leben und Tod – sie denken und fühlen wie Tristan und Isolde, nachdem sie durch den Minnetrank in unauflösliche Liebe zueinander gefallen sind. Den *edelen herzen* legt Gottfried sein Werk vor, um ihren Kummer zu lindern, denn wer die Phantasie beschäftigt, erleichtert seine Sorgen. Liebe ist der Ursprung alles Positiven, sie ist jedoch mit Leid untrennbar verbunden. Schließlich wird die Geschichte von Tristan und Isolde in eucharistischen Rang gerückt. Sie wird erzählt, um den *edelen herzen* als Brot des Lebens zu dienen:

Ir leben, ir tôt sint unser brôt.
sus lebet ir leben, sus lebet ir tôt.
sus lebent si noch und sint doch tôt.
und ist ir tôt der lebenden brôt. (V. 237–240)

Ihr Leben, ihr Tod sind unser Brot. Auf diese Weise lebt ihr Leben weiter, auf diese Weise lebt ihr Tod weiter. Auf diese Weise leben sie noch, obwohl sie doch tot sind, und ist ihr Tod das Brot der Lebenden.

Deutlich wird, daß Gottfried nicht einfach eine Geschichte erzählt, sondern daß die Erzählung unauflöslich mit Kommentaren und deutenden Exkursen verflochten ist. Damit schafft der Autor zugleich ein rationales Gegengewicht gegen seine rauschhaft-musikalische, von rhetorischen Kunststücken und reichen, oft überraschenden Reimklängen bestimmte Art des Erzählens.

Anders als ritterliche Helden wie Erec, Iwein oder gar Parzival kennt Tristan keine wirkliche Entwicklung. Seine Wesensart braucht sich nur zu entfalten. Mühelos lernt er Sprachen, studiert er Bücher, erwirbt er Fähigkeiten in jeder

Art von Saitenspiel, lernt er die Künste des Schachspiels und des Jagens, kann er mit Schild und Lanze zu Pferd kämpfen, weiß er sich den Menschen angenehm zu machen. Er ist Kaufmann und Spielmann ganz nach Wunsch, beide Rollen sind seine gängigen Verkleidungen; er ist klug und listig, was er anpackt, erreicht er. Mit Recht hat man darauf hingewiesen, daß er so etwas wie ein Künstler ist – ein Mann höchster Begabung, aber freilich auch ein Mann ohne Heimat, der stets unterwegs ist, ohne wirkliche Beziehungen zu anderen Menschen. Für Marke und seinen Hof, auch für Parmenie, ist sein Wirken von großer und förderlicher Bedeutung. Tristan geht im Dienst für andere auf, er scheint kaum ein Eigenleben zu haben. Dabei ist er stets fast ganz auf sich allein gestellt, er hat kaum Helfer, geschweige denn einen Partner.

In dieses Heldenleben schlägt wie der Blitz die durch den Minnetrank hervorgerufene Liebe zu Isolde ein. Beide akzeptieren ihr Schicksal, der Minnetrank erscheint nicht, wie bei Eilhart, als Unglück und Krankheit. Gottfrieds Gestalten delegieren die Verantwortung für ihr Handeln nicht an eine Macht außer ihnen, sie handeln vielmehr fortan bewußt und gleichsam unter Wahrung ihres Eigenwillens. Sie bleiben selbstverantwortlich, weil sie diesen Einbruch des Schicksals als einzigen möglichen Sinn ihres Daseins begreifen. Tristan, bisher ohne rechte Mitte seines Daseins, hat in Isolde seinen Bezugspunkt gefunden. Seine Fähigkeiten und Energien treten nunmehr, nachdem er Isolde aus Treue und um der Ehre willen an Marke ausgeliefert hat, allein in den Dienst der gemeinsamen Liebe. Diese Liebe steht, als Ehebruchsminne, im Gegensatz zur höfischen Gesellschaft, die immer wieder überlistet und betrogen werden muß. Aber auch in die höfische Gesellschaft gerät nun mehr und mehr ein Moment von Verderbnis. Marke und die Barone, darauf fixiert, die Liebenden des Ehebruchs zu überführen, sind in der Wahl ihrer Mittel nicht wählerisch und geraten tief ins moralische Zwielicht. Der König, der im Hochzeitsbett die eine Frau von der anderen nicht zu unterscheiden vermocht hatte, erscheint Isolde auf klägliche Weise sexuell verfallen und nur immer wieder allzu gerne bereit, die Zeichen mißzuverstehen. Nur ein positiver Wert bleibt bestehen: die Liebe zwischen Tristan und Isolde.

Am Schluß von Gottfrieds Fragment gerät freilich auch diese Liebe in Zweifel. Angesichts der Trennung von seiner Geliebten erscheint Tristan verwirrt und fragt sich, ob er nicht der Liebe zu Isolde Weißhand nachgeben solle. Manche Literarhistoriker vermuten, Gottfried sei damit an einen Punkt gekommen, an dem er seinen Roman nicht habe weiterführen können. Denn wenn die Liebe zwischen Tristan und Isolde beschädigt werde, könne die Geschichte nicht zu Ende erzählt werden. Wahrscheinlicher ist freilich, daß Gottfried, um die durch seine Vorlage vorgegebene Isolde-Weißhand-Erzählung überhaupt verwenden zu können, seinen Helden in eine vorübergehende Distanz zur blonden Isolde führen mußte. Nur äußere Umstände haben wahrscheinlich den Abschluß des Romans verhindert.

Der Tristanstoff zeigt, daß die Verabsolutierung der Minne zur Zerstörung führt. Tristan, Idealbild eines höfischen Ritters, verwendet alle seine Fähigkeiten letztlich ausschließlich dazu, um seiner ehebrecherischen Liebe nachgehen zu können. Die höfische Welt, in der er agiert, wird dadurch zutiefst zerrüttet. Chrétien de Troyes erkannte das Zerstörerische an diesem Stoff, er reagierte durch seine Romane ›Cligès‹, eine Art Parodie, und ›Lancelot‹, in dem versuchsweise die höfische Gesellschaft aus der ehebrecherischen Liebe zwischen Ritter und Königin ganz und gar ausgeblendet wird, in höchst beunruhigter Weise auf ihn. Gottfried von Straßburg überfirnißt diese Problematik des Stoffs durch eine Art Liebestheologie, in der Liebe, Leid und Tod als positive Werte in gleichsam eucharistischen Rang einrücken. Demgemäß ist der ›Tristan‹, obwohl immer wieder von Gott die Rede ist, im Grunde ein Werk ohne Gott und Christentum.

Literaturhinweise

Ausgaben: W.-D. Lange / K. Langosch (Hrsg.), König Artus u. seine Tafelrunde. Europäische Dichtung des MAs, 1988 [u. ö.] (RUB) [zahlreiche Texte in Übersetzungen]. – Chrétien de Troyes, ›Erec et Enide‹: A. Gier, 1987 (zweisprachig; RUB); ›Yvain‹: I. Nolting-Hauff, 1962 (zweisprachig; KTRMA); ›Lancelot‹: H. Jauss-Meyer, 1974 (zweisprachig; KTRMA); ›Perceval‹: F. Olef-Krafft, 1991 (zweisprachig; RUB); ›Guillaume d'Angleterre‹: H. Klüppelholz, 1987 (zweisprachig; KTRMA). – Hartmann v. Aue, ›Das Klagebüchlein‹: L. Wolff, 1972; ›Erec‹: A. Leitzmann / L. Wolff / Ch. Cormeau / K. Gärtner, ^{6}1985 (ATB); Th. Cramer, 1972 [u.ö.] (zweisprachig; Fischer-TB); ›Iwein‹: G. F. Benecke / K. Lachmann / L. Wolff, ^{7}1968; Th. Cramer, 1968 [u.ö.] (zweisprachig); ›Gregorius‹: H. Paul / B. Wachinger, ^{14}1992 (ATB); B. Kippenberg, 1970 [u. ö.] (zweisprachig; RUB); ›Der arme Heinrich‹: H. Paul / K. Gärtner, ^{16}1996 (ATB); S. Grosse / U. Rautenberg, 1993 [u. ö.] (zweisprachig; RUB). – ›La vie du pape saint Gregoire‹: I. Kasten, 1991 (zweisprachig; KTRMA). – ›Nibelungenlied‹: M. S. Batts, 1971 [Paralleldruck der Hss. A, B, C u. Lesarten der übrigen Hss.]; K. Bartsch / H. de Boor, ^{22}1988 (Dt. Klassiker des MAs) [mit fortlaufendem Kommentar]; H. Brackert, 2 Bde., 1970–71 [u. ö.] (zweisprachig; Fischer-TB); S. Grosse, 1997 [u. ö.] (zweisprachig; RUB). – ›Diu Klage‹: J. Bumke, 1999; E. Lienert, 2000 (zweisprachig). – ›Lieder-Edda‹: F. Genzmer, 2 Bde., ^{4}1975 [Übersetzung]. – ›Thidrekssaga‹: F. Erichsen, 1924 [Übersetzung]. – ›Reinhart Fuchs‹: K. Düwel, 1984 (ATB); K.-H. Göttert, 1992 [u. ö.] (zweisprachig; RUB). – ›Le Roman de Renart‹: H. Jauss-Meyer, 1965 (zweisprachig; KTRMA). – ›Reynke de Vos‹: F. Prien / A. Leitzmann, ^{3}1960 (ATB). – Wolfram v. Eschenbach: K. Lachmann, ^{6}1926; ›Parzival‹: K. Bartsch / M. Marti, 3 Bde., ^{4}1935 (Dt. Klassiker des MAs) [mit fortlaufendem Kommentar; enthält auch den ›Titurel‹]; W. Spiewok, 2 Bde., 1981 [u. ö.] (zweisprachig; RUB); D. Kühn / E. Nellmann, 2 Bde., 1994 (zweisprachig mit Kommentar; Bibliothek des MAs); ›Willehalm‹: J. Heinzle, 1994 (ATB); J. Heinzle, 1991 (zweisprachig; Bibliothek des MAs); D. Kartschoke, 1989 (zweisprachig); ›Titurel‹: H. Brackert / St. Fuchs-Jolie, 2002 (zweisprachig). – Robert de Boron: M. Schöler-Beinhauer, 1981 (zweisprachig). – Wilhelmsepen: B. Schmolke-Hasselmann, 1983 (zweisprachig; KTRMA) [›Chanson de Guillaume‹]; M. Heintze / B. Hesse, 1993 (zweisprachig; KTRMA) [›Le Couronnement de Louis‹, ›Le Charroi de Nîmes‹, ›La Prise d'Orange‹]. – Gottfried v. Straßburg: K. Marold / W. Schröder, ^{3}1969; R. Bechstein / P. F. Ganz, 2 Bde., 1978 (Dt. Klassiker des MAs) [mit fortlaufendem Kommentar]; R. Krohn, 3 Bde., 1980 [u. ö.] (zweisprachig mit Kommentar; RUB).

Forschungsliteratur: K. Bertau, Über Literaturgeschichte. Höfische Epik um 1200, 1983. – K. Bertau, Wolfram vE, 1983. – C. M. Bowra, Heldendichtung, 1964. – H. Brunner (Hrsg.), Interpretationen. Mhd. Romane u. Heldenepen, 1993 (RUB). – J. Bumke (Hrsg.), Literarisches Mäzenatentum, 1982 (WdF). – J. Bumke, Wolfram vE, ^{7}1997 (SM). – J. Bumke, Die vier Fassungen der ›Nibelungenklage‹, 1996. – F. W. Chandler / M. H. Jones, A Catalogue of Names of Persons in the German Court Epics, 1982. – Ch. Cormeau / W. Störmer, Hartmann v. Aue, ^{2}1993 (Arbeitsbücher). – R. Decke-Cornill, Wolfram-Bibliographie, in: Wolfram-Studien, Bd. 10 ff., 1988 ff. – U. Ernst, Der ›Gregorius‹ Hartmanns v. Aue, 2002. – O. Ehrismann, Nibelungenlied, ^{2}2002 (Arbeitsbücher). – K. Gärtner / J. Heinzle (Hrsg.), Studien zu Wolfram vE, 1989. – G. Haase, Die germanist. Forschung zum ›Erec‹ Hartmanns v. Aue, 1988. – E. R. Haymes, Das Nibelungenlied, 1999. – J. Heinzle, Stellenkommentar zu Wolframs ›Titurel‹, 1972 (Hermaea). – J. Heinzle, Das Nibelungenlied. Eine Einführung, 1994 (Fischer-TB). – Ch. Huber, Gottfried v. Straßburg: Tristan, ^{2}2002. – Ch. Huber / V. Millet (Hrsg.), Der ›Tristan‹ Gottfrieds v. Straßburg, 2002. – W. H. Jackson / S. A. Ranawake (Hrsg.), The Arthur of the Germans, 2000. – M. H. Jones / R. Wisbey (Hrsg.), Chrétien de Troyes and the German Middle Ages, 1993. – F. P. Knapp (Hrsg.), Nibelungenlied u. Klage, 1987. – E. Köhler, Ideal u. Wirklichkeit in der höf. Epik, ^{2}1970. – S. Kramarz-Bein, Die ›Thidreks saga‹ im Kontext der altnorweg. Lit., 2002. – A. B. Lord, Der Sänger erzählt, 1965. – A. Masser (Hrsg.), Hohenemser Studien zum Nibelungenlied, 1980. – T. McFarland / S. Ranawake (Hrsg.), Hartmann, 1988 (GAG). – V. Mertens, Der dt. Artusroman, 1998 (RUB). – W. Mohr, Wolfram vE. Aufsätze, 1979 (GAG). – J.-D. Müller, Spielregeln für den Untergang. Die Welt des Nibelungenliedes, 1998. – J.-D. Müller, Das Nibelungenlied, 2002. – K. Pratelidis, Tafelrunde u. Gral, 1994. – M. Przybilski, *sippe* und *geslehte*. Verwandtschaft als Deutungsmuster im ›Willehalm‹ Wolframs vE, 2000 (Imagines). – K. Ruh, Höfische Epik des dt. MAs, 2 Bde., ^{2}1977, 1980. – H. Rupp (Hrsg.), Nibelungenlied u. Kudrun, 1976 (WdF). – B. Schirok, Parzivalrezeption im MA, 1982. – W. Schröder, Irrungen u. Wirrungen um den Text v. Hartmanns ›Erec‹, 1996. – U. Schulze, Das Nibelungenlied, 1997 (RUB). – K. v. See, Europäische Heldendichtung, 1978 (WdF). – P. K. Stein, Tristan-Studien, 2001. – H.-H. Steinhoff, Bibliographie zu Gottfried v. Straßburg, 2 Bde., 1971, 1986. – A. Wolf, Gottfried v. Straßburg u. die Mythe v. Tristan u. Isolde, 1989.

III.
Die Spätzeit der höfischen Literatur
(um 1220/30 – um 1350)

1. Lieddichtung

Minnesang

Aus der Phase des »nachklassischen« Minnesangs sind etwa 750 Liedtexte von rund 90 Autoren überliefert (von den in den vorigen Abschnitten vom Kürenberger bis zu Neidhart behandelten 21 Dichtern kennen wir etwa 460 Texte). Trotz dieser Überlieferungsfülle wurde die längste und letzte Phase des Minnesangs – von vereinzelten Ausnahmen abgesehen – in der Forschung verhältnismäßig wenig beachtet. Der späte Minnesang erscheint gegenüber den früheren Phasen ärmer an Formen und Themen und hinsichtlich des Problemgehaltes; Innovationen finden sich selten. Minnesang war mittlerweile zum selbstverständlichen »Gebrauchsgegenstand« geworden, zu Gesellschaftskunst, die bei höfischen Festen unentbehrlich war, bei der es aber nicht oder kaum mehr darum ging, Probleme des Selbstverständnisses von Autoren und Hörern zu diskutieren. In der Regel genügte es, wenn das gegebene Schema – meist das der Hohen Minne – auf ansprechende Weise erfüllt wurde. Wie ein Minnelied auszusehen hatte, wußte man, und man konnte es in weitgehend vorgeformter Sprache immer wieder reproduzieren; die Ethik des Dienens und Leidens wurde dabei gleichsam zu einem innerliterarischen, schematisierten Vorgang, reale Minnewirklichkeit darf man wohl nur in wenigen Einzelfällen, wenn überhaupt, vermuten.

Gleichwohl sind auch aus dieser Phase des Minnesangs interessante, ansprechende, originelle, gelegentlich aufregende Texte überliefert.

Die Dichter

Der Blick auf die Autoren zeigt, daß es gerechtfertigt ist, vom Minnesang als der Kunst adliger Dilettanten zu sprechen; vielfach handelt es sich vermutlich um bloße Gelegenheitsautoren. Von einem Drittel der Autoren des späten Minnesangs sind nicht mehr als 1 bis 3 Lieder erhalten, von rund 40 Dichtern kennen wir 4 bis 10 Texte, nur 20 haben 11 oder mehr (bis 58) Lieder hinterlassen. Unter den Dichtern finden sich hochadlige Personen wie der deutsche König Konrad IV. (gest. 1254) oder sein Sohn Konradin, der letzte Staufer (hingerichtet zu Neapel 1268; 2 Lieder), König Wenzel II. von Böhmen (gest. 1305; 3 Lieder), Herzog Johann I. von Brabant (gest. 1294; 9 Lieder), Markgraf Heinrich III. der Erlauchte von Meißen, zugleich Landgraf von Thüringen (gest. 1288; 6 Lieder), Markgraf Otto von Brandenburg mit dem Pfeil (gest. 1308; 7 Lieder), Otto von Botenlauben, Graf von Henneberg (gest. 1244; 12 Lieder), der Schweizer Graf Wernher von Homberg (gest. 1320; 8 Lieder). Bei der Mehrzahl der Autoren handelt es sich um Freiherren und teilweise bedeutende Ministeriale wie Hiltbolt von Schwangau (gest. 1256?; 22 Lieder), Ulrich von Singenberg (bezeugt bis 1228; 30 Lieder), Burkart von Hohenfels (bezeugt bis 1242; 18 Lieder), Gottfried von Neifen (bezeugt bis 1255; 51 Lieder), Ulrich von Lichtenstein (gest. 1275; 58 Lieder), Ulrich von Winterstetten (bezeugt bis 1280; 40 Lieder), Reinhart von Westerburg (gest. 1353; 1 Lied in der Chronik des Tilemann Elhen von Wolfhagen, vgl. S. 350) und andere. Die Zahl der Berufsautoren, die Minnelieder verfaßt haben, ist vergleichsweise gering: Marner (gest. um 1270; 8 Lieder), Tannhäuser (gest. nach 1266; 6 Lieder), Rumelant von Sachsen (gest. nach 1286; 3 Lieder),

Wilder Alexander (Mitte/Ende 13. Jh.; 2 Lieder), Konrad von Würzburg (gest. 1287; 23 Lieder), Schulmeister von Eßlingen (um 1270; 2 Lieder), Heinrich Frauenlob (gest. 1318; 7 Lieder), Kanzler (Anfang 14. Jh.; 12 Lieder). In erster Linie betätigten sich diese Autoren als Sangspruchdichter; ihre Minneliedproduktion ist demgegenüber relativ unbedeutend. Nur bei Walther von der Vogelweide standen Minne- und Spruchsang etwa gleichrangig nebeneinander; die meisten späteren Spruchdichter befaßten sich offenbar gar nicht mit dem Minnesang. Ein Sonderfall ist allerdings Konrad von Würzburg: dieser vielseitige Berufsautor beherrschte alle zeitüblichen Dichtungsgattungen (vgl. S. 260 f.). Schließlich sind noch zwei stadtbürgerliche Lieddichter zu nennen, die, wie Konrad von Würzburg in Basel, in enger Verbindung mit der adligen Oberschicht der Stadt Zürich standen: Meister Heinrich Teschler, ein studierter Jurist (2. Hälfte 13. Jh.; 6 Lieder), und Johannes Hadloub (urkundlich belegt 1302; 52 Lieder), einer derjenigen, denen wahrscheinlich die Zusammenstellung der Großen Heidelberger (Manessischen) Liederhs. (vgl. S. 111) zu verdanken ist.

Liedtypen

Traditionelle Liedtypen des Minnesangs sind: a) Ich- oder Sängerlieder, d. h. Lieder, in denen das Sänger-Ich über eine Liebessituation spricht; b) Rollenlieder, d. h. Texte, in denen der Sänger in der Rolle einer liebenden oder die Liebe abwehrenden Frau spricht (Frauenklage, Frauenlied), in denen er die Dame mit einem Boten sprechen läßt (Botenlied), in denen er Liebhaber und Dame direkt in Kontakt treten läßt (Dialog) oder in denen beide getrennt über ihre gemeinsame Liebe monologisieren (Wechsel); c) »Objektive« Lieder, d. h. Lieder mit Erzählelementen, in denen außer den handelnden und sprechenden Personen meist so etwas wie ein Erzähler vorkommt, manchmal ein Sänger-Ich, das über eigene Erlebnisse spricht, meist jedoch ein neutraler Erzähler.

Im »nachklassischen« Minnesang dominieren die Ich-Lieder mit weitem Abstand. Die weitaus häufigste Liedform ist die Minneklage, in der der Sänger über die Nichterhörung durch die Geliebte klagt; weit mehr als die Hälfte aller Lieder gehört hierher. Davon trennen kann man die Werbungslieder, in denen nicht die Klage, sondern die werbende Bemühung im Vordergrund steht. Recht häufig sind Preislieder, in denen entweder eine bestimmte, freilich nicht namentlich genannte Frau gerühmt wird oder die Frauen im allgemeinen. In den Dienstversicherungen verheißt der Sänger seiner Geliebten weiteren Minnedienst. Relativ selten sind Freudenlieder, in denen der Sänger sich über die angeblich bevorstehende Erhörung freut, und Absagelieder, in denen der hartherzigen Geliebten der Dienst aufgekündigt wird.

Rollenlieder finden sich im späten Minnesang selten. Die Darstellungsformen des Wechsels, des Botenliedes und der Frauenklage sind praktisch aufgegeben; vereinzelt finden sich allerdings noch Dialoge zwischen Liebhaber und Dame. »Objektive« Lieder sind etwas häufiger. Sehr beliebt war nach wie vor das Tagelied, von einigen Autoren sind sogar ausschließlich Lieder dieses Typs überliefert (vgl. S. 177 f.). Ferner finden sich Tanzlieder in der Art Neidharts, einige Texte, die sich dem Liedtyp der Pastourelle (vgl. S. 181) zuordnen lassen, und einige scherzhafte oder auch obszöne Texte, für die man den Begriff »Gegensang« gebraucht.

Grundzüge einer Gruppierung

Da die Geschichte des späten Minnesangs zusammenhängend noch nicht geschrieben ist, kann man nur versuchen, die Autoren nach Chronologie, Artverwandtschaft und landschaftlicher Herkunft zu gruppieren.

Einige Autoren, die schon erwähnten Hiltbolt von

Schwangau und Otto von Botenlauben, dazu der Oberpfälzer Markgraf von Hohenburg (gest. 1226?; 6 Lieder) waren Zeitgenossen des klassischen Minnesangs und erweisen sich ihm auch in den von ihnen gewählten Liedtypen verbunden. Eine zweite Gruppe, deren Schaffen hauptsächlich in die Zeit von 1220 bis 1250 fiel, ist insbesondere Reinmar dem Alten und Walther von der Vogelweide intensiv verpflichtet. Der schon genannte Ulrich von Singenberg und Rubin (22 Lieder) gelten als Waltherepigonen; ferner gehört hierher etwa auch Markgraf Heinrich III. von Meißen. Der bedeutendste Autor dieser Gruppe ist der steirische Ministeriale **Ulrich von Lichtenstein**, der für seine Lieder 1–26 Reinmar und Walther zum Vorbild nahm, während die weiteren Texte sich am damals modernsten Minnesang, dem Gottfrieds von Neifen, ausrichteten. Außer in Hs. C sind Ulrichs Lieder im übrigen noch auf eine weitere, ganz einmalige Weise überliefert. Der Autor schrieb nämlich um 1250 eine Art Autobiographie, die erste in deutscher Sprache, den in 1850 schlichten Strophen verfaßten ›Frauendienst‹; in diesen Text sind die Lieder in der Reihenfolge ihrer Entstehung eingelegt. In seinem ›Frauendienst‹ erzählt Ulrich fast nur einen Aspekt seines reichbewegten Lebens: seine Karriere als Minneritter; historische Ereignisse spielen nur am Rand herein. Der vergebliche Dienst für seine erste Dame verursacht zahlreiche Anstrengungen und Demütigungen, bis er sich schließlich lossagt; die Liebe zu einer zweiten Dame verläuft dann weniger aufreibend. Übrigens verfaßte Ulrich auch ein Streitgespräch zwischen einem Ritter und einer Dame über das rechte Leben von Männern und Frauen und den Umgang miteinander, das ›Frauenbuch‹ (in Reimpaaren).

Burkart von Hohenfels, Ulrich von Winterstetten und **Gottfried von Neifen** stellt man sich als Höflinge Heinrichs (VII.) vor, des 1235 von seinem Vater Kaiser Friedrich II. abgesetzten deutschen Königs. Hohenfels verwendete den im Bereich des Minnesangs damals neuartigen, mittellateinischen Vorbildern, entlehnten, sogenannten geblümten Stil, bei dem es darum geht, die Gedanken möglichst preziös und unkonventionell-»schwierig« zu formulieren. So wird etwa der einfache Gedanke, daß jetzt Frühling sei, in einem Natureingang folgendermaßen ausgedrückt:

XI,1
Dô der luft mit sunnen viure
wart getempert und gemischet,
dar gab wazzer sîne stiure,
dâ wart erde ir lîp erfrischet.
dur ein tougenlîchez smiegen
wart si fröiden frühte swanger.
daz tet luft ...

Als die Luft mit dem Feuer der Sonne temperiert und vermischt wurde, gab das Wasser seine Aussteuer hinzu – da wurde der Leib der Erde erfrischt. Durch liebevoll-heimliches Anschmiegen wurde sie schwanger mit Früchten der Freude. Das bewirkte die Luft ...

Außerdem griff Hohenfels in selbständiger Weise Anregungen Neidharts auf: in dem galanten Stubentanzlied (I), im Sommer-Tanzlied (XI) und in den Gespielinnengesprächen (VII, XV). Auch auf Winterstetten, der sprachlich und typologisch (Minneklagen, Tagelieder) ganz konventionell, jedoch ein großer Reimkünstler ist, hat Neidhart gewirkt (Mutter-Tochter-Gespräch IV). Von großem Einfluß auf den späten Minnesang war Neifen. Auch er war, bei geringer Originalität in Sprache und Inhalt, vor allem ein Formkünstler, ein Virtuose des Klangs und des Reims. Durch Neifen wurde die Minneklage vollends schematisiert, schablonenhaft. Kennzeichen Neifenscher Minnelieder ist die Farbe rot – vor allem der rote Mund der Geliebten. Überraschend ist, daß sich bei ihm außerdem sechs »objektive« Lieder finden, die die Liebe in relativ anspruchslosen Strophenformen auf der Ebene ziemlich konkreter Sexualität abhandeln: drei Pastourellen (XXVII, XXX, XLI), das »derb-zotige« (J. Bumke) Büttnerlied (XXXIX), das Fragment eines in die gleiche Kategorie gehörenden Pilgerliedes (XL) und das wohl von Neidhart inspirierte klagende Wiegenlied einer jungen Mutter, die verhindert ist, zum Sommertanz zu gehen (L).

Während die bayerisch-österreichischen Kleinautoren der 2. Hälfte des 13. Jh.s – Dichter wie Reinmar von Brennenberg (gest. 1276?; 4 Lieder), Herrand von Wildonie (gest. 1278/82; 3 Lieder), Walther von Mezze (gest. um 1270; 10 Lieder) – sich weiterhin Reinmar dem Alten und Walther von der Vogelweide verbunden fühlten, teilweise wohl durch Vermittlung Ulrichs von Lichtenstein, und sich bei ihnen nur sporadisch Züge von Neifens Minnesang finden, hat dieser in erheblichem Umfang auf die ebenso zahlreichen schwäbischen, elsässischen und schweizerischen Dichter dieser Zeit gewirkt, darunter König Konrad IV. (Konradin?), Brunwart von Oughein (gest. um 1300; 5 Lieder), Walther von Klingen (gest. 1286; 8 Lieder). Sie stellen sich in der sentimentalen Pose des Leidens dar, der Tod aus unerwiderter Liebe wird zu einer konventionellen Phrase.

Wie kaum anders zu erwarten, zeigen die Berufsdichter, die sich mit dem Minnesang befaßt haben, ein erhebliches Maß an Eigenständigkeit. Hauptmerkmal der Minnelieder **Konrads von Würzburg**, unter ihnen drei Tagelieder, ist ihre extreme Schematisierung. Fast alle sind dreistrophig, fast alle zeichnen sich durch großen Reimreichtum aus. Der Autor hat sich die beiden Typen der Sommer- und der Winterlieder selbst geschaffen (keine Verbindung zu Neidhart!). Ich-Bezug ist selten, die Lieder preisen durchweg die Frauen und die Liebe im allgemeinen, nicht eine bestimmte Frau. Vermutlich handelt es sich um Tanzlieder, die ihren Platz bei den Festen der Basler Oberschicht hatten.

Die nicht sehr zahlreichen thüringischen Minnesänger des späten 13. und frühen 14. Jh.s bieten kein einheitliches Bild. Der zeitlich nicht genauer bestimmbare Dürinc (7 Lieder) zeigt sich vor allem von Konrad von Würzburg und von Neifen beeinflußt; Einflüsse des größten Minnesängers aus Thüringen, Heinrichs von Morungen (vgl. S. 173 ff.), konstatiert man bei Heinrich Hetzbold von Weißensee (gest. um 1345; 8 Lieder), weniger deutlich bei Kristan von Luppin (gest. um 1312; 7 Lieder).

Aus der Gruppe der späten Schweizer Minnesänger ragt der schon erwähnte **Johannes Hadloub** durch den Umfang und die Vielfalt seines Schaffens heraus; neben Minneklagen stehen Tagelieder, Lieder in der Nachfolge Neidharts, ein Lied über die Sorgen des Hausherrn, schließlich Lieder zum Preis des Herbstes. Mit ihnen knüpft Hadloub an einen der originellsten späten Minnesänger an, an **Steinmar** (2. Hälfte 13. Jh.; 14 Lieder). Steinmars berühmtes Herbstlied (Nr. 1) kontrastiert die detailliert ausgemalten Genüsse herbstlichen Schlemmens mit der Freudlosigkeit vergeblichen Minnedienstes. In der sogenannten Tageliedparodie (Nr. 8) erleben Knecht und Magd die morgendliche Abschiedssituation auf dem Stroh – sie müssen sich trennen, weil das Vieh herausgelassen werden muß.

Von einigen Autoren schließlich sind nur »objektive« Lieder erhalten. Manche, etwa der Basler **Göli** (2. Hälfte 13. Jh.; 4 Lieder), dichten in der Nachfolge Neidharts, von einigen sind nur Texte vorhanden, die zum »Gegensang« gehören, etwa von dem zeitlich und räumlich nicht näher bestimmbaren **Kol von Niunzen**: eine Pastourelle, je eine Strophe auf Vulva und Penis, natürlich in scherzhafter Einkleidung, schließlich der in Handwerksmetaphorik (vgl. Neifens Büttnerlied) gekleidete handfeste Wunsch nach sexueller Vereinigung.

Leich

Der Leich stellt die Prunk- und Großform der mittelalterlichen deutschen Lieddichter dar; zur Etymologie vgl. S. 109. Es handelt sich um umfangreiche Dichtungen, in der Regel mit über hundert oft besonders kunstvoll gereimten Versen (der längste Leich umfaßt rund 900 Zeilen). Die Zeilen sind in unterschiedlichen strophenartigen Abschnitten, Versikeln, angeordnet. Anders als bei den Strophenliedern oder den Sangsprüchen wird bei den Leichs nicht immer wieder ein und dieselbe Melodie wiederholt, die Stücke sind vielmehr plan- und kunstvoll versikelweise durchkomponiert, wobei einzelne musikalische Abschnitte bisweilen repetiert werden. Typologisch verwandte Formen der mittellateinischen und romanischen Liedkunst sind die Sequenz (vgl. dazu S. 97), der Planctus, der Conductus, die Estampie, der Lai und der Descort.

Die Geschichte des Leichs beginnt im späten 12. Jh. und endet um die Mitte des 14. Jh.s. Erhalten haben sich etwa 45 derartige Stücke, zu rund einem Viertel davon ist auch die Melodie überliefert. In den selteneren religiösen Leichs – etwa ein Viertel des Bestandes – geht es um das Lob der Trinität, um Christus und Maria – oft sind alle drei Themen ineinandergewoben. Die häufigeren weltlichen Leichs thematisieren in allgemeiner Weise die Liebe, auch den Preis aller Frauen oder einer bestimmten Dame in meist besonders kunstvoller Darstellung; in den Tanzleichs wird abschließend zum Tanz aufgefordert.

Friedrich von Hausen (vgl. S. 124 ff.) und Hartmann von Aue (S. 169 ff.) sind als Leichdichter bezeugt, doch sind ihre Texte nicht erhalten. Die ältesten Stücke noch des 12. Jh.s sind der Minneleich **Ulrichs von Gutenburg** (vgl. S. 127) und der Kreuzleich **Heinrichs von Rugge** (vgl. S. 127). Unter den späteren Autoren finden sich sowohl Berufsdichter wie adlige Dilettanten, letztere vorwiegend im Bereich des weltlichen Leichs. Viele Dichter haben neben Texten anderer Art nur einen einzigen Leich verfaßt – sie wollten wohl beweisen, daß sie in der Lage waren, die schwierige Dichtart zu meistern. Unter ihnen findet sich Walther von der Vogelweide, der, wie bereits erwähnt (S. 185), einen religiösen Leich dichtete, ebenso wie die renommierten Berufsdichter Reinmar von Zweter (gest. um 1250; Melodie erhalten) und

Hermann Damen (um 1300; Melodie erhalten). Weltliche Leichs dichteten der Berufsautor Wilder Alexander (2. Hälfte 13. Jh.; Melodie erhalten) und adlige Dilettanten wie etwa Ulrich von Lichtenstein (vgl. S.235), Otto von Botenlauben (vgl. S.232), Heinrich von Sax (um 1260). Andere Dichter räumten dem Leich einen gewichtigeren Platz in ihrem Schaffen ein. Bei **Ulrich von Winterstetten** (vgl. S. 235 f.) stehen neben den 40 Minneliedern nicht weniger als 5 Minneleichs. Der vielseitigste Autor der mhd. Literaturgeschichte, **Konrad von Würzburg** (gest. 1287), bewies seine Meisterschaft sowohl durch einen religiösen als auch durch einen weltlichen Leich. Weiter ist **Heinrich Frauenlob** (gest. 1318) zu nennen. Dieser bedeutendste Autor der Zeit um 1300 hinterließ neben zahlreichen Sangsprüchen und den erhaltenen sieben Minneliedern die im »geblümten« Stil (vgl. S. 236) abgefaßten komplexesten und nahezu umfangreichsten Leichdichtungen überhaupt: den Marienleich, den Kreuzleich und den Minneleich (alle mit Melodie erhalten).

Schließlich gab es einige Leichspezialisten. In erster Linie zu nennen ist hier der **Tannhäuser** (gest. nach 1266), der neben Sangsprüchen und Minneliedern nicht weniger als 6 originelle und schwungvolle Tanzleichs verfaßte (zu Leich IV ist die Melodie erhalten). Gleichfalls 6 Leichs (davon einen mit religiöser Thematik) dichtete Rudolf von Rotenburg (1.Hälfte 13. Jh.; daneben 16 Minnelieder), 3 hinterließ Der von Gliers (um 1300).

Die Formgesetze der Leichs sind insgesamt noch nicht hinreichend erforscht. Die beiden weithin üblichen Grundmuster lassen sich an den Leichs Konrads von Würzburg demonstrieren. Der religiöse Leich (244 Verse) ist in 22 Versikel aus jeweils metrisch identischen Hälften gegliedert. Vgl. etwa Versikel 1:

4–a 5b 4–a 5b // 4–a 5b 4–a 5b A//A.

Eindeutige Wiederholungen von Versikeln sind nicht feststellbar, ebensowenig gibt es eine übergeordnete Bauform (die Melodie ist nicht erhalten). Der Leich stellt somit eine Folge in sich gedoppelter unterschiedlicher Bauglieder dar, die sich schematisieren läßt als: AA BB CC ... VV. Aufgrund der formalen Nähe zur kirchlich-lateinischen Sequenz spricht man vom Sequenz-Typ.

Kennzeichnend für den Minneleich (138 Verse), dessen Melodie ebenfalls verloren ist, ist hingegen die sehr straffe formale Disposition in zwei je dreigeteilte Teile aus nur fünf mit einer Ausnahme mehrfach auftretenden paarigen Versikeln (und deutlicher Markierung der Teile auch durch sprachliche Signale):

1. Teil	V. 1–14	AB	2. Teil	V. 67– 98	CADE
	V. 15–38	AABB		V. 99–126	DADE
	V. 39–66	AABB		V. 127–138	DA.

Dieser Typ, bei dem einzelne Versikelformen rondoartig wiederkehren, wird als Estampie-Typ bezeichnet.

Sangspruchdichtung

Die frühesten Sangspruchdichter sind Herger und Spervogel (vgl. S. 128 ff.), zu einer dem Minnesang gleichrangigen Gattung wurde der Sangspruch durch Walther von der Vogelweide (vgl. S. 182 ff.). Aus der Zeit nach Walther bis etwa zur Mitte des 14. Jh.s sind etwa 60 Spruchdichter bekannt, darunter auch Gelegenheitsautoren wie der große Epiker Gottfried von Straßburg (vgl. S. 223 ff.), dem zwei Spruchstrophen zugeschrieben werden, und eine Reihe von Kleinautoren mit relativ wenigen Strophen. Die bedeutendsten Spruchdichter der ersten Hälfte des 13. Jh.s sind **Bruder Wernher** (gest. um 1250; 76 Strophen in 9 Tönen), **Reinmar von Zweter** (gest. um 1250; etwa 285 Strophen in 6 Tönen, davon ca. 250 im Frau-Ehren-Ton) und der **Marner** (gest. um 1270; ca. 58 Strophen in 7 Tönen). Diese drei Dichter stehen stilistisch und thematisch Walther von der

Vogelweide nahe; lediglich der Marner zeigt bereits Anzeichen der um die Jahrhundertmitte erheblich zunehmenden, bisweilen etwas kraus erscheinenden Gelehrsamkeit, z.B. darin, daß er Naturtatsachen anhand der Tradition der Naturkunde des ›Physiologus‹ (vgl. S. 83) verkündet und heilsgeschichtlich deutet. Herausragende Spruchdichter in der zweiten Hälfte des 13. Jh.s waren **Friedrich von Sonnenburg** (gest. um 1275; 73 Strophen in 4 Tönen), der schon mehrfach erwähnte **Konrad von Würzburg** (gest. 1287; 51 Strophen in 7 Tönen), der **Meißner** (um 1280; 128 Strophen in 20 Tönen), **Rumelant von Sachsen** (gest. nach 1286; 107 Strophen in 10 Tönen) und **Hermann Damen** (um 1300; 39 Strophen in 5 Tönen); zu den kleineren Autoren dieser Zeit gehört übrigens **Süßkint von Trimberg** (12 Strophen in 5 Tönen), vielleicht der erste jüdische Dichter deutscher Sprache. Die wichtigsten Autoren des frühen 14. Jh.s sind der unter den Leichdichtern schon genannte **Heinrich Frauenlob** (gest. 1318; ca. 320 Strophen in 9 Tönen) und **Regenbogen** (gest. nach 1318; wie viele der zahlreichen unter seinem Namen überlieferten Strophen und Töne wirklich von ihm stammen, läßt sich aufgrund der Überlieferungslage nicht sagen).

Die meisten Spruchdichter bezogen ihren Lebensunterhalt aus dem Ertrag ihres Dichtens und Singens. Sie zogen von Hof zu Hof, von Burg zu Burg, von Hoftag zu Hoftag, um dort gegen Bezahlung oder gegen sonstige Gaben aufzutreten. Ihre ständische Abkunft ist durchweg ungeklärt, sie ist auch ohne Belang. Kein Wunder, daß das Thema *milte*, »Freigebigkeit«, bei ihnen eine große Rolle spielt. Sie bezeichneten sich selbst als *gernde*, als Leute, die Gaben fordern, und wurden auch von Außenstehenden so genannt. Öfter begegnet die Formulierung, sie seien darauf aus, *guot umb êre* zu erlangen, d.h., der Wohltäter habe für seine Gaben *êre*, öffentliches Ansehen, zu erwarten. Einige, etwa Walther von der Vogelweide, der in Basel als gefragter Literaturproduzent ansässige Konrad von Würzburg, der in

Prag, in Norddeutschland und später am Hof des Mainzer Erzbischofs tätige Heinrich Frauenlob, erreichten eine einigermaßen gesicherte Existenz; für viele andere war indes wohl eher ein unbehaustes Wanderleben charakteristisch (vgl. S. 129).

Als Aufgabe ihrer Kunst sahen es die Spruchdichter an, an Heilstatsachen zu erinnern, adliges Bewußtsein und rechtes Verhalten zu lehren, den Ruhm einzelner Adliger und Fürsten zu mehren und als deren Sprachrohr politische Einflußnahme zu versuchen. Dies geschah unter Konkurrenzdruck von innen, von zahlreichen Dichterkollegen, wie von außen, von anderen Fahrenden, die sich um das zahlende Publikum bemühten. Gegenüber der äußeren Konkurrenz durch Epenerzähler, Ringkämpfer, Seiltänzer, Instrumentalmusiker usw. mußte der Rang der eigenen Tätigkeit deutlich gemacht werden. Hierher gehört das Pochen auf *kunst*, d.h. auf Gelehrsamkeit in theologischen, moraldidaktischen und naturkundlichen Fragen, ferner das Beharren auf der großen und ruhmreichen Tradition, in der man stand. Die großen Dichter der Vergangenheit wurden gelegentlich in Dichterkatalogen aufgezählt. Der Titel *meister*, deutsche Form des lateinischen *magister*, mit dem die Sänger sich selbst bezeichneten und den ihnen auch Außenstehende gaben, betonte ihren Rang. Dazu kamen oft klangvolle Dichternamen. Höllenfeuer (2. Hälfte 13. Jh.; 7 Strophen in 1 Ton) oder der etwa gleichzeitige Fegfeuer (20 Strophen in 2 Tönen) drohten schon durch ihre Namen denen, die ihnen nicht zuhörten und dem Gebot der *milte* entsprachen, Schreckliches im Jenseits an. Andere Namen wie etwa Der wilde Alexander – »Der in der Fremde herumziehende Alexander« – (Mitte/Ende 13. Jh.; 24 Strophen in 1 Ton), der den im Mittelalter für die Neugier, mit der er ferne Länder erforschte, beispielhaften Makedonenkönig herbeizitierte, hoben mehr die Weitgereistheit hervor: da kommt einer aus fernen Gegenden und kann deshalb etwas erzählen.

Beim internen Rangstreit suchte man die Kollegen durch möglichst abseitige gelehrte Wissensstoffe, ferner durch die zunehmende Verwendung des oft dunklen »geblümten« Stils zu übertrumpfen. Zahlreiche literarische Polemiken geben Einblick in den Literaturbetrieb. Gelegentlich scheint es zu regelrechten Dichterwettkämpfen gekommen zu sein. Ein fiktives Bild davon gibt das in zwei Spruchtönen abgefaßte Konglomerat des ›Wartburgkriegs‹, dessen Kern um 1235 gedichtet, das dann aber bis gegen 1300 immer mehr erweitert wurde. Es geht darin um einen Sängerkrieg auf der Wartburg mit berühmten Dichtern wie Walther von der Vogelweide, Reinmar von Zweter, Wolfram von Eschenbach.

Ob ein Spruchdichter Maria oder die Menschwerdung Christi preisen, ob er politische Strophen oder Kollegenschelte dichten oder ob er naturkundliches Wissen verbreiten wollte: er tat dies in Strophenformen, die er nicht erst zu diesem Anlaß erfand und die er keineswegs – wie beim Minnelied üblich – nur für einen einzigen Text verwendete. In der Spruchdichtung galt das Prinzip des Dichtens in vorher fixierten, immer wieder gebrauchten Tönen (Ton ist die Gesamtheit von metrischem Schema, Reimschema und Melodie). Manche Spruchdichter erfanden und benutzten zeitlebens offenbar nur einen einzigen Ton. Von den etwa 60 Autoren der Zeit nach Walther von der Vogelweide verwendeten nur neun mehr als fünf Töne, mehr als zehn Töne, nämlich zwanzig, finden sich nur beim Meißner. In der Regel benutzte man nur eigene, selbsterfundene Töne, fremde griffen professionelle Spruchdichter in der Regel nur auf, wenn sie gegen den Urheber des Tons polemisieren wollten oder etwa, um seinen Tod zu beklagen. Übrigens sind zu etwa 60% der rund 160 Spruchtöne dieser Epoche die Melodien überliefert, hauptsächlich in der ›Jenaer Liederhs.‹ J (vgl. S. 111).

Schon im 13. Jh. scheint man Töne öfter mit Namen versehen zu haben, seit dem 14. Jh. wurde dies dann zur Regel.

Zum einen gab man den Namen des Tonerfinders an, zum andern einen Eigennamen des Tons, also etwa: Frauenlob, Grüner Ton; Reinmar von Zweter, Frau-Ehren-Ton; Marner, Kurzer Ton. Die Namen beziehen sich meist auf inhaltliche Momente einer bestimmten Strophe (der Grüne Ton hat seinen Namen nach dem Beginn einer Strophe: *Ich saz uf einer grüne*), auf sonstige auffällige inhaltliche Besonderheiten (etwa auf die bei Reinmar mehrfach vorkommende Personifikation der Frau Ehre) oder auf eine formale Besonderheit (Kurzer Ton im Gegensatz zum Langen Ton des gleichen Autors).

Prinzipiell, d. h. nicht völlig ausnahmslos, gilt Einstrophigkeit. Auch das steht im Gegensatz zur Minnelieddichtung, in der Mehrstrophigkeit die Regel ist. In der Spruchdichtung bildet normalerweise jede Strophe ein abgeschlossenes Ganzes, oft ist die entscheidende Aussage pointiert am Schluß plaziert. Freilich schloß dieses Prinzip nicht aus, daß bisweilen mehrere Strophen in mehr oder weniger deutlichen Zusammenhang traten. Der Tendenz zur Einstrophigkeit ist wohl auch zuzuschreiben, daß Spruchtöne meist mehr und oft längere Verszeilen haben als Minneliedtöne. Im übrigen galt seit Walther uneingeschränkt die dreiteilige Kanzonenform AAB. Nach etwa 1240 findet sich öfter auch die Abart der Kanzone mit 3. Stollen AABA, d.h., am Schluß des Abgesangs (B) wurde formal und musikalisch der Aufgesangsstollen (A) wiederholt (vgl. S. 118).

Geistliches Lied

Das geistliche Lied des Mittelalters stellt keinen einheitlichen Liedtyp dar, vielmehr handelt es sich um ein Konglomerat von Texten, an dem zahlreiche Liedtypen teilhaben. In der lateinischen Liturgie hatte die Volkssprache nichts zu suchen, allerdings konnten bestimmte Arten geistlicher Lieder gelegentlich in losen Zusammenhang mit dem Ritus treten. Die hierher gehörenden Lieder bezeichnet man als Gemeindelieder oder Leisen (da ihr Refrain mit *kyrieleis* endet). So konnte etwa das um 1160 erstmals belegte Lied ›Christ, der ist erstanden‹ als Predigtlied zum Abschluß lateinischer Osterfeiern gesungen werden; auf das älteste deutsche Prozessionslied, das ahd. ›Petruslied‹ (9. Jh.), wurde schon hingewiesen (S.69). Auch im Bereich des höfischen Liedes findet sich vielfach geistliche Thematik: im Minnelied, sofern es – in den Kreuzliedern (vgl. S.125 f.) – darum geht, irdische Minne und ewiges Heil gegeneinander abzuwägen, in den religiösen Leichs (vgl. S.239 f.), in zahlreichen Sangsprüchen, in den Kreuz- und Altersliedern Walthers von der Vogelweide (vgl. S. 185 f.). Außerdem enthalten die Liederhss. des 13./14. Jh.s noch weitere geistliche Texte, vor allem die vielstrophigen Marienlieder (Pseudo-)Gottfrieds von Straßburg, (Pseudo-)Konrads von Würzburg, des Zürcher Dominikaners Eberhard von Sax (urk. 1309), des Spruchdichters Sigeher (um 1250/70; außerdem 18 Strophen in 5 Tönen). Zu Marienliedern des 12. Jh.s vgl. S.96 f. Besonders hervorzuheben sind einige Texte des schon mehrfach genannten Berufsdichters **Wilder Alexander** (Mitte/Ende 13. Jh.). Er hinterließ neben zwei Minneliedern, dem Minneleich und 24 Spruchstrophen ein eigentümlich zwischen Leich, Minnelied und Sangspruch schwebendes Lied (IV), dessen Deutung – politisches oder religiös-allegorisches Gedicht? – umstritten ist, ferner ein im 13. Jh. für sich stehendes Weihnachtslied (I) und schließlich das berühmte ›Kindheitslied‹ (V). Das in einer zweiteiligen Form (AB) abgefaßte siebenstrophige Lied ist eine geistliche Allegorie, in der auf die Allgegenwart der Sünde angespielt wird. Es werden Szenen aneinandergereiht, in denen Vergänglichkeit und eine sich steigernde Bedrohlichkeit suggestiv zum Ausdruck kommen.

Literaturhinweise

Ausgaben: HMS: F. H. von der Hagen (Hrsg.), Minnesinger, 4 Bde., 1838 [vollständigste Ausgabe der mhd. Lieddichtung, veraltet, jedoch für einige Sangspruchdichter noch nicht ersetzt]. – SMS: K. Bartsch (Hrsg.), Die Schweizer Minnesänger, 1886; Neubearbeitung v. M. Schiendorfer, 1990. – KLD: C. v. Kraus (Hrsg.), Dt. Liederdichter des 13. Jh.s, 2 Bde., ^{2}1978. – W. Höver / E. Kiepe, Gedichte von den Anfängen bis 1300, 1978 (zweisprachig; dtv). – U. Müller / G. Weiss, Dt. Gedichte des MAs, 1993 (zweisprachig; RUB). – R. Hausner (Hrsg.), *Owe do tagte ez.* Tagelieder u. motivverwandte Texte, 1983 (GAG). – M. Backes / A. Wolf (Hrsg.), Tagelieder des dt. MAs, 1992 [u. ö.] (zweisprachig; RUB). – E. Kiepe / H. Kiepe (Hrsg.)., Gedichte 1300–1500, 1972 (zweisprachig; dtv). – Ulrich v. Lichtenstein, ›Frauendienst‹: R. Bechstein, 2 Bde., 1888 [mit fortlaufendem Kommentar]. – Konrad v. Würzburg (Lieder, Leichs, Sprüche): E. Schröder, 1926 [u. ö.] (Kleinere Dichtungen, Bd. 3). – Göli: M. Bärmann, 1995. – Hadloub: M. Schiendorfer, 1986 (zweisprachig); R. Leppin, 1995. – Frauenlob: K. Stackmann / K. Bertau, 2 Bde., 1981; J. Haustein / K. Stackmann, 2 Bde., 2000 [Supplement]. – Tannhäuser: J. Siebert, 1934; H. Lomnitzer / U. Müller, 1973 (Litterae; mit den Melodien). – Reinmar v. Zweter: G. Roethe, 1887. – Der Marner: Ph. Strauch, 1876. – Friedrich v. Sonnenburg: A. Masser, 1979 (ATB; mit den Melodien). – Der Meißner: G. Objartel, 1977. – ›Wartburgkrieg‹: T. A. Rompelman, 1939. – Boppe: H. Alex, 1998 (Hermaea).

Forschungsliteratur: H. Apfelböck, Tradition u. Gattungsbewußtsein im dt. Leich, 1991 (Hermaea). – K. H. Bertau, Sangverslyrik. Über Gestalt u. Geschichtlichkeit mhd. Lyrik am Beispiel des Leichs, 1964. – S. Ch. Brinkmann, Die deutschsprachige Pastourelle, 1985 (GAG). – H. Brunner, Die alten Meister, 1975 (MTU). – H. Brunner / H. Tervooren (Hrsg.), Neue Forschungen zur mhd. Sangspruchdichtung, in: ZfdPh 119 (2000), Sonderheft. – C. Edwards [u. a.] (Hrsg.), Lied im dt. MA, 1996. – M. Egidi, Höfische Liebe: Entwürfe der Sangspruchdichtung, 2002. – S. Fritsch-Staar, Unglückliche Ehefrauen, 1995. – J. Haustein, Marner-Studien, 1995 (MTU). – J. Haustein / R.-H. Steinmetz (Hrsg.), Studien zu Frauenlob u. Heinrich v. Mügeln, 2002. – J. Janota, Studien zu Funktion u. Typus des dt. geistlichen Liedes im MA, 1968 (MTU). – H. Kischkel, Tannhäusers heimliche Trauer, 1998 (Hermaea). – Ch. Kreibich, Der mhd. Minneleich, 2000. – H. Kuhn, Minnesangs Wende, ^{2}1967. – U. Müller, Untersuchungen zur politischen Lyrik des dt. MAs, 1974 (GAG). – S. Ranawake, Höfische Strophenkunst, 1976 (MTU). – RSM: H. Brunner / B. Wachinger (Hrsg.), Repertorium der Sangsprüche u. Meisterlieder des 12. bis 18. Jh.s, 16 Bde., 1986 ff. – O. Sayce, The Medieval German Lyric 1150–1300, 1982. – W. Schröder (Hrsg.), Cambridger ›Frauenlob‹-Kolloquium 1986, in: Wolfram-Studien 10 (1988). – E. Schubert, Fahrendes Volk im MA, 1995. – G. Schweikle, Minnesang, 1989 (SM). – K. Stackmann / J. Haustein, Wörterbuch zur Göttinger Frauenlob-Ausgabe, 1990. – H. Tervooren (Hrsg.), Gedichte u. Interpretationen: MA, 1993 (RUB). – H. Tervooren, Sangspruchdichtung, 1995 (SM). – A. H. Touber, Dt. Strophenformen des MAs, 1975. – B. Wachinger, Sängerkrieg, 1973 (MTU). – B. Weber, Œuvre-Zusammensetzungen bei den Minnesängern des 13. Jh.s, 1995 (GAG). – P. Weidisch (Hrsg.), Otto v. Botenlauben, 1994.

2. Großepik

Heldenepische Dichtungen

Heldenepische Dichtungen spielen seit dem ›Nibelungenlied‹ eine beträchtliche Rolle, vgl. Übersicht f. Grundsätzlich gilt für Texte dieser Art das, was S. 134 ff. ausgeführt wurde; vgl. auch zum ›Nibelungenlied‹ S. 201 ff. Häufig wurden Heldendichtungen in besonderen Sammelhss. zusammengestellt: schon auf die Zeit um 1300 datiert werden die Fragmente einer solchen Sammlung in rheinfränkischer Schreibsprache, weiter zu nennen sind das ›Dresdner Heldenbuch‹ (um 1472), ›Lienhard Scheubels Heldenbuch‹ (Nürnberg; 1480/90), zwei Straßburger ›Heldenbücher‹ (1476 und um 1480), das berühmte ›Ambraser Heldenbuch‹ (1504/17) Kaiser Maximilians I., das freilich auch Artusepik und Kleinepik enthält, vor allem aber das ›Gedruckte Heldenbuch‹ (sechs Ausgaben zwischen 1479 und 1590) mit ›Ortnit‹, ›Wolfdietrich‹, ›Rosengarten‹ und ›Laurin‹, dazu, als Einleitung, die sogenannte ›Heldenbuchprosa‹ (Abb. 13). ›Eckenlied‹, ›Sigenot‹, ›Jüngeres Hildebrandslied‹ und ›Hürnen Seyfrid‹ blieben in Einzeldrucken bis über das 16. Jh. hinaus lebendig. Die Variabilität der Texte ist erheblich; vielfach sind ganz unterschiedliche Versionen oder auch untereinander stark abweichende Fassungen erhalten.

hie kamen zwelff ſchachman oder mörder an herr Wolfdieterichen/ die ſchlůg er alle nach einander zů tode

ich will im kreftigkliche
abzerren ſeinen helm
das mercken all geliche
dem kreftloſen ſchelm
Gotterolf vnd fiere
der ſchacher ſint genant
er ſprach ich hab in ſchiere
geſeczet auff das lant
ſeiner eiſſen hoſen harte
der müſz ich haben ein
mit meiner helmbarte
ſchlach ich im ab ein bein
Offenbort an den ſeiten
der fünfte iſt gezalt
er ſprach ich will auch ſtreiten
gegen im mit gewalt
yederman nymbt was er gert
ir traut geſellen mein
zwar ſein vil gůtes ſchwert
müſz hie mein eigen ſein
Ortwein ein ſchachere
der feſte ſo man ſeit
der ſprach gar freiſſe mere
mir müſz auch weſen leit
in allen meinen ſinnen
ſol mir vom iungen man
auch folgen nit von hinnen
ſein blatt die müs ich han

Abb.13 Eine Seite aus dem ältesten Druck des ›Gedruckten Heldenbuchs‹, Straßburg, um 1483 (eine Szene aus dem ›Wolfdietrich‹)

Anonymität blieb auch nach dem ›Nibelungenlied‹ eine Art Gattungskennzeichen; nur das Fragment des ›Goldemar‹ ist mit einem glaubhaften Autornamen verbunden, andere Autorangaben (Wolfram von Eschenbach, Heinrich der Vogler) sind als fiktiv anzusehen.

Wie das ›Nibelungenlied‹ sind die meisten Heldendichtungen in singbaren Strophen abgefaßt; erhalten haben sich die Melodien des Hildebrandstons, der Heunenweise und des Bernertons. Fast alle heldenepischen Strophenformen sind strukturell nahe verwandt mit der Nibelungenstrophe (vgl. deren Schema S. 114). Der Hildebrandston (vgl. Melodie II) ist mit ihr identisch bis auf den Abvers der vierten Zeile, der bei ihm nicht verlängert ist (letzte Zeile demnach 3–/3 b statt 3–/4 b). Versieht man den Hildebrandston an den Zäsurstellen der Langzeilen mit Reimen und löst ihn in Kurzverse auf, so ergibt sich die Heunenweise. Die erhaltene Melodie dieses Tons zeigt keine Verwandtschaft mit dem Hildebrandston; sie bedient sich der Kanzonenform. Andersartige Varianten der Nibelungenstrophe stellen die Walther- und Hildegund-Strophe, die Kudrunstrophe, die Rabenschlachtstrophe und die Dukus-Horant-Strophe dar. Für sich steht der viel verwendete Bernerton. Diese Strophenform, eine Kanzone, die in der 1. Hälfte des 13. Jh.s geschaffen wurde (von Albrecht von Kemenaten, dem Dichter des ›Goldemar‹?), orientiert sich formal an gleichzeitigen Sangspruchtönen (vgl. Melodie IV).

Im wesentlichen lassen sich die Heldendichtungen in zwei größere Zyklen ordnen. Zum rheinisch-burgundisch-niederländischen Kreis mit dem Wormser Hof im Zentrum und Siegfried als herausragendem Helden gehört außer dem ›Nibelungenlied‹ und der ›Klage‹ das erst spät überlieferte ›Lied vom Hürnen Seyfrid‹, ein ziemlich uneinheitliches, wohl aus verschiedenen Vorlagen zusammengesetztes Gedicht, in dem vor allem die Jugendabenteuer Siegfrieds erzählt werden (vgl. S. 206). Anschließen kann man die Geschichte Walthers von Aquitanien und seines Kampfes

Melodie IV ›Eckenlied‹, 2. Str. Melodie des Bernertons nach der Hs. Jena, UB, El.fol. 100 (Hs. des Meistersingers Valentin Voigt von 1558). Die unterpungierten Vokale sind beim Vortrag zu elidieren. Übersetzung: »Es saßen Helden in einer Halle. Sie sprachen über zahllose Wundertaten auserlesener Helden. Der eine war Herr Vasolt (schöne Damen waren ihm gewogen), der zweite war Herr Ecke, der dritte der wilde Ebenrot. Sie waren sich einig, daß keiner in Kampfesnot kühner sei als Herr Dietrich von Bern: der sei der größte aller Helden. Der alte Hildebrand hingegen sei kühn und klug zugleich.«

gegen die Burgunden, vor allem Hagen und Gunther. Sie ist vollständig nur aus dem mittellat. ›Waltharius‹ bekannt (vgl. S. 54 f.), von einem deutschen Gedicht des 13. Jh.s haben sich nur wenige Reste erhalten.

Zentraler Held der meisten Heldendichtungen ist der schon im ahd. ›Hildebrandslied‹ vorkommende Dietrich von Bern (Bern ist der alte deutsche Name für Verona), der Ostgotenkönig Theoderich der Große, der 489/493 Italien eroberte und 526 in Ravenna starb. In den mhd. Dietrichepen wird Dietrich von seinem Oheim Ermanarich (Ermrich) aus seinem oberitalienischen Reich ins Exil, an den Hof des Hunnenkönig Etzel (Attila), vertrieben. In der sogenannten aventiurehaften Dietrichepik werden vorwiegend Jugendabenteuer Dietrichs im Südtiroler Gebirge erzählt, die sogenannte historische Dietrichepik handelt von Dietrichs Vertreibung und von seinen Versuchen, sein Reich zurückzugewinnen.

Das ›Eckenlied‹ erzählt vom Kampf Dietrichs gegen den jungen Riesen Ecke, den er gegen seinen Willen töten muß. In ›Sigenot‹ wird Dietrich von dem Riesen Sigenot gefangengenommen, jedoch von seinem Waffenmeister Hildebrand wieder befreit. Im ›Laurin‹ kämpft Dietrich mit seinen Helden gegen den Zwergenkönig Laurin. In der ›Virginal‹ treten sie für die Königin Virginal gegen einen Riesen, gegen Heiden und Drachen an. Eine kuriose Verknüpfung mit dem rheinischen Heldenkreis stellt der ›Rosengarten zu Worms‹ dar; darin besteht Dietrich mit seinen Helden erfolgreich Zweikämpfe gegen Siegfried und die Wormser Helden. Verwandt ist das Reimpaarepos ›Biterolf und Dietleib‹, in dessen 2. Teil wiederum die Helden des rheinischen Kreises mit Walther von Aquitanien gegen die des gotischhunnischen Kreises mit Dietrich antreten.

›Dietrichs Flucht‹, auch ›Buch von Bern‹ genannt, und ›Rabenschlacht‹, d. h. Schlacht bei Ravenna, werden trotz unterschiedlicher metrischer Form stets zusammen überliefert. In ›Dietrichs Flucht‹ verliert Dietrich sein Reich an

Ermanarich (Ermrich). Er findet Aufnahme bei Etzel und Königin Helche. In der ›Rabenschlacht‹ siegt Dietrich, doch werden Etzels und Helches Söhne und Dietrichs Bruder getötet; erneut kehrt der König an den Hof Etzels zurück. In ›Alpharts Tod‹ fällt Dietrichs Held Alphart nach großen Heldentaten; Ermrich wird besiegt. Anschließen kann man das ›Jüngere Hildebrandslied‹ und ›Ermenrikes dot‹. Die erste Ballade berichtet vom Zweikampf zwischen dem zurückkehrenden Hildebrand und seinem Sohn – doch anders als im ahd. ›Hildebrandslied‹ (vgl. S. 52 ff.) mit Happy-End; im zweiten Gedicht wird Ermrich von Dietrich enthauptet.

Die reich überlieferten, sehr erfolgreichen Dichtungen ›Ortnit‹ und ›Wolfdietrich‹ werden fast stets zusammen tradiert. Die Verbindung zur Dietrichepik wird durch die Genealogie hergestellt: die beiden Titelhelden erscheinen als Vorfahren Dietrichs. ›Ortnit‹ ist ein Brautwerbungsepos, das Verwandtschaft mit dem ›König Rother‹ (vgl. S.142 ff.) aufweist: König Ortnit erwirbt die Tochter eines Heidenkönigs; er fällt im Schlaf einem Lindwurm zum Opfer, der aus einem vom rachsüchtigen Schwiegervater geschickten Drachenei geschlüpft ist. Wolfdietrich heiratet nach abenteuerlicher Kindheit und Jugend schließlich Ortnits Witwe.

Eine »potenzierte« Brautwerbungsgeschichte bietet die für sich stehende ›Kudrun‹, der die auch in skandinavischen und altenglischen Quellen belegte Hildesage zugrunde liegt: nach dem Raub der Braut Hilde töten sich Schwiegervater und Bräutigam im Kampf gegenseitig. Die Handlung der ›Kudrun‹ umfaßt vier Generationen: König Sigebant von Irland heiratet die norwegische Prinzessin Ute; ihr in der Wildnis herangewachsener Sohn Hagen vermählt sich mit Hilde; die gemeinsame Tochter, die ebenfalls Hilde heißt, wird von König Hetel von Hegelingen entführt, Schwiegervater und Bräutigam werden durch die jüngere Hilde versöhnt; Hetels und Hildes Tochter Kudrun wird Herwig von Seeland versprochen, dann jedoch von Hartmut von der Normandie entführt, der nacheilende Hetel wird erschla-

Übersicht f

Heldenepische Dichtungen

Nibelungen- und Siegfrieddichtung

1. ›Nibelungenlied‹ (um 1200; Nibelungenstrophen).
2. ›Nibelungenklage‹ (um 1200?; Reimpaare).
3. ›Lied vom Hürnen Seyfrid‹ (ältester Druck um 1530, Existenz um 1400 belegbar, Entstehung im 13. Jh. möglich; Hildebrandston).
4. ›Eine Wunderschöne Historie von dem gehörnten Siegfried‹ (Prosafassung von Nr. 3; ältester belegter, jedoch nicht erhaltener Druck 1657, ältester erhaltener Druck 1726).

Walther-und-Hildegund-Dichtung

1. ›Waltharius‹ (9./10. Jh.; lateinisches Hexameterepos).
2. ›Walther und Hildegund‹ (13. Jh., Fragment; Walther-und-Hildegund-Strophen).

Dietrichepik

a) Historische Dietrichepik

1. Ahd. ›Hildebrandslied‹ (um 800, Fragment; Stabreimverse).
2. ›Jüngeres Hildebrandslied‹ (überliefert seit dem 15. Jh., Entstehung im 13. Jh. wahrscheinlich; Hildebrandston).
3. ›Ermenrikes dot‹ (überliefert um 1540, Entstehung von Vorstufen im 13. Jh. möglich; Hildebrandston).
4. ›Alpharts Tod‹ (um 1250/80?, Fragment; teils Nibelungenstrophen, teils Hildebrandston).

5. ›Dietrichs Flucht‹ (›Buch von Bern‹) (2. Hälfte 13. Jh.; Reimpaare).
6. ›Rabenschlacht‹ (2. Hälfte 13. Jh.; Rabenschlachtstrophen).

b) Aventiurehafte Dietrichepik

1. ›Eckenlied‹ (1. Hälfte 13. Jh., drei Versionen; Bernerton).
2. ›Sigenot‹ (13./14. Jh., zwei Versionen; Bernerton).
3. Albrecht von Kemenaten: ›Goldemar‹ (1. Hälfte 13. Jh., Fragment; Bernerton).
4. ›Dietrich und Wenezlan‹ (1. Hälfte 13. Jh., Fragment; Reimpaare).
5. ›Virginal‹ (2. Hälfte 13. Jh., drei Versionen; Bernerton).
6. ›Laurin‹ (2. Hälfte 13. Jh., fünf Versionen; Version IV in der Heunenweise, die übrigen in Reimpaaren).
7. ›Der Rosengarten zu Worms‹ (2. Hälfte 13. Jh., fünf Versionen; Hildebrandston/Heunenweise).
8. ›Biterolf und Dietleib‹ (Mitte 13. Jh.; Reimpaare).
9. ›Der Wunderer‹ (überliefert seit dem 15. Jh., Entstehung im 13. Jh. denkbar; zwei Fassungen in Reimpaaren, eine in der Heunenweise).

Ortnit-und-Wolfdietrich-Dichtung

1. ›Ortnit‹ (älteste Fassung um 1230, sieben Fassungen; Hildebrandston).
2. ›Wolfdietrich‹ (älteste Fassung um 1230, vier Fassungen; Hildebrandston).

Hildedichtung

1. ›Kudrun‹ (um 1240; Kudrunstrophen).
2. ›Dukus Horant‹ (um 1300; Dukus-Horant-Strophen).

gen. Da Kudrun sich weigert, ihren Entführer zu heiraten, muß sie niedere Dienste verrichten. Erst nach dreizehn Jahren kommt die Befreiung. Es gelingt Kudrun, Versöhnung zu stiften. Vielfach sieht man in der ›Kudrun‹ eine Art »Antwort« auf die Gnadenlosigkeit des ›Nibelungenliedes‹: der unbekannte Autor zeigt, daß Versöhnung immer wieder möglich ist, Kudrun erscheint als Gegenbild zu Kriemhild. Anzuschließen ist hier der fragmentarische ›Dukus Horant‹, d. h. Herzog Horant, eine erst seit 1957 wieder bekannte Dichtung. Der in einer Frühstufe des Jiddischen abgefaßte Text wurde mit hebräischen Schriftzeichen aufgeschrieben. Der Inhalt stimmt weitgehend überein mit dem Hildeteil der ›Kudrun‹: der Dänenherzog Horant entführt für seinen Herrn König Etene, d.h. Hetel, die schöne Prinzessin Hilde von Griechenland. Wahrscheinlich liegt ein verlorenes Hildeepos zugrunde; zugleich gibt es zahlreiche Übereinstimmungen mit dem ›König Rother‹ (vgl. S.142 ff.).

Viele der genannten Texte waren beim Publikum, das sich in diesem Fall nicht auf Leser und Hörer aus der weltlichen Oberschicht beschränkte, weit über das Mittelalter hinaus überaus beliebt. In dieser Art von Literatur wurden unterhaltsame, bisweilen aufregende Abenteuer geboten, um Probleme ging es allenfalls am Rande, wenn überhaupt. Nur teilweise liegen alte Sagenstoffe zugrunde (Siegfriedsage, Walthersage, Dietrichsage, Hildesage). Eine beträchtliche Rolle spielt die Brautwerbungsmotivik, seit dem 12. Jh. – wie man etwa am ›König Rother‹, am ›Tristan‹ und am ›Nibelungenlied‹ sehen kann – ein wichtiges Ingrediens der Großepik. In der späten Heldenepik ist sie von Belang für den ›Hürnen Seyfrid‹, für ›Ortnit‹, ›Wolfdietrich‹, ›Kudrun‹ und ›Dukus Horant‹; ein ganzes Tableau unterschiedlicher Brautwerbungen bietet der genealogische Anfang von ›Dietrichs Flucht‹. Die Aventiuremotivik des ›Hürnen Seyfrid‹ und der aventiurehaften Dietrichepik verweist vor allem auf die Artusromane des 12./13. Jh.s. Gleichfalls von den Artusromanen angeregt, erscheint die Darstellung Etzels in ›Dietrichs Flucht‹, ›Rabenschlacht‹, ›Biterolf und Dietleib‹ und im ›Wunderer‹: der Hunnenkönig stellt als ruhender Mittelpunkt der Handlung, auf den sich alles zubewegt, der selbst aber nicht handelt, eine Art Gegenstück zu König Artus dar.

Höfische Romane und Weltchroniken

Von jüngeren Zeitgenossen Wolframs von Eschenbach und Gottfrieds von Straßburg und späteren Autoren bis etwa 1350 sind ungefähr 70 Romanwerke bekannt (vgl. Übersicht g). Von manchen Autoren wissen wir lediglich, daß sie epische Werke gedichtet haben, die Texte selbst sind vollständig verloren. Von anderen Romanen haben sich nur mehr oder weniger umfangreiche Fragmente erhalten, wobei der Autorname oftmals verlorenging. Wieder andere Werke sind nicht in der ursprünglichen Fassung erhalten. So kennen wir den ›Herzog Friedrich von der Normandie‹ (entstanden um 1250) nur in einer schwedischen Bearbeitung des 14.Jh.s. Nicht weniger als fünf Romane haben sich, stark gekürzt und umgearbeitet in Strophen, ausschließlich im ›Buch der Abenteuer‹ erhalten, einer umfangreichen Romankompilation, die der Maler und Dichter Ulrich Fuetrer um 1480 für den Münchner Hof herstellte (vgl. S.327). Größere Verbreitung war verhältnismäßig wenigen Romanen dieser Zeit beschieden, viele sind nur in wenigen Hss. oder gar nur in einem Textzeugen überliefert.

Autoren

Von vielen Romanautoren ist kaum mehr als der bloße Name bekannt, etwa von dem Alemannen **Konrad Fleck**, der um 1220 eine neue deutsche Fassung des Liebesromans ›Flore und Blanscheflur‹ (vgl. S. 158) schuf, von **Heinrich von dem Türlin**, einem Kärntner (?), der den Artusroman

Übersicht g

Höfische Romane und Weltchroniken

um 1200?	Otto II. von Freising: ›Laubacher Barlaam‹.
um 1210?	Ulrich von Zazikhoven: ›Lanzelet‹. Otte: ›Eraclius‹. ›Herzog Ernst B‹.
1215/20	›Karl und Galie‹.
um 1220	Wirnt von Gravenberc: ›Wigalois‹. Konrad Fleck: ›Flore und Blanscheflur‹. Rudolf von Ems: ›Der gute Gerhard‹. Stricker: ›Karl‹; ›Daniel von dem Blühenden Tal‹.
1220/30	›Morant und Galie‹.
1225/30	Rudolf von Ems: ›Barlaam und Josaphat‹.
um 1230	Heinrich von dem Türlin: ›Diu Crone‹. ›Die gute Frau‹.
1230/50 (um 1270?)	›Sächsische Weltchronik‹.
1230/35	Ulrich von Türheim: ›Clies‹; ›Tristanfortsetzung‹.
1235/40	Rudolf von Ems: ›Alexander‹; ›Wilhelm von Orlens‹.
um 1240	Reinbot von Durne: ›Georgslegende‹.
1240/50	Ulrich von Türheim: ›Rennewart‹. Rudolf von Ems: ›Weltchronik‹.
um 1250	›Wigamur‹. Konrad von Stoffeln: ›Gauriel von Muntabel‹. ›Herzog Friedrich von der Normandie‹. ›Christherre-Chronik‹.
um 1250/60	Berthold von Holle: ›Demantin‹; ›Darifant‹; ›Crane‹.

seit etwa 1250	›Prosa-Lancelot‹.
2. Hälfte 13. Jh.	›Herzog Ernst D‹.
um 1260	Konrad von Würzburg: ›Engelhard‹.
1260/70	Albrecht: ›Jüngerer Titurel‹. Ulrich von dem Türlin: ›Arabel‹.
1260/80	Pleier: ›Garel von dem Blühenden Tal‹; ›Meleranz‹; ›Tandareis und Flordibel‹.
1270/80	Jans Enikel: ›Weltchronik‹. ›Mai und Beaflor‹.
1277?	Konrad von Würzburg: ›Partonopier und Meliur‹.
1281/87	Konrad von Würzburg: ›Trojanerkrieg‹.
1270/1300	›Göttweiger Trojanerkrieg‹.
um 1285	›Lohengrin‹.
um 1285/90	Heinrich von Freiberg: ›Tristanfortsetzung‹.
um 1290	Ulrich von Etzenbach: ›Alexander‹; ›Wilhelm von Wenden‹.
nach 1291	›Reinfried von Braunschweig‹.
Ende 13. Jh.	›Basler Alexander‹.
um 1300	›Trojanerkriegs-Fortsetzung‹.
Anfang 14. Jh.	Heinrich von Neustadt: ›Apollonius von Tyrlant‹.
1314	Johann von Würzburg: ›Wilhelm von Österreich‹.
nach 1314	›Friedrich von Schwaben‹.
1. Hälfte 14. Jh.	›Karlmeinet‹.
1331/36	Wisse/Colin: ›Niuwer Parzifal‹.
um 1350?	›Johann aus dem Virgiere‹.
1352	Seifrit: ›Alexander‹.
2. Hälfte 14. Jh.	Heinrich von München: ›Weltchronik‹.

›Diu Crône‹ (um 1230) dichtete, von **Berthold von Holle** (um 1250/60), Autor dreier Romane, der vielleicht Ministeriale des Bischofs von Hildesheim und der Welfen war, vom **Pleier**, der um 1260/80 drei Artusromane verfaßte, oder von **Albrecht**, dem Verfasser des ›Jüngeren Titurel‹ (um 1260/1270), der zeitweise anscheinend in Landgraf Heinrich III. von Thüringen-Meißen, dem Minnesänger (vgl. S.232), und dessen Söhnen seine Gönner fand. So gut wie nichts bekannt ist auch vom **Stricker**, der zwischen etwa 1220 und 1250 neben zahlreichen kleineren Reimpaardichtungen (vgl. S. 272) unterschiedlicher Typen auch den Artusroman ›Daniel von dem Blühenden Tal‹, die Neubearbeitung des alten ›Rolandsliedes‹ (vgl. S. 140), den ›Karl‹, sowie den »Schwankroman« ›Der Pfaffe Amis‹ verfaßte.

Der bedeutendste Romanautor der Zeit zwischen 1220 und 1250 war der Vorarlberger Ministeriale **Rudolf von Ems**. Für seine ersten Werke, den kleinen Roman ›Der gute Gerhard‹ und den Legendenroman ›Barlaam und Josaphat‹, fand er Gönner in seiner näheren Heimat. Der ›Wilhelm von Orlens‹ entstand im Auftrag staufischer Reichsministerialen, der ›Alexander‹ und die ›Weltchronik‹, beide unvollendet, wurden offenbar für den Hof des jungen Stauferkönigs Konrad IV. geschaffen. Rudolf starb bald nach 1250. In Verbindung zu ihm und dem Stauferhof stand der adlige **Ulrich von Türheim**, der auf Fortsetzungen klassischer Romanfragmente spezialisiert war.

Herausragender Romanautor der zweiten Hälfte des 13. Jh.s war der Berufsdichter **Konrad von Würzburg** (geb. um 1235 in Würzburg, gest. 1287 in Basel), zugleich, wie erwähnt, der vielseitigste Autor der deutschen Literaturgeschichte des Mittelalters. Konrad verfaßte zunächst in seiner Heimat, ab 1257/58 einige Jahre am Niederrhein, von den frühen sechziger Jahren an dann in Basel, meist im Auftrag vermögender Gönner, Minnesang (vgl. S. 237), Sangspruchdichtung (vgl. S.242), Leichs (vgl. S.240 f.), ein allegorisches Gedicht (›Die Klage der Kunst‹), ein Marienlobgedicht (›Die goldene Schmiede‹), eine politische Lobrede (›Das Turnier von Nantes‹), vier kürzere Erzählungen (vgl. S. 275), drei Verslegenden (vgl. S. 274) sowie drei Romane: ›Engelhard‹, ›Partonopier und Meliur‹, ›Trojanerkrieg‹. Sein Zeitgenosse war der am böhmischen Hof wirkende **Ulrich von Etzenbach.**

Aus dem 14. Jh. hervorzuheben ist **Johann von Würzburg,** der seinen ›Wilhelm von Österreich‹ 1314 abschloß; seine Spekulation auf die Gönnerschaft der österreichischen Herzöge schlug offenbar fehl. Als Arzt in Wien ansässig, war **Heinrich von Neustadt**, der den ›Apollonius von Tyrlant‹ Anfang des 14. Jh.s beendete. Im Auftrag eines mächtigen elsässischen Freiherrn verfaßten die Straßburger Bürger **Claus Wisse** und **Philipp Colin**, unterstützt von dem Juden Samson Pine, der Französisch konnte, 1331/36 nach französischen Quellen einen umfangreichen Einschub in den ›Parzival‹ Wolframs, den ›Niuwen Parzifal‹ (auch: ›Rappoltsteiner Parzifal‹).

Gemeinsam war den meisten Romanautoren der Epoche eine überdurchschnittliche, meist wohl durch den Besuch einer Dom- oder einer Klosterschule erworbene literarisch-rhetorische Bildung, ferner beträchtliche Kenntnis der »klassischen« deutschen Romanliteratur der Zeit um 1200. Hartmann von Aue, Wolfram von Eschenbach und Gottfried von Straßburg waren ihre immer wieder auch namentlich genannten maßstabsetzenden Vorbilder.

Vorlagen

Die Romanliteratur des 12. und frühen 13. Jh.s basierte überwiegend auf afrz. Vorlagen. Sie spielten auch weiterhin eine bedeutende Rolle. Beispiele sind Konrad Flecks ›Flore und Blanscheflur‹, Konrads von Würzburg ›Partonopier und Meliur‹ (nach dem ›Partonopeus de Blois‹, nach 1159, eines unbekannten Autors) und sein ›Trojanerkrieg‹ (nach dem ›Roman de Troie‹ Benoîts de Sainte-Maure, um 1165, vgl. S. 153 ff.); die französischen Vorlagen von Ulrichs von

Zazikhoven ›Lanzelet‹ und Rudolfs von Ems ›Wilhelm von Orlens‹ sind verloren. Mehrerer Chansons de geste aus dem Wilhelmszyklus (vgl. S. 135) bediente sich Ulrich von Türheim in seinem ›Rennewart‹, der Fortsetzung von Wolframs ›Willehalm‹. Der nur in Resten erhaltene ›Clîes‹ Ulrichs von Türheim stellt eine deutsche Fassung von Chrétiens de Troyes ›Cligès‹ dar, Hauptvorlage der ›Guten Frau‹ ist Chrétiens ›Guillaume d'Angleterre‹. Auf den ›Niuwen Parzifal‹ Wisse/Colins wurde schon hingewiesen. Ganz für sich steht im 13. Jh. die seit etwa 1250 entstandene Übersetzung des ›Lancelot en prose‹ (1215/30), der riesige ›Prosa-Lancelot‹.

Insbesondere die Autoren von Artus- und Abenteuerromanen erfanden im 13. und 14. Jh. indes ihre Stoffe nach klassischen deutschen, teilweise auch französischen Mustern häufig ganz frei. Als erster ging anscheinend Wirnt von Gravenberc in seinem ›Wigalois‹ so vor, weitere selbsterfundene Stoffe verarbeiteten etwa der Stricker in seinem ›Daniel‹, Heinrich von dem Türlin in der ›Crône‹, Berthold von Holle, Johann von Würzburg, Ulrich von dem Türlin in seiner ›Arabel‹, der Vorgeschichte zu Wolframs ›Willehalm‹. Auch die Tristanfortsetzungen Ulrichs von Türheim und Heinrichs von Freiberg kamen weitgehend ohne Vorlage aus.

Eine gewichtige Rolle spielten nunmehr auch lateinische Quellen. Außer im ›Wilhelm von Orlens‹ verwendete etwa Rudolf von Ems durchweg Vorlagen in lateinischer Sprache, ebenso wie Konrad von Würzburg für den ›Engelhard‹ – für den ›Trojanerkrieg‹ zog er neben Benoît de Sainte-Maure zahlreiche antike Quellen (Vergil, Ovid, Statius und anderes) heran. Hauptquelle für Heinrichs von Neustadt ›Apollonius von Tyrlant‹ ist die spätantike ›Historia Apollonii regis Tyri‹.

Romantypen

Artusromane. Die Reihe der Artusromane wurde im 13. Jh. fortgesetzt. Der ›Lanzelet‹ **Ulrichs von Zazikhoven** (um 1210?) folgt nicht Chrétiens de Troyes ›Lancelot‹, sondern einem davon unabhängigen verlorenen französischen Roman. Der erfolgreichste späte Artusroman war der ›Wigalois‹ des fränkischen Ritters **Wirnt von Gravenberc** (d.h. Gräfenberg bei Nürnberg, etwa 1210/20), der bis herauf in die Neuzeit bekannt blieb (41 Textzeugen). ›Diu Crône‹ **Heinrichs von dem Türlin** (um 1230) ist neben dem ›Wigalois‹ der interessanteste späte Artusroman. Er erzählt in vier Sequenzen die Aventiuren des arturischen Musterritters Gawein, wobei es zahlreiche Überschneidungen mit der Handlung des ›Parzival‹ gibt. Faszinierend ist besonders die Fülle phantastischer irrealer, ja geradezu surrealer Szenen. Der **Stricker** schildert in seinem ›Daniel von dem Blühenden Tal‹ (um 1220) die Geschichte eines Artusritters, der mehr auf List denn auf seine Kampfkraft setzt. Bald nach der Mitte des 13. Jh.s entstanden dann die letzten Artusromane, ›Garel von dem Blühenden Tal‹, ›Tandareis und Flordibel‹ und ›Meleranz‹, alle drei Werke des **Pleier**, der ›Gauriel von Muntabel‹ **Konrads von Stoffeln** und der anonym überlieferte ›Wigamur‹. Anders als bei Hartmann von Aue und Wolfram von Eschenbach wird in all diesen Romanen das Tun des Helden nicht weiter problematisiert; er bleibt in der Regel strahlend und erfolgreich von Anfang bis Ende, eine Krise gibt es nicht. Der Romantyp hatte sich durch Variation gewissermaßen erschöpft; die bedeutendsten Autoren, Rudolf von Ems und Konrad von Würzburg, hielten sich fern. – Der ›Prosa-Lancelot‹ wurde wahrscheinlich im 13. Jh. nur teilweise verdeutscht, weitere Teile folgten im 14. und 15. Jh. Spuren hinterließ er in der Literatur des 13. und 14. Jh.s nicht.

Ergänzungen klassischer Romanwerke. Gottfrieds von Straßburg unvollendeter ›Tristan‹ (vgl. S. 223 ff.) erhielt etwa 1230/40 durch **Ulrich von Türheim** eine abschließende Fortsetzung, die sich stofflich am ›Tristrant‹ Eilharts von Oberg (vgl. S. 158 ff.) orientierte; eine konkurrierende Fortsetzung verfaßte um 1285/1290 **Heinrich von Freiberg.** Der in eine Hs. von Wolframs ›Parzival‹ eingeschobene ›Niuwe Parzifal‹ von Wisse und Colin wurde bereits erwähnt. Ein Autor namens **Nouhuwius** oder **Nouhusius** schrieb um 1285 in einem strophischen Ton, dem Schwarzen Ton, der zuvor im ›Wartburgkrieg‹ verwendet worden war (vgl. S. 244; die Melodie ist erhalten), den ›Lohengrin‹, in dem die am Schluß des ›Parzival‹ nur angedeutete Geschichte des Schwanritters ausführlicher dargestellt wird. Ulrich von Türheim dichtete um 1250 auch eine lange Fortsetzung zu Wolframs ›Willehalm‹, den ›Rennewart‹; die Vorgeschichte zum ›Willehalm‹ steuerte etwa zwanzig Jahre später **Ulrich von dem Türlin** bei, die ›Arabel‹ (auch ›Willehalm‹ betitelt). Das umfangreichste, bedeutendste und verbreitetste Werk dieser Fortsetzungsliteratur ist der ›Jüngere Titurel‹ **Albrechts** (57 Textzeugen, darunter eine Inkunabel von 1477). Darin werden Wolframs ›Titurel‹-Fragmente in ein breites, »Weltalter und Welträume umspannendes Riesenwerk« (D. Huschenbett) im komplizierten »geblümten« Stil ausgesponnen (etwa 6300 Titurelstrophen, vgl. S. 217 ff.), wobei auch Parzivals Abenteuer entsprechend Wolframs Roman nochmals erzählt werden.

Romane mit Chanson-de-geste-Stoffen. Von einer deutschen Bearbeitung der afrz. Quelle für Wolframs von Eschenbach ›Willehalm‹ (vgl. S. 220 ff.), der ›Alischanz‹ (13. Jh.), haben sich nur Reste erhalten. Auf nicht erhaltenen afrz. Vorlagen basieren zwei am Niederrhein entstandene Karlsepen: ›Karl und Galie‹ (etwa 1215/20) – der junge Karl entführt und heiratet die heidnische Prinzessin Galie – und ›Morant und Galie‹ (etwa 1220/30) – Galie wird zu Unrecht eines Liebesverhältnisses mit Morant bezichtigt. Mit anderen Karlstexten wurden beide Romane in der 1. Hälfte des 14. Jh.s wohl in Aachen, dem Begräbnis- und hauptsächlichen Kultort Karls des Großen, zu einer umfangreichen Kompilation zusammengefügt, dem ›Karlmeinet‹. – Zur Neubearbeitung des ›Rolandsliedes‹ des Pfaffen Konrad durch den Stricker vgl. S. 140 f., zum ›Rennewart‹ Ulrichs von Türheim vgl. S. 220 und 264.

Antikenromane. Der ›Eneasroman‹ hatte bereits durch Heinrich von Veldeke seine definitive deutsche Gestalt gefunden (vgl. S. 150 ff.). Anders verhielt es sich mit den deutschen Fassungen des Alexander- und des Trojastoffes: die Werke des Pfaffen Lambrecht und Herborts von Fritzlar genügten den Vorstellungen, die man sich im 13. und 14. Jh. machte, offensichtlich nicht, vgl. S. 147 ff. (Erhaltene) Alexanderromane verfaßten Rudolf von Ems (seit etwa 1235/40; unvollendet), Ulrich von Etzenbach (um 1290) und **Seifrit** (1352), vgl. dazu auch S. 148 f. Der erfolgreichste und bedeutendste späte Antikenroman ist **Konrads von Würzburg** unvollendeter ›Trojanerkrieg‹ (1281/87; ca. 30 Textzeugen). Der Autor des riesigen Torso (40424 Verse) versammelt die Geschichten, die mit den trojanischen Ereignissen in Verbindung stehen (Geburt des Paris, Parisurteil, Paris und Helena, Argonautensage, die Geschichten Achills und des Hercules), er verknüpft sie sorgsam, erzählt sie ausführlich und gestaltet die in den Quellen vorgegebenen Beschreibungen, Szenen und Reden mit glanzvoller Rhetorik. Ein anonymer Autor, der um 1300 die Konrads Werk abschließende ›Trojanerkriegs-Fortsetzung‹ verfaßte, erreicht längst nicht sein Niveau. Den kuriosen Versuch der Verschränkung von Abenteuer- und Trojaroman unternahm ein gewisser **Wolfram** im ›Göttweiger Trojanerkrieg‹ (um 1270/1300).

Liebes- und Abenteuerromane. In den Liebes- und Abenteuerromanen finden Liebende meist rasch zueinander, doch werden sie bald getrennt, worauf sie bis zur endlichen Wiedervereinigung allerlei Bewährungsproben und Kämpfe zu bestehen haben (Schema des spätantiken Liebesromans). Da es sich stets um adlige, meist fürstliche Personen handelt, spielt vielfach das Moment der Genealogie eine Rolle: die fabulöse Handlung wird als Frühgeschichte eines existierenden fürstlichen Hauses ausgegeben. Zwei Romane dieser Art waren bis in die Frühe Neuzeit bekannt und beliebt: Rudolfs von Ems ›Wilhelm von Orlens‹ (um 1235/40; etwa 30 Textzeugen), mit dessen Titelfigur Wilhelm der Eroberer, der erste normannische König von England, gemeint ist, und Johanns von Würzburg ›Wilhelm von Österreich‹ (1314; ca. 20 Textzeugen), in dem eine erfundene Vorgeschichte des Hauses Österreich erzählt wird. Ferner gehören hierher Konrad Flecks ›Flore und Blanscheflur‹ (um 1220), Bertholds von Holle ›Demantin‹ und ›Crane‹ (um 1250/60), Konrads von Würzburg ›Partonopier und Meliur‹ (1277?), der ›Reinfried von Braunschweig‹ (nach 1291), der ›Apollonius von Tyrlant‹ Heinrichs von Neustadt (Anfang 14. Jh.), ›Friedrich von Schwaben‹ (nach 1314), ›Johann aus dem Virgiere‹, d.h. »aus dem Baumgarten« (um 1350?).

Erbaulich-legendarische Romane. Einer kleinen Gruppe von Romanen liegen Legendenstoffe zugrunde; in ihnen sind religiös-erbauliche Momente von Belang, in der Ausgestaltung spielen freilich auch Motive aus den Liebes- und Abenteuerromanen herein. Die Legendenhandlungen sind durchweg in die höfische Sphäre transponiert. Der stofflich auf lateinischen Legenden und Predigtexempeln fußende ›Gute Gerhard‹ Rudolfs von Ems (um 1220) erzählt die Geschichte des seiner guten Taten wegen überheblichen Kaisers Otto, dem das Beispiel des Kölner Kaufmanns Gerhard vor Augen gestellt wird, der stets völlig selbstlos handelt. Im ›Eraclius‹ **Ottes** (1.Hälfte 13.Jh.), der deutschen Bearbeitung des ›Eracle‹ Gautiers d'Arras (nach 1159), geht es unter anderem um die Wiedergewinnung des vom Perserkönig geraubten heiligen Kreuzes durch den

Kaiser von Byzanz. Das Schema der Eustachiuslegende – ein frommes Ehepaar entsagt der Herrschaft, zieht in die Welt, wird getrennt und findet nach Abenteuern wieder zusammen – benutzen ›Die gute Frau‹ (um 1230) und Ulrichs von Etzenbach ›Wilhelm von Wenden‹ (um 1290), das der unschuldig verfolgten Frau (heute am besten bekannt aus der Genovefalegende) findet sich in ›Mai und Beaflor‹ (1270/80). Konrads von Würzburg ›Engelhard‹ (um 1260) basiert auf der Freundschaftslegende von Amicus und Amelius, die der Autor zu einem komplexen höfischen Roman ausgebaut hat.

Legendenromane. Auch im 13. Jh. wurden Heiligenlegenden bisweilen in der Form ausgedehnter Epen erzählt, vgl. S. 162 ff. Die Legende von Barlaam und Josaphat, d. h. die vermutlich im 8. Jh. in eine christliche Legende umgearbeitete Lebensgeschichte Buddhas, wurde im ›Laubacher Barlaam‹ (um 1200?) Bischof **Ottos II. von Freising**, ferner im sehr verbreiteten ›Barlaam und Josaphat‹ Rudolfs von Ems (1225/30; über 40 Textzeugen) romanhaft dargestellt. Hervorzuheben ist ferner die ›Georgslegende‹ **Reinbots von Durne** (um 1240), die sich stilistisch am ›Willehalm‹ Wolframs von Eschenbach orientiert. Zu weiteren Legenden vgl. S. 274.

Weltchroniken

An der Romanliteratur des 13. Jh.s ist zunehmendes historisches Interesse zu beobachten (Antikenromane, genealogische Aspekte). Beliebter und erfolgreicher als alle Romane waren seit der 2. Hälfte des 13. Jh.s die Welt- oder Universalchroniken, umfangreiche Erzählwerke nach lateinischem Muster, stilistisch bewußt ziemlich anspruchslos, in denen die Weltgeschichte seit der Schöpfung dargestellt wird; erhalten haben sich insgesamt über 220 Textzeugen. Basis sind die Geschichtsbücher des Alten Testaments, in die Ereignisse der nichtbiblischen Geschichte (Troja, Alexander,

Gründung Roms) eingefügt werden; nach Christi Geburt wird hauptsächlich die Geschichte der römischen und der römisch-deutschen Kaiser ausgebreitet. Meist wird die Weltgeschichte – analog zu den Schöpfungstagen der ›Genesis‹ – in sechs Weltalter gegliedert; das sechste Weltalter beginnt mit Christus und dauert noch an. Die sehr umfangreichen Weltchronikhss. sind meist anspruchsvoll ausgestattet, oft illustriert. Durch sie versicherten die vorwiegend adligen Leser sich gewissermaßen ihres Platzes in der Weltgeschichte. Da es vor dem 15. Jh. keine vollständige deutsche Bibel gab, dienten die Weltchroniken den Laien auch als Bibelersatz.

Die Reihe der gereimten Weltchroniken beginnt mit der ›Weltchronik‹ **Rudolfs von Ems** (um 1250). Rudolfs Chronik bricht allerdings im 5. Weltalter mit Salomo unvollendet ab. Hauptquellen waren die Vulgata und die ›Historia scholastica‹ des Petrus Comestor (gest. 1179), in der die biblischen Ereignisse zum Schulgebrauch der Reihe nach erzählt werden. Konkurrenzwerk zu Rudolf ist die weit mehr theologisch orientierte ›Christherre-Chronik‹ eines unbekannten Autors, der nur bis in das Buch der Richter kam (um 1250). Um 1270/80 (oder später?) verfaßte der Wiener Stadtbürger **Jans Enikel** eine ›Weltchronik‹. Enikel gelang es, sein Werk abzuschließen – es reicht bis zu Kaiser Friedrich II. Er liebte es, den Geschichtsverlauf durch interessante Geschichten und Histörchen zu illustrieren. Die Texte der drei Chroniken wurden verschiedentlich miteinander vermischt. Aus einer solchen Textmischung entstand, wohl in der 2.Hälfte des 14. Jh.s, schließlich eine vierte große gereimte Chronik, deren unterschiedliche Fassungen unter dem Namen **Heinrichs von München** bekannt sind. Über die chronikalischen Texte hinaus sind hier zahlreiche weitere Erzählwerke mehr oder weniger ausführlich herangezogen (Konrads von Würzburg ›Trojanerkrieg‹, der ›Alexander‹ Ulrichs von Etzenbach, die ›Willehalm‹-Trilogie Ulrichs von dem Türlin, Wolframs von Eschenbach und

Ulrichs von Türheim, das Anfang des 14. Jh.s entstandene, weitverbreitete ›Marienleben‹ des Bruders Philipp, vgl. S. 286, u. a.). Das stark aufs Faktische abzielende Werk reicht ebenfalls bis zu Friedrich II., also nahe an die Gegenwart.

Die Entstehungszeit der ›Sächsischen Weltchronik‹, einer ursprünglich in mittelniederdeutscher Sprache abgefaßten Prosachronik, ist umstritten (um 1230/50 oder um 1270; 43 Textzeugen). Es handelt sich um eine annalistisch, d.h. nicht nach Weltaltern strukturierte Chronik, die bis in das 13. Jh. reicht. Wichtigste Quelle ist die lat. ›Chronik‹ Frutolfs von Michelsberg (abgeschlossen um 1100) in der Bearbeitung Ekkeharts von Aura (abgeschlossen um 1125).

Literaturhinweise

Ausgaben: Deutsches Heldenbuch, 5 Bde., 1866–73. – ›Gedrucktes Heldenbuch‹: J. Heinzle, 2 Bde., 1981–87 (Litterae). – ›Hürnen Seyfrid‹: K. C. King, 1958. – ›Rosengarten‹: G. Holz, 1893. – ›Biterolf u. Dietleib‹: A. Schnyder, 1980. – ›Eckenlied‹: F. B. Brévart, 1999 (ATB); F. B. Brévart, 1986 (zweisprachig; RUB). – Aventiurehafte Dietrichepik: Ch. Tuczay, 1999 (zweisprachig; GAG). – ›Kudrun‹: K. Bartsch / K. Stackmann, 2000 (ATB) [mit fortlaufendem Kommentar]. – ›Dukus Horant‹: P. F. Ganz / F. Norman / W. Schwarz, 1964 (ATB, Ergänzungsreihe). – Ulrich v. Zazikhoven: K. A. Hahn, 1845. – Otte, ›Eraclius‹: W. Frey, 1983 (GAG). – ›Karlmeinet‹: A. v. Keller, 1858 (StLV). – Wirnt v. Gravenberc: J. M. N. Kapteyn, 1926. – Rudolf v. Ems: ›Der gute Gerhard‹: J. A. Asher, ^{3}1989 (ATB); ›Barlaam u. Josaphat‹: F. Pfeiffer, 1843; ›Wilhelm v. Orlens‹: V. Junk, 1905 (DTM); ›Alexander‹: V. Junk, 2 Bde., 1928–29 (StLV); ›Weltchronik‹: G. Ehrismann, 1915 (DTM). – Stricker, ›Daniel‹: M. Resler, ^{2}1995 (ATB); ›Pfaffe Amis‹: M. Schilling, 1994 (zweisprachig; RUB). – Heinrich v. d. Türlin, ›Diu Crone‹: G. H. F. Scholl, 1852 (StLV). – ›Sächsische Weltchronik‹: L. Weiland, 1877. – Reinbot v. Durne: C. v. Kraus, 1907. – Ulrich v. Türheim, ›Rennewart‹: A. Hübner, 1938 (DTM). – Ulrich v. d. Türlin, ›Arabel‹: W. Schröder, 6 Tle., 1982–93. – ›Prosa-Lancelot‹: R. Kluge, 3 Bde., 1948–74; H.-H. Steinhoff, 5 Bde., 1995 ff. (zweisprachig; Bibliothek des MAs). – Konrad v. Würzburg, ›Engelhard‹: P. Gereke / I. Reiffenstein, ^{3}1982 (ATB); ›Partonopier‹:

K. Bartsch, 1871; ›Trojanerkrieg‹: A. v. Keller / K. Bartsch, 2 Bde., 1858 (StLV). – Albrecht, ›Jüngerer Titurel‹: W. Wolf / K. Nyholm, 3 Bde., 1955–92 (DTM). – Jans Enikel, ›Weltchronik‹: Ph. Strauch, 1891. – Johann v. Würzburg: E. Regel, 1906 (DTM). – Heinrich v. Neustadt, ›Apollonius‹: S. Singer, 1906 (DTM); H. Birkhan, 2001 [nhd. Übers.].

Forschungsliteratur: W. Achnitz, Babylon u. Jerusalem. Sinnkonstituierung im ›Reinfried v. Braunschweig‹ u. im ›Apollonius v. Tyrland‹ Heinrichs v. Neustadt, 2000 (Hermaea). H.-J. Behr, Literatur als Machtlegitimation, 1989. – H. Brackert, Rudolf v. Ems, 1968. – R. Brandt, Konrad v. Würzburg, 1987. – H. Brunner (Hrsg.), Konrad v. Würzburg, in: JOWG 5 (1988/1989). – H. Brunner (Hrsg.), Die dt. Trojalit. des MAs u. der Frühen Neuzeit, 1990 (WILMA). – H. Brunner (Hrsg.), Interpretationen. Mhd. Romane u. Heldenepen, 1993 (RUB). – H. Brunner (Hrsg.) / J. Rettelbach / D. Klein, Studien zur ›Weltchronik‹ Heinrichs v. München, 3 Bde., 1998 (WILMA). – F. W. Chandler / M. H. Jones, A Catalogue of Names of Persons in the German Court Epics, 1982. – Ch. Cormeau, ›Wigalois‹ u. ›Diu Crône‹, 1977 (MTU). – C. Dietl, Minnerede, Roman u. historia. Der ›Wilhelm v. Österreich‹ Johanns v. Würzburg, 1999 (Hermaea). – T. Ehlert, Deutschsprachige Alexanderdichtung des MAs, 1989. – E. Feistner, Historische Typologie der dt. Heiligenlegende des MAs von der Mitte des 12. Jh.s bis zur Reformation, 1995 (WILMA). – Ch. Gerhardt [u. a.] (Hrsg.), Geschichtsbewußtsein in der dt. Lit. des MAs, 1985. – W. Haug / B. Wachinger (Hrsg.), Positionen des Romans im späten MA, 1991 (Fortuna vitrea). – J. Heinzle, Mhd. Dietrichepik, 1978 (MTU). – J. Heinzle [u. a.] (Hrsg.), Chansons de geste in Deutschland, in: Wolfram-Studien 11 (1989). – J. Heinzle, Einführung in die mhd. Dietrichepik, 1999. – W. Hoffmann, Kudrun, 1967. – W. Hoffmann, Mhd. Heldendichtung, 1974 (GG). – D. Jaurant, Rudolfs ›Weltchronik‹ als offene Form, 1995. – P. Kern, Die Artusromane des Pleier, 1981. – A. Kühebacher (Hrsg.), Dt. Heldenepik in Tirol, 1979. – E. Lienert, Geschichte u. Erzählen. Studien zu Konrads v. Würzburg ›Trojanerkrieg‹, 1996 (WILMA). – E. Lienert, Dt. Antikenromane d. MAs, 2001 (GG). – A. Lorenz, Der ›J. Titurel‹ als Wolfram-Fortsetzung, 2002. – V. Mertens, Der dt. Artusroman, 1998 (RUB). – K. Ridder, Mhd. Minne- u. Aventiureromane, 1998. – M. G. Scholz, Zum Verhältnis v. Mäzen, Autor u. Publikum im 14. u. 15. Jh., 1987. – W. Schröder (Hrsg.), Würzburger Kolloquium über den ›Jüngeren Titurel‹, in: Wolfram-Studien 8 (1984). – W. Schröder (Hrsg.), Schweinfurter ›Lancelot‹-Kolloquium, in: Wolfram-Studien 9 (1986). – A. Schulz, Poetik des Hybriden, 2000. – H. Weddige, Koninc Ermenrîkes Dôt, 1995 (Hermaea).

3. Weitere Gattungen

Kleinere Gedichte in Reimpaaren

Neben der Lieddichtung und der Großepik gibt es seit dem 13. Jh. eine Fülle kleinerer Gedichte ganz unterschiedlicher Thematik und Darstellungsart, erzählend und nichterzählend, in vierhebigen Reimpaaren. Die unterschiedlichen Texttypen dieser Art von Kleindichtung zählen zu den lebendigsten Literaturformen des späteren Mittelalters. Es gehörte nicht unbedingt viel Kunstvermögen und eine große literarische Begabung dazu, geistliche oder weltliche, ernste, schwankhafte oder scherzhafte Sachverhalte in die Allerweltsform vierhebiger Reimpaare zu fassen. Gängig wurden die hierher gehörenden Texttypen vor allem durch das Wirken des Strickers (vgl. S. 260) in der ersten Hälfte des 13. Jh.s; ihre Blütezeit reicht bis in das 16. Jh.

Nichterzählende Typen

Kurzgnomik. Auf der Grundlage nüchterner Weltkenntnis, gestützt auf die Quellen volkstümlichen Wissens wie Sprichwörter und Merkverse, die Bibel, antike und mittelalterliche Lehrdichtung, vermittelte **Freidank** (gest. 1233?) handfestes Orientierungswissen für Laien in ungelehrter, einprägsamer Sprache in der Form einzelner oder mehrerer vierhebiger Reimpaare. Die Sammlung Freidanks trägt den Titel ›Bescheidenheit‹, d.h. *discretio* »Unterscheidungsvermögen, Bescheidwissen«; sie war von größter, jahrhundertelanger Wirksamkeit (ca. 140 Textzeugen, Erstdruck 1508 durch Sebastian Brant, vgl. S. 347). Höchster Wert ist die ewige Seligkeit, gleichwohl wird das irdische Leben in den Mittelpunkt gerückt. Die Thematik reicht von Gott über die Seele, den Menschen, die Juden und die Ketzer, über Treue und Untreue, Spiel, Haß, Lob, Schelte,

Könige und Fürsten, Weise und Toren, Trunkenheit, Lug und Trug usw. bis zum Antichrist, den Zehn Geboten und dem Jüngsten Gericht. Etwas für sich, da zeitgeschichtlich verankert, stehen die beiden Spruchreihen über Akkon, Sprüche, in denen der Autor sich illusionslos mit Kaiser Friedrichs II. Kreuzzug von 1228/29 befaßt. Beispiele:

Swie sêre ein wîp behüetet sî,
dennoch sint ir gedanke frî. (101,5)

Wie sehr eine Frau auch behütet ist – ihre Gedanken sind dennoch frei.

Wâ sint si nû, der Rôme was?
in ir palasen wehset gras.
dâ nemen die fürsten bilde bî,
wie staete ir lop nâch tôde sî. (148,22)

Wo sind nun die, denen Rom gehörte? In ihren Palästen wächst Gras. Daran sollen sich die Fürsten ein Beispiel nehmen, wie dauerhaft ihr Ruhm nach dem Tod ist.

Reimpaarreden (Reimsprüche). Umfangreicher als die Texte Freidanks sind die unterschiedlichen Arten von Reimsprüchen oder Reim(paar)reden, in denen Sachverhalte in meist belehrender Absicht eher abstrakt auseinandergesetzt werden. Die bedeutendsten Dichter dieses Textbereichs, dessen Blütezeit vor allem seit etwa der Mitte des 14. Jh.s begann (vgl. S.338 ff.), sind für die ältere Zeit der **Stricker** und der **König vom Odenwald** (1. Hälfte 14. Jh.); die Echtheit der dem Stricker zugeschriebenen Texte ist nicht durchweg gesichert. Man kann je nach der Thematik verschiedene Typen unterscheiden. Geistliche Reden behandeln unterschiedliche religiöse Themen, etwa die Eucharistie, die Beichte, sie belehren über die Sünden, preisen Maria oder stellen lediglich Gebete dar; z.B. Der Stricker, ›Der Teufel und die Seele‹, ›Vaterunser‹, Konrads von Würzburg Marienpreisgedicht ›Die goldene Schmiede‹ (über 30 Textzeugen). Weltlich-didaktische Reden unterrichten über das rechte Verhalten im Weltleben; dabei kann es um ethische Grundsatzfragen gehen, aber auch um praktische Fragen, etwa um die Etikette bei Tisch (Tischzucht). Beispiele sind etwa Strickers ›Falsche und rechte Freigebigkeit‹ oder die Lobgedichte des Königs vom Odenwald auf die Kuh, die Gänse, das Schaf, das Schwein, das Bad, ferner sein hinsichtlich Echtheit nicht völlig gesichertes Gedicht ›Vom Hausrat‹. In politisch-didaktischen Reden werden politische oder soziale Verhältnisse kritisch, doch ohne eine bestimmte Parteinahme bewertet und zum Anlaß von Ermahnungen genommen; vgl. etwa Der Stricker, ›Die Klage‹, Lupold Hornburg von Rotenburg, ›Des Reiches Klage‹ (1348). Preisreden bzw. Totenklagen (oft unter dem Begriff Ehrenreden zusammengefaßt) bieten häufig Wappenschilderungen (Blasonierungen), wobei die Eigenschaften der Wappentiere für solche ihrer Inhaber stehen; vgl. Konrads von Würzburg Propagandagedicht für König Richard von Cornwall ›Das Turnier von Nantes‹ (1257/58), Lupold Hornburgs von Rotenburg Totenklage auf Konrad von Schlüsselberg (1347).

Eine große Gruppe für sich sind die Minnereden (*artes amandi*), ein Texttyp, der sich seit der 2. Hälfte des 13. Jh.s größter Beliebtheit erfreute. In ihnen wird die Liebe gepriesen, und es wird über sie reflektiert und belehrt; oft haben die Minnereden die Form von Gesprächen, häufig gibt es eine Rahmenhandlung, in der der Dichter von einem Spaziergang oder einem Traum berichtet. Hierher zählen kann man auch die Minneallegorien, in denen abstrakte Begriffe personifiziert werden. Geradezu epische Ausmaße (fast 5500 Verse) hat der bedeutendste Text dieser Art, die um 1340 im Hochstift Würzburg entstandene, anonym überlieferte ›Minneburg‹. In diese Gruppe gehört auch das etwa gleichzeitige, freilich nicht in Reimpaaren, sondern in der Strophenform von Wolframs von Eschenbach ›Titurel‹ (vgl. S. 218 f.) abgefaßte Gedicht ›Die Jagd‹ des **Hadamar von**

Laber; in ihm erscheinen Begriffe wie Herz, Glück, Lust, Freude canifiziert, d. h. in der Gestalt von Jagdhunden bei der Jagd des Liebenden nach der Geliebten.

Erzählende Typen

Texttypen mit geistlicher Thematik. Neben den im 12./13. Jh. mehrfach begegnenden Legendenromanen (vgl. S. 162 ff. und 267) finden sich zahlreiche Verslegenden, gereimte Lebensbeschreibungen einzelner Heiliger, in denen die lateinischen Prosavorlagen schlicht, ohne epischen Anspruch, versifiziert wurden. Beispiele sind etwa die drei Verslegenden **Konrads von Würzburg**: ›Silvester‹, ›Alexius‹, ›Pantaleon‹ (um 1270). Mirakelerzählungen berichten über ein einzelnes Wunder himmlischer Mächte (Maria, Engel, Heilige); vgl. etwa ›Der vrouwen trost‹ (13. Jh.) von Siegfried dem Dörfer. In den Teufelserzählungen, etwa in der Geschichte ›Der Richter und der Teufel‹ des Stricker, tritt der Teufel als Vollzieher der Gerechtigkeit oder als Versucher auf. Bei den frommen Welterzählungen handelt es sich vor allem um Buß- und Bekehrungsgeschichten; hierher gehört etwa Konrads von Würzburg ›Der Welt Lohn‹ (um 1260/70).

Texttypen mit weltlicher Thematik. In diesem Bereich am wichtigsten sind das Bispel und die Novelle oder Märe. Unter Bispel versteht man kurze, beispielhafte Erzählungen, die in der Regel auf ihre Nutzanwendung hin konstruiert sind und vom Autor sogleich ausgedeutet werden. Handeln sie von vermenschlichten Tieren, spricht man von einem Tierbispel oder einer Fabel. Antike Fabelsammlungen wurden im Mittelalter fleißig überliefert und im Schulunterricht verwendet; auch in die Volkssprache fanden sie in großem Umfang Eingang. Vor allem der **Stricker** bediente sich vielfach dieses Texttyps. Die erste deutsche Sammlung äsopischer Fabeln verfaßte um 1350 (Ulrich?) **Boner** zu Bern (›Der Edelstein‹, 32 Handschriften, 2 Drucke).

Von großer Bedeutung ist seit dem 13.Jh. jener Typ weltlich-fiktiver Erzählungen, der als Novelle oder Märe bezeichnet wird. Der Begriff Novelle (von italienisch *novela* »kleine Neuigkeit«) wurde durch **Boccaccios** ›Decamerone‹ (1349/53) zum Gattungsnamen. Um deutlich zu machen, daß mittelalterliche Erzählungen des gemeinten Typs mit neuzeitlichen Novellen nicht ohne weiteres typologisch in eins gesetzt werden können und daß die Anwendung der Novellentheorie des 18. bis 20. Jh.s auf sie nicht sinnvoll ist, bevorzugt die neuere Forschung vielfach den aus dem Mhd. stammenden Begriff *maere* »Kunde, Nachricht«. Allerdings trifft der moderne Novellenbegriff auch nicht ohne weiteres auf Boccaccios Sammlung zu, in der neben »regelrechten« Novellen auch Schwänke, Anekdoten, Romane in Kurzform usw. stehen. Insofern erscheint die Verwendung des vorneuzeitlichen Begriffs der Novelle auf deutsche Erzählungen doch vertretbar. Unterschieden werden schwankhafte, höfisch-galante und moralisch-exemplarische Novellen. Für die schwankhaften Geschichten, die ihre typologische Entsprechung in den afrz. Fabliaux haben, ist Komik das entscheidende Merkmal; vielfach handelt es sich um Erzählungen von Ehestreitigkeiten und Ehebruch (vgl. etwa ›Das heiße Eisen‹ des Stricker, die ›Frauenerziehung‹ Sibotes, ›Der Ritter mit den Nüssen‹), um komische Mißverständnisse (vgl. etwa ›Der nackte Bote‹ des Stricker), um die Verspottung von Liebhabern (vgl. etwa ›Aristoteles und Phyllis‹) oder um Schelmenstreiche – eine Art Schwankroman verfaßte der Stricker mit seinem ›Pfaffen Amis‹, in dem mehrere Streiche durch eine Hauptfigur verbunden werden. Die höfisch-galanten Novellen handeln von der Werbung des ritterlichen Mannes und von der Bewährung Liebender; hierher gehören etwa der ›Mauricius von Craûn‹ (1210/15 oder später, nach einer verlorenen afrz. Vorlage) und das ›Herzmäre‹ Konrads von Würzburg (um 1250/60), die Geschichte vom gegessenen Herzen. In den moralisch-exemplarischen Novellen geht es um warnende Beispiele für falsches Verhalten gegenüber Gott und den Menschen. In diese Gruppe gehört die bedeutendste deutsche Novelle des Mittelalters, der ›Helmbrecht‹ des sonst unbekannten **Wernher der Gartenaere** (2. Hälfte 13. Jh.), die höchst kunstvoll erzählte Lebensgeschichte eines Bauernburschen, der sich über seinen Stand erhebt, Raubritter wird und schließlich elend zugrunde geht.

Größere didaktische Gedichte

Belehrungen wurden durch zahlreiche volkssprachliche Dichtungsgattungen vermittelt. Im Vordergrund steht die Didaxe in der Sangspruchdichtung, bei Freidank, in den Reimpaarreden. Doch trugen auch andere Gattungen zur religiösen, moralischen, historischen, naturkundlichen Bildung des Laienpublikums bei. Orientierungswissen in breitem Umfang enthalten einige größere Lehrgedichte. In Strophen abgefaßt sind die ›Winsbeckischen Gedichte‹, zu denen aus dem 15. Jh. eine Melodie überliefert ist (vgl. Melodie V). Als Entstehungszeit wird 1210/20 vermutet, der Titel (Autorname?) verweist wahrscheinlich auf den Ort Windsbach bei Ansbach. Die Kenntnis Wolframs von Eschenbach gilt als gesichert. Im ›Winsbecke‹ (14 Textzeugen) belehrt zunächst ein Vater seinen Sohn über ritterliche Moral (Liebe zu Gott und zur Geistlichkeit, Verhalten gegen Frauen, Wert der Ritterschaft, Hofleben und Ehre, Geburts- und Tugendadel, Umgang mit Besitz usw.), anschließend wird er durch den Sohn über den Unwert des Weltlebens unterrichtet, schließlich wendet er sich Gott im Gebet zu. In der ›Winsbeckin‹ (7 Textzeugen) wird eine Tochter durch die Mutter vor allem über die Minne belehrt. In der ›Winsbecken-Parodie‹ (2 Fragmente) erscheint die Moral des ›Winsbecken‹ ins Negative verkehrt.

Das bedeutendste und erfolgreichste Lehrgedicht des 13. Jh.s ist der in Reimpaaren abgefaßte ›Welsche Gast‹ des

Melodie V ›Winsbecke‹, 1. Str. Melodie nach der Hs. München, Bayer. Staatsbibliothek, Cgm 4997 (›Kolmarer Liederhs.‹, um 1460). Die unterpungierten Vokale sind beim Vortrag zu elidieren. Übersetzung: »Ein kluger Mann hatte einen Sohn, den liebte er, wie das üblich ist. Er wollte ihn über das richtige Handeln belehren. Er sprach: ›Mein Sohn, du bist mir wirklich lieb. Wenn ich dir so lieb bin wie du mir, dann folge mir, solange ich lebe. Es ist gut für dich: soll dich ein Fremder erziehen, so weißt du nicht, wie er gesinnt ist.‹«

Thomasin von Zerklære (24 Textzeugen, fast alle bebildert), abgefaßt 1215 im friaulischen Cividale; der Autor, ein deutschschreibender Romane, stand in Beziehung zum damaligen Patriarchen von Aquileja, Wolfger von Erla (vgl. S. 201), dessen Amtssitz Cividale war. Thomasins Werk ist eine praktische Verhaltenslehre, orientiert an der Predigt, gerichtet an adlige Leser. Der Titel wird im Prolog erklärt:

Tiusche lant, enphâhe wol,
als ein guot hûsvrouwe sol,
disen dînen welhschen gast
der dîn êre minnet vast.
der seit dir zühte maere vil,
ob du in gern vernemen wil. (V. 87–92)

Deutschland, empfange diesen deinen welschen Besucher gut, so wie es sich für eine tüchtige Hausfrau gehört. Er liebt dein Ansehen sehr. Er berichtet dir viel über gute Erziehung, wenn du ihn gern anhören willst.

Gegliedert ist Thomasins nicht besonders kunstvoll gereimtes Werk in zehn Teile. Der 1. Teil enthält eine Minne- und Anstandslehre für die adlige Jugend; darin wird die Lektüre höfischer Romane empfohlen, wohingegen Ältere unwahre Geschichten nicht lesen sollen. Die Teile 2 bis 7 haben Beständigkeit und Unbeständigkeit, *staete* und *unstaete*, zum Thema, 8 bis 10 stehen im Zeichen von Maßhalten, *mâze*, Recht, *reht*, Freigebigkeit, *milte*. Die berühmte Polemik gegen den namentlich nicht genannten Walther von der Vogelweide, der mit seinen Antipapstsprüchen Tausende verführt habe (vgl. S. 181), findet sich im 8. Teil (V. 11191 ff.). Die abwechslungsreich dargebotenen Lehren werden durch allerlei Exempla und Beispielgestalten erläutert; neben Figuren aus der Bibel finden sich solche aus der griechischen Mythologie, aus der Geschichte, aus der Romanliteratur.

Noch beliebter als Thomasins Werk war im Spätmittelalter das umfangreiche Lehrgedicht ›Der Renner‹, das der aus der Nähe von Schweinfurt stammende, seit etwa 1260 als Magister und Rector scolarum in Bamberg wirkende **Hugo von Trimberg** im Jahr 1300 abschloß, das er bis 1313 allerdings noch durch Nachträge ergänzte (über 60 teils reich illustrierte Textzeugen, Erstdruck 1549). In fast 25000 Paarreimversen lieferte Hugo, von dem auch lateinische Schriften erhalten sind, ein »enzyklopädisches Haus- und Realienbuch« (G. Steer), ein Werk, das Sündenklage, Bußpredigt,

Sittenlehre und popularisierendes Wissenskompendium zugleich ist. Dem nicht lateinkundigen Publikum erschloß er damit weite Bereiche des lateinischen Schulwissens, Sprachliches, Literarisches, Musik, Astronomie, Naturkunde, Medizin und anderes. In einem berühmten Exkurs (V. 1179 ff.) geht er ausführlich auf deutsche Autoren und epische Werke ein, rühmt besonders Walther von der Vogelweide und setzt sich kritisch mit Konrad von Würzburg auseinander, der Jahrzehnte zuvor sein Würzburger Mitschüler gewesen sein könnte. Neben der Bibel werden Kirchenväter und neuere Theologen, antike Klassiker, von deutschen Autoren besonders der *wîse* Freidank zitiert. Zahlreiche kleine Erzählungen veranschaulichen die Lehren. Gegliedert ist ›Der Renner‹ nach den Sieben Todsünden in sechs Distinktionen (1. *hôchvart/superbia*, 2. *gîtikeit/avaritia*, 3. *frâz/gula*, 4. *unkiusche/luxuria*, 5. *zorn/ira* und *nît/invidia*, 6. *lazheit/acedia*). Der Titel des Werkes war von Hugo als Gleichnis für seine von Thema zu Thema schweifende, »rennende« Darstellungsweise gemeint; erst später wurde er umgedeutet im Sinn der Wirkung in die Breite: ein Buch, das überall herumrennt.

Angeschlossen sei hier der ›Seifried Helbling‹, eine Sammlung von 15 vorwiegend zeitkritisch-satirischen Reimpaargedichten, die ein unbekannter, literarisch hochgebildeter Autor im Herzogtum Österreich zwischen 1283 und 1299 nach und nach verfaßte; der Titel ist der Name eines in XIII auftretenden Spielmanns, den man früher zu Unrecht für den Autor hielt. Der Verfasser gab einem Teil der Sammlung den Titel ›Kleiner Lucidarius‹ (I, 29), da in acht Gedichten die Rahmensituation (Gespräch zwischen Herr und Knecht) dem Muster des lehrhaften Dialogs nachgebildet ist, wie er im ›Lucidarius‹ (vgl. S. 167 f.) erscheint. Drei Gedichte stehen dem Kern etwas ferner, zwei davon sind Marienlieder (XI glossiert strophenweise das ›Ave Maria‹, XII ist ein Vokalspiel nach dem Muster Walthers von der Vogelweide, jedoch ins Geistliche gewendet), bei

VII handelt es sich um ein ausgedehntes allegorisch-didaktisches Gedicht, in dem der Kampf der Tugenden und Laster dargestellt wird. Im Zentrum der übrigen Gedichte steht die Situation im Herzogtum Österreich nach der Übernahme der Herrschaft durch das landfremde schwäbische Haus Habsburg im Jahr 1282. Sie wird mit satirischem Können in den schwärzesten Farben geschildert, als positives Gegenbild dient die mehr als ein Menschenalter zurückliegende, 1246 mit dem Tod Herzog Friedrichs II. des Streitbaren abrupt beendete Herrschaft der Babenberger. Der landfremde Herzog Albrecht kümmert sich nicht ausreichend um das Land, die ins Land gekommenen Fremden plündern es aus, die Einheimischen selbst vergessen ihre schlichten, guten Gewohnheiten und imitieren fremde Bräuche. Gegen die allgemeine Überfremdung hilft nur die Besinnung auf die wahren Sitten und Gebräuche des Landes, wie sie von alters her bestanden. Vielfach erscheint der Autor als Sprachrohr der Landherren, der einheimischen österreichischen Ministerialität. Sein Werk, das ohne größere Wirkung blieb, gehört zu den interessantesten Dichtungen des 13. Jh.s.

Ein europäischer »Bestseller« gelang dem italienischen Dominikaner **Jacobus de Cessolis** mit seinem ›Libellus de moribus hominum et de officiis nobilium super ludo scaccorum‹ (Ende 13. Jh.), einer Allegorie, in der im Bild des Schachspiels – verstärkt durch Exempla und Sentenzen – die verschiedenen Stände und Berufsgruppen kritisch-moralisch beschrieben und belehrt werden. Dieses ständedidaktische Buch wurde im 14. Jh. nicht weniger als viermal in deutschen Versen bearbeitet (im 15. Jh. auch mehrmals in Prosa). Am verbreitetsten war das ›Schachzabelbuch‹ **Konrads von Ammenhausen** (aus Stein am Rhein) von 1337 (27 Textzeugen).

Wissensliteratur

Die Zahl der volkssprachlichen Texte, in denen es um die Vermittlung historischen, rechtlichen oder naturkundlichen bzw. medizinischen Wissens geht, nimmt seit dem 13. Jh. erheblich zu.

Chroniken

Spezifischeres und konkreteres historisches Wissen als die großen Weltchroniken, die bereits im Zusammenhang mit den höfischen Romanen behandelt wurden (vgl. S. 267 ff.), boten Chroniken, die sich mit der Geschichte eines Klosters, einer Stadt oder eines Landes befaßten. Bis etwa um die Mitte des 14. Jh.s waren derartige Werke durchweg noch in Reimpaarversen abgefaßt; vielfach bedienten die Autoren sich bei der Darstellung der Kunstmittel der höfischen Romane. Zeitlich voran geht die mittelniederdeutsche ›Gandersheimer Reimchronik‹ (1216) des **Eberhard von Gandersheim**, die – von höfischer Literatur unberührt – die Geschichte des Stifts von der Gründung im 9. Jh. bis zur Gegenwart behandelt. Weitere, durchweg kürzere gereimte Klostergründungsgeschichten sind seit dem 14. Jh. überliefert; die Gründung dreier Schottenklöster behandelt mit den Mitteln der Chanson de geste und der Legende das umfangreiche Gedicht ›Karl der Große und die schottischen Heiligen‹ (Regensburg, 1300/50). Die älteste deutsche Stadtchronik ist **Gottfried Hagens** ›Buch von der Stadt Köln‹ (1270), das vom patrizischen Standpunkt aus einen Überblick über die Geschichte Kölns bis zu Kaiser Friedrich II. liefert; die Mitbürger werden vor Zwietracht gewarnt. Die erste bedeutende Landeschronik, die ›Braunschweigische Reimchronik‹, verfaßte ein unbekannter Autor mit guten Kenntnissen der deutschen Literatur 1279/92 (Nachträge bis 1298), der damit Herzog Albrecht I. von Braunschweig-Lüneburg (1252–79) verherrlichte. Die Chronik stellt, zur

Belehrung und Ermahnung der Nachkommen des Herzogs, die Geschichte des sächsischen Hauses von Widukind bis zur Gegenwart und die Geschichte Braunschweigs dar, wobei auch auf die Reichsgeschichte Bezug genommen wird. Um 1290 schrieb der als Autor einer Weltchronik (vgl. S. 268) schon genannte Wiener **Jans Enikel** das ›Fürstenbuch‹, eine Geschichte der österreichischen Herrscher von Markgraf Albrecht (1025) bis zum letzten Babenberger Herzog Friedrich II. dem Streitbaren (gest. 1246); wie es seine Art war, schob Enikel auch hier zahlreiche Geschichtchen und Anekdoten ein. Die bedeutendste gegenwartshistorische Chronik der Epoche ist **Ottokars von Steiermark** ›Steirische‹ oder ›Österreichische Reimchronik‹, entstanden etwa 1300/20. Das riesige Werk (fast 100000 Verse) bietet außer der Reichsgeschichte zwischen 1250 und 1309 vor allem die Landesgeschichte Österreichs und der Steiermark sowie umliegender Länder (Salzburg, Böhmen, Ungarn) nach 1246; ausführlich dargestellt wird ferner der Fall Akkons 1291, Ausblicke in die europäische Geschichte fehlen nicht. Der Autor, der die Interessen seiner Adressaten, der steirischen und österreichischen Landherren, vertritt, verfügt über umfassende Kenntnis der historischen Quellen und der von ihm immer wieder herbeizitierten deutschen Literatur und über großes Darstellungsvermögen. Die Geschichtsschreibung des Deutschen Ordens beginnt gegen Ende des 13. Jh.s mit der ›Livländischen Reimchronik‹. Bedeutender ist die auf einer lateinischen Chronik Peters von Du(i)sburg fußende ›Kronike von Pruzinlant‹ (1331/41), d. h. von Preußen, des **Nikolaus von Jeroschin**, die eine umfassende Geschichte des Deutschen Ordens vor dem Hintergrund der Papst- und Kaisergeschichte bietet.

Rechtsliteratur

Seit den ersten Jahrzehnten des 13. Jh.s wird das bis dahin weitgehend mündlich tradierte Recht zunehmend, und zwar in Prosa, verschriftlicht: »Die Schriftlichkeit des Rechts macht die Überprüfung seiner Normen jederzeit möglich« (P. Johanek). Insbesondere in den sich in die lateinische *speculum*-Tradition stellenden »Spiegeln« wird das Recht grundlegend kodifiziert. »Grundbuch« aller deutschen Rechtsbücher ist der zuerst in mittelniederdeutscher Sprache verfaßte, später ins Hochdeutsche umgeschriebene ›Sachsenspiegel‹ (1220/35) **Eikes von Repgow** (über 300 Textzeugen, darunter illustrierte Hss., seit dem 15. Jh. auch Drucke). Er ist in das Landrecht (Erbrecht, Familienrecht, Prozeßrecht, Strafrecht) und das Lehnrecht gegliedert. Spätere Bearbeitungen durch Augsburger Franziskaner sind der ›Deutschenspiegel‹ (um 1275) und der äußerst verbreitete ›Schwabenspiegel‹ (um 1275; ca. 350 Hss., 5 Drucke), in denen das Sachsenrecht zum Kaiserrecht umgestaltet wurde; zu erwähnen ist ferner das ›Kleine Kaiserrecht‹ (›Frankenspiegel‹) (wohl 1. Hälfte 14. Jh.). Stadtrechtsbücher gibt es seit etwa 1220, am wichtigsten wurden seit der Mitte des 13. Jh.s die ›Magdeburger Rechtsbücher‹ (›Magdeburger Weichbild‹), die als Grundlage für zahlreiche weitere Stadtrechtsbücher dienten. Landesfürstliche Rechtskodifikationen erfolgten zuerst im ›Österreichischen Landrecht‹ (1278, erneut 1298) und im ›Oberbayerischen Landrecht‹ (1346).

Medizin und Naturkunde

Das berühmteste medizinische Handbuch des Mittelalters in deutscher Sprache war das ›Arzneibuch‹ (um 1280) des Würzburger *chirurgicus* **Ortolf von Baierland** (70 Vollhss., zahlreiche weitere Textzeugen mit Auszügen, Drucke). Mit ihm wurde dem ausschließlich volkssprachlich gebildeten fertigen Wundarzt ein Lehrbuch in die Hand gegeben, in dem das im lateinischen Fachschrifttum ausgebreitete Wissen umfassend, gut gegliedert und auf die Bedürfnisse des Praktikers zugeschnitten, in souveränem Umgang mit den

Quellen dargeboten wurde. Das Werk umfaßt drei Teile: Grundlagen, Diagnostik, Therapie. Nicht weniger verbreitet war der erste veterinärmedizinische Text in deutscher Sprache, das ›Roßarzneibuch‹ (um 1250?) **Meister Albrants** (über 200 Hss., Drucke).

Vielgelesene naturkundliche Schriften verfaßte – neben theologischen, kirchenpolitischen, kirchenrechtlichen und moralphilosophischen Werken in lateinischer Sprache – der vor allem in Wien und Regensburg wirkende Kleriker **Konrad von Megenberg** (aus Mäbenberg bei Nürnberg; um 1309–74). In seiner deutschen Bearbeitung der ›Sphaera mundi‹ (um 1230) des Johannes von Sacrobosco, der ›Deutschen Sphaera‹, wird der Leser über das ptolemäische Weltbild und die Beschaffenheit von Himmel und Erde unterrichtet. Verbreiteter war das ›Buch der Natur‹ (1348–50; über 100 Hss., 8 Drucke), das auf dem ›Liber de natura rerum‹ (um 1240) des **Thomas von Cantimpré**, daneben auf weiteren Quellen, fußt. Das umfangreiche Prosawerk handelt vom Menschen, von den Himmeln und den sieben Planeten, den Tieren, den Bäumen, den Kräutern, den Edelsteinen, den Metallen und von den Wunderbrunnen und Wundermenschen (vgl. Abb. 14): »Die Summe dessen, was Antike und Mittelalter in aristotelischer Tradition wissen, wird hier besonnen und umsichtig aufgezählt, geschildert und gedeutet« (M. Wehrli).

Religiöse Literatur

Mit religiöser Thematik beschäftigen sich zahlreiche der bisher genannten Texttypen: Sangspruch, religiöser Leich, geistliches Lied, geistliche Reden, Legendenromane, Verslegenden, auch in höfischen Romanen und nicht zuletzt in den Weltchroniken spielt sie eine bedeutende Rolle. Darüber hinaus ist die Fülle weiterer geistlich bestimmter Texte hier wenigstens anzudeuten.

Abb. 14 Eine Seite aus Konrads von Megenberg ›Buch der Natur‹. Drei Wundermenschen: Armloser, Hundskopf und Vogelkopf. Stuttgart, Württ. Landesbibl., Cod. med. et phys. 2° 14

Geistliche Epik

Biblische Geschichte und Gestalten der Bibel stehen im Mittelpunkt einer Reihe epischer Darstellungen; zu den ahd. und frühmhd. Bibeldichtungen vgl. S. 60 ff. und 92 ff. Mit Maria und Jesus beschäftigt sich die ›Kindheit Jesu‹ (um 1220?) des **Konrad von Fußesbrunnen**. Deutsche Bearbeitungen eines lateinischen Gedichts über das Leben der Gottesmutter, der ›Vita beatae virginis Mariae et salvatoris rhythmica‹ (um 1230), stellen das ›Marienleben‹ (Ende 13. Jh.) **Walthers von Rheinau** und das überaus verbreitete ›Marienleben‹ (Anf. 14. Jh.) **Bruder Philipps des Kartäusers** (über 100 Textzeugen) dar. Der Lebensgeschichte und Passion Christi gelten **Konrads von Heimesfurt** ›Diu Urstende‹, d.h. Auferstehung (1. Hälfte 13. Jh.), ›Der Saelden Hort‹ (Ende 13. Jh.) eines unbekannten, an höfischer Literatur geschulten Basler (?) Klerikers und **Gundackers von Judenburg** ›Christi Hort‹ (um 1300). Als bedeutendstes Werk der auf Christi Leben und Passion gerichteten Epik sieht man die anonym überlieferte ›Erlösung‹ (um 1300) an, in der die wichtigsten Heilstatsachen aus der Zeit zwischen Sündenfall und Jüngstem Gericht behandelt werden. **Heinrich von Hesler** verfaßte um 1300 außer einer deutschen Versbearbeitung der Apokalypse, des einzigen prophetischen Buches des Neuen Testaments, auch eine deutsche Fassung des ›Evangelium Nicodemi‹, eines im Mittelalter überaus verbreiteten und beliebten, in mehreren der eben genannten Texte verwendeten apokryphen Werkes (4./5. Jh.) über Christi Prozeß vor Pilatus und die Bezeugung seiner Auferstehung. Einen umfangreichen Kommentar zum Hohenlied schrieb **Brun von Schönebeck** (1276).

Die Geschichten des Alten Testaments lasen Laien seit der 2. Hälfte des 13. Jh.s im allgemeinen in den Weltchroniken. Größere Bearbeitungen alttestamentlicher Bücher – Judith (1254), Esther, Esra und Nehemia, Makkabäer, Daniel,

Hiob sowie die zusammenfassende ›Historia der alden ê‹ (alle 1. Hälfte 14. Jh.) – wurden im Bereich des Deutschen Ordens verfaßt.

Legenden und Legendare

Neben kürzeren Verslegenden entstanden auch Biographien einzelner Heiliger, die Buchumfang haben, ohne daß man aufgrund der Darstellungsweise berechtigt wäre, von Legendenromanen zu sprechen. Eine sehr persönliche deutsche Bearbeitung der ältesten Lebensbeschreibung des Franz von Assisi, der ›Vita prima‹ (1229) des Thomas von Celano, verfaßte **Lamprecht von Regensburg** (um 1238). Von genauer persönlicher Kenntnis zeugt **Bruder Hermanns** ›Leben der Gräfin Jolande von Vianden‹ (bald nach 1283); die Gräfin, die ein Leben als Nonne gegen alle familiären Widerstände durchsetzte, wurde freilich nie heiliggesprochen. Zu einem umfassenden religiösen Kompendium (über 32 000 Verse!) ausgebaut ist die für die Brüder des Deutschen Ordens gedachte ›Martina‹ (1293) des **Hugo von Langenstein**; die Reihe der elf Martern der Heiligen erlaubte es, immer wieder neue Auslegungen und Exkurse einzulegen – so wird etwa aus Anlaß der ersten Marter ein umfassendes Bild der Hölle entworfen.

Seit dem ausgehenden 13. Jh. sind Legenden vor allem im Rahmen von Legendaren überliefert, d.h. in großen Legendenkompendien; in der Regel sind sie darin nach der Reihenfolge der Heiligenfeste des Kirchenjahrs angeordnet. Solche Legendare dienten vor allem zur Tischlesung im Kloster oder in religiösen Gemeinschaften; volkssprachliche Fassungen wurden für lateinunkundige Zuhörer benötigt. Wichtigstes Legendar der Epoche ist die in lateinischer Prosa abgefaßte ›Legenda aurea‹ (vor 1267) des Dominikaners **Jacobus a Voragine** (1228/29–98), die in ganz Europa Verbreitung fand. Dieses Werk wurde im 14. und 15. Jh. nicht weniger als achtmal mehr oder weniger vollständig in deutsche Prosa übersetzt; die älteste und wichtigste Fassung ist die ›Elsässische Legenda aurea‹ (gegen 1350; 36 Hss.). Erstmals auf deutsch bearbeitet wurden 75 Legenden der ›Legenda aurea‹ jedoch bereits um 1280/1300 im dritten Teil des mit fast 110 000 Versen umfangreichsten Dichtwerks des 13. Jh.s, dem ›Passional‹; dessen erster Teil ist Maria und Jesus, der zweite den Aposteln gewidmet. Vermutlich vom gleichen unbekannten Autor stammt das etwa gleichzeitige ›Väterbuch‹, das Lebensbeschreibungen der Asketen, Eremiten und Wüstenheiligen der frühchristlichen Zeit enthält; Quelle sind die ›Vitaspatrum‹ (6. Jh.). Gegen Ende des 13. oder zu Beginn des 14. Jh.s entstand das ›Märterbuch‹, ein gereimtes Legendar, das auf einer lateinischen Quelle aus dem 12. Jh. basiert.

Geistliche Prosa

Bibelübersetzung und -bearbeitung. Als bedeutendste Leistung auf dem Gebiet der deutschen Bibelübersetzung und -bearbeitung vor Luther sieht die Forschung neuerdings das (noch nicht abschließend erforschte) Werk des sogenannten österreichischen Bibelübersetzers an, vermutlich eines niederösterreichischen Laien (namens Wolfhart?). Zwischen etwa 1325 und 1350 übersetzte er Genesis, Exodus, Tobias, Hiob, Daniel (›Schlierbacher Altes Testament‹) und erstellte das ›Klosterneuburger Evangelienwerk‹ (Evangelienharmonie, vgl. S. 49, außer den Evangelisten verwendete er dafür apokryphe und weitere, auch deutsche Quellen) sowie das vielüberlieferte ›Psalmenwerk‹ (über 50 Hss., 2 Drucke; in der Literatur vielfach fälschlich Heinrich von Mügeln, vgl. S. 305, zugeschrieben); ferner übersetzte und bearbeitete er lateinische Traktate, mehrere Traktate scheint er eigenständig verfaßt zu haben.

Predigten. Aus dem 13. Jh. sind drei größere Predigtsammlungen in deutscher Sprache überliefert. Über 200 deutsche Predigten werden mit dem Namen des bedeutendsten Predigers der Epoche verbunden, dem Franziskaner **Berthold von Regensburg** (um 1210–72). Berthold selbst redigierte zahlreiche seiner lateinischen Predigten als eine Art Musterbuch für Kleriker. Die deutschen Predigten, in denen der moralische Niedergang beklagt und zu bescheidenerem Leben angehalten wird, gehen vermutlich auf redigierte Nachschriften zurück oder sind Bertholds authentischen Predigten nachempfunden. Ebenfalls vermutlich Franziskaner war der ›Schwarzwälder Prediger‹ genannte Autor, der im letzten Viertel des 13. Jh.s eine Sammlung von Sonn- und Feiertagspredigten (Quelle: lateinische Predigten Konrads von Sachsen) und von Heiligenpredigten (Quelle: ›Legenda aurea‹, vgl. S. 287 f.) verfaßte. Hinter dem ›St. Georgener Prediger‹ (spätes 13. Jh.), Lesepredigten für ein klösterliches Publikum, steht ein westmitteldeutscher Sammler aus dem Zisterzienserorden.

Mystische Literatur. Mystik »ist die ›cognitio Dei experimentalis‹, auf Erfahrung gegründete Gotteserkenntnis. Gott wird also nicht nur geglaubt, nicht nur philosophisch erschlossen, sondern seine Existenz wird durch Erlebnisse der Gottesschau und -einung schon während des Erdenlebens erfahren« (P. Dinzelbacher). Angemessen gewürdigt werden können die zahlreichen Werke der deutschen Mystik nur im Rahmen der Frömmigkeits- und Philosophiegeschichte. Da es sich indes oftmals um bedeutende Sprachdenkmäler handelt, muß im Rahmen der Literaturgeschichte wenigstens auf sie hingewiesen werden. Als herausragender deutscher Text der Frauenmystik gilt ›Das Fließende Licht der Gottheit‹ (entstanden seit etwa 1250) der Begine **Mechthild von Magdeburg** (um 1207 – um 1282), eine »innere Biographie« (M. Wehrli) der Mystikerin, in der Prosa und Verspartien gemischt sind. Den Höhepunkt der mittelalterlichen Mystik sieht man im Wirken der drei Dominikaner **Meister Eckhart** (um 1260–1328), **Hein-**

rich **Seuse** (um 1295–1366) und **Johannes Tauler** (um 1300–61). Bei Eckhart stehen neben einem bedeutenden lateinischen Œuvre zwei deutsche Traktate (›Rede der underscheidunge‹, ›Liber benedictus‹) und etwa 100 deutsche Predigten. Seuse hat neben einer einzigen lateinischen Schrift zahlreiche deutsche Texte verfaßt (›Büchlein der Wahrheit‹, ›Büchlein der ewigen Weisheit‹, ›Minnebüchlein‹, ›Vita‹, Predigten, Briefe). Von Tauler gibt es ein umfangreiches Korpus von etwa 80 mystischen Predigten in deutscher Sprache.

Literaturhinweise

Ausgaben: Freidank: H. E. Bezzenberger, 1872. – Stricker: W. W. Moelleken, 5 Bde., 1973–78 (GAG); U. Schwab, ^{3}1983 (ATB) [Tierbispel]; H. Fischer / J. Janota, Bd. 1, ^{5}2000, Bd. 2, ^{3}1984 (ATB) [Erzählungen]; O. Ehrismann, 1992 [u. ö.] (zweisprachige Auswahl; RUB). – König v. Odenwald: R. Olt, 1988 (zweisprachig). – Konrad v. Würzburg, ›Goldene Schmiede‹: E. Schröder, 1926; ›Turnier‹ u. Erzählungen: E. Schröder, Kleinere Dichtungen, Bd. 1, ^{4}1962, Bd. 2, ^{3}1959; Rölleke, 1968 [u. ö.] (zweisprachig; RUB) [drei Erzählungen]. – ›Mauricius v. Craûn‹: D. Klein, 1999 (zweisprachig; RUB). – ›Minneburg‹: H. Pyritz, 1950 (DTM). – Hadamar v. Laber: K. Stejskal, 1880. – Konrad v. Würzburg, Legenden: P. Gereke, 3 Bde., 1925–27 (ATB); ›Pantaleon‹: W. Woesler, 1974 (ATB). – NGA: H. Niewöhner / W. Simon (Hrsg.), Neues Gesamtabenteuer, Bd. 1 [mehr nicht erschienen], ^{2}1967 [37 Novellen]. – ›Helmbrecht‹: F. Panzer / K. Ruh / H.-J. Ziegeler, ^{10}1993 (ATB); H. Brackert [u. a.] 1972 [u. ö.] (zweisprachig; Fischer-TB); F. Tschirch, 1974 [u. ö.] (zweisprachig; RUB). – K. Grubmüller (Hrsg.), Novellistik des MAs, 1996 (zweisprachig; Bibliothek des MAs). – ›Winsbecke‹: A. Leitzmann / I. Reiffenstein, ^{3}1962 (ATB). – Thomasin: H. Rückert / F. Neumann, 1965. – Hugo v. Trimberg: G. Ehrismann / G. Schweikle, 4 Bde., 1970. – ›Seifrid Helbling‹: J. Seemüller, 1886. – Eberhard v. Gandersheim: L. Wolff, ^{2}1969 (ATB). – Gottfried Hagen: E. v. Groote, 1834. – ›Braunschweigische Reimchronik‹: L. Weiland, 1877. – Ottokar v. Steiermark: J. Seemüller, 2 Bde., 1890–93. – Eike v. Repgow: K. A. Eckhardt, 2 Bde., 1955–56; Landrecht: C. v. Schwerin / H. Thieme, 1964 (RUB). – Konrad v. Megenberg, ›Buch der Natur‹: F. Pfeiffer, 1861. – Konrad v. Fußesbrunnen: H. Fromm / K. Grubmüller, 1973. – Konrad v. Heimesfurt: K. Gärtner / W. J. Hoffmann, 1989 (ATB). – ›Erlösung‹: F. Maurer, 1934. – ›Elsässische Legenda aurea‹: K. Kunze / U. Williams / W. Williams-Krapp, 3 Bde., 1980–90 (TTG). – ›Alemannische Vitaspatrum‹: U. Williams, 1996 (TTG). – Berthold v. Regensburg: F. Pfeiffer / K. Ruh, 2 Bde., 1965; W. Röcke, 1983 (zweisprachige Auswahl; RUB). – Mechthild v. Magdeburg: H. Neumann / G. Vollmann-Profe, 2 Bde., 1990–93 (MTU). – Meister Eckhart, Deutsche Schriften: J. Quint, 1936 ff. (zweisprachig); N. Largier, 2 Bde., 1993 (zweisprachig; Bibliothek des MAs); U. Störmer-Caysa, 2001 (zweisprachige Auswahl; RUB). – Heinrich Seuse: H. Bihlmeyer, 1907.

Forschungsliteratur: R. Blumrich / Ph. Kaiser (Hrsg.), Heinrich Seuses Philosophia spiritualis, 1994 (WILMA). – T. Brandis, Mhd., mittelniederdt. u. mittelniederländ. Minnereden, 1968 (MTU). – R. Brandt, Konrad v. Würzburg, 1987. – R. Brandt, Konrad v. Würzburg. Kleinere epische Werke, 2000. – H. Brunner (Hrsg.), Konrad v. Würzburg, in: JOWG 5 (1988/89). – W. Buckl, Megenberg aus zweiter Hand, 1993. – W. Crossgrove, Die dt. Sachlit. des MAs, 1994. – G. Dicke / K. Grubmüller, Die Fabeln des MAs u. der frühen Neuzeit, 1987. – E. Feistner, Historische Typologie der dt. Heiligenlegende des MAs von der Mitte des 12. Jh.s bis zur Reformation, 1995 (WILMA). – H. Fischer, Studien zur dt. Märendichtung, ²1983. – I. Glier, Artes amandi, 1971 (MTU). – K. Grubmüller, Meister Esopus, 1977 (MTU). – W. Haug / B. Wachinger (Hrsg.), Kleinstformen der Lit., 1994 (Fortuna vitrea). – W. J. Hoffmann, Konrad v. Heimesfurt, 2000 (WILMA). – T. R. Jackson [u. a.] (Hrsg.), Die Vermittlung geistlicher Inhalte im dt. MA, 1996. – G. Keil (Hrsg.), *ein teutsch puech machen*. Untersuchungen zur landessprachl. Vermittlung medizinischen Wissens, 1993 (WILMA). – F. Löser, Meister Eckhart in Melk, 1999 (TTG). – J. G. Mayer, Die Vulgata-Fassung der Predigten J. Taulers, 1999. – K. Morvay / D. Grube, Bibliographie der dt. Predigt des MAs, 1974 (MTU). – Th. Nolte / T. Schneider (Hrsg.), Wernher d. Gärtner, ›Helmbrecht‹, 2001. – H. Ragotzky, Gattungserneuerung u. Laienunterweisung in Texten des Strickers, 1981. – H. Reinitzer (Hrsg.), Dt. Bibelübersetzungen des MAs, 1991. – K. Ruh, Geschichte der abendländischen Mystik, 4 Bde., 1990–99. – H.-J. Schiewer, ›Die Schwarzwälder Predigten‹, 1996 (MTU). – K.-H. Schirmer (Hrsg.), Das Märe, 1983 (WdF). – U. Steckelberg, Hadamars v. Laber ›Jagd‹, 1998 (Hermaea). – R. K. Weigand, Der ›Renner‹ d. Hugo v. Trimberg, 2000 (WILMA). – H. Wenzel, Höfische Geschichte, 1980. – W. Williams-Krapp, Die dt. u. niederländ. Legendare des MAs, 1986 (TTG). – U. Wyss, Theorie der mhd. Legendenepik, 1973. – H.-J. Ziegeler, Erzählen im SpätMA, 1985 (MTU).

C.
Die ältere Epoche der frühneuhochdeutschen Literatur
(um 1350 – um 1500)

Historischer Überblick

1346–1437	*Herrschaft der Luxemburger.*
1346–78	Kaiser Karl IV.
1358	Gründung der Hanse.
1365	Gründung der Universität Wien.
1377–89	Süddeutscher Städtekrieg.
1378–1400	König Wenzel (Sohn Karls IV.).
1379, 1386, 1388	Gründung der Universitäten Erfurt, Heidelberg, Köln.
1400	Absetzung Wenzels wegen Untätigkeit.

*

1337–1453	Hundertjähriger Krieg zwischen Frankreich und England.
1363–1404	Herzog Philipp der Kühne von Burgund; Aufstieg Burgunds.
1378–1417	Großes abendländisches Schisma.

*

1400–1410	König Ruprecht von der Pfalz (Wittelsbacher).
1410–37	Kaiser Sigismund (Sohn Karls IV.).
1414–18	Konzil von Konstanz; 1417 Beseitigung des Schismas.
1417	Belehnung der Hohenzollern mit Brandenburg.

1419–36	Hussitenkriege.
1431–37	Konzil von Basel.

*

1431	Hinrichtung Jeanne d'Arcs.
1434–64	Cosimo de' Medici Stadtherr von Florenz.

*

1438–1806	*Herrschaft der Habsburger.*
1438/39	König Albrecht II.
1440–93	Kaiser Friedrich III. (Bruder Albrechts II.).
1448	Konkordat von Wien; Ende der Konzilsbewegung.
ab 1463	Habsburgische Hausmachtpolitik.

*

1453	Eroberung Konstantinopels durch die Türken; Ende des byzantinischen Reichs.
1477	Herzog Karl der Kühne von Burgund fällt bei Nancy in der Schlacht gegen die Eidgenossen.
1487	Bartolomeo Diaz umfährt das Kap der Guten Hoffnung.
1492	Kastilien-Aragon erobert Granada (Ende der Reconquista); Columbus entdeckt Amerika.
1492–1503	Papst Alexander VI. (Borgia).

*

1493–1519	Kaiser Maximilian I. (Sohn Friedrichs III.).
1495	Reichstag zu Worms: Verkündung des ewigen Landfriedens; Einrichtung des Reichskammergerichts.
1499	Frieden von Basel: die Schweiz scheidet faktisch aus dem Reichsverband aus.
1512	Reichstag zu Köln: Einrichtung des Reichstags mit drei Kollegien (Kurfürsten, Fürsten, Reichsstädte), zehn Reichskreise.
1517	Luther veröffentlicht seine 95 Thesen.

*

1498	Die Portugiesen erreichen Indien auf dem Seeweg um Afrika.
1513–21	Papst Leo X.

1515–47	König Franz I. von Frankreich.
1516 (–56)	Kaiser Maximilians I. Enkel als Karl I. König von Spanien (als römischer Kaiser Karl V.).

Als frühneuhochdeutsch bezeichnen kann man die im Zeitraum von etwa 1350 bis etwa 1620 entstandenen Texte. Nach oben hin begrenzt wird der Zeitabschnitt durch das Aufkommen der Barockliteratur. Gliedern läßt sich die frühnhd. Zeit in eine ältere Epoche bis etwa zum Beginn der Reformation und in eine jüngere, die in größtem Umfang von der Reformation und ihren Folgen geprägt ist. Der mindestens für einen Teilabschnitt der frühnhd. Literatur öfter gebrauchte Begriff der Renaissanceliteratur scheint insgesamt für Deutschland nicht sehr sinnvoll, mit dem Begriff des Humanismus faßt man nur einen Teil der in dieser Zeit entstandenen Texte. Der im vorliegenden Buch gegebene Überblick beschränkt sich auf die noch ins Mittelalter gehörende ältere Epoche der frühnhd. Literatur; zu ihrer Charakteristik vgl. auch S. 30 ff. Ins Zentrum gestellt sind wiederum die verschiedenen Typen des Liedes und der Großepik; weitere literarische Gattungen können nur abrißhaft erwähnt werden. Die gründliche Erforschung der überaus umfangreichen Literaturproduktion der Epoche war ein Hauptanliegen der Altgermanistik seit etwa 1960. Gleichwohl ist es bis jetzt nicht gelungen, die Epoche sinnvoll chronologisch weiter zu untergliedern. Insgesamt bietet sie ein Bild, das bestimmt ist von zunehmender Vielfalt im Hinblick auf die Trägerschaft der Literatur – zur Aristokratie und zu den zunehmend differenzierter erscheinenden geistlichen Trägern (Klostermönche, Bettelmönche, Weltklerus, Hofkleriker, Mitglieder geistlicher Bruderschaften usw.) treten städtische Patrizier, Lehrer, Juristen, Kaufleute, Handwerker. Durch den Buchdruck wird seit etwa 1450 das gesamte Buchwesen nach und nach neu gestaltet. Die älteren Gattungen erfahren in dieser Epoche teilweise eine Verwandlung, manche Typen verschwinden, doch bildet sich kein klares neues Gattungssystem heraus. Die Rezeption lateinischer, französischer und – erstmals – italienischer Literatur spielt eine bedeutende Rolle. Einer immer komplizierteren, immer differenzierteren Weltsicht scheinen mannigfaltigere, differenziertere literarische Ansätze zu entsprechen.

1. Lieddichtung

In der Geschichte der Lieddichtung ist seit etwa der Mitte des 14. Jh.s ein tiefgreifender Umbruch festzustellen. Liedtexte der vorausgehenden Epoche werden, von relativ wenigen Ausnahmen abgesehen, nun nicht mehr tradiert; ihre Überlieferung bricht ab. Das »System« der Liedtypen (vgl. S. 233 f.) bleibt zwar äußerlich weitgehend gleich – lediglich die Großform des Leichs (vgl. S. 238 ff.) wird ganz aufgegeben –, die einzelnen Liedtypen wandeln sich jedoch in fast allen Fällen. Als wichtigste Typen sind zu nennen: Liebeslied, Neidhartlied, Spruchlied und Meisterlied, geistliches Lied und politisches Lied.

Überlieferung: Die Zahl der Liederhss., deren Beschreibstoff nunmehr überwiegend Papier ist, nimmt seit Beginn des 15. Jh.s erheblich zu; die Drucküberlieferung spielt eine relativ geringe Rolle (zur älteren Liedüberlieferung vgl. S. 109 ff.). An erster Stelle zu nennen sind jetzt die Autorhss., Sammlungen von Texten eines einzelnen Dichters. Zum Teil sorgten die Autoren selbst für die Erhaltung ihrer Gedichte: der Vorarlberger Graf Hugo von Montfort (Pergamenths. mit Melodien in Heidelberg), der Südtiroler Adlige Oswald von Wolkenstein (Pergamenthss. A und B, jeweils mit den Melodien, in Wien und Innsbruck), der Freiburger Geistliche Heinrich Laufenberg (Straßburger Hs., 1870 verbrannt), der Spruchsänger Michel Beheim (mehrere Papierhss. in Heidelberg, München, Dresden), der Nürnberger Meistersinger Hans Folz (Hss. in Weimar und Berlin) – von den drei letzten Dichtern liegen, erstmals in der Geschichte der Liedüberlieferung, Autographe vor. Dazu kommen weitere Autorsammlungen (Eberhard von Cersne, Mönch von Salzburg, Heinrich von Mügeln, Muskatblut). Ein zweiter wichtiger Überlieferungstyp sind die Meisterliederhss., Codices, in denen die städtischen Meistersinger ältere, teilweise aus dem 13. Jh. stammende, und zeitgenössische Sangsprüche, Spruch- und Meisterlieder zusammenstellten, fast durchweg ohne Angabe der Textautoren, gelegentlich mit den Melodien. Aus vorreformatorischer Zeit ist etwa ein Dutzend solcher Sammlungen erhalten; die weitaus wichtigste und umfangreichste Hs. dieses Typs ist die ›Kolmarer Liederhs.‹ (München, Bayerische Staatsbibl., Cgm 4997; Sigle: t oder k; entstanden um 1460 wohl in Speyer; vgl. Abb.15), die auf 856 Blättern etwa 935 Strophenlieder (ca. 4380 Strophen) in 108 Tönen, dazu 5 Leichs enthält. Der dritte Überlieferungstyp sind die Liederbücher. Dabei handelt es sich um Hss., die ohne viel Aufwand, zum Gebrauch, oft durch die vielfach stadtbürgerlichen Besitzer selbst und fast durchweg ohne die Namen der Liedautoren zusammengestellt wurden. Bekannte Sammlungen sind die ›Sterzinger Miszellaneenhs.‹ (Anfang 15.Jh., teilweise mit den Melodien), das ›Lochamer-Liederbuch‹ (Nürnberg 1451/55, mit Melodien), das ›Augsburger Liederbuch‹ (1454), das ›Liederbuch des (Nürnberger Arztes) Hartmann Schedel‹ (1462/67, teilweise mit den Melodien), das ›Königsteiner Liederbuch‹ (Rheinfränkisch, um 1470), das ›Liederbuch der (Augsburger Berufsschreiberin) Klara Hätzlerin‹ (1471, Auftraggeber war ein Augsburger Bürger). Die einzige größere gedruckte Liedersammlung ist die Inkunabel des ›Neithart Fuchs‹ (zuerst 1491/97, zwei

Abb. 15 Eine Seite aus der ›Kolmarer Liederhs.‹. München, Bayer. Staatsbibl., Cgm 4997 (Speyer, um 1460). Die Seite zeigt den Unerkannten Ton *magistri s(cilicet) scriptoris huius libri*, d. h. eines der beiden Schreiber der Hs., der seinen Namen nicht nennt. In der späteren Tradition wird er mit Nestler von Speyer angegeben.

Nachdrucke aus dem 16. Jh.). Schließlich ist die Streuüberlieferung zu erwähnen, vor allem weil ein Liedtyp, das politische Lied, vorwiegend »eingestreut« in Chroniken erhalten ist; zusammenfassende Sammlungen gab es für derartige Texte nicht.

Liebeslied

Da die meisten Liebeslieder des 14./15. Jh.s in Liederbüchern, d.h. ohne Autornamen, überliefert sind und sie deshalb personell gar nicht und zeitlich nur höchst unsicher zugeordnet werden können, läßt sich ihre Geschichte nicht in einer der vorausgehenden Epoche vergleichbaren Weise skizzieren. Größere Liebeslied-Œuvres gibt es nur von vier Dichtern der Zeit um 1400; zu einem von ihnen, Oswald von Wolkenstein, vgl. S. 312 ff. Dem älteren Minnesang der Hohen Minne am nächsten stehen die 20 Lieder (4 davon mit Melodie überliefert) des Geistlichen **Eberhard von Cersne** (urk. 1408 in Minden). Sie stellen so etwas wie einen Zyklus dar, in dem auf der Ebene der außerliterarischen Realität unterschiedliche Situationen vorausgesetzt sind, in die Liebende, insbesondere Liebhaber, geraten können. Da in der Hs., in der die Lieder überliefert sind, auch die von Eberhard 1404 verfaßte gereimte Minneallegorie ›Der Minne Regel‹ enthalten ist, kann man vermuten, daß die Lieder gleichsam illustrativen Charakter haben: sie zeigen, was in Liebesdingen alles möglich ist.

Die 6 Liebeslieder (3 davon mit Melodie) des Vorarlberger Grafen **Hugo von Montfort** (1357–1423), der außerdem 5 geistliche Lieder (alle mit Melodie), ferner gereimte Liebesbriefe und Reimpaarreden hinterlassen hat, erscheinen »personalisiert«: der Autor bezieht seine weitgehend noch der Hohen Minne verpflichteten Texte in zunehmendem Maß auf sein individuelles autobiograpisches Ich. Dem älteren Minnesang war das fremd; hier trat der einzelne

Liebhaber-Sänger sozusagen stets für alle Liebhaber ein, er individualisierte sich kaum je.

Am deutlichsten auf die Liederbuchlieder des 15. und noch des 16. Jh.s weisen die 50 Liebeslieder (fast alle mit Melodie überliefert) des am Salzburger Hof Erzbischof Pilgrims II. von Puchheim (1365–96) wirkenden **Mönchs von Salzburg**, von dem 7 weitere weltliche und zahlreiche geistliche Lieder überliefert sind (vgl. S. 309). Entscheidend ist ein konzeptueller Wandel. Die Liebe zwischen Mann und Frau ist hier nicht mehr die der Hohen Minne. Die Liebenden sind sich in den meisten Fällen »einig«, der Mann dominiert. Innere Spannungen und Konflikte gibt es kaum, meist wird das gegenseitige Verhältnis nur von »außen« gestört: einer der Partner wendet sich einem dritten zu; die Liebenden sind räumlich getrennt; sie können nicht zueinander kommen, weil Austräger und Klatschbasen – die jetzt »Klaffer« genannt werden – sie hindern. Beim Mönch finden sich auch bereits rhetorische Verfahrensweisen, die für das Liebeslied des 15. Jh.s charakteristisch sind (Schönheitsbeschreibungen, Ausdeutungen symbolisch gemeinter Farben, Spiel mit Namensinitialen).

Die auf S. 233 f. skizzierten Subtypen des Minneliedes begegnen beim Mönch von Salzburg, bei Oswald von Wolkenstein (vgl. dazu S. 314 f.) und im Liederbuchlied des 15. Jh.s erneut, teilweise in modifizierter Form. Unter die Ich- oder Sängerlieder rubrizieren lassen sich die Werbungslieder, in denen die Bitte um die Gunst der Frau im Zentrum steht, ferner Hoffnungslieder, in denen der zuversichtliche Glaube auf Erhörung ausgedrückt wird. In Liebesklagen spricht der Sänger (wie im älteren Minnesang) davon, daß die Angebetete ihn nicht erhören will, aber auch davon, daß das bestehende Liebesverhältnis von außen, etwa durch die Klaffer oder durch äußere Trennung, gestört wird. Wie im älteren Minnesang finden sich auch Liebesversicherungen – neu ist, daß diese gelegentlich die Form des Liebesbriefes haben können, ferner Sehnsuchtslieder, Abschiedsklagen und Frauenpreislieder. Ein in der älteren Zeit unbekannter Liedtyp ist das Neujahrslied, in dem der Neujahrswunsch mit der Bitte um Erhörung gekoppelt wird. Wenig geläufig waren in der älteren Zeit die nun öfter vorkommenden Klagen über Untreue und Unbeständigkeit des Partners bis hin zur Absage. Was die Rollenlieder angeht, so finden sich gelegentlich Dialoge; in ihnen geht es entweder um die Bitte des Mannes um Erhörung, die in der Regel wohlwollend entgegengenommen wird, um Ermahnungen des Partners zur Vorsicht gegenüber den Klaffern oder um vorübergehenden Abschied. In den seltenen Frauenliedern klagt die Frau über die Untreue ihres Geliebten, sie besingt die Liebe, oder sie sehnt sich nach dem Entfernten. Unter den »objektiven« Liedern begegnen weiterhin vor allem Tagelieder und Pastourellen (vgl. S. 177 f. und 181).

Neben den in sprachlicher und metrischer Hinsicht anspruchsvolleren Liebesliedern der Liederbücher, die von der Forschung auch als Gesellschaftslieder oder Hofweisen bezeichnet werden, finden sich in den Sammlungen auch in formelhaft-schlichter Sprache und in kurzen, kunstlosen Strophenformen abgefaßte, bisweilen vielstrophige, inhaltlich und typologisch jedoch nahe verwandte sogenannte Volkslieder. Mit ihnen faßt man vermutlich allgemein verbreitetes, nicht auf gehobene Gesellschaftsschichten allein beschränktes Liedgut, einen Liedbereich, der in der Zeit vor dem 15. Jh. so gut wie gar nicht überliefert ist. Vgl. etwa die 1. Strophe der Klage eines Liebhabers, der von einem Rivalen ausgestochen wurde, aus dem Liederbuch Hartmann Schedels:

Es ist ein schne gefallen,
vnd ist es doch nit czeit;
man wurft mich mit den pallen,
der weg ist mir verschneit ...

Breiter überliefert sind Lieder dieser Art unter Namen wie Gassenhauer, Bergreihen, Reuterliedlein dann seit dem

16. Jh. Der Begriff Volkslied wurde erst durch Johann Gottfried Herder (1744–1803) geprägt; vor allem Achim von Arnims und Clemens Brentanos Sammlung ›Des Knaben Wunderhorn‹ (1806/08), in der auch spätmittelalterliche und frühneuzeitliche Lieder enthalten sind, machten Begriff und Sache dann allgemein bekannt.

Von der in Frankreich, Italien und England schon seit dem 13. Jh. auch im weltlichen Bereich gepflegten musikalischen Mehrstimmigkeit blieb die deutsche Liedkunst lange unbeeinflußt. Die frühesten einfachen, zunächst vereinzelt bleibenden mehrstimmigen Liedsätze begegnen beim Mönch von Salzburg; die wenig später stattfindende breite Rezeption süd- und westeuropäischer Mehrstimmigkeit durch Oswald von Wolkenstein blieb für die weitere Liedgeschichte folgenlos. Erstmals findet sich mehrstimmige Liedkunst mit deutschen Texten dann seit dem ›Lochamer-Liederbuch‹; mit ihm beginnt, soweit faßbar, die Geschichte des deutschen Tenorliedes, in dem die eigentliche Liedmelodie, der Ténor, von zusätzlichen Stimmen begleitet wird. Die im folgenden zu behandelnden Liedtypen blieben von der Mehrstimmigkeit unberührt.

Neidhartlied

Neidhart (vgl. S. 187 ff.) ist der einzige Lieddichter des deutschen Mittelalters, dessen Name die Benennung für einen eigenen, beim Publikum offenbar sehr beliebten Liedtyp abgab, die sogenannten Neidharte, Lieder, in denen es um die Auseinandersetzungen des sprichwörtlichen Bauernfeindes mit seinen tölpelhaften Gegnern geht. Schon im 13. Jh. hatten einige namentlich bekannte Autoren Tanzlieder in der Art Neidharts verfaßt (vgl. S. 236 und 238). Außerdem entstand im späten 13. und vor allem im 14. Jh. das umfangreiche, anonyme, etwa 80 Lieder umfassende Korpus der sogenannten Pseudo-Neidharte. Zwei Arten von Texten lassen sich unterscheiden: 1. Lieder, die in ihrer Darstellungsweise (Fehlen einer durchgehenden Handlung, Verwendung typischer Handlungsmomente) den echten Sommer- und Winterliedern Neidharts nahestehen; 2. Schwanklieder mit durchgehender Handlung (Auseinandersetzungen des Ritters Neidhart mit den Bauern), z.B. der Veilchenschwank, der Bilderschwank, der Beichtschwank. Beide Arten von Pseudo-Neidharten wurden im 15. Jh. zusammen mit echten Neidhart-Texten tradiert, am umfassendsten in der großen Neidharths. c (Nürnberg, um 1460, mit Melodien; vgl. Übersicht a, S. 112). Das sonst feststellbare Abbrechen der Überlieferungstradition um die Mitte des 14. Jh.s gilt demnach für den Neidhart-Bereich nicht. Gegen Ende des 15. Jh.s wurde eine Auswahl aus dem Korpus an den Faden einer (fabulösen) Lebensgeschichte des Bauernfeindes aufgereiht – ein paargereimter Epilog berichtet von seinem Tod und seinem Grab am Wiener Stephansdom – und 1491/97 unter dem Titel ›Neithart Fuchs‹ zuerst gedruckt. Das Textkorpus der Neidharte, die man im 15. Jh. überlieferte, scheint im wesentlichen bereits im 14. Jh. vorgelegen zu haben, doch wurden auch später noch bisweilen Lieder in Neidharts Manier verfaßt. Zu nennen ist vor allem der bayerische Dichter **Hans Heselloher** (urk. 1451–83), von dem 5 Neidharte erhalten sind, darunter ›Von üppiglichen dingen‹, ein ausgesprochener »Schlager« des 15. und noch des 16. Jh.s (vgl. Melodie VI).

Spruchlied und Meisterlied

Die deutlichsten Innovationen im Bereich der Sangspruchdichtung (vgl. S. 241 ff.) seit der Mitte des 14. Jh.s zeigen sich auf formalem Gebiet. Nach wie vor dichteten die Berufssänger des 14. und 15. Jh.s in vorher fixierten, nicht ad hoc erfundenen eigenen Tönen; nach wie vor waren ihre Themen religiöse, moralische und ständische Belehrung

Melodie VI Hans Heselloher, ›Von üppiglichen dingen‹, 1. Str. Melodie nach der Hs. Würzburg, UB, M.ch.f. 248/2 (um 1573). Übersetzung: »Von leichtfertigen Dingen will ich anfangen, ein bißchen davon singen, wie ich sie gesehen habe. Es geschah bei einem Tanz auf einem ebenen Platz: da sah man eine Jungfrau, geschmückt mit einem Kranz, herumtanzen: sie sah glänzend aus, hatte noble Kleider an und besaß einen geraden Körper. Der Bauer, der mit ihr herumtanzte, hatte einen Panzer an.«

aller Art, Gelehrsamkeit und Stellungnahmen zu politischen Ereignissen und Protagonisten; noch immer orientierten sie sich an der bis in das 12. Jh. zurückreichenden Tradition und am Kunstbewußtsein des Spruchsangs und war ihre Existenz bestimmt durch den Zwang, mit Kollegen, mit Literaten anderer Art und mit sonstigen Unterhaltungskünstlern konkurrieren zu müssen; immer noch legten sie sich teilweise, bedingt durch diese Situation, klangvolle Dichternamen zu. Die wichtigsten Spruchdichter der Epoche waren: **Heinrich von Mügeln** (Schaffenszeit etwa 1345–70), einer der bedeutendsten Literaten seiner Zeit, von dem außer Spruchliedern (insgesamt 383 Strophen in 4 Tönen) auch einige Minnelieder, ein allegorisch-didaktisches Reimpaargedicht ›Der meide kranz‹, eine ›Ungarnchronik‹ in deutscher Prosa bzw. in lateinischen Strophen sowie eine verbreitete deutsche Bearbeitung der ›Mirabilien‹ des römischen Autors Valerius Maximus (um 31 n. Chr.) in Prosa überliefert sind. In die 2. Hälfte des 14. Jh.s gehören ferner **Suchensinn** (urk. 1386–92; 23 Lieder im gleichen Ton, 1 Reimpaargedicht), **Harder** (Lieder in 3 Tönen, 2 Reimpaargedichte), **Albrecht Lesch** (gest. 1393/94?; Lieder in 10 Tönen). Im 15. Jh. wirkten **Muskatblut** (1. Hälfte 15. Jh.; über 90 Lieder in 4 Tönen), **Jörg Schiller** (urk. 1453–62; 13 Lieder in 6 Tönen) und **Michel Beheim** (1420–72/79; 452 Lieder in 11 Tönen, 3 gereimte Chroniken) – mit den beiden zuletzt genannten Autoren endete die Kunst des berufsmäßig ausgeübten Spruchsangs.

Gegenüber der früheren Spruchdichtung gibt es zwei auffällige Neuerungen. Etwa seit der Mitte des 14. Jh.s gilt die traditionelle Regel der prinzipiellen Einstrophigkeit von Sangsprüchen nicht mehr. Nunmehr erscheinen größere Strophenkomplexe, Spruchlieder, in zeitgenössischer Terminologie »Bare«. Sie haben in der Regel eine ungerade Zahl von Strophen, mindestens und meistens drei, doch scheint im 14. Jh. die Ungeradzahligkeit noch nicht so schematisch gegolten zu haben wie später (zahlreiche Lieder Suchensinns etwa haben vier Strophen). Als Ursache dieser Neuerung kann man die Konkurrenz namhaft machen, in der die Spruchsänger seit der Mitte des 14. Jh.s mit der in dieser Zeit aufblühenden Tätigkeit fahrender Reimsprecher standen, deren Texte in Reimpaaren abgefaßt waren (vgl. dazu S. 338 ff.). Die Sprecher dichteten, formal meist ziemlich anspruchslos, weitgehend über die gleichen Themen wie die Spruchsänger. Ihre Gedichte waren innerhalb einer gewissen mittleren Länge im Umfang je nach Thema und Darstellungsart flexibel. Durch die Bildung mehrstrophiger Bare wurde auch der Umfang der Spruchlieder beweglicher; damit konnte der nicht immer leicht erreichbare Komprimierungsgrad früherer, je für sich stehender Sangsprüche umgangen, es konnte ausführlicher, weitschweifiger, auch leichter verständlich dargestellt werden. Völlige Beliebigkeit hinsichtlich der Länge widersprach indes dem Kunstanspruch: als neue Kunstregel bürgerte sich daher das Gesetz der vorher festgelegten Strophenzahl ein.

Die zweite Neuerung findet sich erst nach der Zeit Heinrichs von Mügeln. Die Spruchsänger nennen nunmehr in den Texten in einer an das Ende gestellten Autorsignatur ihren Namen; vgl. etwa den Schluß von Suchensinns Lied 18: *Suochensinn, nu nim ir war / die êr hie hânt erworben*, »Suchensinn, beachte diejenigen, die auf Erden Ansehen erworben haben«. Die Autorsignatur ist von den Reimsprechern übernommen, die seit dem 14. Jh. ihre Gedichte gewöhnlich in dieser Weise signierten. Indes reagierten die professionellen Spruchsänger mit ihr offenbar auf den seit etwa der Mitte des 14. Jh.s sich zunehmend verbreitenden Brauch, fremde Spruchtöne für eigene Dichtungen zu verwenden. Bis dahin war die Autorschaft an den Texten, jedenfalls für Kenner, zweifelsfrei aus den Strophenformen und Melodien, den Tönen, hervorgegangen; die vielfach üblichen Tonnamen waren zudem mit den Autornamen verbunden. Die enge Bindung der Töne, und damit der Texte, an die Autoren wurde durch die neue Sitte jedoch gelockert, ja aufgehoben.

Üblich wurde die Benutzung fremder Spruchtöne nicht ausschließlich, doch vor allem im stadtbürgerlichen Meistergesang, einer Kunstübung, die, vermutlich schon seit dem 14. Jh., in zahlreichen deutschen Städten, vor allem in Süddeutschland, gepflegt wurde. Seinen Höhepunkt erlebte der Meistergesang erst im 16. Jh., vor allem durch den Nürnberger Hans Sachs (1494–1576), der die Kunst in den Dienst der Reformation stellte. Die lange Geschichte der Meisterkunst erstreckte sich freilich darüber hinaus bis in das 18., vereinzelt sogar in das 19. Jh. Unter Meistergesang versteht man das Dichten und den Vortrag von Meisterliedern durch die Meistersinger, vorwiegend Handwerker, vereinzelt auch Geistliche, Lehrer und Juristen. Sie schlossen sich zu Gesellschaften oder Bruderschaften zusammen und übten die Kunst neben ihrem Beruf hauptsächlich in öffentlichen Singwettbewerben, den Singschulen, aus.

Als Begründer ihrer Kunst verehrten die Meistersinger eine Reihe bekannter Sangspruchdichter des 13. und 14. Jh.s, Walther von der Vogelweide, Reinmar von Zweter, Marner, Konrad von Würzburg, Frauenlob, Regenbogen, Heinrich von Mügeln und einige andere. Ihr Wissen von diesen »alten Meistern« faßten sie in Namenskatalogen zusammen. S. 243 wurde bereits erwähnt, daß die Sangspruchdichter mit dem Titel *meister* bezeichnet wurden. Der Begriff *meistersanc*, »Gesang der *meister*«, begegnet erstmals im 13. Jh.; er wurde später auf die stadtbürgerliche Kunstübung übertragen. Die Meistersinger machten sich den Kunstanspruch der »alten Meister« zu eigen, sie benutzten bis in das 18. Jh. eine Anzahl ihrer Töne und unterschoben ihnen häufig auch neugeschaffene Töne (von der Forschung als »unechte« Töne bezeichnet); vor der Reformation adaptierten und imitierten sie zudem manche ihrer Gedichte, die in den Meisterliederhss. zusammen mit den zahlreichen Neuschöpfungen überliefert wurden.

Auch die Meistersinger dichteten in vorher feststehenden Tönen. Da bei ihnen jedoch, wie angedeutet, die Identität von Ton- und Textautor (wie übrigens auch die von Dichter und Sänger) nicht galt, verfügten sie über ein viel größeres Tönerepertoire als die Sangspruchdichter. In den meisten Gesellschaften durften bis zur Reformationszeit nur Töne »alter Meister« und solche, die man dafür hielt (die »unechten« Töne) gesungen werden. Lediglich Nürnberg stellte eine Ausnahme dar, hier war es erlaubt, neue Töne »offiziell« zu erfinden und zu verwenden – erst nach der Reformation setzte sich der Nürnberger Brauch dann überall durch. Die überwiegende Zahl der aus vorreformatorischer Zeit überlieferten Meisterlieder, für die ebenfalls ungerade Strophenzahl vorgeschrieben war, behandelt religiöse Themen: Maria, die Trinität, Weihnachten, Christi Passion und Auferstehung, die Schöpfung. Daneben gibt es Lieder zum Lob des Meistergesangs, die »Schulkünste«, Aufforderungen zum Gesang, gelegentlich Lieder mit Liebesthematik und manchmal Texte erzählenden Inhalts. Politische Themen fehlen, sie waren vor allem durch die städtische Zensur ausgeschlossen.

Es scheint im 15. und frühen 16. Jh. unter anderem in Mainz, Nürnberg, Augsburg, Straßburg, Freiburg i. Br. und Donauwörth Meistersingergesellschaften gegeben zu haben. Genaueres ist aus dieser Zeit nur über die Nürnberger Meistersinger bekannt, da nur dort neben zahlreichen Liedtexten auch viele Autornamen überliefert wurden. Das Liedgut der anderen Gesellschaften aus vorreformatorischer Zeit ist hingegen fast ausschließlich anonym tradiert. Die bekanntesten Nürnberger Lieddichter vor der Reformation waren **Fritz Kettner** (urk. 1392–1430; 2 Lieder gesichert, 5 eigene Töne), der Nagelschmied **Fritz Zorn** (gest. 1482; Zahl der echten Lieder noch unklar, 4 eigene Töne), der Bäckermeister **Konrad Nachtigall** (gest. 1484/85; 5 Lieder gesichert, 13 eigene Töne), der auch als Verfasser von Reimpaargedichten und Fastnachtspielen bekannte Wundarzt und Barbier **Hans Folz** (gest. 1513), eine der interessantesten Literatengestalten des 15. Jh.s, vgl. zu ihm auch S. 340 und 360 f. (ca. 85 Lieder, 15 eigene Töne), und der Leineweber **Lienhard Nunnenbeck** (gest. vor 1527; 47 Lieder, 9 eigene Töne, 1 Reimpaarspruch), der Lehrer des Hans Sachs im Meistergesang.

Geistliches Lied

Geistliche Thematik haben zahlreiche Spruch- und Meisterlieder des 14. und 15. Jh.s. Darüber hinaus entstanden geistliche Lieder in großer Zahl und in vielerlei Gestalt für ganz unterschiedliche Zwecke. Neben dem S. 246 schon erwähnten Untertyp des Gemeindeliedes sind insbesondere Texte zu erwähnen, die in religiösen Gemeinschaften, Konventikeln, verwendet wurden. Solche Konventikellieder aus dem 14. Jh. waren ursprünglich einige noch heute gesungene Weihnachtslieder, etwa das deutsch-lateinische Mischgedicht ›In dulci iubilo‹, ferner ›Es kommt ein schiff geladen‹ und ›Joseph lieber neve mein‹ (auf die Melodie einer lateinischen Cantio, eines geistlichen Strophenliedes, ›Resonet in laudibus‹). Aus der großen Zahl vorwiegend anonym überlieferter geistlicher Lieder ragen die Liedœuvres zweier namentlich bekannter Dichter hervor.

Der **Mönch von Salzburg**, dessen Liebeslieder S. 300 bereits erwähnt wurden, verfaßte in der 2. Hälfte des 14. Jh.s am Hof des Erzbischofs von Salzburg auch annähernd 50 teilweise weit verbreitete geistliche Lieder. Themen sind Maria, die Passion, Ostern, Fronleichnam. Zum Teil verdeutschte der Mönch lateinische Hymnen und Sequenzen, teilweise benutzte er Hymnen- und Sequenzenmelodien für Neudichtungen; 9 Töne, in denen Strophenlieder abgefaßt sind, stehen in deutschen Liedtraditionen (Minnesang, Sangspruch, geistliches Lied), in fünf Fällen ist die Übernahme älterer Töne nachgewiesen.

Eher für private städtische Kreise und für religiöse Frauengemeinschaften bestimmt waren die ca. 100 Lieder **Heinrich Laufenbergs** (geb. um 1390, seit 1421 als Geistlicher in Freiburg i. Br., gest. 1460 in Straßburg), der auch Autor mehrerer in Paarreimen verfaßter Lehrgedichte war. In Laufenbergs sprachlich schlichten, aber nicht kunstlosen Liedern dominieren Marienpreis und Weihnachts- bzw. Neujahrsthematik. Das Korpus umfaßt Übertragungen von

Hymnen und Sequenzen und weiterer liturgischer oder liturgienaher Texte, bisweilen Deutsch und Latein gemischt, ferner »Grüße«, preisende, bittende, mahnende, meditierende Gedichte mit Grußformeln an Jesus, an Heilige, besonders aber an Maria: *Ave Maria, bis grüsset / du muter vnd maget rein, / du keiserin aller creatur gemein* ... (Wakkernagel II,730). Eine dritte Gruppe von Gesängen greift volkstümliche deutsche Lieder auf. Strophenformen und Melodien wurden beibehalten, die weltlichen Texte geistlich umgedichtet. Es handelt sich bei derartigen Kontrafakturen (zum Begriff vgl. S. 121) oder Parodien um eine jahrhundertelang gern geübte Dichtungspraxis: »Die Kontrafakturen spiegeln die Conversio wider: Wie sich der weltliche Text unversehens in den geistlichen Sinn verkehrt, so soll sich auch das weltliche Treiben des Gläubigen in ein geistliches Leben wandeln« (J. Janota). Ein Beispiel stellt ein Marienlied Laufenbergs (Wackernagel II, 704) dar, das auf dem mehrere Jahrhunderte lang populären Lied von der stolzen Müllerin basiert (Fassung des 16. Jh.s bei F. M. Böhme, Altdeutsches Liederbuch, 1877, Nr. 43):

Laufenberg:	Weltliches Lied:
Ich weiß ein stolze maget vin,	Ich weiß mir eine Mülnerin,
ein edli künigin,	ein wunderschönes Weib,
Ich weiß in hymels lannden	In allen diesen Landen
kein höher keyserin.	kein hübschre Mülnerin,
Sölt ich ir lob nun sagen	Wolt Gott, ich solt ir malen,
vnd all geschrift erfragen,	mein Körnlein zu ir tragen,
daz wer der wille min.	so mal ich wenn ich mag.

Politisches Lied

Liedtexte, die sich mit politischen Ereignissen und mit Protagonisten der politischen Bühne beschäftigen, finden sich im 13. und im frühen 14. Jh. fast nur im Bereich der

Sangspruchdichtung; auch im 15. Jh., vor allem bei Muskatblut und Michel Beheim, gibt es noch politischen Spruchsang. Daneben wurden seit dem 14. Jh. öfter literarisch meist anspruchslose, häufig vielstrophige politische Lieder tradiert. In älterer, in jeder Hinsicht unzutreffender Terminologie bezeichnete man sie (zusammen mit den politischen Reimsprüchen) als »historische Volkslieder«. Die Texte geben meist Kunde von Kriegsereignissen und stillten damit gewiß oft das Informationsbedürfnis; sie sind indes stets parteilich, rühmen also die eine und verunglimpfen die andere Partei. Wahrscheinlich haben derartige Lieder auch schon früher existiert, erhalten hat sich jedoch kaum etwas. Als ältester Text gilt ein aus sieben je elfzeiligen Strophen bestehendes Lied, in dem ein 1243 zwischen Freiburg i.Ue. und Bern geschlossenes Bündnis besungen wird (Liliencron Nr.1). Mit in derartigen Liedern auch später häufiger Tiermetaphorik werden beide Städte als mächtige Ochsen dargestellt, die gemeinsam die Tierwelt beherrschen; vor Uneinigkeit wird gewarnt. Auch ein Großteil der späteren Lieder gehört in den Bereich der Schweizer Geschichte. So schildert etwa das ›Kleine Sempacher Lied‹ (Liliencron Nr.33) in fünfzehn siebenzeiligen Strophen die Schlacht bei Sempach 1386, wobei der Kampf als Auseinandersetzung zwischen dem Stier von Uri und dem habsburgischen Löwen verbildlicht ist. Weitere Lieder haben etwa den Brand eines Klosters im Harz 1346 (Nr.16) oder den Überfall einer Truppe des Herzogs von Braunschweig auf Lüneburg 1371 (Nr. 21; als Dichter nennt sich Keppensen) zum Thema.

Der Liedtyp wird durch einige gemeinsame Darstellungsmerkmale konstituiert. Meist sind die Texte anonym oder pseudonym – mit Sicherheit spielte hierbei die Furcht von Repressalien eine Rolle. Ferner beginnen die Lieder oft mit typischen Formeln wie »Wollt ihr ein neues Gedicht (eine neue Sache) hören . . .« oder »Es geschah an dem und dem Tag . . .«. Die Darstellung selbst ist nicht reflektierend oder sonst anspruchsvoll, vielmehr wird mit viel Rede und Gegenrede lebhaft erzählt. Tierallegorese spielt, wie erwähnt, eine große Rolle, wobei man häufig von Wappentieren ausgeht. Kürze der Strophen war Bedingung für leichte Faßlichkeit der Melodien.

Lieder dieser Art waren ständisch nicht gebunden, sie waren wohl allgemein, oft freilich nur regional, verbreitet, gelangten rasch zu Popularität und wurden nach einiger Zeit wieder vergessen. Ihre Zeitgebundenheit, ihre Anonymität – die verhinderte, daß sie Bestandteile größerer Autorkorpora wurden –, der geringe literarische Rang, die Nichtbindung an das Oberschichtspublikum mögen Gründe dafür gewesen sein, daß man sie in Liederhss. nicht aufnahm. Tradiert wurden sie meist in oft wesentlich späteren Chroniken, deren Autoren sie gleichsam als zeitgenössische »Belege« schätzten.

Oswald von Wolkenstein

Der weitaus bedeutendste Lieddichter der Epoche war der Südtiroler Adlige Oswald von Wolkenstein (vgl. Abb. 16). Oswald, über den man dank günstiger Quellenlage mehr weiß als über jeden anderen mittelalterlichen deutschen Dichter, wurde 1376 oder 1377 geboren. Zehnjährig ging er aus dem Elternhaus, um als Knappe das Ritterhandwerk zu erlernen, wobei er weit herumkam. 1400 kehrte er nach Tirol zurück. Doch verließ er die Heimat in den folgenden Jahren mehrfach, unter anderem war er 1401 Teilnehmer am Italienfeldzug des deutschen Königs Ruprecht von der Pfalz, 1409/10 scheint er eine Pilgerreise ins Heilige Land unternommen zu haben. 1415 trat er in die Dienste König Sigismunds. Während des Konzils von Konstanz nahm er an einer Gesandtschaftsreise nach England, Schottland, Portugal, Spanien und Frankreich teil. 1417 heiratete er die schwäbische Adlige Margarete von Schwangau, seit 1418

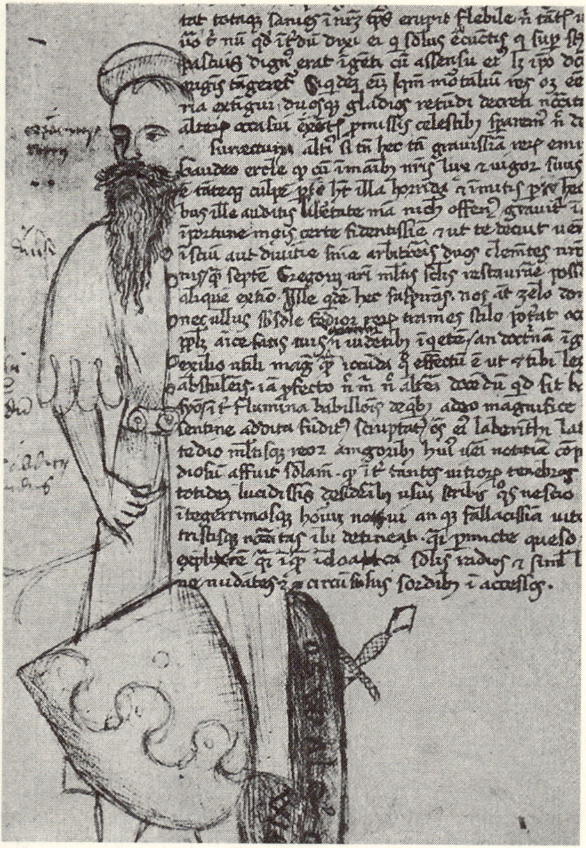

Abb. 16 Porträt Oswalds von Wolkenstein mit Wappen. Wolfenbüttel, Herzog August Bibl., Cod. Guelf. 11 Aug. 4° (Brixen, das Bild entstand um 1420)

wohnte er auf Burg Hauenstein am Schlern. Die folgenden Jahre waren angefüllt mit Fehden und mit Auseinandersetzungen mit dem Landesherrn Herzog Friedrich IV. von Tirol; erst 1427 wurden die Streitigkeiten beendet. In seinen letzten Lebensjahren spielte Oswald eine bedeutende Rolle in der Tiroler Landespolitik. Er starb am 2. August 1445 in Meran; beigesetzt wurde er in der Kirche des Augustinerchorherrenstifts Neustift bei Brixen, dem er beinahe lebenslang eng verbunden war.

Oswalds literarisches Werk, aus dem im 15. Jh. nur wenige Texte weiter verbreitet wurden, blieb vor allem erhalten, weil der Autor zwei aufwendige Pergamenthss. anlegen ließ, beide mit Autorenporträts und mit den Melodien (Hs. A in Wien, B in Innsbruck). Das Œuvre umfaßt 2 Reimpaarsprüche und 130 Lieder. 40 der Lieder, fast ausschließlich Liebeslieder, sind mehrstimmig. Sie sind in 38 Tonsätzen abgefaßt (die Lieder Kl 37, 38 und 65, 66 haben jeweils die gleiche Melodie). Zu 17 davon hat Oswald, nach derzeitiger Kenntnis, die Kompositionen entlehnt, überwiegend aus französischen Vorlagen; es handelt sich also um Kontrafakturen. Die übrigen Lieder sind einstimmig.

Oswalds Dichtungen bieten eine Art Enzyklopädie der Liedtypen, die um 1400 in Gebrauch waren, freilich in meist sehr persönlicher und origineller Ausgestaltung. Im Bereich des Liebesliedes nahm Oswald Möglichkeiten auf, die durch den Mönch von Salzburg und Hugo von Montfort vorgegeben waren. Es begegnen bei ihm Liedtypen, wie sie beim Mönch und in den Liederbüchern vorkommen, zahlreiche Tagelieder, Pastourellen, Liebesdialoge, Abschiedsklagen, Frauenpreislieder, ein Neujahrslied, auch ein minneallegorisches Jagdlied (Kl 52). Auch die üblichen rhetorischen Verfahrensweisen finden sich: Schönheitsbeschreibung, Ausdeutung von Farben (vgl. Kl 66), Spiel mit Namensinitialen. Zugleich wird ein Teil der Lieder in einer weit über Hugo von Montfort hinausgehenden Weise »personalisiert«: Sie sind völlig unverschlüsselt und unter direkter Namensnennung an Oswalds Frau Margarete (hier genannt *Gret*) gerichtet, auch nennt der Autor in diesem Zusammenhang oft den eigenen (Kose-)Namen. Dazu kommt, daß er in manchen Texten bäuerlich-heimisches Milieu sichtbar macht.

Einige Texte zeigen Nähe zum Neidhartlied. Elemente daraus finden sich im Tanzlied Kl 21 und in der Stubentanzszene Kl 56; auch das Trinklied Kl 70 kann man nennen. Kl 21 wurde zusammen mit der Pastourelle Kl 76 anonymisiert sogar in den ›Neithart Fuchs‹ (vgl. S. 303) aufgenommen.

In zahlreichen Liedern zeigt Oswald sich mit der Tradition des Spruchliedes vertraut. 13 seiner Texte liegen mehr oder weniger unverändert die metrischen Schemata von Spruchtönen zugrunde (Kl 1–7, 11, 12, 95, 111: Regenbogen, Grauer Ton; Kl 9, 10: Frauenlob, Vergessener Ton); er erfand dazu allerdings neue Melodien. Nach Spruchdichterart dichtete er – anders als meist bei den anderen Liedtypen – in diesen Tönen jeweils mehr als einen Text, auch gab er den meisten Liedern eine ungerade Strophenzahl und versah sie am Schluß mit der Autorsignatur. Im Zusammenhang mit Oswalds Auseinandersetzung mit dem Spruchsang stehen freilich noch weitere spruchliedartige Texte, vor allem das berühmte autobiographische Lied ›Es fuogt sich, do ich was von zehen jaren alt‹ (Kl 18; vgl. ferner die didaktisch orientierte Gruppe Kl 22–25 sowie 44, 45). In die Spruchsangtradition um 1400 stellen sich auch einige besonders kunstvolle Lieder, in denen Oswald den Liedtyp des Reihen aufgreift (Kl 37, 38, 42, 47). Es handelt sich um stilisierte Tanzlieder geistlichen oder weltlichen Inhalts in besonders komplizierten Strophenformen. Derartige Texte finden sich schon bei älteren Autoren wie Heinrich von Mügeln, beim Mönch von Salzburg, Albrecht Lesch und einigen anderen. In Kl 42 benutzte Oswald sogar eine ältere Strophenform dieser Art, die zuvor unter anderem bereits der Mönch von Salzburg (in einem lateinischen Marienlied) verwendet, die er allerdings nicht erfunden hatte; sie geht auf die 1. Hälfte des 14. Jh.s zurück.

Oswald war einer der ersten, der sich von den geistlichen Liedern des Mönchs zu ähnlichen Schöpfungen anregen ließ. Es finden sich bei ihm deutsche Übertragungen je einer lateinischen Hymne und einer Sequenz (Kl 129, 130), Stücke, die auch der Mönch bearbeitet hatte, ferner ein deutsches Benedicite und Gracias (Kl 14, 15), die ihr Gegenstück im Tischsegen des Mönchs haben. In Hs. B nahm Oswald ferner eine lateinische Marienhymne samt einer deutschen Teilbearbeitung auf (Kl 109a/b). Geistliche Strophenlieder, wie sie ähnlich bei dem Vorgänger zu finden sind, schuf Oswald etwa mit seinem Weihnachtslied (Kl 35), mit den geistlichen Liedern Kl 29, 31, 32, die einen älteren Ton, die Große Tagweise Peters von Arberg, in verkürzter Form aufgreifen, oder mit dem Lied auf die Compassio Mariae (Kl 114); das Gegenstück, die Passio Christi (Kl 111), ist, wie erwähnt, in einer Variante von Regenbogens Grauem Ton verfaßt.

Schließlich setzte Oswald sich eindrucksvoll mit dem Typ des politischen Liedes auseinander. Hierher gehören das in 28 achtzeiligen Strophen gedichtete Lied ›Es ist ein altgesprochner rat‹ (Kl 19), in dem Ereignisse der Gesandtschaftsreise von 1415/16 berichtet werden, die Lieder gegen die Hussiten (Kl 27 und 134, von letzterem Lied, das in der Strophenform der Heunenweise abgefaßt ist, vgl. S. 250, hat sich nur die 1. Str. erhalten) und das Lied auf die Belagerung von Burg Greifenstein (Kl 85, in der Strophenform des Hildebrandstons, vgl. S. 250).

Wie bei keinem anderen deutschen Autor vor und neben ihm, jedenfalls soweit die Nachwelt dies erkennen kann, geht in Oswalds von Wolkenstein Dichtung Persönliches ein, bilden persönliche Erlebnisse und Erfahrungen die Grundlage seiner literarischen Schöpfungen. Gleichwohl geht es ihm – und dies unterscheidet ihn von neuzeitlichen Autoren – nicht darum, sich selbst, die erwähnten Personen, die ausgebreiteten Erlebnisse als einmalig, individuell darzustellen. Vielmehr sucht er im Individuellen stets das

Typische, das Allgemeingültige erkennbar zu machen. Die literarischen Typen, deren er sich virtuos und mit grandiosem Sprachvermögen zu bedienen wußte, scheinen ihm eine wesentliche Hilfe für das Erreichen dieser Absicht geboten zu haben.

Literaturhinweise

Ausgaben: R. Hausner (Hrsg.), *Owe do tagte ez*. Tagelieder u. motivverwandte Texte, 1983 (GAG). – M. Backes / A. Wolf (Hrsg.), Tagelieder des dt. MAs, 1992 [u. ö.] (zweisprachig; RUB). – ›Neithart Fuchs‹: F. Bobertag, in: Narrenbuch, 1885. – E. Kiepe / H. Kiepe (Hrsg.), Gedichte 1300 bis 1500, 1972 (zweisprachig; dtv). – Th. Cramer (Hrsg.), Kleinere Liederdichter des 14. u. 15. Jh.s, 4 Bde., 1977–85. – ›Sterzinger Miszellaneenhs.‹: M. Zimmermann, 1980. – ›Lochamer-Liederb.‹: W. Salmen / Ch. Petzsch, 1972. – ›Königsteiner Liederb.‹: P. Sappler, 1970 (MTU). – ›Liederb. der Klara Hätzlerin‹: C. Haltaus / H. Fischer, 1966. – K. Bartsch (Hrsg.), Meisterlieder der Kolmarer Hs., 1862 (StLV). – Eberhard v. Cersne: D. Buschinger / H. Lomnitzer, 1981 (GAG); E. Hages-Weißflog, 1998 (Hermaea). – Hugo v. Montfort: J. E. Wackernell, 1881. – Mönch v. Salzburg: Ch. März, 1999 (MTU) [weltliche Lieder]; F. V. Spechtler, 1972 [geistliche Lieder]. – H. Heselloher: M. Curschmann, 1970 [›Von üppiglichen dingen‹]. – Heinrich v. Mügeln, Sprüche u. Lieder: K. Stackmann, 3 Bde., 1959 (DTM). – M. Beheim, Spruchlieder: H. Gille / I. Spriewald, 3 Bde., 1968–72 (DTM). – H. Folz, Meisterlieder: A. L. Mayer, 1908 (DTM). – L. Nunnenbeck: E. Klesatschke, 1984 (GAG). – Ph. Wackernagel (Hrsg.), Das dt. Kirchenlied, Bd. 2, 1867. – R. v. Liliencron (Hrsg.), Die historischen Volkslieder der Deutschen vom 13. bis 16. Jh., 4 Bde. u. Nachtrag, 1865–69. – U. Müller (Hrsg.), Politische Lyrik des dt. MAs, 2 Bde., 1972–74 (GAG). – Oswald v. Wolkenstein: K. K. Klein [u. a.], ³1987 (ATB; abgekürzt Kl).

Forschungsliteratur: M. Baldzuhn, Vom Sangspruch zum Meisterlied, 2002 (MTU). – S. Ch. Brinkmann, Die deutschsprachige Pastourelle, 1985 (GAG). – M. de Bruin / J. Oosterman (Hrsg.), Repertorium van het Nederlandse lied tot 1600, 2 Bde., 2001. – H. Brunner, Die alten Meister, 1975 (MTU). – C. Edwards [u. a.] (Hrsg.), Lied im dt. MA, 1996. – S. Fritsch-Staar, Unglückliche Ehefrauen, 1995. – N. Haas, Trinklieder des dt. SpätMAs, 1991 (GAG). – J. Haustein / R.-H. Steinmetz (Hrsg.), Studien zu Frauenlob u. Heinrich v. Mügeln, 2002. – A. Holtorf, Neujahrswünsche im Liebesliede des ausgehenden MAs, 1973 (GAG). – J. Janota, Studien zu Funktion u. Typus des dt. geistlichen Liedes im MA,

1968 (MTU). – E. Jöst, Bauernfeindlichkeit, 1976 (GAG). – K. Kellermann, Abschied v. ›histor. Volkslied‹, 2000 (Hermaea). – S. Kerth, *Der landsfrid ist zerbrochen*. Das Bild des Krieges in den polit. Ereignisdichtungen des 13. bis 16. Jh.s, 1997 (Imagines). – E. Kiepe-Willms, Die Spruchdichtungen Muskatbluts, 1976 (MTU). – M. Kirnbauer, H. Schedel u. sein ›Liederbuch‹, 2001. – W. Marold / A. Robertshaw, Kommentar zu den Liedern Oswalds v. Wolkenstein, 1995. – Ch. Möller (Hrsg.), Kirchenlied u. Gesangbuch, 2000. – H.-D. Mück (Hrsg.), Gesammelte Vorträge der 600-Jahrfeier Oswalds v. Wolkenstein, 1978 (GAG). – U. Müller, Untersuchungen zur politischen Lyrik des dt. MAs, 1974 (GAG). – U. Müller (Hrsg.), Oswald v. Wolkenstein, 1980 (WdF). – J. Rettelbach, Variation – Derivation – Imitation. Untersuchungen zu den Tönen der Sangspruchdichter u. Meistersinger, 1993. – W. Röll, Vom Hof zur Singschule, 1976. – RSM: H. Brunner / B. Wachinger (Hrsg.), Repertorium der Sangsprüche u. Meisterlieder des 12. bis 18. Jh.s, 16 Bde., 1986 ff. – F. Schanze, Meisterliche Liedkunst zwischen Heinrich v. Mügeln u. H. Sachs, 2 Bde., 1983–1984 (MTU). – J. Schatz, Sprache u. Wortschatz der Gedichte Oswalds v. Wolkenstein, 1930. – A. Schwob, Oswald v. Wolkenstein, 1977 [u.ö.] – D. Sittig, *Vyl wonders machet minne*. Das dt. Liebeslied in der 1. Hälfte des 15. Jh.s., 1987 (GAG). – K. Stackmann, Der Spruchdichter Heinrich v. Mügeln, 1958. – M. Stolz, ›Tum‹-Studien. Zur dichterischen Gestaltung im Marienpreis Heinrichs v. Mügeln, 1996. – B. Wachinger, Sängerkrieg, 1973 (MTU). – B. Wachinger, Der Mönch v. Salzburg, 1989 (Hermaea).

2. Großepik

Vers- und Prosaromane

Die rund 150 Jahre dauernde schöpferische Tradition des höfischen Versromans war in der ersten Hälfte des 14. Jh.s abgebrochen. Über die Gründe kann man nur spekulieren. Viele der alten Romane wurden im übrigen bis in das 16. Jh. hinein weiterüberliefert und offensichtlich auch gelesen. Die nach einer zeitlichen Lücke von mehreren Jahrzehnten seit dem ausgehenden 14. Jh. erscheinende neue Romanliteratur zeigt sich zwar stofflich älteren Romanen vielfach verpflichtet, steht aber sonst nicht mehr in ihrer Tradition. Versromane wurden im 15. Jh. nurmehr selten verfaßt, die vorwiegende Darbietungsform war nunmehr die Prosa (vgl. Übersicht h). Mit den Prosaromanen des 14. und 15. Jh.s beginnt die »nun nicht wieder abreißende Allerweltstradition des neuzeitlichen Romans« (M. Wehrli). Die Gründe für die Wahl der Prosa sind bisher nicht recht geklärt, zumal sonst in der deutschen Dichtung bis in das 16. Jh. hinein der Vers nach wie vor eine bedeutende Rolle spielte. Aufgegeben ist mit dem Vers jedenfalls die Anbindung an die große formale Tradition des höfischen Romans, an sein elaboriertes Arsenal von Darstellungsmitteln, auch an die darin in Gestalt von Zitaten und Namensnennungen übliche Berufung auf große Vorbilder wie Wolfram von Eschenbach oder Gottfried von Straßburg. Stilideal des Prosaromans ist in erster Linie Kürze, *brevitas*, es geht darin um Faktizität; als »Gattungsname« – ein eigentliches Traditionsbewußtsein bildet sich nicht aus – kommt der Begriff der Historie in Gebrauch, der vor allem auf der Historizität und »Wahrheit« der jeweils geschilderten Ereignisse beharrt. Besonders deutlich greifbar ist der neue Stil dort, wo Prosaromane die Stoffe älterer Versromane erneut aufbereiten. An die Stelle der für die höfischen Romane signifikanten kunstvollen Beschreibungen, Reden, Exkurse tritt häufig so etwas wie eine schlichte Inhaltsangabe. Mit der Wahl der Prosa scheint im übrigen auch die Konsequenz aus der Tatsache gezogen worden zu sein, daß, wohl schon im Lauf des 13. Jh.s, Romane immer weniger in Gesellschaft vorgetragen als vielmehr individuell gelesen wurden, so daß die traditionelle Versform zunehmend funktionslos geworden war – Folgen für die Form der Romane hatte diese Tatsache indes erst jetzt. Auch die neuen Prosaromane entstanden, ebenso wie die vergleichsweise wenigen Versromane, weiterhin vorwiegend an Adelshöfen, erst in zweiter Linie in Städten. Viele der Romane wurden seit der zweiten Hälfte des 15. Jh.s gedruckt. Dadurch erreichten sie nach und nach ein

Übersicht h

Vers- und Prosaromane des späten 14. bis frühen 16. Jh.s

(Die Titel der Versromane sind kursiviert.)

Mitte 14. Jh. (?)	›Gerart van Rossiliun‹ (mittelniederdeutsche Fragmente).
2. Hälfte 14. Jh.	›*Die Königin vom Brennenden See*‹.
vor 1386	›Elsässisches Trojabuch‹ (›Buch von Troja I‹).
1390/92	Hans Mair: ›Buch von Troja‹ (nach Guido de Columnis).
vor 1397	›*Großer (Wernigeroder) Alexander*‹.
um 1400	Wichwolt (Babiloth): ›Alexander‹ (niederdeutscher Druck um 1478).
1400	Hans von Bühel: ›*Die Königstochter von Frankreich*‹ (Erstdruck 1500).
1. Hälfte 15. Jh.	›Leipziger Apollonius‹. Mehrere deutsche Bearbeitungen des Trojaromans des Guido de Columnis.
1432	Heinrich Gutevrunt: ›Trojaroman‹ (nach Guido de Columnis).
1430/40	Elisabeth von Nassau-Saarbrücken: ›Herpin‹ (Drucke seit 1514); ›Sibille‹; ›Loher und Maller‹ (Drucke seit 1514); ›Huge Scheppel‹ (Drucke seit 1500).
Mitte 15. Jh.	›Buch von Troja II‹. ›Herzog Ernst F‹ (Drucke seit 1477). ›Cleomades‹ (Fragment). Johannes Hartlieb: ›Alexander‹ (Drucke seit 1472).

1456	Thüring von Ringoltingen: ›Melusine‹ (Drucke seit 1474).
1450/60	›*Malagis*‹. ›*Ogier von Dänemark*‹. ›*Reinolt von Montalban*‹ (›*Die Heimonskinder*‹).
um 1460	Eleonore von Österreich (?): ›Pontus und Sidonia A‹ (Drucke seit 1483). ›Pontus und Sidonia B‹.
1461	Heinrich Steinhöwel: ›Apollonius‹ (Drucke seit 1471).
um 1467	Ulrich Fuetrer: ›Lanzelot‹.
um 1470	›Magelone‹ (erste deutsche Bearbeitung).
1473/87	Ulrich Fuetrer: ›*Buch der Abenteuer*‹ (Strophen).
1474, 1479, 1482 (Erstdrucke)	Drei oberdeutsche Druckfassungen des Trojabuchs.
1475 (Datierung der Hs.)	›Zürcher Buch vom heiligen Karl‹, ›Zürcher Buch vom heiligen Wilhelm‹, ›Zürcher Buch vom heiligen Georg‹.
1480	Johann von Soest: ›*Die Kinder von Limburg*‹.
1481 (Erstdruck)	›Wilhelm von Österreich‹ (nach Johann von Würzburg).
1484 (Erstdruck)	›Tristrant und Isalde‹ (nach Eilhart von Oberg).
1484/90	Ulrich Fuetrer: ›*Lanzelot*‹ (Strophen).
1488 (Erstdruck)	›Paris und Vienne‹ (mittelniederdeutsch).
1493 (Erstdruck)	›Wigoleis vom Rade‹ (nach Wirnt von Gravenberc).
1499 (Erstdruck)	›Florio und Bianceffora‹.
1509 (Erstdruck)	›Fortunatus‹.

immer breiteres Publikum, zumal sie sich teilweise, mehr und mehr zur Trivialliteratur geworden, bis in das 19. Jh. auf dem Buchmarkt halten konnten. Für die Forschungsgeschichte als wenig sinnvoll erwies sich der von Joseph Görres 1807 in Analogie zum Volkslied aufgebrachte Begriff des Volksbuchs, unter dem außer Romanen auch Erzählsammlungen, Kalender, Kräuterbücher und dergleichen gedruckte Literatur subsumiert wurden. Er suggerierte eine populäre Tradition seit dem Spätmittelalter. In Wahrheit sanken die Romane, ursprünglich Literatur der Oberschicht, erst im Lauf ihrer Verbreitungsgeschichte in die Popularität ab.

Autoren

Viele Romane sind ohne Autornamen tradiert. Nicht weiter zuordnen kann man nur zwei der überlieferten Autornamen: **Wichwolt** (auch: Meister Babiloth), den Verfasser eines erfolgreichen Alexanderromans, und **Heinrich Gutevrunt**, geboren in Braunschweig, den Autor eines Trojaromans. An der Spitze der namentlich bekannten Romanautoren stehen zwei hochadlige Damen: **Elisabeth von Nassau-Saarbrücken** (um 1393–1456), geboren als Tochter des Herzogs von Lothringen, seit 1412 Gemahlin Graf Philipps I. von Nassau-Saarbrücken, die in der Zeit ihrer Witwenschaft (nach 1429) vier Prosaromane nach französischen Vorlagen verfaßte; ferner **Eleonore von Österreich** (um 1433–80), Tochter König Jakobs I. Stuart von Schottland, seit 1448 verheiratet mit Herzog Siegmund von Tirol, deren Autorschaft an ›Pontus und Sidonia A‹ freilich neuerdings bezweifelt wurde. Im Dienst des Erzbischofs von Köln stand **Hans von Bühel** (gest. 1428/44), vermutlich aus einer adligen Familie im südlichen Baden; er verfaßte den Versroman ›Die Königstochter von Frankreich‹, außerdem, ebenfalls in Versen, eine Fassung der Erzählsammlung von den ›Sieben weisen Meistern‹, den ›Dyocletianus‹ (1412; vgl. dazu S. 341 f.). Am Münchener Hof der

Abb. 17 Johann von Soest überreicht Kurfürst Philipp dem Aufrichtigen die ›Kinder von Limburg‹. Heidelberg, UB, Cpg 87 (1480)

Wittelsbacher wirkten **Johannes Hartlieb** (vor 1410–68), der Leibarzt Herzog Albrechts III., der neben zahlreichen weiteren Übersetzungen unterhaltsamer und belehrender Werke einen erfolgreichen Alexanderroman vorlegte, sowie der auch als Maler tätige **Ulrich Fuetrer** (gest. 1496), der neben einer ›Bayerischen Chronik‹ (in Prosa) für Herzog Albrecht IV. das strophische Romankompendium ›Buch der Abenteuer‹ sowie eine Prosafassung und eine strophische Fassung des ›Lanzelot‹-Romans schrieb. Etwa gleichzeitig lebte am Heidelberger Hof der pfälzischen Wittelsbacher der Musiker **Johann von Soest** (1448–1506). Er überreichte 1480 Kurfürst Philipp dem Aufrichtigen seine deutsche Versfassung des aus dem Niederländischen stammenden Romans ›Die Kinder von Limburg‹ (vgl. Abb. 17); später verfaßte er, auch noch nachdem er die Laufbahn eines Arztes eingeschlagen hatte, weitere Werke in Vers und Prosa, allerdings keine Romane mehr.

Städtische Autoren sind seltener. **Hans Mair**, Autor eines Trojaromans, war Ratsherr in der Freien Reichsstadt Nördlingen (vermutlich handelt es sich um die jüngere zweier in Frage kommender Personen, Onkel und Neffe, um 1340 bis 1407). Ein bedeutender Berner Stadtadliger, mehrfach Schultheiß, war **Thüring von Ringoltingen** (um 1415 bis 1483?), der Verfasser der ›Melusine‹. Zu den deutschen Frühhumanisten (vgl. S. 366) gezählt wird **Heinrich Steinhöwel** (1411/12–79), nach Studium in Wien, Padua und Heidelberg seit 1450 Stadtarzt in Ulm, tätig auch an südwestdeutschen Fürstenhöfen; erstes in einer Reihe zahlreicher weiterer Werke war sein ›Apollonius‹-Roman.

Die Romane und ihre Vorlagen

Antike Stoffe. Nach wie vor großer Beliebtheit erfreuten sich die seit dem 12. Jh. in der volkssprachlichen Literatur verbreiteten antiken Erzählstoffe. An erster Stelle stand dabei die Erzählung vom Untergang Trojas; vgl. Übersicht e (S. 155 f.). Bereits vor 1386 verfaßte ein Unbekannter, wahrscheinlich in Straßburg, das ›Elsässische Trojabuch‹ (›Buch von Troja I‹), eine gedrängte Prosabearbeitung von Konrads von Würzburg ›Trojanerkrieg‹ (vgl. S. 265), ergänzt vor allem durch übersetzte Teile des lateinischen Prosaromans ›Historia destructionis Troiae‹ (1287) des **Guido de Columnis**; der Roman erfreute sich bis zum Ende des 15. Jh.s vor allem im alemannischen und schwäbischen Raum großer Beliebtheit. Erneut in deutsche Prosa umgesetzt und durch Guido ergänzt wurde Konrads von Würzburg Roman um die Mitte des 15.Jh.s in dem vorwiegend im bayerisch-österreichischen Bereich verbreiteten ›Buch von Troja II‹. Guidos Trojaroman wurde auch im Ganzen auf deutsch bearbeitet. Am erfolgreichsten war die in Ostschwaben und Nürnberg vielüberlieferte Fassung **Hans Mairs** (1390/92); die Fassungen Gutevrunts (1432) und fünf weitere, meist mitteldeutsche Bearbeitungen waren hingegen wohl nur wenig bekannt. Ein niederdeutscher Druck (zuerst um 1478) basiert auf einer der Guido-Bearbeitungen; dagegen wurden die drei oberdeutschen Druckfassungen, deren Auflagen zwischen 1474 und 1510 nachgewiesen sind, aus dem ›Elsässischen Trojabuch‹ und dem Werk Mairs kompiliert. Ulrich Fuetrer verfaßte einen strophischen ›Trojanerkrieg‹ (1487), Bestandteil des ›Buchs der Abenteuer‹, auf der Grundlage Konrads von Würzburg und anderer Quellen.

Kaum weniger beliebt war der Alexanderstoff; vgl. Übersicht d (S. 148 f.). Der nur in einer Hs. von 1397 überlieferte, in Versen abgefaßte ›Große (Wernigeroder) Alexander‹, eine deutsche Bearbeitung der ›Historia Alexandri‹ (1236/38) des **Quilichinus von Spoleto**, könnte auch schon in der ersten Hälfte des 14. Jh.s gedichtet worden sein. Verbreitet war der Alexanderstoff in der ersten Hälfte des 15. Jh.s vor allem durch den Prosaroman Wichwolts (um 1400), seit der zweiten Jahrhunderthälfte durch den in vielen Hss. und Druckauflagen tradierten Text Johannes Hartliebs (um 1450). Beide Autoren stützten sich auf lateinische Prosavorlagen.

Anschließen kann man hier den ›Apollonius‹ (1461) **Heinrich Steinhöwels**. Er griff einen antiken Liebes- und Abenteuerroman auf, den zu Beginn des 14. Jh.s schon der Wiener Arzt Heinrich von Neustadt in Versen bearbeitet hatte (vgl. S. 266). Steinhöwel benutzte freilich die ›Historia Apollonii regis Tyri‹ (5. Jh. n. Chr.) nicht direkt, vielmehr verwendet er mittellateinische Vorlagen. Während sein Werk durch Hss. und vor allem Drucke weit und lange verbreitet war, blieb eine etwas ältere deutsche Prosabearbeitung, der ›Leipziger Apollonius‹ (1. Hälfte 15. Jh.), der unmittelbar auf einer antiken lateinischen Fassung des Romans fußt, ohne jede Wirkung.

Deutsche Vorlagen. Vorlagen weiterer Romane des späten 14. und des 15. Jh.s waren ältere deutsche Romane. Sofern ältere Versromane in Prosa umgearbeitet wurden, spricht man von »Prosaauflösungen«. Die Bearbeitungen des ›Trojanerkriegs‹ Konrads von Würzburg wurden oben bereits genannt. Nur mittelbar auf einem deutschen Text basiert der in einer Druckfassung weitverbreitete ›Herzog Ernst F‹ (Mitte 15. Jh.), die deutsche Wiedergabe einer lateinischen Prosabearbeitung des ›Herzog Ernst‹-Epos, des ›Herzog Ernst C‹ (13. Jh.); vgl. Übersicht c (S. 145). Ohne größere Wirkung blieben die Prosaauflösungen älterer Versromane in einer Zürcher Hs. von 1475. Dem ›Buch vom heiligen Karl‹ liegen Konrad Flecks ›Flore und Blanscheflur‹ (vgl. S. 158), Strickers ›Karl‹ (vgl. S. 140 f.) und lateinische Quellen zugrunde; das ›Buch vom heiligen Wilhelm‹ beruht auf der ›Willehalm‹-Trilogie Ulrichs von dem Türlin, Wolframs von Eschenbach und Ulrichs von Türheim (vgl. S. 220); das ›Buch vom heiligen Georg‹ schließlich stellt eine Prosaauflösung von Reinbots von Durne ›Georgslegende‹ (vgl. S. 267) dar. Gedruckt wurden hingegen die Prosaauflösungen des ›Wilhelm von Österreich‹

(nach Johann von Würzburg, vgl. S. 266; zuerst 1481), von ›Tristrant und Isalde‹ (nach Eilhart von Oberg, vgl. S. 158 ff.; zuerst 1484, vgl. Abb. 18) und des ›Wigalois vom Rade‹ (nach Wirnt von Gravenberc, vgl. S. 263; zuerst 1483).

Ganz für sich steht das epische Werk des Münchener Hofdichters **Ulrich Fuetrer.** Fuetrers literarischer Mentor war vermutlich **Jakob Püterich von Reichertshausen** (1400–69), dessen Familie aufgrund ihres Reichtums in den Adel aufgestiegen war, ein leidenschaftlicher Sammler alter Ritterromane, über dessen Interessen die Nachwelt durch den in Titurelstrophen (vgl. S. 218 f.) abgefaßten, 1462 an Erzherzogin Mechthild von Rottenburg gerichteten ›Ehrenbrief‹ unterrichtet ist. Fuetrer stellte eine gekürzte Fassung des ›Prosa-Lancelot‹ (vgl. S. 263) her (um 1467); später (1484/1490) dichtete er den Roman in etwa 5700 Titurelstrophen um. Sein Hauptwerk ist das in 5644 Titurelstrophen abgefaßte ›Buch der Abenteuer‹ (1473/87), ein Kompendium, in dem insgesamt 13 alte Versromane, vorwiegend Artusromane, in gekürzter Form zusammengefaßt sind, darunter Albrechts ›Jüngerer Titurel‹, Wolframs von Eschenbach ›Parzival‹, Hartmanns von Aue ›Iwein‹, aber auch mehrere aus anderen Quellen nicht bekannte Dichtungen. Fuetrer montierte die unterschiedlichen Texte zu einem inhaltlich und stilistisch einheitlichen Werk zusammen; der Auftraggeber, Herzog Albrecht IV. von Bayern-München, wird darin nach Möglichkeit mit den wichtigsten Romanhelden identifiziert. Die Kenntnis des Werks beschränkte sich auf die Höfe zu München, Innsbruck und (vielleicht) Wien.

Französische, niederländische, italienische Vorlagen. Die bisher genannten Texte behandeln durchweg Stoffe, die für die deutsche Literaturgeschichte nicht neu waren. Anders ist dies bei einer dritten Gruppe von Romanen. Durch sie wurden zahlreiche bisher unbekannte, fast durchweg unmittelbar oder doch mittelbar auf die französische Literatur zurückgehende Stoffe eingebracht. Es kam im 15. Jh. also

sey. also mag ich reden von disen zweien
lyeben menschen. Do nun die lieb võ d
krafft des getranckes nach den vergan-
gen vier jaren auff höret. was der natür
lich flammen der liebe so hoch vnd weit
inprünstigklichen in in beyden enzündt
mit söllicher grosser krafft das in vnmü
genlichen was das zů erleschen. vñ müß
ten also jr lebtag prinnen in dẽ flãmen d
starcken vnd vnsäglichen grossen liebe.

¶ Do der künig nun sein tocht herr Tri
stranten vmähelt vñ beuolhẽ het ward
vrlaub zefa n genõmen vnd geben von

Abb. 18 Eine Seite aus dem ältesten Druck des Prosaromans ›Tristrant und Isalde‹, Augsburg 1484: Der Liebestrank

erneut, wie schon im 12. Jh. und zu Beginn des 13. Jh.s, zu einer relativ breiten Rezeption französischer Erzählliteratur. In erster Linie wurde dabei nun auf Chansons de geste zurückgegriffen, einen Typ von Großepik, der im 12. und 13. Jh. von deutschen Autoren eher mit Zurückhaltung aufgenommen worden war (vgl. S. 134 ff., 220 ff. und 264 f.).

Eine Art Vorläufer späterer Prosaromane ist das mittelniederdeutsche Fragment ›Gerart van Rossiliun‹, vielleicht aus der Mitte des 14. Jh.s, eine Prosabearbeitung der Empörergeste ›Girart de Roussillon‹ (12. Jh.); mittelniederdeutsche weltliche Erzähltexte sind aus dieser Zeit sonst nicht erhalten. Nicht weniger als vier Chansons de geste bearbeitete **Elisabeth von Nassau-Saarbrücken** (um 1430/40). Die Geschichte einer unschuldig verstoßenen Königin (vgl. S. 267) erzählt sie nach einer nur fragmentarisch erhaltenen Chanson in der ›Sibille‹: Aufgrund einer Verleumdung verstößt Karl der Große seine Gemahlin, die Tochter des Kaisers von Konstantinopel. In der Verbannung erzieht sie den Sohn Ludwig; nach vielen Leiden und Abenteuern werden die Gatten schließlich wieder vereinigt. Eine in der Grundstruktur ähnliche, in den Details abweichende Geschichte hatte bereits der Roman ›Mai und Beaflor‹ (1270/80) geboten, ferner **Hans von Bühel** in seinem Versroman ›Die Königstochter aus Frankreich‹ (um 1400) – dieser ist im Schlußteil freilich ausgeweitet zu einer Art politischer Propagandadichtung, die im Hundertjährigen Krieg Stellung für den mit dem Kölner Erzbischof verbündeten englischen König bezieht. Als einziger der Romane Elisabeths blieb die ›Sibille‹ ungedruckt. Im ›Herpin‹ bearbeitete die Gräfin die Chanson de geste ›Lion de Bourges‹ (14. Jh.), der das Schema der Eustachiuslegende zugrunde liegt (vgl. S. 267). Der von Karls Hof verbannte Herzog Herpin, seine Gemahlin und ihr Sohn Löw werden getrennt und schließlich rehabilitiert und wieder vereinigt; einbezogen ist hier auch die dritte Generation. Von der Vorlage zum ›Loher und Maller‹ haben sich lediglich Fragmente einer mittelniederländischen Fassung erhalten. Held ist Karls und Sibilles zweiter Sohn Loher (gemeint ist Kaiser Lothar I., Sohn Ludwigs des Frommen). Er wird von Karl verbannt, steigt jedoch zum Kaiser von Konstantinopel und von Rom auf. Als er nach vielen Kämpfen und Ereignissen seinen treuen Helfer Maller versehentlich tötet, wird er Einsiedler. Am erfolgreichsten war Elisabeths vierter Roman ›Huge Scheppel‹, in der gekürzten und bearbeiteten Druckfassung betitelt ›Hug Schapler‹. Ihm liegt die Chanson ›Hugues Capet‹ (14. Jh.) zugrunde, in der der rücksichtslose Aufstieg Hugo Capets, des Begründers der Dynastie der Kapetinger, zum König von Frankreich mit Freude an Mord und Totschlag behandelt wird.

Mehrere Romane verwenden das verbreitete Erzählschema von der Trennung Liebender und ihrer nach vielen Abenteuern erreichten Wiedervereinigung (vgl. S. 265 f.). Hierher gehört der wohl Mitte des 15. Jh.s in der Schweiz nach einer französischen Quelle entstandene, nur fragmentarisch erhaltene Prosaroman ›Cleomades‹. Letztlich auf eine Chanson de geste, die aber durch eine französische Prosa des 14. Jh.s vermittelt wurde, zurück gehen die beiden deutschen Fassungen des Romans ›Pontus und Sidonia‹. Fassung A, von **Eleonore von Österreich** (?) bearbeitet, wurde durch den Druck verbreitet, die rhetorisch anspruchsvollere Fassung B eines Unbekannten blieb ungedruckt (beide Fassungen entstanden um 1460). Weiter gehört hierher die gleichfalls auf eine französische Quelle zurückgehende ›Magelone‹. Eine wohl um 1470 in Nürnberg entstandene erste deutsche Fassung blieb freilich ohne Wirkung, verbreitet wurde der Stoff erst durch die 1527 entstandene Bearbeitung des am kursächsischen Hof wirkenden Veit Warbeck (1490–1534). Schließlich ist noch der mittelniederdeutsche Roman ›Paris und Vienne‹ (1488) zu erwähnen. Unmittelbare Quelle war ein niederländischer Roman, der indes auf einer französischen Vorlage fußt.

Zu den erfolgreichsten gedruckten Prosaromanen gehört

die ›Melusine‹ (1456) **Thürings von Ringoltingen**. Erzählt wird von der ehelichen Verbindung des Grafen Reymond mit einer schönen Außerirdischen, der Fee Melusine, und ihren Nachkommen. Die Verletzung des ihm auferlegten Tabus – es ist dem Grafen verboten, am Samstag dem Tun seiner Frau nachzuforschen – führt letztlich zur Aufhebung der glücklichen, mit zahlreichen Nachkommen gesegneten Ehe (Schema der »gestörten Mahrtenehe«). Quelle war ein französischer Versroman von **Couldrette** (um 1400). Relevant für die Zeitgenossen war der Umstand, daß es sich um die genealogische Haussage eines bedeutenden Adelsgeschlechts, der Lusignan, handelte (zu anderen genealogischen Romanen vgl. S. 266). Anschließen kann man hier den kurzen, schon im 14. Jh. entstandenen Versroman ›Die Königin vom Brennenden See‹, in dem das gleiche Erzählschema aufgegriffen ist.

Der genealogischen Verherrlichung des (1283 erloschenen) Hauses Limburg in einem ausgedehnten, geradezu enzyklopädischen Tableau von Liebe, Abenteuer und Krieg diente der mittelniederländische Versroman ›Heinric en Margriete van Limborch‹ (um 1300) eines gewissen **Heinriic** (Hein van Aken?). ›Die Kinder von Limburg‹ wurden von **Johann von Soest** 1480 am traditionell literarisch interessierten Heidelberger Hof der pfälzischen Wittelsbacher in deutschen Versen bearbeitet. Etwas früher waren für den gleichen Hof ein wenig ungefüge gereimte deutsche Übertragungen über (durchweg nur fragmentarisch erhaltene) niederländische Vorlagen vermittelter französischer Empörergesten hergestellt worden: ›Malagis‹, ›Ogier von Dänemark‹, ›Reinolt von Montalban‹ (um 1450/60). Wie die etwa gleichzeitigen Dichtungen Fuetrers für den Münchener Hof drangen auch die genannten vier Versromane nicht über kleine adlige Kreise hinaus.

Auf eine italienische Vorlage, nämlich Giovanni Boccaccios Erstlingswerk ›Il Filocolo‹ (1336/38), zurück geht der 1499 erstmals gedruckte Roman ›Florio und Bianceffora‹.

Es handelt sich um eine Neufassung des seit dem 12. Jh. überlieferten, zuvor bereits zweimal auf deutsch bearbeiteten französischen Versromans ›Floire et Blancheflor‹ (vgl. S. 157 f.).

›Fortunatus‹. Als bedeutendster früher Prosaroman und zugleich als erster deutscher »Originalroman‹, der nicht auf einer vorgegebenen Quelle basiert, gilt der 1509 in Augsburg erstmals erschienene ›Fortunatus‹ (etwa 40 Nachdrucke bis zum Ende des 18. Jh.s, Übersetzungen in 13 Sprachen). Der Autor ist unbekannt – zuletzt wurde der vielseitig schriftstellerisch tätige Nürnberger Franziskaner Stephan Fridolin (um 1430–98) vorgeschlagen –, Entstehung im späten 15. Jh. und Nürnberg oder Augsburg als Entstehungsort sind am wahrscheinlichsten.

Inhalt: Theodorus, der Vater des Fortunatus, ein Patrizier in Famagusta auf Zypern, verschwendet am Königshof seinen Reichtum. Mit achtzehn Jahren ist Fortunatus genötigt, sich einen Dienst zu suchen. Haß und Neid der übrigen Diener vertreiben ihn aus seinem ersten Dienstverhältnis, schlechte Gesellschaft bringt ihn in London um seine Ersparnisse; als die Familie seines nächsten Dienstherrn durch einen Verbrecher ins Unglück gestürzt wird, entgeht er nur mit knapper Not dem Galgen. In einem wilden Wald in der Bretagne begegnet ihm die *iunckfraw des glücks*. Aus ihren Gaben Weisheit, Reichtum, Stärke, Gesundheit, Schönheit und langes Leben wählt er den Reichtum; er erhält ein unerschöpfliches Geldsäckel. Rasch lernt er, mit dem neuen Reichtum vernünftig und vorsichtig umzugehen. Mit einem erfahrenen Edelmann unternimmt er eine Art Weltreise. Schließlich läßt er sich in seiner Heimatstadt nieder, erwirbt feudalen Besitz und heiratet die Tochter eines verarmten Grafen. Auf einer Reise in die Heidenschaft bringt er das Wunschhütlein des Sultans an sich, mit dem man sich an jeden Ort wünschen kann. Nach seinem Tod bleibt der ältere Sohn Ampedo in Famagusta, der jüngere, Andolosia, zieht mit dem Säckel in die Welt und besteht viele Abenteuer. Schließlich führt sein prunkvolles Auftreten dazu, daß zwei Grafen ihn gefangennehmen und ihm das Säckel rauben. Ampedo zerstört das Hütlein und stirbt vor Gram über das Verschwinden des Bruders. Andolosia wird in der Gefangenschaft ermordet, das Säckel verliert daraufhin seine Kraft. Am Ende werden die beiden Grafen auf dem Rad hingerichtet.

Im Mittelpunkt des Romans, den man als »Familienhistorie und reiseliterarisches Werk« (A. Mühlherr) zugleich bezeichnen kann, stehen die Wirkungen und die Macht des Geldes – eine Thematik, die in früheren Romanen so gut wie nie eine Rolle gespielt hatte. Reichtum ermöglicht beinahe alles, sein Gebrauch erfordert allerdings höchste Klugheit und äußerste Vorsicht, er ist zugleich extrem gefährdet. Gleichwohl scheint das traditionalistische Fazit, das der unbekannte Autor am Schluß zieht, angesichts der Romanhandlung ein wenig zu kurz zu greifen:

> BEy diser hystoria ist tzu vermercken / hette der iung Fortunatus im walde betrachtlichen [d. h. wohlbedacht] Weißheit / für den seckel der reichtumb / von der junckfrawen des gelücks erwoͤlt vnnd begert / sy wåre ym auch mitt hauffen gegeben worden / den selben schatz ym nyemandt hett mügen enpfieren [d. h. entführen können]. durch welliche weißhait vnnd vernunfft / er auch tzeitlich gůt / eerliche narung vnd grosse hab / het muͤgen erlangen.

Wie in keinem literarischen Werk zuvor spielt im ›Fortunatus‹ die Unbeständigkeit der Fortuna, der Zufall, eine beherrschende Rolle. Dies zeigt sich besonders deutlich an der Verwendung traditioneller Erzählmotive, die anders gewendet werden und meist zu einem anderen Ende kommen als in der Tradition vorgegeben. Die »Guten« werden keineswegs immer belohnt, die »Schlechten« häufig nicht bestraft. Nicht einmal der Schlaue und Listige vermag sich stets durchzusetzen, wie man vor allem am schmählichen Ende Andolosias erkennen kann. Angesichts der Sinnlosigkeit und Zufälligkeit des Lebens erweist sich alles Tun als unsicher. Sinnstiftung gelingt allenfalls partiell und muß nicht dauern; religiöse Sinnhaftigkeit bleibt, wie an der Person eines Einsiedlers angedeutet wird, eine Randerscheinung. Die Welt kann im Ganzen nicht mehr als sinnerfüllt dargestellt werden.

Heinrich Wittenwiler

Noch negativer, als Tollhaus, gesehen wird das irdische Dasein in einem epischen Text, der bereits rund hundert Jahre vor dem ›Fortunatus‹, gegen 1410, verfaßt wurde, im ›Ring‹ Heinrich Wittenwilers. Es handelt sich nicht um einen Roman, sondern um ein komisch-didaktisches Großepos, das keiner der üblichen Gattungen zuzurechnen ist. Sein Autor, über den wenig bekannt ist, ist Ende des 14. Jh.s als adliger Advokat und Hofmeister am Hof des Bischofs von Konstanz belegt. Er lebte in einer Zeit, die im Bodenseeraum von innerstädtischen Auseinandersetzungen zwischen Patriziat und Zünften und von Kriegen zwischen den Herzögen von Österreich und ihren adligen Verbündeten einerseits, den Eidgenossen andererseits erfüllt war. Der in Reimpaarversen abgefaßte ›Ring‹ ist zunächst eine Art Lehrbuch vieler das menschliche Leben betreffender nützlicher und sinnvoller Kenntnisse und Verhaltensweisen. Man erfährt etwa, wie man ein Turnier ausrichtet, wird über Taufe und Bußsakrament belehrt, erhält eine ausführliche Minnelehre samt Mustern rhetorisch gestalteter Liebesbriefe, erfährt alles über die positiven wie negativen Aspekte der Ehe, liest den Wortlaut katechetischer Texte, einen Schülerspiegel, ein Laiendoktrinal, eine Gesundheits-, eine Tugend- und eine Haushaltslehre, ferner liefert der Autor ausführliche Anweisungen zur Kriegsführung usw. Insoweit ist ›Der Ring‹ zur didaktischen Literatur zu rechnen. Da jedoch, wie der Autor im Prolog ausführt, die bloße Belehrung in der Regel als langweilig empfunden wird, bindet er die Lehren in eine mit viel Sprachwitz gestaltete komisch-satirische Handlung ein, deren Protagonisten äußerst lachhaft-dumme Bauern sind. Als Quelle für diese Handlung diente der im 14. Jh. entstandene, in zwei unterschiedlichen Textzeugen (›Meier Betz‹, ›Metzen hochzit‹) überlieferte Bauernhochzeitsschwank, in dem Brautwerbung, Trauung, Hochzeitsessen, Hochzeitsnacht, Kirchgang, Tanz und Schlägerei unter Bauern in harmlos-unterhaltsamer Weise dargestellt werden. Durch die Vermischung beider Bereiche, der auf deutschen und lateinischen Quellen basierenden Didaxe und der ebenfalls von souveräner Literaturkenntnis zeugenden komischen Handlung, entstand ein komplex strukturiertes Werk, dessen beide »Themen« Wittenwiler durch einen roten Randstrich für die Belehrungen, einen grünen für die Bauernhandlung auf manchmal verwirrende Weise auseinanderzuhalten suchte.

Inhalt: Die drei Teile bieten die verschiedenen Stadien der Geschichte des Bauernburschen Bertschi Triefnas. Im 1. Teil wirbt Bertschi mit viel Aufwand und Getöse, unter anderem durch ein Turnier, um die Gunst der unsäglich häßlichen Bauerndirne Mätzli Rüerenzumph; im 2. wird – nachdem der Bräutigam über alle möglichen Angelegenheiten ausführlich belehrt worden ist – Hochzeit gefeiert, wobei ein höchst unappetitlich dargestelltes Hochzeitsmahl in ein wildes Tanzvergnügen übergeht; im 3. Teil artet der Tanz zunächst in eine Prügelei, diese schließlich in einen Weltkrieg aus, in dem die feindlichen Dörfer Nissingen und Lappenhausen, der Heimatort Bertschis, von allen möglichen weiteren Mächten – Hexen, Riesen, Zwergen, Gestalten der deutschen Heldensage, Schweizern und Heiden – unterstützt werden. Am Ende stehen der durch Verrat herbeigeführte völlige Untergang Lappenhausens und eine für die Sieger, die Nissinger, blamable und höchst verlustreiche Belagerung Bertschis, des einzigen überlebenden Lappenhausers, auf einem Heuschober. Schließlich zieht Bertschi sich als Einsiedler in den Schwarzwald zurück – eine Tat, deren Vorbildlichkeit durch den Autor offenbar angezweifelt wird.

Der vom Autor stammende Titel ›Der Ring‹ hebt die Kostbarkeit des Werkes hervor, zugleich steht er als Metapher für *der welte lauff* (V.11; vgl. lat. *orbis*): das Buch stellt den Weltlauf vor den Leser hin. ›Der Ring‹ enthält alle möglichen normalen und außerordentlichen Ereignisse des Menschenlebens. Doch was für eine Welt wird da gezeigt? Alles zusammen genommen kann man sie, trotz ihrer anziehenden Buntheit und der überschäumenden Vitalität der Protagonisten und trotz aller weisen Lehren, nur als vorwiegend negativ bezeichnen. In der Bauernhandlung gibt es letztlich keine wirklich positive Figur und keine wesentliche positive Tat. Wittenwiler hat die Verachtung, mit der er selbst der erzählten bäuerlichen Welt gegenüberstand und die seine Leser teilen sollten, von Anfang an thematisiert, nicht zuletzt dadurch, daß die Handlungen der Bauern in aller Regel in krasser Weise von der durch die Belehrungen sichtbar gemachten Richtschnur abweichen. Aber auch die zahlreichen Lehren rücken ins Zwielicht. Die Notwendigkeit der meisten von ihnen ergibt sich aus einem Weltzustand, der durch ein Übermaß an menschlicher Unvollkommenheit, Unordnung, Verstörtheit, Aggressivität, körperlicher und geistiger Hinfälligkeit, Gefährdung, Ungesichertheit und Bedrohtheit zu charakterisieren ist. Sie widerspiegeln einen Weltlauf und Verhältnisse, deren Bedenklichkeit sich allein schon aus ihrer Existenz ergibt.

Vergleichbar mit der Weltsicht des ›Ring‹ – der nur in einer Hs. überliefert ist, im 15. Jh. unbekannt blieb und erst Mitte des 19. Jh.s wiederentdeckt wurde – sind in der deutschen Literatur des Mittelalters allenfalls die Weltdarstellungen im ›Nibelungenlied‹ (vgl. S. 201 ff.) und im ›Reinhart Fuchs‹ (vgl. S. 208 ff.). Mit der negativen Sicht der Welt in diesen außerordentlichen Werken ist sicher nicht die »ganze« Wahrheit über den Menschen und das menschliche

Tun sichtbar gemacht – aber es ist doch eine Sicht der *conditio humana*, die den Leser auch heute noch in Bann zu schlagen vermag und aus der er sich nur mit einiger Mühe wieder befreien kann.

Literaturhinweise

Ausgaben: A. Bachmann / S. Singer (Hrsg.), Dt. Volksbücher aus einer Zürcher Hs. des 15. Jh.s, 1889 (StLV). – J.-D. Müller (Hrsg.), Romane des 15. und 16. Jh.s, 1990 (Bibliothek der Frühen Neuzeit) [Thüring v. Ringoltingen, ›Melusine‹; Elisabeth v. Nassau-Saarbrücken, ›Hug Schapler‹; ›Fortunatus‹ u. a.]. – ›Elsäss. Trojabuch‹: Ch. Witzel, 1995 (WILMA). – H. Mair: H.-J. Dreckmann, 1970. – Hans v. Bühel, ›Königstochter‹: J. F. L. Th. Merzdorf, 1867. – Elisabeth v. Nassau-Saarbrücken, ›Sibille‹: H. Tiemann, 1977; ›Huge Scheppel‹: Urtel, 1905 [brauchbare wissenschaftl. Ausgaben des ›Herpin‹ u. des ›Loher‹ fehlen!]. – J. Hartlieb, ›Alexander‹: R. Pawis, 1991 (MTU). – U. Fuetrer, ›Lanzelot‹: Prosafassung: A. Peter, 1885 (StLV); stroph. Fassung: K.-E. Lenk, 1989 (Teilabdr.; ATB); R. Voss, 1996 (restliche Str.); ›Buch der Abenteuer‹: H. Thoelen, 2 Bde., 1997 (GAG). – ›Reinolt v. Montalban‹: F. Pfaff, 1885. – ›Ogier‹: H. Weddige, 2002 (DTM). – ›Malagis‹: A. Haase [u. a.], 2000 (DTM). – Johann v. Soest, ›Kinder v. Limburg‹: M. Klett, 1975. – ›Tristrant u. Isalde‹: A. Brandstetter, 1966 (ATB, Ergänzungsreihe). – ›Fortunatus‹: H.-G. Roloff, 1981 [u. ö.] (RUB). – H. Wittenwiler: H. Brunner, 1991 [u. ö.] (zweisprachig; RUB).

Forschungsliteratur: M. Backes, Das literar. Leben am kurpfälzischen Hof zu Heidelberg im 15. Jh., 1992 (Hermaea). – U. v. Bloh, Ausgerenkte Ordnung. Vier Prosaepen aus dem Umkreis d. Gräfin Elisabeth v. Nassau-Saarbrücken, 2002 (MTU). – A. Brandstetter, Prosaauflösung, 1971. – H. Brunner (Hrsg.), Die dt. Trojalit. des MAs u. der Frühen Neuzeit, 1990 (WILMA). – H. Brunner (Hrsg.), H. Wittenwiler in Konstanz u. ›Der Ring‹, in: JOWG 8 (1994/95). – T. Ehlert, Deutschsprachige Alexanderdichtung des MAs, 1989. – X. v. Ertzdorff, Romane u. Novellen des 15. u. 16. Jh.s in Deutschland, 1989. – F. Fürbeth, Johannes Hartlieb, 1992 (Hermaea) – B. Gotzkowsky, »Volksbücher«. Prosaromane, Renaissancenovellen, Versdichtungen u. Schwankbücher. Bibliographie der dt. Drucke, 2 Bde., 1991-94. – R. Hahn, *Von frantzosischer zungen in teütsch*. Das literar. Leben am Innsbrucker Hof des späten 15. Jh.s, 1990. – W. Haubrichs / H. W. Herrmann (Hrsg.), Zwischen

Deutschland u. Frankreich. Elisabeth v. Lothringen, Gräfin v. Nassau-Saarbrücken, 2002. – W. Haug / B. Wachinger (Hrsg.), Positionen des Romans im späten MA, 1991 (Fortuna vitrea). – W. Haug / B. Wachinger (Hrsg.), Fortuna, 1995 (Fortuna vitrea). – J. Heinzle [u. a.] (Hrsg.), Chansons de geste in Deutschland, in: Wolfram-Studien 11 (1989). – H. Kästner, Fortunatus – Peregrinator mundi, 1990. – H.-J. Koppitz, Studien zur Tradierung der weltl. mhd. Epik im 15. u. beginnenden 16. Jh., 1980. – E. C. Lutz, Spiritualis fornicatio. H. Wittenwiler, seine Welt u. sein ›Ring‹, 1990. – R. Meisch, Troja u. die Reichsstadt Nördlingen, 1994 (WILMA). – V. Mertens, Der dt. Artusroman, 1998 (RUB). – A. Mühlherr, ›Melusine‹ u. ›Fortunatus‹, 1993 (Fortuna vitrea). – J.-D. Müller, Volksbuch/Prosaroman im 15./16. Jh. – Perspektiven der Forschung, in: Internat. Archiv f. Sozialgesch. der Lit., Sonderh. 1 (1985). – O. Riha, Die Forschung zu H. Wittenwilers ›Ring‹ (1851–1988), 1990. – E. Wießner, Kommentar zu H. Wittenwilers ›Ring‹, 1936. – H. Wießner, Der Wortschatz von H. Wittenwilers ›Ring‹, 1970.

3. Weitere Gattungen

Kleinere Gedichte in Reimpaaren

Im 14. und 15. Jh. entstanden Tausende von kleineren Gedichten in vierhebigen Reimpaaren (gelegentlich auch in Kreuzreimversen a b a b c d ...). Bisher existiert kein vollständiges Verzeichnis dieser vielfach ohne Autornamen überlieferten Texte, auch sind längst nicht alle Texttypen hinreichend beschrieben. Der folgende Überblick beschränkt sich auf die wichtigsten der namentlich bekannten Autoren. Zu den unterschiedlichen Texttypen vgl. S. 271 ff.

Das weitaus umfangreichste Korpus eines einzelnen Autors stammt von **Heinrich dem Teichner** (Schaffenszeit seit etwa 1350, gest. vor 1377; wahrscheinlich zunächst fahrender Spruchsprecher, später in oder bei Wien ansässig), etwa 720 Reimpaarreden, die durchweg in der letzten Zeile signiert sind: *also sprach der Teychnär.* Es handelt sich fast ausnahmslos um geistliche und weltlich-didaktische Reden, meist im Umfang von 30 bis 120 Versen (erheblich länger sind lediglich zwei Gedichte). Die Texte liefern in einfacher, stilistisch wenig ambitionierter Darstellung Unterweisung für Laien in religiösen und lebenspraktischen Fragen, etwa ›Von den Sünden‹, ›Von der Unbeständigkeit der Welt‹, ›Wenn einer ins Kloster will‹, ›Wie eine Jungfrau ihre Ehre behüten soll‹, ›Niemand leidet so viel wie die Frau eines Trinkers‹, ›Wenn ein alter Mann eine junge Frau nimmt‹. Zeitgenosse des Teichners war **Peter Suchenwirt** (gest. vor 1407; seit 1377 als Hofbeamter der Habsburger in Wien ansässig). Er verfaßte geistliche, weltlich-didaktische und politisch-didaktische Reden, Minnereden, vor allem aber – dies war seine Spezialität – Totenklagen auf Adlige seiner Zeit (19 Stücke) und Preisreden auf Lebende (3 Stücke), durchweg mit Wappenblasonierungen. Mit Suchenwirt und seinem flämischen Kollegen **Gelre** (als Herold tätig 1334–72) faßt man die typische Dichtung der Sprecher und Herolde fürstlicher Personen.

Zeitgenosse Suchenwirts war der ostschwäbische Dichter **Heinrich Kaufringer** (wahrscheinlich ein zuletzt 1404 bezeugter Bürger zu Landsberg am Lech). Er schrieb geistliche und weltlich-didaktische Reden, geistliche Erzählungen, Bispel und – vor allem – 13 Novellen unterschiedlicher Art, »grobe, wüste Geschichten« (M. Wehrli). Die hervorragendsten Reimpaardichter des 15. Jh.s waren zwei Nürnberger Handwerker. **Hans Rosenplüt**, genannt **Schnepperer**, d. h. Schwätzer (seit 1425 Nürnberger Bürger, gest. 1460; von Beruf zunächst Panzerhemdenmacher, später Rotschmied), verfaßte geistliche und weltlich-didaktische Reden, politische Reden (über die Ereignisse der Hussitenkriege und über den Markgrafenkrieg), eine Preisrede auf einen bayerischen Herzog und zwei Städtelobgedichte auf Nürnberg und Bamberg, mit denen er einen in der Folge überaus beliebten Texttyp einführt, den beispielsweise auch der S. 324 erwähnte Johann von Soest aufgriff. Weiter dichtete Rosenplüt drei geistliche Erzählungen sowie 11 schwankhafte Novellen. Sein Anteil an der aus Nürnberg überlieferten Kleindichtung ist nicht durchweg gesichert, da derartige Texte, anders als die größeren Gedichte, unsigniert blieben; es handelt sich um Wein-, Bier- und Metgrüße, kurze Gedichte, in denen die genannten Getränke gepriesen werden, ferner um Glückwunschverse zu Neujahr, die sogenannten Klopfan-Sprüche, schließlich um Priameln, d.h. die Aneinanderreihung einzelner Feststellungen und Erscheinungen, deren Zusammengehörigkeit dann, auf meist überraschende Weise, der letzte Vers feststellt:

Wer einem wolf trawt auf die haid
Vnd einem pawrn gelaubt auf seinen aid
Vnd einem mů̊nch auf sein gewissen,
Der ist hie vnd dort beschissen.

Der Wundarzt und Barbier **Hans Folz** (aus Worms, seit 1459 Nürnberger Bürger, gest. 1513), der S. 308 als bedeutendster Nürnberger Meistersinger des 15. Jh.s erwähnt wurde, pflegte im wesentlichen die gleichen Texttypen wie Rosenplüt; das Korpus seiner schwankhaften Novellen umfaßt 18 Stücke. Bemerkenswert sind einige Gedichte, mit denen Folz, der sich auch als Drucker betätigte, sein Fachwissen unter die Leute brachte: das ›Branntweinbüchlein‹, das ›Bäderbüchlein‹, das ›Pestregimen‹ und anderes. Anschließen läßt sich hier **Hans Schneider**, Spruchsprecher eines bayerischen Herzogs und der Kaiser Friedrich III. und Maximilian I., der zumindest zeitweise in Nürnberg ansässig war (bezeugt seit 1488, gest. 1513/14); von ihm stammen mehrere politisch-didaktische Reden, eine Preisrede auf das Haus Österreich, ein Lobgedicht auf die Stadt Annaberg im Erzgebirge und einiges andere.

Dem höfischen Bereich gehören zwei weitere Autoren zu. Der adlige **Johann von Morsheim** (Studium in Basel und Heidelberg, von etwa 1477 bis 1512 Inhaber verschiedener Ämter am Heidelberger Hof, gest. 1516) schuf mit seiner weltlich-didaktischen Reimrede ›Spiegel des Regiments‹ (1497, gedr. 1515), in der er Fürstenspiegel (vgl. S. 71) und Moralsatire verband, ein Stück bissig-pessimistische Hofkritik. Bemerkenswerte Beiträge zum beliebten Texttyp der Minnerede (*ars amandi*), zu dem bis in das 16. Jh. über 500 einzelne Texte gezählt werden und dem auch Autoren wie Eberhard von Cersne (vgl. S. 299), der Teichner, Suchenwirt, Folz und Hans Schneider Tribut zollten, lieferte um 1450 **Hermann von Sachsenheim** (1366/69 bis 1458; im Dienst des württembergischen Grafenhauses). Außer religiösen Gedichten verfaßte Sachsenheim als alter Mann die Minnereden ›Der Spiegel‹ (um 1452), ›Die Mörin‹ (1453, gedr. 1512; gewidmet Erzherzogin Mechthild von Rottenburg, vgl. S. 327, und ihrem Bruder Kurfürst Friedrich I. von der Pfalz), ›Grasmetze‹, ›Schleiertüchlein‹ und ›Unminne‹ (in Titurelstrophen). Sachsenheim, ein ausgezeichneter Kenner der mittelalterlichen deutschen Literatur, variiert in diesen Werken auf immer wieder überraschende Weise die Merkmale des Texttyps.

Erzählzyklen in Prosa und in Versen

Novellensammlungen

Neben Romanen und einzelnen Novellen stehen im 15. Jh. deutsche Bearbeitungen international verbreiteter größerer Sammlungen von Erzählungen. Am erfolgreichsten waren die ›Sieben weisen Meister‹ (›Historia septem sapientum‹). Es handelt sich um eine ursprünglich wohl im 7. Jh. n. Chr. in Persien entstandene Sammlung (›Sindbad-Name‹), die seit dem 12. Jh. in unterschiedlichen orientalischen und europäischen Fassungen belegt ist. Thema der in einen Handlungsrahmen eingelegten exempelartigen Erzählungen sind Treue und Untreue. Aufgrund lateinischer Vorlagen entstanden im 15. Jh. zwei deutsche Versfassungen, eine von

Hans von Bühel, vgl. S. 322, der ›Dyocletianus‹ (1412), die andere anonym (1. Hälfte 15. Jh.), ferner acht Prosafassungen. Eine 1473 erstmals gedruckte Prosafassung ist bis 1687 in nicht weniger als 57 Ausgaben belegt.

In der Überlieferung eng mit den ›Sieben weisen Meistern‹ verbunden sind die ›Gesta Romanorum‹ (»Die Taten der Römer«), eine Anfang des 14. Jh.s in England oder Deutschland zusammengestellte lateinische Sammlung von Beispielerzählungen (Exempla) mit Auslegungen (Moralisationen). Im 14./15. Jh. wurden 13 teilweise untereinander abhängige deutsche Prosabearbeitungen unterschiedlichen Umfangs verfaßt, teils mit, teils ohne Moralisationen; eine davon wurde gedruckt, erreichte indes nicht den Erfolg der ›Sieben weisen Meister‹.

Eine weitere verbreitete Sammlung war das auf dem altindischen ›Pantschatantra‹ basierende ›Buch der Beispiele der alten Weisen‹, in dem lehrhafte Geschichten, meist mit tierischem Personal, zusammengestellt sind, die Staatskunst und Weltklugheit vermitteln sollen. Auf der Grundlage einer lateinischen Vorlage schuf **Anton von Pforr** (gest. 1483; Geistlicher, im Hofdienst unter anderem bei Mechthild von Rottenburg) eine deutsche Fassung, die seit 1480/82 vielfach gedruckt wurde.

Die erste vollständige deutsche Bearbeitung der klassischen Sammlung europäischer Novellistik schlechthin, des ›Decamerone‹ (1349/53) **Giovanni Boccaccios**, erschien 1476 im Druck; als Übersetzer nennt sich **Arigo**, d.h. Heinrich. Wahrscheinlich handelt es sich um einen Ulmer Autor aus dem Umkreis Heinrich Steinhöwels (die These, gemeint sei der Nürnberger Heinrich Schlüsselfelder, wird mittlerweile nicht mehr aufrechterhalten). Arigo übersetzte relativ frei, sprachlich teilweise ungeschickt. Größere Wirkung erlangte das Werk erst in einer Neubearbeitung von 1535.

Ein in Frankreich verbreitetes Erziehungsbuch für Töchter, verfaßt von Geoffrey de la Tour Landry (1371/72), bearbeitete **Marquard von Stein** (1425/30–95/96; Beamter in württembergischen Diensten). Der ›Ritter vom Turm‹ enthält biblische Erzählungen, Heiligenlegenden und Schwänke, in denen es um die Tugenden und Fehler des weiblichen Geschlechts geht; die Moralisationen sind in der deutschen Fassung vielfach gekürzt. Die Bedeutung des seit 1493 häufig aufgelegten Buchs liegt nicht zuletzt in den Illustrationen, die zum Teil vielleicht vom jungen Albrecht Dürer stammen.

Schwanksammlungen

Neben den Sammlungen vorwiegend ernster Geschichten stehen einige erfolgreiche Schwanksammlungen. Vorangegangen war in der 1. Hälfte des 13. Jh.s der Stricker mit seinem »Schwankroman« ›Der Pfaffe Amis‹ (vgl. S. 260). Im lateinischen ›Dialogus Salomonis et Marcolfi‹ (12. Jh.) werden weise Sprüche König Salomons durch Markolf unflätig-bäuerisch konterkariert. Der Text wurde im 15. Jh. dreimal auf deutsch bearbeitet und durch angehängte Schwänke ergänzt. Zwei gereimte Fassungen blieben ungedruckt, Verbreitung fand der Stoff durch eine 1483 zuerst erschienene Prosafassung ›Frag und Antwort Salomonis und Marcolfi‹.

Ein weiterer Schwankheld wurde durch eine gereimte Sammlung des Wieners **Philipp Frankfurter** (gest. 1511) populär, der ›Pfarrer von Kalenberg‹ (Erstdruck 1473). An den Faden der Biographie eines historisch bezeugten Geistlichen des 14. Jh.s gereiht sind grobe Bauernschwänke in Neidhartscher Manier, Klerikal- und Hofschwänke. Ihm an die Seite stellt sich die S. 303 schon erwähnte Liedersammlung ›Neithart Fuchs‹ (Erstdruck 1491/97), in der Neidhart-Schwänke zusammengestellt sind.

Übertroffen wurden alle diese »Helden« freilich durch Eulenspiegel. ›Ein kurtzweilig Lesen von Dyl Vlenspiegel‹, die Sammlung seiner menschliche Torheiten erbarmungslos entlarvenden, aggressiven und drastischen, teilweise unappetitlichen Streiche, erschien zuerst 1510/11 in hochdeutscher Fassung. Als Autor des anonym herausgekommenen prosaischen Werks gilt heute meist (doch ohne definitive Sicherheit) der Braunschweiger Stadtschreiber **Hermann Bote** (vor 1467–1520?), der sich auch als Verfasser von Chroniken, eines gereimten Lehrgedichts, politischer Lieder und einer Spruchsammlung ›Der Köker‹ betätigte.

Größere didaktische Gedichte

Neben die weiterhin vielgelesenen älteren Lehrgedichte vor allem Thomasins von Zerklære, Hugos von Trimberg und Konrads von Ammenhausen (vgl. S. 276 ff.) traten im 15. Jh. weitere größere didaktische Werke. Auf den komplex strukturierten ›Ring‹ (1400/10) Heinrich Wittenwilers, der auch in diesem Zusammenhang erwähnt werden muß, wurde schon eingegangen (S. 334 ff.). Ein moraldidaktisches Werk in italienischer Prosa, die ›Fiori di virtù‹ (um 1300), das wahrscheinlich den Benediktiner **Tommaso Gozzadini** zum Autor hat, bearbeitete 1411 **Hans Vintler** (gest. 1419; Hofbeamter Herzog Friedrichs IV. von Tirol), ein Südtiroler Landsmann und Zeitgenosse Oswalds von Wolkenstein, in erweiterter Form in deutschen Versen. Vintler stammte aus einer angesehenen Bozener Adelsfamilie; er war der Neffe von Nikolaus und Franz Vintler, die 1385 Burg Runkelstein bei Bozen erworben und mit den berühmten Fresken, die vielfach Szenen aus der deutschen Epik zeigen, hatten ausstatten lassen. Im Hauptteil der ›Blumen der Tugend‹ (5 Hss., Druck von 1486) werden, beeinflußt von Thomas von Aquin (1224/25–75), Tugenden und Laster einander gegenübergestellt: Liebe – Haß, Freude – Trauer, Friede – Zorn, Barmherzigkeit – Grausamkeit usw., am Schluß steht die *mässichait*, das Maßhalten. Auf eine einleitende Definition folgen jeweils ein Tiervergleich, Autoritätenzitate aus Bibel, Patristik und Scholastik, schließlich historische Beispiele (Exempla), vorwiegend anhand des Valerius Maximus, den

Vintler in der deutschen Fassung Heinrichs von Mügeln (vgl. S. 305) benutzte. Im freieren Schlußteil, der auf einem Anhang zu den ›Fiori‹ beruht, fügte Vintler lange gegenwartskritische Passagen hinzu.

Wenig später, um 1420, entstand im Bodenseeraum ›Des Teufels Netz‹ (überliefert sind vier unterschiedlich lange Fassungen). Der unbekannte Autor verfaßte ein vorwiegend ständesatirisches Werk, noch heute eine interessante kultur- und gesellschaftshistorische Quelle. Der Teufel erklärt einem Einsiedler, wie es ihm gelingt, fast alle Menschen in seinem Netz (*segi*) einzufangen (vgl. Abb. 19). Hauptteil ist eine detaillierte, revueartige Darstellung der Angehörigen aller Stände und ihrer Verfehlungen. Sie beginnt mit dem Konzil und den Päpsten, es folgen die verschiedenen Amtsträger der Kirche und die geistlichen Stände, die Frauen, die weltliche Oberschicht und ihre Dienerschaft bis herunter zu den Stubenheizern, die Bürgermeister und Kaufleute, die differenziert dargestellten Handwerksberufe (darunter fünf Arten von Schmieden), schließlich Spielleute, Bauern, Räuber und Mörder, Wirte und – am Schluß – die Gewandfärber, die vor allem für die allgemein verbreitete *hoffart* verantwortlich gemacht werden: *Wan* [d.h. denn] *bla, rot, grün gewand / Bringt wib und man in schand* (V. 12948 f.).

Der teilweise kritischen, überwiegend jedoch lehrhaften Darstellung eines einzigen Standes, dem des Ritters, gewidmet ist der ›Ritterspiegel‹ (um 1415; 1 Hs.) des **Johannes Rothe** (um 1360–1434; Ratsschreiber, Geistlicher und Leiter der Stiftsschule in Eisenach). Rothe entfaltete eine umfangreiche literarische Tätigkeit. Außer drei Prosachroniken, nur teilweise erhaltenen Rechtsbüchern und vier geistlichen Gedichten verfaßte er die beiden ›Ratsgedichte‹, in denen er den Aufbau der Stadtverwaltung erläutert und Rat sowie Beamte über ihre Pflichten belehrt, außerdem den ›Fürstenratgeber‹, in dem es um die Frage fürstlicher Berater geht. In dem in Kreuzreimen abgefaßten ›Ritterspiegel‹

Abb. 19 ›Des Teufels Netz‹.
Karlsruhe, Landesbibl., Cod. Donaueschingen 113 (1441)

wird der Begriff des Ritters behandelt, ferner werden Hinweise gegeben auf die Geschichte dieses Standes sowie auf Heerschild und Wappen, Abzeichen und Vorrechte, schließlich bespricht der Autor Erziehung, Ritterschlag, Ritterpflichten, Turnier und Krieg (unter Benutzung des Werkes über das Kriegswesen des römischen Autors Flavius Vegetius, um 400 n. Chr.). Nach Rothes Meinung basiert der Adel auf der Tugend, Raubritter werden scharf verurteilt: *sy sint wedir den cristingloibin* (V. 933), »sie widersprechen dem christlichen Glauben«.

Am Ende dieser Reihe didaktischer Werke steht ein Buch, das – anders als die bisher genannten Texte – größte, bedingt durch die lateinische Übersetzung Jakob Lochers (1497) auch internationale Verbreitung erlangte: die Moraldidaxe und -satire ›Das Narrenschiff‹ (1494) von **Sebastian Brant** (1457–1521; Studium in Basel, dort zuletzt Professor für Rechtswissenschaft, ab 1500 wieder in seiner Heimatstadt Straßburg, seit 1503 Stadtschreiber). Brant, der berühmteste deutsche Autor seiner Zeit, entfaltete eine breite publizistische Tätigkeit. Er gab Editionen klassischer Autoren heraus, erstellte erfolgreiche juristische Werke, schrieb historische und geographische Arbeiten auf deutsch und lateinisch und verfaßte in beiden Sprachen Gedichte und Übersetzungen. Das ›Narrenschiff‹ umfaßt eine gereimte Vorrede und 112 Bildgedichte (in die 2. Ausgabe wurden zwei weitere Gedichte eingeschoben). Die Aufmachung folgt durchweg dem gleichen Schema (vgl. Abb. 20): auf ein kurzes gereimtes Motto, meist ein Dreireim, folgt ein von einer Bordüre eingefaßter Holzschnitt, darunter steht ein Titel, dann kommt ein Gedicht in vierhebigen Reimpaaren (bis Nr. 74 haben die meisten Gedichte 34, manche 94 Verse, danach finden sich auch andere Umfänge). Den Rahmen gibt die Vorstellung des Narrenschiffs ab, auf dem die Narren versammelt werden, um – wie auf dem Titelholzschnitt steht – nach Narragonien zu reisen. Unter einem Narren ist ein Sünder zu verstehen, dessen Handlungen und dessen

Abb. 20 Sebastian Brant, ›Das Narrenschiff‹. Ältester Druck, Basel 1494: Gutem Rat nicht folgen (Holzschnitt von Albrecht Dürer)

Verhalten von den religiösen und moralischen Normen abweichen. Behandelt werden Laster (etwa Haß und Neid), Torheiten der Berufe (etwa der Handwerker) und der Lebensalter, tadelnswerte religiöse Verhaltensweisen (etwa Gotteslästerung) und fragwürdiges Sozialverhalten (etwa Zanken und zu Gericht laufen). Brant führt dabei denkbare Fälle vor, es geht ihm nicht um realistische Darstellung; Ziel ist die Selbsterkenntnis. Angereichert sind die schlichten Verse durch Verweise auf die Bibel und die klassische Literatur. Der Erfolg des Buches beruhte ohne Zweifel auf dem glücklichen, eindrucksvollen Zusammenwirken von Text und Bild – zumal die meisten Holzschnitte von keinem anderen als dem jungen Albrecht Dürer stammen. Die Vorrede verweist explizit auf die Funktion der Bilder:

Der bildniß jch hab har gemacht
Wer yeman der die gschrifft veracht
Oder villicht die nit künd lesen
Der siecht jm molen wol syn wesen
Vnd fyndet dar jnn / wer er ist
Wem er glich sy / was jm gebrist [d.h., woran es ihm mangelt].
(V. 25–30)

Wissensliteratur

Chroniken

Das Interesse, das man im späten Mittelalter an historischen Zusammenhängen hatte, bezeugen zahlreiche Chroniken. In der Epoche von der Mitte des 14. Jh.s bis 1517 zählt man im deutschsprachigen Gebiet über 250 deutsche und lateinische Chroniken, zwanzig davon liegen in beiden Sprachen vor, Übersetzer waren meist die Chronisten selbst. Wie schon im 13. und frühen 14. Jh. (vgl. S. 281 f.) handelt es sich um Kloster-, Stadt-, Landes- und Weltchroniken. Abgefaßt sind sie nunmehr durchweg in Prosa. Hingewiesen werden kann hier nur auf eine kleine Auswahl dieser Texte.

Die früheste deutsche Prosachronik sind die ›Nüwen Casus Monasterii Sancti Galli‹ (um 1335) des **Christian Kuchimaister**, der in der Epoche des Niedergangs die frühere lateinische Klosterchronistik St. Gallens mit der Schilderung der Jahre 1228 bis 1329 fortsetzte. Zu den kulturgeschichtlich interessantesten Stadtchroniken gehört die ›Limburger Chronik‹ des **Tilemann Elhen von Wolfhagen** (1347/48 – nach 1411; Notar und Stadtschreiber in Limburg); das Werk enthält in chronologischer Folge die Geschichte der Stadt Limburg an der Lahn in den Jahren 1335 bis 1398, aufgezeichnet wurden vor allem Nachrichten über Fehden, Naturkatastrophen, über die Pest und die Geislerumzüge, über Kleidermoden, außerdem liefert der Chronist Hinweise auf jeweils »moderne« Lieder. Zwei Chroniken, in denen die Stadtgeschichte mit der Weltgeschichte verknüpft ist, schufen zwei Straßburger Geistliche: **Fritsche Closener** (gest. 1390/96) mit seiner ›Straßburger Chronik‹ (1367) und vor allem **Jakob Twinger von Königshofen** (1346–1420) mit den drei seit 1382 verfaßten Fassungen seiner ›Deutschen Chronik‹ (82 Hss., Erstdruck 1474). Das an den »klugen Laien« gerichtete Werk stellt zunächst die Weltgeschichte bis zu Alexander dem Großen dar (der Trojanische Krieg basiert auf dem ›Elsässischen Trojabuch‹, vgl. S. 325); es folgt die Geschichte der Kaiser und Könige des Römischen Reichs und der Päpste bis zur Gegenwart; im 4. Kapitel werden die Taten der Straßburger Bischöfe berichtet, im 5. schildert Twinger die Geschichte der Stadt Straßburg und der Region. Eine bedeutende, reich illustrierte Chronik der Stadt Konstanz zur Zeit des Konzils verfaßte **Ulrich Richental** (um 1365–1437; zunächst Geistlicher, später vielleicht Kaufmann). Die überaus umfangreiche Chronistik der Reichsstadt Nürnberg, die im späten 14. Jh. beginnt, wurde zum Höhepunkt geführt durch die 1488 sowohl auf lateinisch wie auf deutsch vorgelegte Chronik des Benediktiners **Sigismund Meisterlin** (um 1435 – nach 1497), der 1456 bereits eine Chronik der Reichsstadt Augsburg in beiden Sprachen vorgelegt hatte; ferner durch das Werk des reichen Bierbrauers und städtischen Armenpflegers **Heinrich Deichsler** (1430–1506/07), das bis 1506 reicht. Beispiele für Landeschroniken sind die ›Österreichische Chronik von den 95 Herrschaften‹ (abgeschlossen 1394) des Augustiner-Eremiten **Leopold von Wien**, das umfangreichste österreichische Geschichtswerk des späten 14. Jh.s, sowie die jeweils auf lateinisch und deutsch verfaßten Bayerischen Landeschroniken des Augustiner-Chorherrn **Andreas von Regensburg** (gest. um 1438) und des Geistlichen **Veit Arnpeck** (1435/40–96). Auf die chronikalischen Werke Heinrichs von Mügeln (S. 305), Michel Beheims (S. 305), Ulrich Fuetrers (S. 324), Hermann Botes (S. 344) und Johannes Rothes (S. 345) wurde schon hingewiesen.

Nach wie vor bestand großes Interesse an weltchronistischen Darstellungen. Seit dem späten 14. Jh. belegt sind die in Prosa abgefaßten Historienbibeln, über 100 Hss., deren Texte sich in zahlreiche Fassungen aufgliedern lassen. Sie treten gewissermaßen das Erbe der gereimten Weltchroniken an (vgl. S. 267 ff.). Den Grundstock des Textes liefern weiterhin die Vulgata und die ›Historia scholastica‹ des Petrus Comestor (vgl. S. 268), Zusätze stammen aus weiteren Quellen, vor allem auch aus den gereimten Weltchroniken. Weitere Weltchroniken sind etwa die sowohl lateinisch als auch mittelniederdeutsch vorgelegte ›Chronica novella‹ des Lübecker Dominikaners **Hermann Korner** (um 1365 bis 1438), die Chronik des Geistlichen **Dietrich Engelhus** (um 1362–1434; aus Einbeck, tätig dort sowie an anderen Orten) sowie die ›Excerpta chronicarum‹ der beiden Nürnberger, im städtischen Dienste stehenden Schreiber **Johannes Platterberger d.J.** (gest. nach 1467) und **Theoderich Truchseß** (1467 hingerichtet). An Bedeutung weit übertroffen werden diese Werke durch die im gleichen Jahr 1493 sowohl auf lateinisch wie auf deutsch (Übersetzung von Georg Alt) bei dem Nürnberger Drucker Anton Koberger erschienene

›Weltchronik‹ des **Hartmann Schedel** (1440–1514; Studium in Leipzig und Padua, seit etwa 1480 Stadtarzt in Nürnberg). Die ›Schedelsche Weltchronik‹ gilt als das größte Buchunternehmen des 15. Jh.s. Als Quellen dienten vor allem die Schriften italienischer Humanisten, allen voran das ›Supplementum chronicarum‹ (1483) des Augustiner-Eremiten **Jacobus Foresti** aus Bergamo und die Geschichtswerke des Enea Silvio Piccolomini (Papst Pius II., 1405–64; vgl. S. 365). Der bis heute andauernde Ruhm des Werkes beruht freilich auf den 1809 Holzschnitten aus der Werkstatt von Dürers Lehrer Michael Wolgemut, die in engster Verbindung zum Text stehen, vor allem auf den teilweise realistischen Stadtansichten.

Autobiographien

Zu den Chroniken treten einige autobiographische Werke; erst im 16. Jh. begegnen derartige Texte dann in größerer Zahl. Vorläufer waren Ulrichs von Lichtenstein ›Frauendienst‹ (um 1250) einerseits (vgl. S. 235), ›Das fließende Licht der Gottheit‹ (begonnen ebenfalls um 1250) der Mystikerin Mechthild von Magdeburg andererseits (vgl. S. 289). Erstes Beispiel derartiger Aufzeichnungen aus dem 14. Jh., bestimmt für den Autor selbst, seine Familie und seine Nachkommen, ist das ›Püchel von meim geslecht und abentewr‹, in das der mächtige Nürnberger Handelsherr und Gründer der ersten deutschen Papiermühle **Ulman Stromer** (1329 bis 1407) seit 1360 Aufzeichnungen familiärer und politisch-historischer Art eintrug. Zwei Generationen später schilderte der Augsburger **Burkhard Zink** (um 1396 bis 1474/75) im Rahmen seiner ›Augsburger Chronik‹ (abgeschlossen 1468) die eigene Lebensgeschichte, in deren Verlauf ihm der Aufstieg aus kleinsten Lebensverhältnissen zu Wohlhabenheit und stadtbürgerlichem Ansehen gelang. Über ihre Erlebnisse als Hofdame der Gemahlin und Witwe König Albrechts II. in den Jahren 1439/40 berichtete

Helene Kottanerin (um 1400 – nach 1470) in ihren ›Denkwürdigkeiten‹ (nach 1442). Eine Beschreibung seiner Jugend und seiner Erlebnisse als Ritter in Palästina, Rhodos, Beirut, auf dem Sinai, in Zypern, Portugal, Marokko und Schottland zwischen 1454 und 1459 lieferte **Georg von Ehingen** (1428–1508; schwäbischer Ritter, nach 1460 im württembergischen Hofdienst) in den ›Reisen nach der Ritterschaft‹. **Johann von Soest** (vgl. S. 324) berichtete in seiner nur fragmentarisch erhaltenen gereimten Autobiographie (1504) von seiner Jugend und seiner Tätigkeit als Musiker am Heidelberger Hof, vermutlich für die eigenen Kinder. Angeschlossen werden können hier die beiden großen autobiographischen Werke, die **Kaiser Maximilian I.** (1459–1519) von seinen Räten erstellen ließ. Den Kaiser bewegte dabei die Sorge um die *gedächtnüs*, die *memoria*, die Erinnerung an ihn und seine Taten. Beide Werke stellen den Kaiser und seine Erlebnisse in stilisierter, verschlüsselter Weise dar. In dem in Prosa abgefaßten ›Weißkunig‹ (1514) ließ er eine nach Mustern der Romanliteratur stilisierte Autobiographie schreiben, die freilich nicht vollendet wurde. Der gereimte ›Theuerdank‹ (1517) behandelt die Werbungsfahrt zu Maria von Burgund, die Maximilian 1477 geheiratet hatte.

Reiseberichte und Pilgerführer

Großer Beliebtheit erfreuten sich im späten Mittelalter Berichte über tatsächliche oder fiktive Reisen in ferne Länder. An der Spitze standen dabei die ›Reisen‹ des **Jean de Mandeville**. Wahrscheinlich handelt es sich um eine fiktive Figur, als wirklicher Autor des um 1356 in Lüttich in französischer Sprache abgefaßten Textes gilt meist der Arzt Jean de Borgogne dit à la Barbe. Die im Ich-Stil berichtete Summe von Reiseerzählungen schildert zunächst eine Pilgerreise ins Heilige Land, dann nach lateinischen Quellen eine phantastische Entdeckungsfahrt nach Afrika, Indien und China.

Die deutschen Übersetzungen von **Michael Velser** (um 1393; ca. 40 Hss., Erstdruck 1480) und **Otto von Diemeringen** (gest. 1398, Kanoniker in Metz; über 40 Hss., Erstdruck 1481/82) verbreiteten den Ruhm Mandevilles, der bis in die Neuzeit als einer der größten Entdeckungsreisenden galt, im deutschen Sprachraum. Der Bericht des Venezianers **Marco Polo** (um 1254 – nach 1324) über seine tatsächlichen Reisen im Fernen Osten konnte damit bei weitem nicht konkurrieren (zwei deutsche Übersetzungen, eine aus dem 14. Jh. nur in 1 Hs., die andere gedruckt 1477). Teilweise auf Mandeville beruht der Bericht des bayerischen Adligen **Hans Schiltberger** (um 1380 – nach 1460), der von 1396 bis 1427 als Sklave bei Türken und Mongolen gelebt hatte, über seine angeblichen Reisen (Erstdruck 1478).

Nur pauschal hingewiesen werden kann auf die zahlreichen Berichte und Führer, die sich auf die im 14. und 15. Jh. überaus beliebte Pilgerreise nach Jerusalem beziehen; gezählt werden etwa 250 deutsche und niederländische Texte dieser Art. Als Beispiel hervorgehoben sei der Bericht des Juristen **Bernhard von Breidenbach** (um 1440–97), der auf deutsch und lateinisch zuerst 1486 erschien und viele Nachdrucke erfuhr; er gilt als genau und kenntnisreich, die beigegebenen Illustrationen und Skizzen wurden vorbildlich.

Fachliteratur

Aus der beinahe unübersehbaren Menge fachliterarischer Texte kann nur weniges exemplarisch hervorgehoben werden. Das älteste deutsche Kochbuch, ›Ein Buch von guter Speise‹, ist in dem um 1350 geschriebenen ›Hausbuch des Michael de Leone‹ (vgl. S. 111) enthalten. Das von **Gottfried von Franken**, wahrscheinlich einem Würzburger Geistlichen, vor 1350 lateinisch verfaßte Lehrbuch ›Palladius abbreviatus‹ über den Obst- und Weinanbau wurde noch im 14. Jh. zweimal auf deutsch bearbeitet; unter dem

Titel ›Pelzbuch‹ (»pelzen« ist Fachterminus für das Veredeln der Bäume durch »pfropfen«) war es bis in die Neuzeit verbreitet (etwa 80 Hss.). In den Bereich der Schule führen die lateinisch-deutschen Vokabulare, zweisprachige Wörterbücher auf der Grundlage einsprachig-lateinischer Sammlungen. Auf diesem Gebiet betätigten sich auch die als Chronisten (S. 350) schon genannten Straßburger Geistlichen **Fritsche Closener** und **Twinger von Königshofen**. Am erfolgreichsten war im 15. Jh. der ›Vocabularius Ex quo‹ (weit über 200 Hss., Erstdruck 1467, über 40 weitere Inkunabeln). In den militärisch-technischen Sektor gehört der ›Bellifortis‹ des Wundarztes **Konrad Kyeser** von Eichstätt (1366 – nach 1405), eine ursprünglich mit lateinischen Texten in Hexametern versehene Bilderhs., die mehrfach für deutsche Leser bearbeitet wurde; es geht darin um den Einfluß der Planeten, um Waffen und Geräte, um die Nutzung des Feuers, um Giftrezepte und ähnliches. Erfolgreiche medizinische Werke wie etwa die ›Ordnung der Gesundheit‹ (um 1400, 27 Hss., Erstdruck 1472) beruhen vielfach auf den lateinischen Kompilationen des Arztes **Konrad von Eichstätt** (gest. nach 1341). Eine ganze Reihe fachliterarischer Texte verfaßte der S. 324 als Verfasser eines erfolgreichen Alexanderromans schon erwähnte Arzt und Hofautor **Johannes Hartlieb** (seine Autorschaft an einigen der im folgenden genannten Schriften wird neuerdings in Frage gestellt). Die ›Kunst der Gedächtnüß‹ (1430) behandelt die Technik des Memorierens, das ›Mondwahrsagebuch‹ (um 1434) die Voraussage der Lebensschicksale, ebenso wie die ›Chiromantie‹ (1448), die das Handlesen beschreibt; das ›Kräuterbuch‹ beschäftigt sich mit der Heilkraft der Pflanzen, die ›Secreta mulierum‹ (nach 1465) sind ein gynäkologisches und sexualkundliches Lehrbuch, ferner gibt es ein ›Buch von warmen Bädern‹ (1467). Hartliebs ›Buch aller verbotenen Kunst‹ (1455/56) polemisiert gegen die verbreiteten magischen und mantischen Künste.

Religiöse Literatur

Die beinahe uferlose Fülle religiöser Literatur des 14. und 15. Jh.s kann nur mit wenigen Hinweisen angedeutet werden. Das bedeutendste und folgenreichste Legendar (zum Begriff vgl. S. 287) des ausgehenden Mittelalters ist ›Der Heiligen Leben‹, entstanden um 1400 im Nürnberger Dominikanerkloster und ursprünglich für die Ordensfrauen bestimmt (197 Hss., 41 Drucke seit 1471/72). Eine im 14.Jh. gleichfalls im Nürnberger Raum entstandene Übersetzung der Vulgata diente als Grundlage des ersten deutschen Bibeldrucks von 1466, der nach dem Straßburger Drucker benannten ›Mentelin-Bibel‹. Diese Übersetzung ist unbefriedigend und war zur Zeit der Drucklegung sprachlich teilweise veraltet und unverständlich, was auch zu Druckfehlern führte; in den bis 1518 erfolgten 13 oberdeutschen Nachdrucken wurde der Text daher mehrfach revidiert. Vier niederdeutsche Bibeldrucke (um 1478–1522) beruhen auf je eigenen Übersetzungen bzw. Kompilationen; die ›Lübecker Bibel‹ von 1494 gilt als bedeutendste deutsche Übersetzung vor Luther. Berühmte Prediger waren der Franziskaner **Marquard von Lindau** (gest. 1392), von dem 41 Predigten überliefert sind, und der volkstümliche **Johannes Geiler von Kaysersberg** (1445–1510; Studium in Freiburg i. Br. und Basel, Prediger in Straßburg), von dem sich zahlreiche Schriften und Predigten erhalten haben, darunter auch ein Predigtzyklus über Brants ›Narrenschiff‹, gehalten 1498.

Nähe zur spekulativen Mystik zeigt die besonders durch Luthers Wertschätzung berühmt gewordene ›Theologia Deutsch‹ (›Der Frankfurter‹) aus dem späten 14. Jh.; darin geht es um die Frage nach dem vollkommenen Menschen, Ziel ist die völlige Vereinigung mit Gott durch Unterwerfung und Selbstentäußerung. Das »erfolgreichste Andachtsbuch aller Zeiten« (Th. Cramer) ist die Schrift ›De imitatione Christi‹ des Augustiner-Chorherrn und Verfassers zahlreicher weiterer religiöser Schriften **Thomas Hemer-**

ken von Kempen (1379/80–1471); Thema ist auch hier der Weg nach Innen, propagiert wird häufige Kommunion (über 770 Hss., über 3000 Drucke). Die älteste deutsche Übersetzung stammt von 1434, insgesamt gibt es mindestens 19 vollständige Übersetzungen bzw. Übersetzungen von Teilen (Erstdruck 1486).

Auch scholastisches Schrifttum wurde in großem Umfang übersetzt. Das erfolgreichste theologische Handbuch des Mittelalters, das ›Compendium theologicae veritatis‹ des Dominikaners **Hugo Ripelin von Straßburg** (gest. 1268), verbreitet in über 1000 Hss., 1470 erstmals gedruckt, wurde seit etwa 1300 mehrfach auf deutsch bearbeitet und übersetzt, die erste vollständige Übersetzung stammt aus der 2. Hälfte des 14. Jh.s. Gleichfalls in der 2. Hälfte des 14. Jh.s entstand die ›Rechtssumme‹ des **Bruders Berthold von Freiburg**, ein »Kompendium der Sitten und Rechte eines christlichen Lebens für Laien« (G. Steer) auf lateinischer Grundlage mit alphabetisch gereihten Sachartikeln von »Ablaß« bis »Zwietracht« (128 Hss., 12 Drucke). Der Vermittlung von universitärem und scholastischem Wissen an des Lateinischen unkundige Leser galt besonders die Tätigkeit der sogenannten Wiener Übersetzerschule des späten 14. und der 1. Hälfte des 15. Jh.s. Dazu gehören theologische Autoren wie – als Anreger – **Heinrich von Langenstein** (gest. 1397, seit 1384 Professor in Wien), einer der bedeutendsten Gelehrten der Epoche, ferner **Nikolaus von Dinkelsbühl** (um 1360–1433, ebenfalls Professor in Wien), **Thomas Peuntner** (um 1390–1439, als Seelsorger in Wien tätig), **Ulrich von Pottenstein** (um 1360–1416/17, Geistlicher in und um Wien). Auf Heinrich von Langenstein zurück geht etwa der ursprünglich für Herzog Albrecht III. von Österreich (1365–95) bestimmte katechetische Traktat ›Erkenntnis der Sünde‹ (1393; 77 Hss.); Ulrich von Pottenstein verfaßte eine riesige vierteilige ›Katechismus-Summe‹ mit Auslegungen des Pater noster, des Ave Maria, des Credo, des Magnificat und des Dekalogs (11 Teilhss.).

Geistliche und weltliche Spiele

Religiöse Verkündigung und Spektakel in einem waren die geistlichen Spiele des späten Mittelalters. Aus dem 13. bis 16. Jh. sind etwa 160 Spieltexte vollständig oder fragmentarisch überliefert. Es handelt sich vielfach um Aufzeichnungen, die bei Aufführungen verwendet wurden, teilweise auch um Lesetexte. Autoren sind fast ausnahmslos nicht angegeben. Stoffe lieferten das Alte und Neue Testament, Heiligenlegenden, Wundergeschichten, die Heilsgeschichte von der Schöpfung bis zum Jüngsten Gericht. Erzählt wird in oft breiter epischer Manier, häufig verdeutlichen Kommentare, bisweilen sogar Predigten die Glaubenswahrheiten. Aufgeführt wurden die Spiele vor allem in Städten, in die zu diesem Anlaß oft auch Publikum von außerhalb strömte. Gespielt wurde nicht auf der neuzeitlichen Guckkastenbühne, sondern in Kirchen bzw. auf öffentlichen Plätzen auf einer Simultanbühne, d.h., sämtliche Spieler waren an ihren jeweiligen Spielorten ständig und gleichzeitig anwesend. Die überwiegend in vierhebigen Reimpaaren abgefaßten Texte wurden mit Singstimme rezitiert, die eingelegten Lieder gesungen. Spieler waren, auch für Frauenrollen, meist ausschließlich Männer. Die oft sehr zahlreichen Darsteller rekrutierten sich aus Geistlichen, Patriziern und weiteren Stadtbürgern.

Gängiger, jedoch neuerdings in Frage gestellter Theorie zufolge entwickelte sich das geistliche Spiel aus dem Ostertropus, d. h. aus textlich-musikalischen Ausschmückungen der Liturgie des Ostermorgens. Aus dem Tropus habe sich eine nach und nach immer komplexere »Osterfeier« entwikkelt, diese sei zur Grundlage des geistlichen Spiels in der Volkssprache geworden, das bisweilen über mehrere Tage ging.

Aus dem 12. Jh. liegen mehrere geistliche Spiele in lateinischer Sprache vor, darunter, in der Hs. der ›Carmina burana‹ (vgl. S. 112), der ›Ludus de Antichristo‹ (›Tegernseer Antichristspiel‹; um 1160), der die Weltherrschaft des Antichrist thematisiert und das (staufische) Kaisertum verherrlicht. Die gleiche Hs. enthält mit dem ›Großen Benediktbeurer Passionsspiel‹ (vor 1230) ein Stück, in dem sich neben dem dominierenden Latein auch deutsche Liedtexte finden. Weitere Spiele aus dem 13. Jh. sind das ›Osterspiel von Muri‹, von dem nur die deutschen Textpartien überliefert sind, während die lateinischen fehlen, sowie die Fragmente des ›Himmelsgartener Passionsspiels‹ und des ›Amorbacher Spiels von Mariae Himmelfahrt‹. Aus dem 14. Jh. sind etwa 20 Spiele tradiert, darunter das vom Mittelrhein stammende ›St. Galler Passionsspiel‹, in dem erstmals der Judenhaß gegen Christus auffällig ausgestaltet ist, das ›Innsbrucker Spiel von Mariae Himmelfahrt‹, das ›Innsbrucker Osterspiel‹ und das ›Innsbrucker Fronleichnamsspiel‹ – alle drei wurden 1391 wohl in Thüringen aufgezeichnet – und das ›Thüringische Zehnjungfrauenspiel‹, das am Beispiel der fünf klugen und fünf törichten Jungfrauen dazu ermahnt, rechtzeitig ein gottgefälliges Leben zu führen. Die Blütezeit des geistlichen Spiels waren das 15. und 16. Jh. Aus der großen Zahl von Spielen, die damals an vielen Orten aufgeführt wurden, seien als Beispiele erwähnt: das ›Alsfelder Passionsspiel‹, dessen Aufführungen 1501, 1511 und 1517 bezeugt sind, die ›Erfurter Moralität‹, die sich aus Tugend- und Weltgerichtsspiel zusammensetzt, das mittelniederdeutsche ›Redentiner Osterspiel‹, das als das literarisch bedeutendste Osterspiel gilt, ferner das die gesamte Heilsgeschichte darstellende ›Künzelsauer Fronleichnamsspiel‹ und das auf ein Frankfurter Spiel des 14. Jh.s zurückgehende ›Frankfurter Passionsspiel‹, das um 1500 mehrfach an zwei Tagen auf dem Römerberg aufgeführt wurde. Besonders viele Spieltexte haben sich in Tirol erhalten, da hier die Sammler **Benedikt Debs** (gest. 1515, Lateinschullehrer in Bozen) und vor allem **Vigil Raber** (gest. 1552, Maler in Bozen und Sterzing) für die Bewahrung umfangreicher Materialien sorgten.

Weit anspruchsloser sind die weltlichen Spiele. Aus der Zeit von der Mitte des 14. Jh.s bis um 1500 sind 144 Fastnachtspiele überliefert, 108 davon aus Nürnberg. Es handelt sich vorwiegend um kurze Stücke mit einer durchschnittlichen Länge von 200 Reimpaarversen (woraus man eine Spieldauer von 15 bis 20 Minuten errechnet hat). Die Fastnachtspiele wurden in der Vorfastenzeit von Handwerkern, aber auch von patrizischen Stadtbürgern aufgeführt. Als Spielorte dienten im 15. Jh. vorwiegend Wirts- und Privathäuser. Die Spielergruppe zog offenbar von Haus zu Haus, als Aufführungsort benutzte man die Stube, eine besondere Bühne gab es nicht (erst im 16. Jh. änderte sich das). Die Stücke sind einfach strukturiert, meist handelt es sich um aneinandergereihte Auftritte einzelner Figuren, die ihren Text aufsagen und wieder abtreten (Reihen- oder Revuespiele), bisweilen gibt es eine Handlung (Handlungsspiele), manchmal sind beide Typen gemischt. In den meisten Stükken geht es derb zu, häufig sind sie bestimmt von sexueller oder fäkalischer Komik; vor allem belustigte die städtische Gesellschaft sich an bäuerlicher Torheit und Primitivität. Es gab jedoch auch ernste Spiele; insbesondere galt dies für die Lübecker Fastnachtspiele, von denen allerdings – mit einer Ausnahme, dem ›Henslin‹, der die Rechtschaffenheit zum Thema hat – lediglich die Titel überliefert sind. Das älteste erhaltene Spiel ist das ›St. Pauler Neidhartspiel‹, tradiert in einer wohl schwäbischen Hs. aus der Zeit von etwa 1360/70. Das nur 66 Verse umfassende Stück weist lediglich drei Sprechrollen auf: den Proclamator, der in die Situation einführt, die Herzogin und Neidhart; den Inhalt lieferte der Veilchenschwank: Neidhart bringt die Herzogin herbei, um ihr als ersten Frühlingsboten ein Veilchen zu zeigen – mittlerweile haben böse Bauern an die Stelle des Blümchens einen »Haufen« gesetzt, Neidhart ist blamiert und droht Rache an. In Nürnberg sind Fastnachtspiele seit etwa 1430/40 nachweisbar. Die wichtigsten Dichter waren **Hans Rosenplüt** (vgl. S. 339 f.) in der ersten, **Hans Folz** (S. 340) in der zweiten Jahrhunderthälfte. Für Rosenplüt ist zwar nur ein Stück ausdrücklich bezeugt – das Reihenspiel ›Des künig von Engellant hochzeit‹ (Keller Nr. 100) –, doch werden ihm (und seinem Umkreis) mehr als ein halbes Hundert weiterer Spiele zugeschrieben, etwa ›Des Turken vasnachtspil‹ (Nr. 39), ein zeitkritischer Text, in dem die Sünden der Christen aufgezeigt werden, aber auch schwankhafte Stücke wie das Handlungsspiel ›Das Ehepaar und die Kupplerin‹ (Nr. 19), in dem eine vernachlässigte Ehefrau ihren Gatten – nicht betrügt. Von Folz stammen 12 Stücke, weitere können ihm ebenfalls zugeschrieben werden. Beispiele sind ›Von König Salomon und Markolf‹ (Nr. 60), dem das 1483 erstmals gedruckte Schwankbuch (vgl. S. 343) zugrunde liegt, oder drei Stücke, in denen sich teilweise üble antijüdische Polemik findet – Folz machte sich damit offenbar zum Sprachrohr einer innerstädtischen »Stimmung«: ›Die alt und neu ee‹, d. h. »Das Alte und das Neue Testament« (Nr. 1), ›Kaiser Constantinus‹ (Nr. 106) und ›Der Herzog von Burgund‹ (Nr. 20); die Juden wurden 1499 für alle Zeit aus der Reichsstadt vertrieben. Eine Reihe von Tiroler Fastnachtspielen überlieferte Vigil Raber.

Johannes von Tepl

Der ›Ackermann aus Böhmen‹ (1400/01) des Johannes von Tepl wird als das glänzendste Prosastück des deutschen Mittelalters angesehen, als ein Werk, das in seiner Epoche gleichrangig neben den Liedern Oswalds von Wolkenstein und dem ›Ring‹ Heinrich Wittenwilers steht. Anders als die Gedichte dieser Zeitgenossen war der ›Ackermann‹ im Mittelalter weit verbreitet (16 Hss. nach 1450, 17 Drucke seit etwa 1463). Allerdings stammt kein Überlieferungsträger aus Böhmen, was auf die durch die Verbrennung des Jan Hus als Ketzer auf dem Konstanzer Konzil 1415 ausgelösten Hussitenkriege und den dadurch herbeigeführten Untergang der deutschen Kultur in Böhmen zurückgeführt wird. Die Bemühungen der ›Ackermann‹-Forschung waren und sind deshalb in großem Umfang auf die Rekonstruktion des ursprünglichen Textes gerichtet (zwischen 1877 und 1994 erschienen 14 selbständige kritische Ausgaben). Johannes von Tepl, der sich nach seiner Geburtsstadt nannte, führte den Titel eines Magisters, hatte also studiert (in Prag, in Paris oder in Italien). Wahrscheinlich seit 1378, auf alle Fälle seit 1383 ist er als Notar und Leiter der Lateinschule in der böhmischen Stadt Saaz belegt; 1411 übernahm er das Amt des Stadtschreibers der Prager Neustadt. Er starb 1414 oder 1415. Der ›Ackermann‹ ist sein einziges erhaltenes literarisches Werk.

Der Text nimmt den im Mittelalter verbreiteten literarischen Typus des Streitgesprächs auf; die literarische Bildung des Autors zeigt sich im übrigen auch an der Fülle deutscher und lateinischer Literatur, die er benutzt und verarbeitet hat. Der ›Ackermann‹ umfaßt 33 kurze Kapitel und ein abschließendes Gebet. In 32 Kapiteln kommen abwechselnd die Figuren des Ackermanns und des Todes zu Wort, im XXXIII. Kapitel spricht Gott. Die Kapitelzahl entspricht der Zahl der Lebensjahre Christi. Die Bezeichnung »Ackermann« ist metaphorisch zu verstehen: in Kapitel III ist ausgeführt, daß der Sprecher als »Pflug« die Vogelfeder führe – gemeint ist also ein Schreiber. Im Streit geht es um den Vorwurf, der Tod habe am 1. August 1400 zu Saaz die junge schöne Frau des Ackermanns dahingerafft. Mit starken Worten verflucht der Kläger einleitend den Kontrahenten:

> GRymmyger tilger [d. h. Vertilger] aller lewte, Schedlicher ächter aller welte, Frayssamer [d. h. grausamer] mörder aller lewte, Jr Todt, euch sey verfluchet! Gott, ewer Tremer [d. h. Schöpfer], hass euch ... Hymmel, Erd, Sonne, Monde, Gestyrne, Mere, Wag [d. h. Wogen], Berg, Gefilde, Tale, Awen, der helle Apgrünt, auch alles, das leben und wesen hat, sey euch vnholt und vngünstig, fluchent euch ewigclichen! (Kap. I)

Der Tod verteidigt sich. Er weist auf die Machtlosigkeit des Klägers hin und darauf, daß er ohne Ansehen der Person handle. Er sei von Gott eingesetzt, um die Überbevölkerung der Erde zu verhindern; Sterben sei der natürliche Lauf, im übrigen gebe es noch mehr gute Frauen; außerdem sei die Ehefrau des Klägers im besten Alter, nicht etwa als alte Frau verstorben, also mit ungeschmälerter Ehre. Wer geboren sei, sei alt genug zu sterben. Entweder das Alter oder der Tod würden die Schönheit vernichten – klagen sei zwecklos. Nichts, keine Kunst, könne dem Menschen helfen. Der Tod schilt, der Kläger preist die Frauen. Alles Positive sei auch negativ, die Ehre führe zur Eitelkeit, Besitz zu Hoffart, Wollust zur Sünde. Der Kläger schließt in Kapitel XXXI: Die widersprüchliche Rede des Todes wolle ihn von seiner Klage abbringen, doch er wende sich an Gott. Der Tod antwortet: Alles ist eitel, unterlasse deine zwecklose Klage! Das letzte Wort gehört Gott: Alles, Leben und Tod, komme von ihm: *Yeder mensch dem Tode das leben, den leyp der Erden, die sele Vns pflichtig ist zu geben* (Kap. XXXIII).

In einem (erst 1933 entdeckten) lateinischen Widmungsschreiben an einen Jugendfreund behauptet Johannes von Tepl, der Zweck seines Streitgesprächs sei darauf gerichtet, die *essencialia*, d. h. die Hauptformen, der Rhetorik an einem deutschen Text vorzuführen. Er nennt eine Reihe rhetorischer Erscheinungen wie Amplifikation, Parallelismus, Ironie, rhythmische Satzschlüsse (Klauseln) und anderes. Mit seinem gelungenen Versuch, die Mittel lateinischer Kunstprosa einzudeutschen, stellt der Autor sich in eine böhmische Tradition der Zeit Kaiser Karls IV., die darauf gerichtet war, sich den frühen italienischen Humanismus zu eigen zu machen. Zentrale Gestalt dieser Bemühungen war der Kleriker **Johann von Neumarkt** (gest. 1380), von 1353 bis 1374 Kanzler des Kaisers, Briefpartner unter anderem Francesco Petrarcas (1304–74). Insbesondere sein ›Buch der Liebkosung‹ (1357/63), die rhetorisch geprägte deutsche Bearbeitung einer dem Kirchenvater Augustinus (354–430) zugeschriebenen Schrift, hat Johannes von Tepl beeinflußt und wurde von ihm benutzt.

Man wird dem ›Ackermann‹ indes kaum gerecht, wenn man ihn lediglich als rhetorisches Musterbuch, als artifizielle Etüde betrachtet. Der autobiographische Ansatzpunkt ist unübersehbar. Freilich darf man den Autor nicht nur mit dem Kläger gleichsetzen; die Antworten, die der personifizierte Tod gibt, sind natürlich Antworten, die der klagende Witwer sich selbst gibt, in denen er seine Trauer rational zu bewältigen versucht. Die Klage um den Verlust und die Trostgründe werden umfassend zusammengestellt, in den abschließenden Worten Gottes werden Glück und Mangelhaftigkeit der irdischen Existenz des Menschen noch einmal zusammengefaßt. Ganz persönlich wird der Text dann in dem höchst kunstvollen Schlußgebet. Hier erscheint der Name IOHANNES als Akrostichon; die abschließenden Buchstaben MA geben entweder seinen akademischen Grad an, oder sie bezeichnen den Namen der Verstorbenen. Deren Name wird im letzten Abschnitt vollständig genannt: *Mich rewet Margaretha, meyn außerweltes weyp*. Als bereits neuzeitliche Individualisierung wird man diese Angaben indes nicht interpretieren dürfen. Sie entsprechen der Personalisierung, dem Bezug der Literatur auf Autobiographie, wie sie sich auch bei Zeitgenossen wie Hugo von Montfort und Oswald von Wolkenstein findet (vgl. S. 299 und 314 f.).

Frühhumanistische Übersetzungsliteratur

»Der antike Begriff *studia humanitatis* bürgert sich in Italien seit Anfang des 15. Jh.s, in Deutschland seit Mitte des 15. Jh.s ein. Im 15./16. Jh. versteht man darunter die Beschäftigung mit Grammatik, Rhetorik, Dichtung, Geschichtsschreibung und Moralphilosophie, verbunden mit einem neuen Bildungsideal: der Vervollkommnung des Menschen durch die am antiken Vorbild orientierten Studien« (N. Holzberg). In der Geschichte der Rezeption des italienischen Humanismus in Deutschland stellt der böhmische »Frühhumanismus« in der 2. Hälfte des 14. Jh.s lediglich eine Art Vorspiel dar. Zu einer adäquateren und breiteren Aufnahme humanistischen Gedankengutes und Schrifttums kam es erst in der 2. Hälfte des 15. Jh.s. Wichtige Vermittler waren dabei der berühmte Jurist **Gregor Heimburg** (vor 1400–72; Studium in Wien und in Italien), dessen lateinische Reden, Briefe, Prozeßschriften und Manifeste weit verbreitet waren, vor allem aber der Italiener **Enea Silvio Piccolomini** (1405–64; seit 1458 Papst Pius II.), der nach 1432 etwa zwanzig Jahre lang in Deutschland wirkte und durch seine lateinischen Dichtungen, Geschichtswerke, Briefe, Reden und Traktate »in der 2. Hälfte des 15. Jh.s in Deutschland der einflußreichste Autor war« (F. J. Worstbrock).

Vermittelt wurde humanistische Literatur an deutsche Leser zunächst in Übersetzungen. Die wichtigsten Vertreter des Frühhumanismus, deren Arbeiten fast ausnahmslos in den siebziger Jahren des 15. Jh.s gedruckt wurden, waren Niklas von Wyle, Heinrich Steinhöwel und Albrecht von Eyb. **Niklas von Wyle** (um 1415–79; Studium in Wien, Stadtschreiber in Radolfzell, Nürnberg, 1447/48–69 in Eßlingen, danach Hofbeamter in Stuttgart) ließ 1478 seine gesammelten ›Translationen‹ (auch ›Translatzen‹ oder ›Tüschungen‹) erscheinen, ein »humanistisches Lehr- und Lesebuch in deutscher Sprache« (F. J. Worstbrock). Es handelt sich bei den insgesamt 18 Stücken um zwei berühmte Liebesnovellen, Enea Silvios ›Eurialus und Lucretia‹ (1444) und Boccaccios ›Guiscardus und Sigismunda‹ aus dem ›Decamerone‹ (Wyles Vorlage war eine lateinische Übersetzung von Leonardo Bruni, gest. 1444), ferner um Schriften und Briefe Poggio Bracciolinos (1380–1459), Enea Silvios und anderer. Wyles Übersetzungen sind, nicht zuletzt aus pädagogischen Gründen, darauf gerichtet, die lateinischen

Vorbilder möglichst Wort für Wort unter Nachbildung von Wortstellung und Syntax wiederzugeben.

Einer der ersten, der die Möglichkeiten des gedruckten Buches als eines neuen Mediums in vollem Umfang erkannte, war der S. 324 im Zusammenhang mit seinem ›Apollonius‹-Roman schon genannte Ulmer Stadtarzt **Heinrich Steinhöwel** (1411/12–79). Der bis zu Luthers Zeit meistgelesene Autor deutscher Sprache arbeitete seit 1471 eng mit den Druckern Johann und Günther Zainer zusammen. Günther Zainer ließ sich 1472 in Ulm nieder, sein Druckprogramm in den folgenden Jahren war von Steinhöwel, der auch Finanzmittel einsetzte, geprägt. Steinhöwel suchte »Belehrendes und Unterrichtendes in deutscher Sprache zugänglich zu machen« (N. Henkel). Beim Übersetzen kam es ihm – anders als dies bei Wyle der Fall war – weniger auf wörtliche als auf sinngemäße, freiere Wiedergabe an. Neben dem erfolgreichen ›Apollonius‹ (Erstdruck 1471) und einigen anderen Schriften veröffentlichte Steinhöwel eine auf der lateinischen Bearbeitung durch Petrarca basierende deutsche Fassung der ›Griseldis‹-Novelle Boccaccios (1471; zur vollständigen Übersetzung des ›Decamerone‹ durch Arigo vgl. S. 342). ›Von den synnrychen erlúchten wyben‹ (1472) betitelt ist die mit zahlreichen Holzschnitten illustrierte deutsche Bearbeitung von Boccaccios ›De claris mulieribus‹ (1361/62), einer Sammlung von Biographien berühmter Frauen. Steinhöwels bekanntestes und verbreitetstes Buch wurde der mit 200 Holzschnitten prachtvoll ausgestattete ›Esopus‹ (1476/77), eine zusammenfassende Sammlung der wichtigsten spätantiken und mittelalterlichen Fabelkollektionen. Der Text der äsopischen Fabeln wurde im Erstdruck sowohl lateinisch wie deutsch wiedergegeben; das 1501 durch Sebastian Brant (vgl. S. 347 f.) bearbeitete und erweiterte Werk erfuhr auch Übersetzungen in andere Sprachen (1593 sogar ins Japanische).

Der fränkische Domherr und Jurist **Albrecht von Eyb** (1420–75; Studium in Erfurt und Italien) verfaßte lateinische und deutsche Schriften. In seinem erfolgreichen Traktat ›Ob einem manne sey zunemen ein eelichs weyb oder nicht‹ (Erstdruck 1472), dem ›Ehebüchlein‹, finden sich zur Veranschaulichung auch einige Erzählungen, darunter die ›Marina‹ (um 1450) eines unbekannten italienischen Humanisten und Boccaccios Novelle ›Guiscardus und Sigismunda‹ (nach der lateinischen Übersetzung von Leonardi Bruni, die auch Niklas von Wyle benutzt hatte); ferner sind im Druck seiner umfangreichen Tugend- und Ständelehre ›Spiegel der Sitten‹ (abgeschlossen 1474, erschienen erst postum 1511) freie Prosa-Verdeutschungen zweier Komödien des erst im 15. Jh. wiederentdeckten römischen Dichters Plautus (um 250–154 v. Chr.) sowie einer lateinischen Komödie (um 1435) des Ugolino de Pisa enthalten. Albrechts von Eyb Übersetzungen werden ihrer Lebendigkeit wegen als sprachliche Meisterleistungen eingeschätzt, der Übersetzer gilt vielfach als der neben Johannes von Tepl beste deutsche Prosaschriftsteller vor Luther.

Die maßgeblichen deutschen Humanisten seit dem ausgehenden 15. Jh. – etwa Konrad Celtis (1459–1508), Jacob Wimpfeling (1450–1528), Johannes Reuchlin (1455–1522), Willibald Pirckheimer (1470–1530) – verfaßten ihre Dichtungen und Prosaschriften in der Regel auf lateinisch. Gleichwohl ging die Tradition des Frühhumanismus nicht wieder verloren; auch weiterhin wurden antike und humanistische Autoren in deutschen Übersetzungen vorgelegt. Als Beispiel genannt sei etwa der Oppenheimer Geistliche **Johannes Gottfried** (gest. nach 1507), der im Stil der Wort-für-Wort-Übersetzungen Wyles zahlreiche moralphilosophische Schriften übersetzte (Cicero, Lukian, Leonardo Bruni usw.); die Wirkung blieb allerdings gering, da mit einer Ausnahme alle Übersetzungen ungedruckt blieben. Erfolgreicher war **Johann Sieder**, um 1500 Sekretär des Würzburger Bischofs, der neben anderen Übersetzungen (Lukian, Plutarch) die erste deutsche Fassung der ›Metamorphosen‹ des Apuleius (2. Jh. n. Chr.), des Romans ›Der

Goldene Esel‹, schuf (Erstdruck 1538). Zum »Bestseller« schließlich wurde die ›Römische Geschichte‹ des württembergischen Rates **Bernhard Schöfferlin** (1436/38–1501), in der große Teile des Geschichtswerks des Livius (59 v. Chr. bis 17 n. Chr.), ergänzt durch andere Quellen, seit 1505 dem lateinunkundigen Leser zugänglich gemacht wurden. Das von Ivo Wittich erweiterte, mit zahlreichen Holzschnitten ausgestattete Werk Schöfferlins, das Auflagen bis in die 2. Hälfte des 17. Jh.s erfuhr, bestimmte weithin das Bild, das man sich in der Frühen Neuzeit von der römischen Geschichte machte.

Literaturhinweise

Ausgaben: Teichner: H. Niewöhner, 3 Bde., 1953–56 (DTM). – Kaufringer: P. Sappler, 1972. – H. Fischer (Hrsg.), Die dt. Märendichtung des 15. Jh.s, 1966 (MTU) [darin auch die Novellen Rosenplüts]. – Rosenplüt, Reden: J. Reichel, 1990 (ATB). – Folz: H. Fischer, 1961 (MTU). – Sachsenheim: E. Martin, 1878 (StLV); ›Mörin‹: H. D. Schlosser, 1974 (Dt. Klassiker des MAs) [mit fortlaufendem Kommentar]. – ›Die Historia v. d. sieben weisen Meistern‹: R.-H. Steinmetz, 2001 (ATB). – Hans v. Bühel, ›Dyocletianus‹: A. Keller, 1841. – Anton v. Pforr: F. Geissler, 2 Tle., 1964–74. – Arigo: A. v. Keller, 1860 (StLV). – Marquart v. Stein: R. Harvey, 1988. – Ph. Frankfurter: V. Dollmayr, 1906. – ›Eulenspiegel‹: H. Knust, 1884. – Vintler: I. v. Zingerle, 1874. – ›Des Teufels Netz‹: K. A. Barack, 1863 (StLV). – J. Rothe, ›Ritterspiegel‹: H. Neumann, 1936 (ATB). – S. Brant, ›Narrenschiff‹: F. Zarncke, 1854; M. Lemmer, ^{2}1968. – Tilemann Elhen: A. Wyss, 1883. – Twinger, ›Dt. Chronik‹: C. Hegel, 2 Bde., 1870–71. – Historienbibeln: J. F. L. Th. Merzdorf, 2 Bde., 1870 (StLV). – Georg v. Ehingen: G. Ehrmann, 2 Bde., 1979 (GAG). – Maximilian I., ›Weißkunig‹: Th. Musper [u.a.], 2 Bde., 1956; ›Theuerdank‹: H. Unger, 1968. – Mandeville: E. Morall, 1974 (DTM) [Velser]. – Schiltberger: V. Langmantel, 1885 (StLV). – Pilgerberichte (Auswahl): R. Herz [u. a.], 1998 (WILMA). – Hans Tucher d. Ä., ›Reise ins Gelobte Land‹ (1479–80): R. Herz, 2002 (WILMA). – Gottfried v. Franken: G. Eis, 1944. – Closener/Twinger, Vokabulare: K. Kirchert / D. Klein, 3 Bde., 1995 (TTG). – ›Vocabularius Ex quo‹: K. Grubmüller / B. Schnell [u.a.], 6 Bde., 1988–2001 (TTG). – ›Der Heiligen Leben‹: M. Brand [u. a.],

2 Bde., 1996–2003 (TTG). – Marquard v. Lindau: R. Blumrich, 1994 (TTG). – ›Theologia Deutsch‹: W. v. Hinten, 1982 (MTU). – Bruder Berthold: G. Steer [u.a.], 4 Bde., 1987 (TTG). – Ulrich v. Pottenstein: G. Baptist-Hlawatsch, 1995 (TTG) [Auslegung des 1. Gebots]. – Geistliche Spiele: R. Froning, 3 Bde., 1891–92; ›Innsbrucker Osterspiel‹ u. ›Osterspiel v. Muri‹: R. Meier, 1962 (zweisprachig; RUB); ›Redentiner Osterspiel‹: B. Schottmann, 1975 [u. ö.] (zweisprachig; RUB). – ›Frankfurter Passionsspiel‹: J. Janota, 1997. – Fastnachtspiele: A. v. Keller, 4 Bde., 1853–58 (StLV); D. Wuttke, ^{3}1984 (RUB); K. Ridder / H.-H. Steinhoff, 1998. – Joh. v. Tepl: Ch. Kiening, 2000 (zweisprachig; RUB); G. Jungbluth, 2 Bde., 1969–83 [Bd. 2 ist Kommentar]; K. Bertau, 2 Bde., 1994 [Bd. 2 ist Kommentar]; W. Krogmann, ^{4}1978 (Dt. Klassiker des MAs) [mit fortlaufendem Kommentar]. – Niklas v. Wyle: A. v. Keller, 1861 (StLV). – Steinhöwel, ›Griseldis‹: U. Hess, 1975 (MTU); ›Von den synnrychen erlúchten wyben‹: K. Drescher, 1895 (StLV); ›Esopus‹: P. Amelung, 1992 [Faksimile u. Kommentar]. – Albrecht v. Eyb, Dt. Schriften: M. Herrmann, 2 Bde., 1890; ›Spiegel der Sitten‹: G. Klecha, 1989.

Forschungsliteratur: R. Bergmann, Katalog der deutschsprachigen geistl. Spiele u. Marienklagen des MAs, 1986. – E. Bernstein, Die Lit. des dt. Frühhumanismus, 1978 (SM). – Ch. Bertelsmeier-Kierst, ›Griseldis‹ in Deutschland, 1988. – C. Brinker, *Von manigen helden gute tat.* Geschichte als Exempel bei P. Suchenwirt, 1987. – H. Brunner (Hrsg.), Lit. in der Stadt, 1982 (GAG). – H. Brunner / N. R. Wolf (Hrsg.), Wissenslit. im MA u. in der Frühen Neuzeit, 1993 (WILMA). – E. Catholy, Fastnachtspiel, 1966 (SM). – G. Dicke, H. Steinhöwels ›Esopus‹ u. seine Fortsetzer, 1994 (MTU). – S. Drücke, Humanist. Laienbildung um 1500. Das Übersetzungswerk d. rhein. Humanisten J. Gottfried, 2001. – H. Fischer, Studien zur dt. Märendichtung, ^{2}1983. – D. Freise, Geistliche Spiele in d. Stadt des ausgehenden MAs, 2002. – F. Fürbeth, Johannes Hartlieb, 1992 (Hermaea). – G. Hahn, Der Ackermann aus Böhmen des Joh. v. Tepl, 1984. – W. Haug [u. a.], Runkelstein, 1982. – W. Haug / B. Wachinger (Hrsg.), Autorentypen, 1991 (Fortuna vitrea). – W. Haug / B. Wachinger (Hrsg.), Kleinere Erzählformen des 15. u. 16. Jh.s, 1993 (Fortuna vitrea). – N. Henkel, Dt. Übersetzungen lat. Schultexte, 1988 (MTU). – J. Janota / W. Williams-Krapp (Hrsg.), Literar. Leben in Augsburg während des 15. Jh.s, 1995. – Ch. Kiening: Schwierige Modernität. Der ›Ackermann‹ des Joh. v. Tepl, 1998 (MTU). – K. Kirchert, Städt. Geschichtsschreibung u. Schullit., 1993 (WILMA). – J. Knape / D. Wuttke, S.-Brant-Bibliographie, 1990. – J. Knape, Dichtung, Recht u. Freiheit. Studien zu Leben u. Werk S. Brants, 1992. – H. Kugler, Die Vorstellung der Stadt in der Lit. des dt. MAs, 1986 (MTU). – E. Lämmert, Reimsprecherkunst im SpätMA, 1970. – R. Leng, Anleitung Schießpulver zu bereiten, Büchsen zu laden u. zu beschießen, 2000 (Imagines). – R. Leng, *Ars belli.* Dt. kriegstaktische u. kriegstechnische Bilderhss. u. Traktate im 15. und 16. Jh., 2 Bde., 2002 (Imagines). – K. Manger, Das ›Narrenschiff‹, 1983. – U. Mehler / A. H. Touber (Hrsg.), Mittelalterliches Schauspiel, 1994. – J.-D. Müller, *Gedechtnus.* Lit. u. Hofgesellschaft um Maximilian I., 1982. – Th. Nolte, *Lauda post mortem*, 1983. – U. Peters, Lit. in der Stadt, 1983. – J. Reichel, Der Spruchdichter H. Rosenplüt, 1985. – K. Ridder, Jean de Mandevilles ›Reisen‹, 1991 (MTU). – W. Röcke, Die Freude am Bösen, 1987. – K.-H. Schirmer (Hrsg.), Das Märe, 1983 (WdF). – J. Schneider, H. Deichsler u. die Nürnberger Chronistik des 15. Jh.s, 1991 (WILMA). – F.-J. Schweitzer, Tugend u. Laster in illustrierten didaktischen Dichtungen des späten MAs, 1993. – R. Sprandel (Hrsg.), Zweisprachige Geschichtsschreibung im spätmittelalterl. Deutschland, 1993 (WILMA). – R. Sprandel, Chronisten als Zeitzeugen, 1994. – G. Steer, Hugo Ripelin v. Straßburg, 1981 (TTG). – R.-H. Steinmetz, Exempel u. Auslegung. Studien zu den ›Sieben weisen Meistern‹, 2000. – P. Strohschneider, Ritterromant. Versepik im ausgehenden MA, 1986. – B. Studt, Fürstenhof u. Geschichte, 1992. – J. Theisen, Arigos Decameron, 1996. – B. Weiske, Gesta Romanorum, 2 Bde., 1992 (Fortuna vitrea). – C. Winter, Humanist. Historiographie in der Volkssprache: B. Schöfferlins ›Röm. Historie‹, 1999. – F. J. Worstbrock, Dt. Antikerezeption: 1450–1550, 1976.

Register der Autoren und der anonym überlieferten Werke

Deutsche Literatur des Mittelalters

IN RECLAMS UNIVERSAL-BIBLIOTHEK

Althochdeutsche poetische Texte. Ahd./Nhd. 359 S. UB 8709

Das Annolied. Mhd./Nhd. 192 S. 4 Abb. UB 1416

Deutsche Gedichte des Mittelalters. Mhd./Nhd. 607 S. UB 8849

Deutscher Minnesang (1150–1300). Mhd./Nhd. 174 S. UB 7857

Das Donaueschinger Passionsspiel. 351 S. UB 8046

Meister Eckhart: Vom Wunder der Seele. Auswahl. 87 S. UB 7319

Fastnachtspiele des 15. und 16. Jahrhunderts. 464 S. 9 Abb. UB 9415

Frauenlieder des Mittelalters. Zweispr. 309 S. UB 8630

Frühmittelhochdeutsche Literatur. Mhd./Nhd. 295 S. UB 9438

Germanische Göttersagen. 208 S. UB 8750

Germanische Heldensagen. 356 S. UB 8751

Gottfried von Straßburg: Tristan. Mhd./Nhd. Bd. 1: Text. Verse 1–9982. 595 S. 10 Abb. UB 4471 – Bd. 2: Text. Verse 9983–19548. 590 S. 11 Abb. UB 4472 – Bd. 3: Kommentar, Nachwort und Register. 390 S. UB 4473

Hartmann von Aue: Der arme Heinrich. Mhd./Nhd. 134 S. UB 456 – Gregorius, der gute Sünder. Mhd./Nhd. 256 S. UB 1787 – Lieder. Mhd./Nhd. 181 S. UB 8082

Heinrich der Glîchezâre: Reinhart Fuchs. Mhd./Nhd. 184 S. UB 9819

Heinrich von Melk: Von des todes gehugde / Mahnrede über den Tod. Mhd./Nhd. 251 S. UB 8907

Heinrich von Morungen: Lieder. Mhd./Nhd. 248 S. UB 9797

Heinrich von Veldeke: Eneasroman. Mhd./Nhd. 901 S. UB 8303

Herzog Ernst. Mhd./Nhd. 429 S. UB 8352

Johannes von Tepl: Der Ackermann. Frühnhd./Nhd. 181 S. UB 18075

König Artus und seine Tafelrunde. Europ. Dichtung des Mittelalters. 760 S. UB 9945

König Rother. Mhd./Nhd. 485 S. UB 18047

Konrad von Würzburg: Heinrich von Kempten. Der Welt Lohn. Das Herzmaere. Mhd./Nhd. 167 S. UB 2855

Kudrun. 360 S. UB 466

Mauricius von Craûn. Mhd./Nhd. 244 S. UB 8796

Mystische Texte des Mittelalters. 405 S. UB 8456

Neidhart von Reuental: Lieder. Auswahl. Mit den Noten zu neun Liedern. Mhd./Nhd. 134 S. UB 6927

Das Nibelungenlied. 408 S. UB 642

Das Nibelungenlied. Mhd./Nhd. 1019 S. UB 644

Otfrid von Weissenburg: Evangelienbuch. Auswahl. Ahd./Nhd. 272 S. UB 8384

Das Redentiner Osterspiel. Mnd./Nhd. 293 S. UB 9744

Reineke Fuchs. Das niederdt. Epos »Reynke de Vos« von 1498. 295 S. 40 Holzschn. d. Originals. UB 8768

Reinmar: Lieder. Nach der Weingartner Liederhandschrift (B). Mhd./Nhd. 408 S. UB 8318

Das Rolandslied des Pfaffen Konrad. Mhd./Nhd. 823 S. UB 2745

Sachsenspiegel. Landrecht und Lehnrecht. 267 S. UB 3355

Der Stricker: Erzählungen, Fabeln, Reden. Mhd./Nhd. 279 S. UB 8797 – Der Pfaffe Amis. Mhd./Nhd. 206 S. UB 658

Tagelieder des deutschen Mittelalters. Mhd./Nhd. 308 S. UB 8831

Walther von der Vogelweide: Werke. Mhd./Nhd. Bd. 1: Spruchlyrik. 526 S. UB 819 – Bd. 2: Liedlyrik. 832 S. UB 820

Wernher der Gärtner: Helmbrecht. Mhd./Nhd. 216 S. UB 9498 – Meier Helmbrecht. 64 S. UB 1188

Heinrich Wittenwiler: Der Ring. Frühnhd./Nhd. 696 S. UB 8749

Wolfram von Eschenbach: Parzival. Mhd./Nhd. Bd. 1: Bücher 1–8. 736 S. UB 3681 – Bd. 2: Bücher 9–16. 704 S. UB 3682 – Parzival. Auswahl. 80 S. UB 7451

Oswald von Wolkenstein: Lieder. Auswahl. Mhd./Nhd. 128 S. UB 2839

Philipp Reclam jun. Stuttgart